우리가 공유하는 시간

김성희 엮음

게랄트 지크문트	성용희
고주영	아너 테레사 더케이르스마커르
구자하	아피찻퐁 위라세타꾼
김남수	야마구치 마키코
김성희	엘 콘데 데 토레필
김신우	옌스 로젤트
김지선	오카다 도시키
남선우	요우미
다키구치 켄	윌리엄 포사이스
로메오 카스텔루치	이경미
로이스 응	임고은
르네 폴레슈	장크리스토프 브리앙숑
마리 소르비에	정진새
마크 테	제롬 벨
마텐 스팽베르크	최승희
마티아스 릴리엔탈	카린 할트
메테 에드바르센	팀 에철스
미리암 드라이세	프리 레이선
보야나 쿤스트	플로리안 말자허
빅토리아 페레즈 로요	한스티스 레만
사사키 아츠시	허명진
서영란	헬리 미나르티
서현석	호추니엔
	지음

우리가 공유하는 시간

작업실유령

2 아시아를 다시 보기: 국립아시아문화전당 예술극장

3 사유하는 공동체: 국립현대미술관 다원예술

부록

김성희

파란만장했던 한 세기의 혁신들이 빠르게 저물어 가고 자본이
총체적으로 예술을 잠식하던 1990년대, 예사롭지 않은 일탈과
변화가 공연예술의 무대에서 서서히 일어났다. 그동안 당연하게
받아들였던 무대의 환영들을 대신하는 것은 창작의 근원을
향한 일련의 질문들이었다. 잠재되어 있던 변화의 의지가
무대에 던져졌다. 무대연출가와 연기자 들은 맹신하던 각본을
내려놓고 연출의 경로들을 초기화했고, 무용수와 안무가는
인간이 수천 년 동안 추어 온 춤을 불현듯 멈추고 바깥에서
스스로를 보기 시작했다. 무엇이 춤을 추게 하며 연극에
몰입하게 만드는가? 무대의 감흥을 만드는 공간적, 형식적,
정치사회적 조건들은 무엇인가? 예술의 근본적 변화는 삶과
사회를 어떻게 바꿀 수 있는가? 예술은 대체 무엇인가?
　　이 새로운 질문들에는 예술의 형식이 사회의 거시적
작동과 깊이 연동한다는 아방가르드의 인식론적 전제가 깔려
있었다. 거대한 자본으로 폐허가 된 의식과 감각 속에서
절박한 희망은 다시 한번 예술의 가능성에 대한 실험과
기대로 나타났다. 그리고 세계 공연예술의 역사적인 결에 전례
없는 충격을 가했다.
　　가장 중요한 것은 이러한 총체적 변화에 국내 예술계가
실시간으로 접속했다는 사실이다. 관객이자 연구자의 먼 위치를
넘어 담론을 공유하고 능동적으로 참여하는 역동적 일원으로
말이다.
　　동시대에 같이 호흡하는 예술적 혁신을 두 눈으로
목격하고 나아가 그 일부가 되는 것은 가슴 벅찬 일이다.
교과서 속 자료들을 신화적으로 독해하고 학습하는 것이

아니라, 지각의 격렬한 변동이 진행되는 바로 그 와중에
현재형의 파장을 공유하고 그 에너지에 직접적으로 접속하여
혁신의 가능성을 온 정신으로 체험하고 변화의 과정의 한
부분이 되는 것.

그러한 진정한 <u>동시성</u>의 실천을 지탱한 플랫폼은
페스티벌이라는 장치였다. 지난 20년 동안 페스티벌은 국제적인
혁신을 국내로 실어 나르고 전람하는 역할에 그치지 않고
국제적인 기획, 창작, 연구, 관람을 관통하는 역동적 메커니즘의
한 부분이 되어 왔다.

이 책은 지난 20년간 우리가 공유해 온 공연예술의
미학적, 형식적 도전과 이를 주도해 온 예술가와 기획자의
비전, 태도, 통찰을 회고한다. 동시대 예술과 접목하지 못하던
척박한 환경 속에서 새로운 예술의 장을 개척한 페스티벌 봄
이후 국립아시아문화전당 예술극장, 국립현대미술관 다원예술
프로젝트를 거쳐 옵 / 신 페스티벌에 이르기까지 국제적인
교류와 담론 구축을 일궈 온 기획적 시도들을 반추해 본다.
이는 이들을 통해 활성화된 예술적 혁신의 유산이 무엇인지
돌아봄과 동시에 오늘날 그것이 어떤 의미를 가지며 앞으로
어떻게 연장해 갈 수 있는지 고민하기 위함이다.

첫 장에서 다루는 '다원예술 축제' 페스티벌 봄(Festival
Bom, 2007~2013)은 당시 가장 급진적인 무대의 재편성을
이끌던 시도들을 경청함으로써 국내외 동시대 예술의 시간차를
극복하려 했던 총체적 노력이었다. 전 장르 간의 상호 교류를
근간으로 하는 이 실험적 창작 예술제에 매년 전 세계의
예술가들이 참여하여 자극과 영감을 주고받았다. 지역주의의
타성에서 자유롭지 못했던 국내 예술계에 국제적인 예술
형식과 담론을 접속시켜 젊은 세대가 국제 동시대 예술의
역사 쓰기에 능동적으로 참여할 수 있는 길을 개척하는 것이
그 의도였다. 이에 따라 예술의 미래 지향적 비전을 공유하는
다양한 국내외 작품들이 한자리에서 교감할 수 있었다. 윌리엄
포사이스, 제롬 벨, 리미니 프로토콜, 로메오 카스텔루치, 윌리엄
켄트리지, 르네 폴레슈, 팀 에첼스, 오카다 도시키 등과 같은
동시대의 가장 혁신적인 무대예술가들이 국내 무대에 올랐고,

포스트드라마 시어터, 농당스, 장소 기반, 수행성, 관계 미학 등과 같은 새로운 방식들이 소개되었다. 미술, 무용, 영상, 연극 등 각자의 영역에서 활동하던 홍성민, 서현석, 임민욱, 정금형, 김지선, 정은영, 노경애, 박민희, 남화연 등의 국내 창작자들이 새로운 지평을 도전적으로 열었다.

두 번째 장은 2015년에 문을 연 국립아시아문화전당(Asia Culture Center)의 예술극장(2013~2016)에서 펼쳐졌던 아시아 중심의 새로운 관점들을 되돌아본다. 국립아시아문화전당 예술극장은 "아시아가 서로를 바라보고 아시아가 스스로의 역사를 쓴다"는 모토 아래 유럽 중심의 예술 담론에서 벗어나 아시아의 역사를 총체적으로 성찰하고 아시아의 미래를 일구는 예술의 방식을 모색했다. 그것은 국제적 맥락의 커다란 역사적 지도에서 아시아의 좌표를 재편성하는 실험이자, '아시아'를 재발명하기 위한 도전이었다. 이러한 도전 의식을 직접 구현해 줄 작가들의 발굴과 지원에 집중했고, 그들은 아시아의 암묵지 소환, 수행적 역사 쓰기, 모던 미학의 재방문, 탈근대와 탈인간중심주의(또는 이분법적 사유) 등을 통한 강렬한 대안적 관점들을 제시하며 아시아를 넘어 전 세계의 뜨거운 관심을 받으며 새로운 바람을 일으켰다. "아비뇽 페스티벌을 넘어서는 현대적이고 전문적인 행사"(『라 리브르』[La Libre], 2015년 9월 1일)로 주목받았으며, "아시아를 발견할 수 있는 요소가 풍부하고, 흥미로우면서도 급진적인 프로그램으로 엄선"(『레쟁록큅티블』[Les Inrockuptibles], 2015년 10월 5일)되어 "지금까지는 거의 유럽의 페스티벌이나 공연장으로 이루어졌던 축이 옮겨지기 시작"(『테아터 호이터』[Theater Heute], 2016년 1월)했다는 국제적인 인정이 뒤따르며 이상이 현실화되어 갔다. 아피찻퐁 위라세타꾼, 호추니엔, 마크 테, 김지선, 아자데 샤미리, 수원치와 같은 아시아의 창작자들이 개막 페스티벌을 발판으로 삼아 국제 동시대 공연예술계로 진출했다. 그들의 행보는 지금까지 이어지고 있다.

세 번째 장의 초점이 되는 국립현대미술관 다원예술 프로젝트(2017~2018)는 2000년대 페스티벌 봄과 다원예술의 유산을 미술관이라는 장에서 이어 가며 동시대 미술과의 접점에서 무대의 확장을 타진한다. 시즌과 '아시아 포커스'로 구성된 프로그램 중, 연간 프로그램인 시즌의 작품들은 무대를 벗어나 표현 영역을 확장하고(아너 테레사 더케이르스마커르, 남화연), 나아가 오늘날 공동체의 의미를 질문하고 재편하였다. 과거 '레닌' 스타일의 파티였던 아방가르드 모델이 오늘날 '(존) 레넌' 스타일의 파티로 변질되었다고 지적한 핼 포스터가 '아티 파티'(arty party)라고 비판한 미술관의 한계를 넘어 모순과 갈등을 배제하지 않으면서 스스로의 해방된 사유를 촉진하는 공동체의 가능성을 미술관 심장에서 탐색하였다. 공동체와 민주주의에 대한 새로운 상상(로메오 카스텔루치, 마크 테), 신자유주의 비판(엘 콘데 데 토레필, 율리안 헤첼) 그리고 탈식민주의(나임 모하이멘), 탈역사(라비 므루에, 로런스 아부 함단, 루이스 게넬), 여성 신체(보슈라 위즈겐, 파드미니 체투)와 같은 정치적 쟁점들이 던져지며 미학과 현실의 다양한 교차점들을 만들었다. 한편 '아시아 포커스'는 아시아 동시대 예술의 비전을 이어 가기 위한 기획으로, 직접 제작한 아시아 작가들(다이첸리안, 고이즈미 메이로, 로이스 응, 호추니엔, 김지선)의 신작을 집중적으로 소개하며 국제적인 유통과 담론 형성을 견인했다. 이는 국제 유수의 극장과 페스티벌로부터 수상, 위촉, 공동 제작, 초청되는 실질적인 쾌거로 이어졌다.

　　네 번째 장은 예술이 약속했던 변화의 가능성이 거대한 자본주의 권력에 의해 무력해지고 있는 오늘의 시대적 정황을 배경으로 한다. 옵/신 페스티벌(Ob/scene Festival, 2020~ 현재)은 꾸준히 예술의 새로운 지평을 바라보면서도 전방위적인 위기를 인지하며 출범했다. 20여 년 동안 무대를 기반으로 펼쳐졌던 형식적 혁신은 정치를 앞세우며 예술의 자율성의 한계에 도전하고 예술과 삶의 경계를 끊임없이 무너뜨리려는 아방가르드적인 시도였다. 그러나 예술의 도발이 자본주의와의 긴밀한 연관 속에서 생성되는 오늘날 그 힘마저도 급격히 쇠약해졌다. 동시대 예술의 실험 정신은 시장의 논리를 대변하는 슬로건으로 퇴조하고, 원하건 원하지 않건 창의성의 해방적 힘은 자본의 추동력이 되어 갔다.

창의성과 예술적 주체성은 동시대 가치 생산과 소비를 위한 재원으로 편입되었다. '진보'와 '미래'의 수사마저 자본의 기표로 축소되었다. 이러한 아방가르드 예술의 총체적 위기 속에서 과연 어떤 예술적 비전이 가능할까? 예술을 통한 희망을 갱신하기 위해서는 무엇이 필요하고 어떤 사유를 해야만 할까? 옵/신 페스티벌은 기호 자본주의로부터 탈주할 수 있는 예술의 가능성, 예술 생태계 전반을 재고하고 다른 방식으로 관계 짓는 실험, 예술의 자율성을 탈환하려는 방법론, 탈인간중심적 발상 등을 주시했다. 마텐 스팽베르크, 메테 에드바르센, 엘 콘데 데 토레필, 임고은 등 작가의 주체성으로부터 한 걸음 물러나 내면과 세상에 대한 인식을 재발명하면서도 예술의 자율성을 복원하는 시도들을 통해 새로운 지평을 열었다. 또한 기존의 페스티벌이나 극장과 같은 장치를 재고하며 미래에 지속 가능한 장치와 제도적 필요성을 타진했다. 4장은 이러한 인식을 바탕으로 이에 응답하는 예술가들의 목소리를 경청한다. 오늘의 다양한 경로들을 아우르는 무모하고 고집스러운 노력의 장은 지금도 진행형이다.

페스티벌 봄에서부터 옵/신 페스티벌로 이어지는 질문과 교감의 축제들은 예술의 역할이 무엇인지 끊임없이 고민하고 구체적인 혁신의 경로들을 함께 탐험하는 실험과 실천의 터전이었다. 한마디로 "우리가 공유하는 시간"(The Time We Share)을 구체화하고 확장하는 장이었다. "우리가 공유하는 시간"은 쿤스텐페스티발데자르의 프리 레이션 예술 감독이 '동시대 예술'을 유럽 중심적인 지리적 발상에서 벗어나 모든 지구인들이 능동적으로 예술의 역사 쓰기에 동참하는 시간적 발상으로 재정립하면서 즐겨 썼던 표현으로, 이를 이 책의 제목으로 삼은 것은 우리의 지난 20년 역시 이러한 국제적 노력의 중요한 일부였음을 공표하는 것이기도 하다. "우리가 공유하는 시간"은 정신 그 자체다.

"우리가 공유하는 시간"은 한편으로는 지난 20년 동안 거대한 영감과 꾸준한 노력의 원천이 되었던 국내외 예술가, 기획자, 연구자, 그리고 관객에게 보내는 존경과 찬사이다. 이 책은 또한 우리가 공유했던 시간을 회고하면서도 과거의

13

화려한 가능성과 약속에 안주하는 것을 넘어 예술계의 지형 변화를 이어 나가기 위한 신념과 노력을 미래에 대한 희망과 비전으로 전환하려는 염원을 담는다. 이러한 염원은 미래를 일구는 과정에서 중요시되었던 질료들을 다시 모아 그것들이 머금었던 가능성과 한계를 반추해 보고 위기 앞에서 우리가 해야 할 일이 무엇인지 다시 그려 보자는 제안이기도 하다. 스스로를 의심하고 부정하는 것을 두려워하지 않는 것이야말로 동시대 예술이 우리에게 전하는 정신이자 태도이다.

프리 레이선
김신우 옮김

저는 학자도 아니고 이론가도 아니기에 예술이 사회에서
수행해야 하는 역할에 대해 개인적인 의견을 밝힐 수밖에
없습니다. 우리는 우리에게 정말 많은 것을 강요하고 정말
바쁘게 돌아가는 사회에서 살고 있습니다. 우리는 아침부터
저녁까지 끊임없이 일을 합니다. 그래서 우리에게는 이 사회를
바라보고 우리가 지금 살아가고 있는 세계에 대해서 생각할
수 있는 시간이 거의 주어지지 않습니다. 그래서 우리가
수행하지 못하는 이 역할을 특정한 집단에게 위임하는
것입니다. 그들에게 우리 사회를 대신해서 바라보고, 분석하고,
또 비판하고, 또 우리가 지금 있는 세계로부터 다른 곳으로
우리를 데려가 줄 수 있는 다른 비전들을 고안해 내 달라고
부탁하는 것입니다. 그들이 바로 예술가들입니다. 진짜
예술가들입니다.

그래서 우리는 하나의 시스템을 고안했습니다. 바로 세금의
일부를 배정해서 그들에게 우리가 지금 살고 있는 이 시간,
이 사회에 대해서 분석하고, 바라보고, 또 어디가 이 사회의
가장 아픈 부분인지 포착해 내고, 가장 고쳐 나가야 할
부분이 어디인지 발견하도록 임무를 부여하는 것입니다.
예술가들은 우리로 하여금 인간이라는 존재가 얼마나 미약하고
작은 존재인지 깨닫게 합니다. 사회는 우리에게 항상 최고가
되기를, 항상 승자가 되기를 강요합니다. 하지만 대부분의
우리는 가장 아름답지도 않고 가장 강하지도 않습니다.
예술가들은 그러한 우리를 하찮은 존재라고 비웃는 것이
아니라, 인간 존재의 나약함이나 나약함에서 비롯되는
아름다움을 인정하고 또 그 이면에 있는 내면의 아름다움을
포착해 나갑니다. 그것이 예술가의 역할이라고 생각합니다.

우리 사회는 너무나도 복잡합니다. 그래서 우리는 이 사회에서 살아남기 위해 단순화하는 법들을 배우게 됩니다. 바로 클리셰를 사용하는 것입니다. 사회에서 우리에게 주어지는 너무 많은 정보들은 복잡하고 해석하기가 어렵습니다. 그래서 우리는 클리셰를 이용하게 되고, 기존의 관념에 의지하게 됩니다. 예술가는 제게 그런 고정관념들이 사실이 아니라고 말해 줍니다. 현실은 다르다고 지적해 줍니다. 현실은 훨씬 더 복잡하고, 그 현실의 복잡함을 직면하는 것이 바로 우리가 해야 할 일입니다. 예술가들은 우리에게 영감을 주고, 고정관념을 깨고 새롭게 생각할 수 있는 방법들을 제안해 줍니다. 그들은 이렇게 단순화된 삶에 있어서 어떤 균형추와도 같습니다.

또 하나, 우리의 정치적 세계들이 우리에게 두려움이나 공포심을 심어 주었다는 점을 말하고 싶습니다. 두려움이나 공포심은 사람들을 작은 강아지처럼 행동하게 만드는 가장 좋은 방법입니다. 정치가 우리에게 주는 공포는 이것입니다. 우리와 다른 모든 것들에 대해서 두려워하고, 공포를 가지라는 것입니다. 이것은 우리의 사회를 심각하게 병들게 합니다. 거울에 비친 자신의 얼굴을 보면 아주 짧은 시간 안에 지루해집니다. 하지만 다른 사람들을 마주하고, 다른 생각을 접하고, 다른 언어를 접하고, 다른 종교나 배경을 접하게 되면 항상 새로운 질문과 호기심이 생길 수밖에 없습니다. 그래서 예술은 우리가 이제까지 세계를 바라보던 것과는 전혀 다른 방식으로 바라보고, 다른 사람의 관점으로 볼 수 있게끔 시야를 넓혀 주는 역할을 한다고 생각합니다. 적어도 저와 관객들에게는 그렇다고 생각합니다.

이 글은 국립아시아문화전당 예술극장의 기획으로 두산아트센터에서 진행된 『컨템퍼러리 토크』 시리즈 중 2015년 7월 25일 김성희 예술 감독과 프리 레이선이 나눈 대화 일부를 발췌, 편집한 것이다(https://www.youtube.com/watch?v=eMEXpTQ_70g).

17

김성희

불가능을 지향하기

'다원예술'이란 무엇인가?

   '다원예술'이라는 개념을 말하는 자리마다 우선적으로 테이블 위에 오르는 두 가지 문제가 있다. 둘은 서로 연결되어 있는데, 하나는 정의를 내리기가 불가능하다는 것, 또 하나는 기형적인, 혹은 파생적인 태생을 가졌다는 것이다.

   2006년, '다원예술'이라는 용어가 문화예술위원회의 제작 지원 영역으로 처음 공식화되었을 때 그 단순한 의미는 '어느 곳에도 해당하지 않음'(none of the above)이었다. 시각미술이나 공연예술 등 기존의 지원 분야에 포함되지 않는 그 어떤 실험적인 시도도 제작 지원을 해 주겠다는 의도였다. 그 용어에 포용되는 창작의 유형은 말 그대로 '다원'적이었다. 이미 다양한 매체에 걸쳐 창작을 하던 작가들이 제작 지원을 신청했고, 실제로 완성된 최종 작품 역시 다양한 모습으로 나타났다. 그러한 다양성을 놓고 '다원예술'이 무엇인가를 정의 내리는 시도는 있었지만, 다원예술은 태생부터 '규정될 수 없는' 범주였다. 그것은 도리어 일종의 맥거핀처럼 작동했다. 맥거핀과 같이 본질 없는 지시어가 되어 보다 중요하고 거대한 질문으로 사유를 이양했다. 그 최종적인 질문은 결국 하나로 귀착되었다. '예술은 무엇인가?'

   '정통'이 아닌 삐딱한 태생은 본연적으로 기존 예술을 교란시킬 수밖에 없었고, 제도화되고 정형화된 예술의 체계는 무엇보다도 그러한 교란과 도전을 필요로 했다. 교란의 힘은 무엇이라도 좋았다. 그러한 갈증이 '다원예술'을 불렀다. 필요한

자리에 '다원'이 자연스레 섰고, 요구된 역할이 다원에
부여되었다. 2011년 페스티벌 / 도쿄에 평론가로 참여했던
김남수가 기술했듯, 다원예술은 일본에서 한국의 동시대 예술을
주도하는 하나의 동향으로 주목할 정도로 하나의 개념으로서
생명력을 갖기도 했다.[1]

일본에서 한국의 다원예술을 고유명사화하여 표기한 것이
의미심장하다는 김남수의 지적을 곱씹어 볼 필요가 있다. 이웃
나라에 다원예술이 한국의 동시대 예술을 대표하는 하나의
운동 내지는 사조로 비쳤던 것이다. 어쩌면 이를 부정하는
것보다 스스로의 성과를 돌아보는 것이 더 건설적인 태도였다.
결국 우리 자신의 목소리로 다원예술을 설명해 달라는 그들의
요청에 따라 순식간에 불안정하고 불특정했던 다양성을 하나의
응집된 특정성으로 바라볼 필요가 생겼다. 타자에 의해서라도
"객관적 존립의 순간"을 맞이하게 된 것이다. 이러했던 상황을
오늘날 환기할 필요가 있는 것은 그 작업이, 다원예술이
떠안았던 책무가 아직 완료되지 않았기 때문이다.

'다원예술'의 위태로운 태생과 불안정한 정의를 빌미로
그것이 지시하던 새로운 방법론들을 무화하는 것이야말로
학술적인 태만이다. 중요한 것은 그것이 무엇이었냐를 규정하는
것이 아니라, 그것이 촉매제가 되어 어떤 새로운 가능성들을
견인했는가의 문제이다.

다원예술은 특정한 스타일이나 방법론이 아니라 '태도'를
지시하는 용어였다. 심지어 기존 예술 영역간의 '학제적'
혼합이나 '융복합'의 형태로 일관되게 나타나지도 않았다.
김남수의 말을 빌리자면, 다원예술의 문제는 '세계관'의
문제였다. "'예술 실천으로 무엇을 할 것인가'라는 굵은
질문을 재발명"하는 것이었다.[2]

다원예술은 때로는 불가능한 가능성들이다. 다원예술은
불가능을 지시하고 수행하는 실천이다. 불가능한 범주의
불가능한 질문을 던지는 일이다.

예술계는 늘 자신을 뒤흔들고 해체하고 재구성할 활력소를 필요로 한다. 다원예술은 그러한 필요성에 응답했을 뿐 아니라, 그러한 필요성을 만들었다. 그것의 중요성을 환기시켰다.

이러한 필요성은 예술의 위기와 맞물렸다. 예술 형식의 변혁이 사회에 대한 변혁으로 이어질 수 있다는 믿음이 절정에 달했던 1960년대의 모든 방법론과 수사는 20세기 말에 자본주의에 의해 재전용(再專用)되었고, 자본은 흡혈귀처럼 새로운 아방가르드의 수혈을 욕구했다.

이러한 현 시점에서 예술이 자본에 포획되지 않고 혁명의 수사를 복원한다는 것이 가능할까? 재전용되지 않는 예술의 장을 재건할 수 있을까? 어떻게?

다원예술이라는 말이 한국에서 '공식적 용어'로 태어났을 때, 적어도 다양한 다원예술 페스티벌 행사를 기획한 나로서는 매우 구체적이고 시의적절한 장이 해외로부터 형성되고 파급되고 있었기 때문에 힘을 받을 수 있었다. 그 새로운 바람은 주로 '무용'과 '연극'이라는 익숙한 영역으로부터 불어왔다. 1990년대부터 유럽에서 불기 시작했던 총체적인 바람이었다. 무용에서는 '농당스'(non-danse), 연극에서는 '포스트 드라마 시어터'(Postdramatisches Theater)라는[3] 개념이 그를 대표하는 상징어였다. 자본에 잠식된 예술에 이의를 제기하는 장으로서 '무대'라는 공간이 제안된 것이다.

무대는 어떤 면에서는 지극히 자본주의적인 공간이다. 『포스트드라마 시어터』를 집필한 한스티스 레만은 공연예술이 모더니즘의 매체에 대한 성찰을 짊어짐에 있어서 다른 예술 영역보다 한참 뒤처졌다고 말하면서 자본에 대한 공연예술의 높은 의존도를 그 이유로 들었고, 이는 공연예술의 필연적인 한계를 방증한다. 무용이나 연극은 회화나 조소, 심지어 사진과 영화처럼 개인의 능력과 노력만으로 접근하기에는 어려운 매체였던 것이다.

2000년대 '다원예술'의 자양분이 된 새로운 활력은 그럼에도 분명 무대로부터 기인했다. 그것은 일련의 작품들이

자본 집중적인 제작 토양으로부터 스스로를 독립시켰기
때문이기도 하다. 그 교량이 된 결정적 계기는 새로운 제작
시스템의 등장이었다. 과거 대규모 레퍼토리 제작이 주가
되었던 극장 기반의 제작 시스템과는 구분이 되는 공동 제작
시스템, 즉 뜻을 같이하는 페스티벌이 공동으로 제작 지원을
분담하고 공동으로 작품을 선보이는 체제가 새로운 예술적
실험들을 지탱하기 시작한 것이다. 브뤼셀의 쿤스텐페스티발
데자르를 필두로 파리, 빈, 아비뇽 등의 페스티벌, 나아가
독일의 헤벨 암 우퍼(Hebbel am Ufer, HAU)와 같은 기관들이
이러한 체제를 통해 기존의 관습에 질문을 던지는 새로운
관점과 형식을 추구하는 아티스트들에게 안정적인 제작 기반을
제공하였다. 2000년대에 국내에 소개되었던 제롬 벨, 그자비에
르루아, 보리스 샤르마츠와 같은 젊은 안무가들, 그리고 로메오
카스텔루치, 리미니 프로토콜, 르네 폴레슈, 쉬쉬팝과 같은
연출가나 극단이 바로 이러한 체제를 기반으로 성장한
아티스트들이었다. 여기에 프랑크푸르트 발레단이라는 기존의
시스템 속에서 고전적인 작업 방향을 유지해야만 했던 윌리엄
포사이스는 이러한 시스템을 통해 새로운 실험과 형식적
혁신을 이룰 수 있었다. 미술 비엔날레와 미술관을 기반으로
하는 포사이스의 일련의 작업들은 바로 이로 인해 가능해진
도약이었다. 이렇게 페스티벌 기반의 새로운 제작 시스템은
기존의 전통 영역으로부터 새로운 도약을 추진하는
아티스트들의 밑거름이 되기도 했다. 제도와 기관의 관습에서
벗어나는 제작 방식은 곧 전통적 장르와 형식을 극복하고
새로운 발상의 혁신을 가능케 하는 활로가 되었다. 가장
성공적인 사례의 하나로서, 미술계에서 작업하던 윌리엄
켄트리지에게 오페라와 인형극의 가능성들이 주어지면서 기존의
평면 및 설치 작업을 초과하는 광범위한 지평이 무대와
미술관을 횡단하며 펼쳐졌다. 우리가 '다원예술'이라고 부르는
실험적 결과들은 이러한 실질적인 제도적 토양 위에 구축되고
있었던 것이다.
　　2000년대에 한국에 '다원예술'의 토양을 만드는 것은
이러한 새로운 제작 경로를 통해 완성된 해외의 작품들을

소개한다는 의미로 멈추는 것이 아니라, 일련의 새로운 태도와 시스템 및 방법론을 총체적으로 구축하는 과정이었다. 즉, '다원예술'은 새로운 스타일을 따르는 것이 아니라, 새로운 토양을 일구는 것을 의미했다. 새로운 제작 시스템이 새로운 방법론과 연동될 때 진정한 예술적 혁신이 가능한 것이다.

기본으로, 또 기본으로

'농당스'나 '포스트드라마 시어터'와 같은 용어들로 설명되는 1990년대부터 2000년대까지의 일련의 역학을 오늘 관망할 때 명백해지는 하나의 일관된 원동력은, 혁신이나 새로운 스타일에 대한 갈망이 아니라, 기본으로의 회귀다. 근원에 대한 집요하고도 실질적인 질문이다.

무용이란 무엇인가? 연극이란 무엇인가?

변혁은 기본을 리셋하면서 시작되었다. 무용과 연극의 새로운 잠재력은 각기 스스로에 대한 근원적인 질문을 통해 갱신되었다. 그것은 1950년대 회화, 1960년대 조소와 사진, 영화 등으로 도미노 현상처럼 퍼졌던 매체에 대한 성찰을 쏙 빼닮았다. 아니, 그 연장선상에서 예술사의 넓은 궤적을 말할 수 있을 것 같다.

매체란 무엇인가? 예술이란 무엇인가?

사실 농당스와 포스트드라마 시어터는 매체에 대한 성찰이라는 20세기의 거대한 화두가 무용과 연극에 도래하는 방식과 경로이기도 하다. 회화와 조소로부터 시작하여 사진, 영화로 확산되었던 질문이 공연예술에 다다르면서 하나의 주기를 완성한 셈이다. 물론 연극과 무용의 정체성에 관한 질문은 모더니즘의 도래와 더불어 진척되었다. 20세기의 많은 연출가, 안무가, 평론가 들이 분명 이 문제를 짊어졌었다. 하지만 정작 무대에서의 구체적인 방법론으로 이어진 결과는 1990년대에나 본격적으로 가시화되었다.

예술에 대한 근원적인 질문이 연극이나 무용에 던져질 때 회화나 조소와는 전혀 다른 사유의 궤적들이 발생한다.

무용이나 연극을 성립시키는 조건들이 회화의 전례에서처럼 제한적인 물질로 환원되는 대신, 무대와 '시어터'라는 복합적이고 공동체적인 사건으로 엎질러진다. 20세기 전반에 걸쳐 연극의 가장 근원적이고 기본적인 구성 요소로 '희곡'을 말한 연출가나 이론가는 없었다. 그들은 관객과 무대의 공존으로 인해 발생하는 즉각적이고 동시적인 어떤 교감에서 연극의 정체성을 찾고자 했다. 그들의 작업은 여전히 '희곡'을 기반으로 삼았을지언정, 공연예술이 매체로서 가졌던 비물질적이고 공동체적인 기반은 20세기 전반에 걸쳐 이론적으로 환기되었다.[4] 이것은 곧 21세기를 여는 시각미술이 궁극적으로 도달하고자 했던 지향점이자 이상이기도 했다. 공연예술에는 본질적으로 시각미술이 꿈꾸던 형식적 이상이 태생적으로 잠재하고 있었던 것이다. 무대는 곧 시각미술의 미래상과 중복되어 나타난 셈이다.

2000년대 들어 유럽의 새로운 제작 시스템을 통해 양산된 아티스트들이 국내에 연이어 소개되면서 일련의 자극을 가져왔다. 이들은 모두 학제적이라거나 융복합적이라거나 탈장르적인 성격을 지닌 작품들을 소개하는 것으로 보였으나, 이들을 한데 묶는 공통점이 있다면 자신들의 출발점이 되었던 매체에 대한 심도 깊은 질문을 원동력으로 삼았다는 것이다. 무용이 무엇인가, 연극이 무엇인가라는 질문. 그리고 그 질문들이 심화되면서 방법론을 아예 바꾸었다.

20세기 후반을 장식했던 역동적이고 유기적이며 '탈매체적'인 일련의 에너지들을 조망하면서 로절린드 크라우스가 어쩔 수 없이 그린버그식의 낡은 개념을 가져올 수밖에 없음을 조심스레 제기한 것 역시 이러한 위험 때문이기도 했다. 1999년에 출간된 『북해에서의 항해: 포스트매체 조건 시대의 미술』에서 크라우스는 그럼에도 불구하고 마치 다락에서 먼지 덮인 옛날 기계를 꺼내 오듯, 1990년대에 더 이상 아무도 거론하지 않고 있던 낡은 단어를 꺼내 온다. 그렇게 할 수밖에 없는 본인 역시 당혹스러움을 토로한다. 하지만 그럴 수밖에 없는 이유는 예술에 대한 자기성찰의 숙제가 결코 완료된 적이 없음을 깨달았기 때문이다. 그렇기에 그 숙제는 여전히 유효하고, 그것이 자본에 잠식된 미술로부터 새로운 가능성을 꺼낼 수 있는 유일한 길이 될 수밖에 없다. 크라우스에게 있어서 여전히 모든 아티스트에게 유효할 수밖에 없는 과제는 예술이 작동하는 방식에 대한 성찰과 이의 제기다. 모더니즘은 태도를 지시하는 용어였다. 모더니즘의 문제는 세계관의 문제였다. 모더니즘의 핵심은 조형적, 형식적 완숙이 아니라 예술에 대한 끊임없는 질문으로 다시 설정되어야 한다.

한국에서 다원예술이 생성되고, 그 이름으로 위의 작가들이 소개되었다는 것은 결국 공연예술의 모더니즘이 21세기에 본격적으로 활력을 얻었음을 의미한다. 이는 모더니즘이라는 서구의 사상과 방법론과 태도가 20세기를 통틀어 총체적으로 한국 사회와 예술에 어떤 경로를 통해 어떤 방식으로 체화되었는가의 문제와 긴밀하게 연동한다. 과연 우리는 진정으로 '모던'이었던 적이 있는가?

한국의 다원예술의 도래는 결국 예술에 대한 근원적이고 총체적인 재고와 일치한다. 한국 사회에서 예술은 무엇이었나? 지금은 무엇이고, 앞으로는 무엇일 것인가?

철이 지난 낡은 사어를 오늘날의 무대에, 미술관에, 작업실에, 기관에 다시 불러들여야 하는 이유는 우리 역시 예술에 대한 질문을 끊임없이 던져야만 하기 때문이다.

예술은 우리의 눈앞에서 고스란히 자본의 원료로 대체되었다. 작가의 개인적 명예와 문화 자본, 미술 생태계의 심도 깊은 자본화, 비엔날레의 세계화, 기관들의 보수적이고 관료주의적 체제에서 더 이상 가능하지 않은 질문들을 다시 떠올리는 것. 이들이 이루는 거대한 자본의 망 속에서 기존의 방식에 이의를 제기하고 우리가 무엇을 생각하고 어떤 질문을 던져야 하는지를 재고하는 작은 무대를 만드는 것.

어느덧 그 무대는 성숙한 모습으로 실천을 보여 주고 있었다. 그것은 즉각적이고 직접적이며 공동체적인 실천이었다. 그것은 (매체에 대한 성찰을 통해 드러나게 된) 공연예술의 기본적인 정체성이 바로 그러하기 때문이다.

'다원예술'이란 무엇인가?

이 질문은 '예술'이 무엇인가의 문제를 소환하는 하나의 방식이다.

그 이름은 '다원예술'이 아니어도 좋다. 예술에 대한 질문은 누군가는 던져야 할, 아니 모든 아티스트들이 던져야 할 질문이자 가져야 할 태도이다.

이 글은 『비주얼』 15호(한국예술종합학교 미술원 조형연구소, 2019)에 게재되었다.

1 김남수, 「'다원예술'의 재명명 혹은 재발명」, 이 책 28~29 참고.
2 같은 글.
3 '포스트드라마 연극'이라는 번역어로 널리 알려져 있으나, '연극'이라는 단어가 지시하는 제한적인 의미에서 벗어나기 위해 여기에서는 '포스트드라마 시어터'라고 번역해 둔다.
4 이에 대한 자세한 논의는 다음의 저서에서 전개한 바 있다. 서현석 · 김성희, 『미래 예술』(작업실유령, 2016), 35~39, 135~150.

페스티벌 봄 2009

김성희

연극이란 무엇인가? 무용이란 무엇인가?
영화란 무엇인가? 예술이란 무엇인가?

무대란 무엇인가? 시간이란 무엇인가?
빛이란 무엇인가? '본다'는 것은 무엇인가?

이 모든 것들을 이해하는 방식은
오늘날 어떻게 달라지고 있는가?
결국 우리는 누구인가?

페스티벌 봄은 이러한 문제를 던지는 교류의 장이다. 이러한
질문들에 대한 정답을 제시하고 이로써 예술의 미래를
이끌고자 하는 장이 아니라, 바로 이러한 질문들을 던지기
위한 장이다. 선각자들의 명예의 전당이 아니라, 젊은 열정의
열린 실험장이다. 페스티벌 봄의 출발점은 끊임없는 질문,
질문들이다.
　　이러한 질문들이 예술의 변혁을 이끌었음은 물론이다.
오늘날 예술은 지속적으로 변화하고 있다. 페스티벌 봄은
변화의 조짐들에 귀를 기울인다. 중요한 것은 최종적인 결과가
아니라 변화하는 과정이다. 어떤 실험은 오늘날 타당함을
확보하고도 내일 생명력을 잃을 수도 있으며, 어떤 실험은
당장은 고요하게 나타났다가 세상의 흐름을 통째로 바꿀 수도
있다. 이미 완성된 것도 아름답지만, 누군가는, 어디에선가는,
언젠가는, 아름다운 일탈을 꿈꿔야 한다. 새로운 소통의 방식을
탐구해야 한다. 정형화된 언어로 허구만을 전달하는 연극,

정제된 몸짓만을 수려하게 전람하기만 하는 무용, 이야기만을
고집하는 영화가 문화의 커다란 흐름을 장악할 때 누군가는
언어의 파격을, 몸의 저항을, 이야기의 전복을 모색해야 한다.
매체의 기본으로 돌아가 근원적인 것들을 따져 봐야 한다.
　　그런 용감함을 소통하는 것만으로도, 그런 과감함의
필요성을 나누는 것만으로도, '봄'의 시작은 화려해진다. 봄은
나비만큼 깨지기 쉽고, 꽃처럼 향기로우며, 꿈처럼 순수하다.
봄은 곧 영혼의 기지개이다.

김성희 | 컨템포

이 글은 『페스티벌 봄 2009』에 게재된 기획자의 말이다.

'다원예술'의 재명명 혹은 재발명

김남수

1

2011년 10월 말 페스티벌/도쿄(예술 감독 소마 치아키)에서
비평 레지던시의 행사로 '한국의 다원예술'(사회 교토조형예술
대학교 교수 모리야마 나오토)을 설명하는 자리를 만들었다.
이 행사를 추진한 주최 측에서는 '다원예술'에 강하게 방점을
찍었다. 이 새로운 예술 개념에 흥미를 느낀다면서 설명을
요청했다. 그 배경은 이러했다. 한자로는 '多元藝術'이라고 쓰고
'다겐예술'이라고 읽을 수 있지만, 그렇게 되면 개념의
독특함이 사라지고 일반화되어 버린다는 것이었다. 그런 성격의
것은 일본에도 많이 있(는 듯하)지만, 그들이 주목하는 것은
한국에서 최근 활발하게 펼쳐지는 '다원예술' ─ 정확히 이렇게
읽어 주었다 ─ 이라고 했다.

이렇게 되니까, 타자의 호출에 따른 다원예술의 불가피한
인정 투쟁이 비로소 일어난 것 같아 잠시 아찔해졌다. 우리는
이처럼 엄밀한 개념의 창안 아래 '다원예술'을 통용시키거나
구체적 문맥 속에서 사용해 오지 않았다. 그러니까 가라타니
고진이 제기한 "공동체(언어 게임)와 공동체 '사이'에서 어떻게
교환(커뮤니케이션)이 이루어질 수 있는가"라는 물음에 이제
이 어스름한 개념인 '다원예술'이 스스로의 목소리로 답해야
하는 순간이 왔음을 직감하게 된 것이다. 좀 과장하면, 이러한
이웃한 공동체로서의 타자가 요청하지 않았다면, '다원예술'은
그 사이라는 간극 혹은 틈을 통해 가능한 인정의 순간도,
그리고 객관적 존립의 순간도 맞이하지 못했을 수 있었다.
최소한 개인적으로는. 그런데 그런 순간이 온 것이다.

다원예술이란 일본에서는 이미 보편화된 예술일 것입니다. 연극이 미술과 접합한다거나 춤이 미디어가 서로 간섭하면서 새로운 리듬을 고안한다는 것은 새로운 일일 수 없습니다. 이는 태초에도 예술이 종합의 형태로서 진행되어 온 것처럼 20세기 초 연극이란 이름으로 예술의 종합을 꿈꾸었던 미래주의자나 다다이스트에게도 마찬가지의 사항이었습니다. 더구나 지금은 해체를 넘어 융합과 복합이라는 트렌드가 넘실거리는 시대인데, 이러한 다원적인 움직임이 새삼스럽게 주목받을 만한 것도 아닙니다. 그렇다면 다원예술이라는 이 신종의 예술 개념은 어떻게 받아들여야 할까요.

이것이 설명의 시작이었다. 유아론적 세계에서 편의적으로 사용되어 온 '다원예술'을 재명명, 아니 재발명해야 하는 시점이었다. 이는 2000년대 중반부터 한국문화예술위원회에서 '다원예술 분과'를 만들고 급기야 '다원예술 매개 공간'을 설치 운영해 온 예술 행정의 의사 결정에 따른 결과와는 거의 무관했다. 먼저 정책 당국에서 하향식으로 범주를 설정하고 예술계의 하부구조가 그에 따른 '헤쳐 모여' 식의 재구조화를 이뤄 가는, 다분히 발주/하청 방식을 따르는 도급제 형태의 편의주의와는 별개라는 말이다. 당시 다원예술 매개 공간을 중심으로 다원예술의 정의를 둘러싼 논의들이 있었지만, 탁상공론에 그쳤던 것도 그러한 편의주의가 선도적이었기 때문이었다. 부재한 아래로부터의 움직임을 억지로 만들어 내려는 시도가 낳은 당연한 실패였다.

　　하지만 다른 언어 게임을 하는, 상당히 이질적인 담론 공간에서 요청한 '다원예술'의 개념은 답하지 않으면 안 되는 것이었다. 그리고 이를 하나의 출발점으로 삼아야 한다. 왜? 유아론적 영역에서의 자기 명명은 지독한 나르시시즘에서 벗어날 수 없는 데 반해, 타자의 개입은 보다 개방되고 확장된 영역으로 관점을 이동시키기 때문이다. 그렇다면 무엇을 해야 하는가. 비트겐슈타인이 "철학의 시작은 '나는 어찌할 바를 모르겠습니다.'라는 형태를 취한다."라고 말한 것에서부터

출발해야 정직하지 않을까. 솔직히 모르는 것은 모른다고 하는
것이다. 거기서 출발하는 것이다. 이른바 생각의 시작이다.

2

다시 말해 지금부터의 내용은 국내 공연예술계에서 진행되는
어떠한 흐름과는 크게 관련이 없다. 다원예술, 커뮤니티 아트,
융복합예술 등과 같은 네이밍은 다분히 유령의 성격을 띤다.
문학이나 철학의 유행 사조만큼이나 '새것 콤플렉스'와
공모하여 기금을 사냥하는 일이 적지 않다. 이러한 일체의
소모적인 흐름은 지금부터 말하려는 소위 '다원예술'과는 다소
거리가 있다(물론 네이밍은 크게 중요하지 않다).

　　우선 다원예술은 태도의 문제라고 보여진다. 장르 간
혼합이라거나 기능적인 다원주의적 실험이 아닌 것이다.
말하자면 다원예술은 세계관의 문제다. 예술의 종합이 시도되는
지점에서 "예술의 완성도를 제련하자"가 아니라, "예술 실천으로
무엇을 할 것인가"라는 굵은 질문을 재발명하는 것이다.
세계-내-존재로서 예술가는 이 자본주의에 어떤 태도를
취하며 어떤 액션을 선택하는가에 대한 문제. 9·11 이후 이
굵은 질문은 세계 공연예술계의 질서를 버라이어티한 춤에서
'언어의 귀환'이라는 형식으로 이루어진 미학과 정치 사이의
연극으로 전환시켜 버렸다. 벨기에산(産)의 완성도 높은 춤의
향연이 아니라 독일의 거친 표면이 있는 포스트드라마틱
시어터로 권력이 이동한 것이다. 즉 "거칠다는 것은 인간의
삶과 떼어 놓을 수 없는 인간의 삶의 일부"(브누아
망델브로)라는 태도다.

　　김황의 「모두를 위한 피자」에서 비평적 디자이너가 남한과
북한 사이의 경계를 넘어 '피자' 레시피의 암시장 루트 유통을
통한 사회적 교란과 그에 뒤따르는 일련의 실재적인 피드백을
보여 주는 과정은 '다원예술'이 얼마나 담대하게 예술 실천에
나서는지 증명한다. 디르크 플라이슈만의 「나의 패션쇼」는
개성공단에 주문한 의류를 남한에 유통시키는 과정을 무대

위에서 보여 주는 전시 개념이었는데 이 역시 시대와의 접전이었다. 그런가 하면, 임민욱의 「불의 절벽」은 야만의 역사로부터 고문의 현상학을 호출하여 현재의 시간 아래에 깔려 있는 고문 피해자의 현존하는 몸을 다시 한번 '분쟁 지역'으로 만들었다. 여기서 '분쟁 지역'이란 몸과 세계가 길항하면서 감각의 불편함을 낳는 영역이다.

　이처럼 '다원예술'은 포스트모던의 전성기에 생겨난 '거품' 즉 유희적 절충주의로 접근하는 예술의 종합이라거나 통섭 같은 것이 아니다. 오히려 그런 차원의 놀이가 점차 현실을 다루지 않게 될 때 등장한 것이다. 그런데 여기서 의문이 발생할 수 있다. 철학자 랑시에르는 미학과 정치 사이에서 생겨난 불편함이야말로 감각을 새롭게 재분할할 수 있다는 빛을 던져 줬지만, 직접적으로 현실에 개입하는 것은 예술과 무관하다는 그림자도 던져 줬다. 이 빛과 그림자의 명암 사이에서 '다원예술'은 어떤 예술 실천을 해야 하는가. 랑시에르는 그러한 명암을 미술 진영의 '관계 미학'에 던진 바 있고, 큐레이터 니콜라 부리오는 랑시에르 스스로 모든 곳에서 공식적인 것만 보고, 나아가 프로파간다의 관습에서 자유롭지 못하다는 취지의 반박을 한다. 그렇다면 '다원예술'도 그러한 섬세한 독해가 요청되는 것일까.

　미학과 정치적인 것의 관계는 예술 실천에서 가장 근본적인 문제다. '다원예술'은 장소성, 시간과 공간의 배치, 가시성과 비가시성의 식별, 의미 있는 언어와 무의미한 소음 사이의 경계 등등 예술 실천의 가장 중요한 감각들이 어떻게 재설정되는지 실험한다. 예를 들면, 여의도 상공에 방사능 바이러스를 스마트폰으로 뿌리는 김지선의 작업 「스탁스 3. 이주민 이주」, 서구 근대에 대응하는 압축 근대화의 시기에 유토피아 수정궁 프로젝트라는 꿈을 실현하기 위해 분투한 건축가 김수근의 부재와 그의 오라가 느껴지는 현실 공간 속으로의 산책 — 시간 축 위에서의 산책 — 이 일어나는 서현석의 「헤테로토피아」, 독일 어느 도시의 재정난을 해소해 줄 아랍 부호가 부재중인 채로 부조리한 블랙코미디 회의를 거듭하는 데스크의 쌍방향 화상회의가 장치된 베를린의

「태그피시」는 감각의 재분할, 재설정에 얼마나 민감하며 새로운 미학적 정치가 출현하는 경계 설정이 얼마나 놀라운지 단적으로 보여 준다.

이는 랑시에르의 이중 구속의 메시지를 돌파해 가는 퍼포머티브(performative) 즉 수행적인 것이 무엇인지 재차 질문하는 것과 관련 있다. 퍼포머티브란 예술의 현실 개입이 비예술의 잠재성으로부터 예술의 현실성으로 이동해 가는 길 위에 있음을 이야기하는 하나의 범주다. 이는 예술 실천이란 모두 프로파간다라는 도매금식 비난과 어떻게 맞서고 있는지 옹호한다.

작품들은 대체로 페스티벌 봄(예술 감독 김성희)에서 공연되었다. 이 행사는 기본적으로 서구와 비서구 사이에 걸려 있는 한국의 아트 신이 어떻게 압도적인 비대칭 구도를 깨고 기우뚱거리는 대칭 구도로 동적 평형을 잡을 것인지 생각한다. 이러한 동적 평형의 시도가 퍼포머티브의 또 한 가지 층위를 형성한다. 대학로에서 활동하는 연극배우들이 각자 오후 세 시부터 리허설에 임하면 진행할 자기 몫의 연습 장면을 랜덤하게 쏟아 놓아 임의적인 편집이 이루어지는 홍성민의 연극 아상블라주 작업은 연극에 대한 제도 비판으로서 재현적인 것 너머로 나아간다. 이는 아르토와 브레히트라는 서구의 양극단과는 무관하게 한국적 연극 멘탈리티와 아비투스를 공격한다. 또한 김윤진은 한국의 최상위 1%를 위한 상징 공간 타워펠리스와 마주 보는 극빈의 게토 지역 구룡동이라는 저 아래의 바닥에서 신화가 어떻게 다시 탄생하는지를 놀라운 현상학으로 보여 준다. 이는 양극화 비판 같은 통속적인 차원이 아니라 현실과 신화 사이의 교환 작용이 실재적으로 일어난다는 아시아의 새로운 문법을 증명한다. 말하자면 아피찻퐁 위라세타꾼의 영화 「열대병」과 함께하는 것이다.

한국의 '다원예술'은 서구에서 촉발된 리서치 베이스의 예술 작업에 영향을 받았지만, 페스티벌 봄에서 출현한 구체적인 작품들은 세미 다큐멘터리 시어터 또는 다큐멘터리 시어터라는 이미 지배적인, 제도화된 서구의 예술 형태와 그다지 상관관계가 없다. 포스트모던의 장점이 자유의 극대화인 것처럼 비예술과 예술, 잠재성과 현실성, 리서치와 공연 등등 게임의 규칙 한계 너머로 나아가는 모험의 열기가 가장 중요한 것으로 등장했다. 무엇이 어떻게 될지는 뚜껑을 열어 보기 전까지는 알 수 없다.

다만 예술이 자본주의라는 스폰서에 의해 태어난 근대로부터 조롱과 자기 야유에 시달렸고, 현재는 극단적인 자본주의하에서 예술가 계층이 소상공업자처럼 오인해 버렸지만, 예술이 본래 자기의식을 갖게 되면 자본주의보다 오래된, 아니 태초와 한순간에 연결된 것임을 자각할 수 있다. '다원예술'은 이러한 예술의 자기의식화가 강화된 특이점에 있다. 동시대란 무엇인가. 아감벤의 말을 빌리면 "자신의 시대와 완벽히 어울리지 않는 자, 자기 시대의 요구에 순응하지 않는 자, 그래서 이런 뜻에서 비시대적인/비현실적인 자"가[1] 바로 동시대인이다. '다원예술'은 이러한 간극과 시차를 통해 지금 한국에서 소수자로 출현했다.

이 글은 2011년 페스티벌/도쿄에서 개최된 국제 세미나에 초청되어 발표되었으며, 이후 『포도포도넷』(podopodo.net)에 게재되었다.

1 조르조 아감벤·양창렬, 『장치란 무엇인가?/장치학을 위한 서론』(난장, 2010), 71.

"그 자체로 가치 있는 엘리트란 없다. 사회에서 예술은 불편한 대위법이 되어야 한다."

프리 레이선, 쿤스텐페스티발데자르 임직원 일동
조영란 옮김

우리는 최근 한동안, 그리고 지난 몇 주 동안 그 어느 때보다 많은 곳에서 예술계 전반, 특히 연극계를 겨냥해 다각도로 공격이 이루어지는 것을 목격했습니다. 그리고 그럴 때마다 '엘리트'라는 단어가 상당히 경멸적이고 매우 공격적인 어조로 언급되는 것을 보았습니다. 바로 이런 이유로 우리는 일련의 질문을 던지고 이에 대해 답변하는 것이 시급하다고 판단했습니다. [...]

1. 오늘날 엘리트란 무엇인가?
2. 현대사회에서 예술의 의미는 무엇인가?
3. 우리는 어떤 사회를 꿈꾸는가?

오늘날의 벨기에 사회는 그 어느 때보다 높은 지위를 누리고 있으며, 교육 수준 또한 꾸준히 상승하고 있습니다. (이런 의미에서 이웃 사회와 다르지 않습니다.) 수천, 수만 명의 사람들이 빠르게 변화하는 모든 분야에서 다양한 형태의 전문 지식을 습득하고 있습니다. 얼마 전까지만 해도 우리가 감히 꿈도 꾸지 못했던 지식의 형태들이 생겨나고 있습니다. 고도의 전문적인 교육을 받지 않은 사람들은 이 지식의 수많은 하위 분야에 거의, 심지어는 전혀 접근할 수 없습니다. 그 결과, 육체노동에서 고급 수학에 이르기까지 매우 다양한 엘리트들이 끊임없이 등장하고 있습니다. 특정 엘리트 그룹에 속하는 사람은 자신에게 주어진 충분한 자유 시간을 활용해 팝, 포크, 재즈 등의 음악 엘리트나 연극, 문학, 무용, 영상 분야의 예술 엘리트를 비롯하여 다른 엘리트들이 제공하는 지식을 익힙니다. 그리고 이런 엘리트 그룹은 수도 없이 많습니다.

그렇습니다. 소위 예술 엘리트는 존재합니다. 이들은 다른 사람들이 모르는 것을 아는 사람들입니다. 배관공이나 회계사, 컴퓨터 과학자처럼 말입니다. 음악가와 연극인, 제빵사, 시인, 도로포장공도 마찬가지입니다. 그렇기 때문에 어느 한 엘리트 그룹을 두고 그들이 권력을 남용하고 있으며, 이기주의적이고, 내향적이라고 비난하는 것 자체가 잘못되고 무의미한 일입니다. 모든 엘리트 그룹은 내향성과 외향성 사이에서 어느 정도 줄다리기를 합니다. 다르게 말하면, 내적으로 역량을 발전시키는 것과 그 결과물을 소통하는 것 사이에 긴장이 있습니다.

그렇기에 최근의 조롱이 소위 '예술 엘리트'로 불리는 사람들에게만 향한다는 것은 이상합니다. 비판의 본질을 축약하면 다음과 같습니다. 자기 자신에게만 몰두하는 소수의 예술가들과 자기의 작은 울타리에 갇혀 버린 열정적인 지식인들이 있는데, 이들은 일반 시민들은 잠시도 쉬지 않고 일해야 겨우 만져 볼 수 있는 돈을 한순간에 펑펑 써 댄다는 겁니다. 이들의 작품은 난해하고, 고의적으로 접근하기 어렵게 만들어 놓았으며, 심지어는 대부분 역겨울 정도로 불쾌하기까지 합니다. 사회에 기여하는 바는 하나도 없으면서 고마운 줄도 모르는 이 오만한 집단을 이참에 완전히 뿌리 뽑아야 한다는 겁니다.

예술 엘리트에 대한 공격은 19세기부터 계속되어 왔습니다. 하지만 공격하는 사람들을 두고 이들이 모든 것을 너무 어렵다고만 생각하고 무턱대고 거부하는 것이라고 여긴다면, 이는 지나친 단순화의 오류입니다. 그런 사람은 존재하지 않으며, 존재한 적도 없습니다. 그리고 세상에는 충분히, 잘 설명하기만 한다면 그렇게까지 어려운 일이 많지도 않습니다.

우리는 공연예술 축제를 조직한답시고 으스댑니다. 그 일을 해낼 역량, 실력, 지식을 갖추고 있다고 자처합니다. 또 이 일에 세금을 할당하는 것이 당연하다고 허세를 부리고 있습니다. 이 터무니없는 주장을 정당화할 근거는 무엇일까요? 우리는 오늘날 우리 사회에 예술, 특히 공연예술처럼 당연하지 않고, 저항적이며, 섬세하고 연약한 예술이 필요하다고 확신합니다. 굶주린 자에게 빵이 필요하고, 사막의 여행자에게 물이 필요한 것처럼 말입니다.

이곳에서 축제를 개최하기로 한 것은 숙고 끝에
의도적으로 내린 선택입니다. 브뤼셀은 유럽의 수도일 뿐만
아니라 유럽에서 부유한 국가 중 하나인 벨기에의 도시입니다.
우리는 엄청난 특권을 가진 이 유럽의 도시가 자신의
공간에서 전 세계를 받아들이고, 관찰하고, 탐구하고, 조사하기를
원합니다. 바로 우리처럼 넘쳐나는 부의 이면에 항상 존재했던
안일함, 자만심, 맹목에 대한 균형추 구실을 하기 위해서입니다.
그렇기에 더더욱 유럽의 수도인 브뤼셀이 이상적인 장소라고
확신합니다.

그렇다면 대규모 국제 경제 콘퍼런스를 개최하는 방법을
택하지 않은 이유는 뭘까요? 브라질의 포르투알레그리처럼
말이죠. 그 이유는 예술이 바로 이곳 브뤼셀을 안전지대이자
피난처로 선점했기 때문입니다. 오직 이해타산으로 돌아가는
오늘날의 사회에서 브뤼셀의 예술가들은 예외적으로 자기
작품에 전념할 수 있는 전대미문의 호사를 얻어 냈습니다.
어느 면으로 봐도 당장 유용하거나 수익성이 있는 것은
아니지만 이 예술가들의 작품은 지금까지 우리가 묵과했거나
간과했던 질문과 요구를 제기합니다. 이런 그들의 작업은
국가의 지원으로 실현될 수 있었고, 그렇기에 납세자 여러분께
무한히 감사드립니다.

다시 브뤼셀과 벨기에 이야기로 돌아가 봅시다. 브뤼셀은
우체국, 시청, 세금 양식, 도로 표지판 등 일상의 아주 작은
부분에서까지 서로 다른 두 언어와 문화를 공식적으로
수용하려고 노력하는 유럽 연합의 마지막 도시 중 하나입니다.
대단히 우아하거나 거창하지는 않지만, 수십 개의 문화와
언어가 함께 살아가는 법을 배워야 하는 유럽에서는 중요한
노력입니다.

이 도시의 지식인들과 예술 엘리트들은 두 집단 사이에
만연한 정치적 갈등에도 불구하고 이들의 서로 다른 언어와
문화 사이에 다리를 놓으려고 합니다. 이는 문명화된 공존을
위해 꼭 필요한 일이지요. 이러한 소망을 '엘리트주의'라고
폄훼하는 사람들은 뭔가를 착각하고 있거나, 악의적으로
행동하는 겁니다. 그들은 다층적이고, 유쾌하며, 복잡다단하고,

언제나 놀라움과 감동을 주는 이 브뤼셀의 정체성이 브뤼셀 출신이든 아니든, 브뤼셀에 거주하고 있는 시민들에게 얼마나 소중하고 가치 있는 것인지 모르는 것이 틀림없습니다. 그들은 이렇게 매일매일 거리에서 만날 수 있는 이 정신을 예술가들이 조금 더 빠르게, 더 완전하게, 그리고 더 설득력 있게 표현할 수 있다는 사실을 알려고 하지 않습니다.

벨기에를 포함해서 모든 문명화된 사회는 불편한 질문을 던지는 사람들을 위해 어떤 형태로든 작은 피난처를 남겨 두어야 합니다. 우리 같은 사회에서는 이러한 일이 세금의 아주 작은 일부를 예술에 할당하는 것만으로도 가능해집니다. 특정한 결과를 도출하기 위해 의도적인 질문을 하지 않고도 말입니다. 한 사회가 예술에 투자하고자 하는 정도와 방식은 아무리 다면적이더라도, 그 사회가 가장 중요하게 여기는 핵심 가치를 반영합니다. 우리가 살고 있는 이 사회는 불편한 대위법 없이 존재할 수 없다고 확신합니다. 예술이 이러한 역할을 수행할 수 있을 뿐만 아니라 그렇게 해야 할 의무가 있다고 확신합니다.

이 글은 2005년 3월 17일 브뤼셀에서 열린 기자회견에서 쿤스텐페스티발데자르(Kunsten-festivaldesarts)의 예술 감독 프리 레이선이 낭독했던 것으로, 이후 프랑스 종합 문화 잡지 『무브망』(Mouvement)에 게재되었다. 쿤스텐페스티발데자르는 세계에서 가장 전위적이고 실험적인 예술 축제로 세계 공연예술계의 프로그래머들이 참고하는 영향력 있는 축제다. 축제 명칭에서 그 특징이 잘 나타나듯이 벨기에 플랑드르 지역(네덜란드어 사용)과 왈로니아 지역(프랑스어 사용) 사람들의 언어적, 문화적, 갈등과 모순을 예술적 방식으로 승화하고 서로 간의 균열과 다양성을 이해하자는 것이 축제 창설의 동력이 되었고, 자국을 넘어 전 세계 동시대 예술의 다양성과 소통을 위한 장이 되었다. 이 축제를 창설한 프리 레이선은 기존의 미학적 규범과 유럽 중심주의를 뛰어넘는 다양한 비전들을 적극적으로 대변한 공로를 인정받아 2014년 문화 예술계의 노벨상이라 불리는 에라스뮈스상을 수상했다.

"브뤼셀에서 열리는 쿤스텐페스티발데자르는 동시대성과 국제성을 추구하는 확고한 프로그램으로 불과 몇 년 사이에 합당한 명성을 얻었다. 하지만 이런 성공에도 불구하고, 쿤스텐페스티발데자르를 엘리트주의적이라고 비난하며 공공 기금 지원에 의문을 제기하는 정치권의 일부 목소리를 잠재우지는 못했다. 이러한 공격에 직면한 예술 감독 프리 레이선과 두 명의 이사장(마리옹 헨츨 · 헤이르트 판이스텐달)은 다른 분야에서와 마찬가지로 예술에도 '엘리트'가 존재할 수 있음을 부정하지 않는 글로 대응한다. 하지만 무엇보다 '당연하지 않고, 저항적이며, 섬세하고 연약한' 예술의 필요성을 강조한다. 이 글은 브뤼셀과 벨기에라는 특정 맥락에서 더 나아가, 유럽 전역에서 점점 더 빈번하게 등장하고 있는 예술에 대한 의심과 폄훼, 즉 예술이 대다수 사람과는 무관한 활동이 되어 가고 있다는 노골적인 비판에 맞설 수 있는 유용한 대응으로 보인다."(https://www.mouvement.net/il-ny-a-pas-delite-qui-vaille-dans-la-societe-lart-se-doit-detre-un-contrepoint-inquietant)

페이선, 콩스탕페스티발데자르 음적원 일동 | "그 자체로 가치 있는 엘리트란 없다. […]"

윌리엄 포사이스
김신우 옮김

> 사물은 그 이름에 의해 강력히 지배되지 않기 때문에,
> 더 나은 다른 이름을 찾을 수도 없다.
> ― 르네 마그리트

'안무'는 특이하고도 기만적인 개념이다. 그것이 묘사하는
과정이 그러하듯, 단어 자체가 교묘하고, 기민하며, 광적인
수준으로 통제 불가능하다. '안무'를 하나의 정의로 축소한다는
것은 그 메커니즘의 핵심에 대한 몰이해를 드러내는 것이다.
이전에 내려진 정의를 거부하고 개혁한다는 핵심 말이다.
　　그 자체로 '안무'라는 것은 없다. 적어도 어떤 보편성이나
기준을 대변하는 것으로 이해하려 한다면 그러하다. 이상적으로,
각각의 안무 시대는 확실성의 위치를 새롭게 규정하고
그로부터 자신을 이탈시킬 수 있는 인간의 능력을
입증함으로써, 무언가를 미리 규정하는 현현들에 저항해 왔다.
　　안무는 안무를 구성해 온 혁신들의 역사적 연속성과
씨름하는 도식적 체계다. 이러한 혁신은 목적 지향적인 지식
생산의 활동 장을 현현하게 하고 인식하게 해 주는, 그
자체로 진화하는 과정적 조건이다. 내 경험에 비추어 볼 때
― 마그리트가 사물과 언어의 관계에 대해서 제안하는
것처럼 ― 이 분야에 새로운 대체 용어들이 계속해서 도입되고
있다는 사실은, 이전까지는 명백하지 않았던 안무적 탐구의
측면을 드러낸다. 바로 이 지점이 안무적 과정의 진화와
인식의 핵심이다. 이처럼 여러 예술 실천의 영역을 가로지르는
용어적 이주를 금지하거나 제한하는 일은 아무런 목적도 없이
인위적으로 경계를 설정하는 것과 다름없다.

안무는 행위를 통해 행위를 이끌어 낸다. 즉, 방법을 이끌어 내는 방법이다. 안무는 예외가 지배하는 문법 규칙의 환경을 제안하며, 과거의 정의를 연속적으로 폐위하는 행위와 연루된 모순적 상태 속에서 존재한다. 안무의 복잡하게 뒤얽힌 지구적 역사는 특정한 현현의 모델을 더 선호하지 않는 과정적 가치의 모범적 생태계를 제시한다.

안무와 춤은 서로 너무나 다른 별개의 실천이다.

안무와 춤이 일치하는 경우에 안무는 춤을 추고자 하는 욕망의 분출 경로로 기능한다. 그렇기에 혹자는 안무적 경험의 본질은 오직 신체에 머무른다고 가정할 수 있을 것이다. 하지만 안무가 신체를 빼놓고, 이를테면 '안무적 사물'을 통해서 자신의 원칙에 대한 자율적인 표현을 생성할 수는 없을까?

내 질문은 서구 문화에서 — 특히 춤이라는 — 신체적 실천의 위상에 관한 실제적이고 광범위한 경험에서 출발한다. 수 세기에 걸쳐 움직이는 몸, 존재의 기적임에 분명한 이 움직이는 몸에 대한 인식은 날것의 감각 영역으로 절하되어 왔다. 간단한 질문만으로 이와 같은 절하의 기제에서 벗어나 대안적인 지식 생산의 장을 상상하는 것이 가능할까? 신체적으로 촉발된 지식이 몸 외에 기거할 수 있는 곳은 어디일까?

안무적 사물은 그 특성상, 어떤 특정한 부류의 수신자를 우선순위에 두지 않으면서, 아주 넓은 폭의 매개되지 않은 지각적 자극에 열려 있다. 이 사물들은 움직임을 활성화하고 조직하는 근본적인 층위를 따로 분리해 낼 수 있는 특수한 물리적 환경을 예시한다. 이 사물들은 몸에 일련의 과정을 촉발하는데, 체험을 통해 학습하고 예측하는 우리의 역량, 선호하는 신체적, 정신적 결과값을 도출할 확률을 높이기 위해 끊임없이 작동하는 이 역량에 값을 입력할 수 있도록 몸을 준비시키는 것이다. 안무적 사물의 주요한 특징은, 누구든 참여하는 이가 특정한 행동 도식 체계 안에서 자기 자신을 예리하게 자각하게 되는 지식 생산의 형태를 그 결과값으로 지향한다는 점이다.

안무적 실천의 진화 단계 중 지금, 이 시점에서 도움이 되는 것은, 안무적 아이디어의 추상화된 현현과 그것이 구현된 역사적 형태를 구분하는 것이다. 이러한 제스처는 전통에 대한 비판에서 비롯된 것이 아니라, 이러한 행위들에 담겨 있는 개념의 조건을 바꾸고, 그 조건이 고유하고 비정형적인 것으로 드러날 수 있게 노력하는 것이다. 과거에는 신체적 개념이 언제나 매개된, 지각적 표현에 구속되는 것으로 여겨졌지만, 이제는 그러한 개념이 자신의 주제를 사용자에게 직접, 체계적으로 표현하는 사물에도 머무를 수 있다는 사실이 받아들여지고 있다.

　　따라서 안무적 사물이라는 용어는 행위 기반 지식의 잠재적 조직과 촉발을 이해할 수 있는 장소들을 식별하기 위한 범주화 도구로 도입되었다. 이 도구를 통해서 볼 때, 안무적 사유가 더욱 광범위한 영역의 예술적 실천 속에서 확산하고 있는 현상이 더욱 돋보일 수 있다.

「안무적 사물」은 2005년경 처음 발표되었으나, 최근 수정되어 다시 발표되었다. 이 글은 수정된 버전으로 2023년 옵/신 페스티벌 프로그램 책에 게재되었다.
　　1976년 첫 안무작을 발표한 이후 전통 발레의 움직임과 원리로부터 신체를 탐구하기 위한 사유의 단서들을 모색해 온 윌리엄 포사이스는 2004년에 프랑크푸르트 발레단 예술 감독으로서 20년 임기를 마친 후 자신의 무용단을 기반으로 과감하고 다층적인 실험을 확장해 왔다. 발레 무용수 시절부터 움직임의 중심을 몸 전체에 분산시키는 방법론을 개척해 온 그가 2005년 이후 펼쳐낸 일련의 실험들은 '안무적 사물'이라는 방법론적인 개념으로 함축된다. 이는 근대 무용이 중시했던 정서의 재현이나 내면의 동기로부터 무용을 해방시키며 언어를 포함하는 움직임의 물리적, 심리적, 개념적 조건들을 새로이 편성하는 방법론이다.

우리는 왜 움직이는가?

서현석

당신은 아마도 차례에서 윌리엄 포사이스의 이름을 찾고, 그에 해당하는 지면으로 책장을 훌훌 넘긴다. 사진을 훑어보고, 글을 따라 눈을 움직이며 내용을 해독해 간다. 어쩌면 몸은 의자에 편히 기댄 채 거의 움직이지 않고 있다. 입에서 가벼운 숨이 오가고, 눈동자는 활자의 결을 따라 좌우로 움직인다. 책장을 넘기기 전의 손가락에 혀가 침을 묻힐 수도 있다. 책의 구조는 몸의 움직임을 결정한다. 책을 손에 쥐고, 페이지를 넘기고, 눈동자를 움직이는 일련의 신체 작용은 책의 특정한 형태에 기인한다.

윌리엄 포사이스의 용어를 빌리자면, 당신의 신체로 인해 이 책은 '안무적 사물'이 된다.[1] 우리는 일상에서 수많은 '안무적 사물'과 상호 작용한다. 안무적 사물은 신체의 특정한 움직임을 유발하는 외부의 동기다. 몸은 세계에 관한 언어적 이해(sense)에 이르는 절대적 조건이자 경로다.

무용수의 몸

포사이스는 오늘날 가장 혁신적인 안무가다. 전통과 형식에 충실하면서도 발상의 파격을 무용수의 몸에 부여했다. 배꼽 아래의 몸의 중심을 여러 부위로 옮김으로써 발레의 견고함을 분산시키고, 움직임의 방향을 설정하는 좌표를 위상 이동시켰다. 솔로이스트의 헤게모니를 제거하고, 안무가의 권위를 동등한 참여를 기반으로 하는 공동 워크숍으로 대체했다. 그것은 전통의 근본과 신체의 원리를 '파괴'하는 것이 아닌, 재고하고 재창출하는 방식이었다. 그가 '해체'(deconstruction)라 부르는 것은 근원에 대한 사유다. 창조로서의 기본에 대한 접근이다.

포사이스에게 지난 10년은 새로운 지평을 향한 대범하고도 사려 깊은 약진의 시간이었다. 그 활력은 공간과 신체에 관한 사유다. 아니, 이 문제의식은 1984년 프랑크푸르트 발레단을 이끌기 시작할 때 이미 촉발되었고, 본격적으로 구체화된 것은 프랑크푸르트 발레단에서의 20년간 임기가 끝나고 자신의 컴퍼니를 이끌면서부터다. 그가 '안무적 사물'이라 부르는 일련의 프로젝트는 극장의 물리적 한계를 벗어나 관객의 감각을 재발명하는 시도다. 포사이스 컴퍼니[2]의 신체는 발레에서 근대 무용에 이르기까지 하나의 헤게모니로 집행됐던 '내면적 동기'나 '정서'의 '재현'에서 자유롭다. '안무'는 언어와 감각의 영역으로 확장됨으로써 직관과 신체로 국한된 태생을 극복한다. 안무적 사물은 추진력이자 방법론이며, 관점이자 진화의 궤적이다. 「덧셈의 역원」에서 무용수는 실오라기나 드라이아이스와 같은 유연하고 무정형적인 '안무적 사물'과 교류한다. 관객의 움직임에 따라 달라지기도 하는 드라이아이스의 형국은 무용수와의 교감에도 파장을 일으킨다. 「헤테로토피아」에서는 무용수가 무한 증식하다 만 듯한 테이블이나 정육면체의 알파벳 블록 등의 물성으로부터 언어적 소통을, 혹은 그 결핍을 즉각적으로 체득한다. 무용수는 분할된 공간을 오가며 군무로 취합될 수 없는 사적인 움직임으로 파편적인 세계관을 체화한다.

포사이스에게 안무란 "주변 환경으로부터의 온갖 신호를 끊임없이 해독하는 총체적 디자인으로서 신체를 인식"하는 과정이다.[3] 그것은 예술 형식을 성립하게 하는 기본적 조건에 새로운 발상을 이식해, 예술 행위를 새롭게 갱신하고 그를 매개로 사유의 차원 이동을 이루는 과정이다. 포사이스는 자문한다. "현재에는 감각적인 표현에 귀속된 것으로 여겨지는 발상이, 견고하면서도 이해 가능한 또 다른 상태로 존재할 수 있을까?"

태어나면서부터 앞을 볼 수 없던 한 사람이 오직 손으로 사물을 만짐으로써 대상을 인식하는 방법을 터득했다. 그는 촉각으로만 직육면체와 구를 구별한다. 만약 그가 갑자기 시각을 갖게 된다면, 눈앞에 놓인 직육면체와 구를 만지지 않고 순전히 시각으로만 알아볼 수 있을까?

이른바 '몰리뇌 문제'[4]로 알려진 이 18세기의 논의는 19세기에 걸쳐 감각과 인식에 관한 생리학적 논쟁을 불러일으켰다. 데카르트에서 칸트로 이어지는 철학적 난제는 몰리뇌 문제가 야기한 감각의 문제로 그 중요성이 대변된다. 조너선 크래리[5]는 이 문제의 생리학적 해법이나 철학적 성찰이 무엇이든 간에, 이런 문제가 대두한 것 자체가 인간의 감각이 분화되기 시작했음을 그대로 보여 준다고 말한다. 이 화두의 중요성은 기본 전제에 내재한다. 모더니즘의 '순수 시각'에 관한 집착은 몰리뇌 문제에서 그 단초를 드러낸다.

우리는 사물을 인식할 때 모든 감각을 활용한다. 각기 감각은 상호 작용하고 중첩된다. 콜라 캔을 인식할 때, 촉각으로 느껴지는 재질의 느낌, 시각적인 형태와 색상, 그리고 콜라가 주는 청각적, 미각적 자극은 서로 어우러지고 교차한다. 크래리에 따르면, 르네상스까지만 하더라도 인간의 감각은 분화되지 않았다. 시각은 항상 촉각 등 다른 감각과 더불어 작동했다. 몰리뇌 문제는 18세기에 각 감각이 나뉘기 시작했음을 그대로 방증한다. 포사이스는 감각을 회복하고 주체와 대상의 분리를 극복하려는 오늘날 서구 철학의 비평적 관점과 문제의식을 공유한다. 안무적 사물이 인식시키는 것은 몸과 공간이 처한 "본질적으로 현상학적인 조건"이다. 감각은 언어와도 분리되지 않는 통합적 발상의 체계이다. 그가 극장을 벗어나 미술관으로 창작 영역을 넓힌 것은 이러한 '안무'를 위함이다. 극장이라는 공간적 관습이 관객과 무대 간의 분화를 유지함으로써 다른 감각으로부터 '시선'과 시선의 주체 및 대상을 분리한다면, 전시장은 감각을 통합하고 주체와 대상을 어우러지게 하는 잠재력을 가진다. 한국에서도 소개된 「흩어진

군중」,「추상적 도시」, 그리고 「사건의 진실」에서는 무용수가
아닌 관객이 스스로 신체와 공간의 관계를 재정립해야 하는
필요성에 직면한다. 전람되는 설치물은 거리감을 전제하는
유미적 시선에 봉사하는 대신, 공간에 관한 감각의 교감을
성립하는 특정한 조건으로서 작동한다. 부유하는 다양한 크기의
풍선들(「흩어진 군중」), 신체를 왜곡하는 디지털 스크린(「추상적
도시」), 그리고 천장에서 드리워진 링들(「사건의 진실」)은
공간에 관한 감각적 반응을 고요하게 뒤흔든다. 거꾸로 관객의
다양한 신체적 반응은 공간의 기능 자체에 변화를 가한다.
안무적 사물은 공간과 신체가 서로 재정의하도록 기능한다.
필리프 파레노의 「말풍선」(1997)이 전시 공간을 재구성함에도
여전히 눈과 언어로 해독되는 조형물로 남아 떠 있다면,
「추상적 도시」[6]의 풍선은 감각이 공간과 타협해야 하는
필요성을 갱신한다. 펠릭스 곤잘레스토레스[7]의 포스터나 사탕이
(니콜라 부리오[8]의 빈곤한 주장대로) 작품과 관객 간에
관계를 발생시키고 자본주의 관계에 간극을 창출한다면,
포사이스의 안무적 사물은 그러한 관계의 발생이 신체와
감각에서 출발해야 함을 피력한다. 관객이 바닥의 포스터를
주워 말거나 사탕을 취하기 위해 이행해야 하는 물리적
타협이 포사이스에게는 그 물건을 취득하는 행위의 정치적
의미보다 더 중요한 변혁의 출발점이다. 미술품의 의미를
해독해야 하는 '관객'이 세계와 물리적으로 어우러지는 감각의
실체가 된다는 것. "세계에 던져진다"는 것. 하이데거의 책
속이 아니라, 몸 그 자체로서, 이해(sense)는 곧 감각
(sense)이다. 여기에 존재론적 궁핍은 없다.

안무, 세계에 던져지다

공간과 신체에 관한 포사이스의 변혁적 태도는 안무의 진화를
의미한다. 그러한 맥락에서 (포사이스의 말대로) 안무는
'무용'과 별개다. 안무의 진화를 의미하기 이전에, 감각과
신체를 갱신하려는 동시대의 사명감은 예술의 궤적에 합쳐진다.

공간은 미리 주어지는 것이 아니라 감각의 해석에 따라 생겨나는 것이며, 감각은 공간의 조건에 따라 작동한다. 공간과 감각은 분리되지 않는다. 몸은 세계를 만들어 간다. 몸은 스스로 주조한다.

결국 예술이 중요한 이유는 이미 존재하는 세계를 이해하려는 의지 때문이 아니다. 예술은 세계를 반영하거나 모사하지 않는다. 예술은 곧 세계를 만들어 낸다. 그리고 감각을 만들어 낸다. 세계와 예술은 서로 성립하는 창발적 관계로 맺어진 감각체들이다. 이러한 세계관 / 예술관은 발상의 확장을 위한 기반이 된다. 확장된 발상을, 발상의 확장을 구현하는 것이 곧 안무다. 안무는 감각을 통합하고, 신체와 세계를 융합하는 방법론이다. 확장적 발상으로서 '안무'가 갖는 예술적 풍성함은 개념적 유희로 남지 않고 몸의 즐거움으로 환원됨에 있다. (포사이스는 늘 신체의 움직임에 몰두했고, 쉰이 넘었음에도 여전히 춤을 즐긴다.) 포사이스의 '안무'가 빛을 발하는 것은 개념의 화려함 때문이 아니라 감각의 유효한 즉물성 때문이다. 움직임의 즐거움에 미학적 궁핍은 없다.

이 글은 『아트인컬처』 2013년 4월 호(에이엠아트)에 게재되었다.

1 윌리엄 포사이스에 따르면, '안무적 사물'은 상상할 수 있는 모든 공간에서, 어떠한 상태로부터 다른 상태로 변할 수 있는 잠재적인 변화의 가능성을 내포한 모델을 뜻한다. 이는 '악보'의 음표가 음악으로 전환되는 과정과 유사하다. 악보는 악기 연주라는 행위를 유발할 수 있는 잠재 상태. 악보에 따라 악기를 연주할 때 시각적인 것에서 청각적인 것으로, 즉 신체를 거쳐 한 감각에서 다른 감각으로 전환된다. 이처럼 안무적 사물에서 '신체'는 주변 환경의 모든 신호를 끊임없이 해독하는 총체적인 디자인이다. 그것은 신체의 대체물이 아니라, 동작을 발생시키고 구성하는 잠재적인 경로를 이해하게 해 주는 대안적인 영역이다.

2 윌리엄 포사이스가 2005년 설립한 무용단. 드레스덴과 프랑크푸르트를 거점으로 음악가, 디자이너, 건축가, 비디오 아티스트 등과 협업해 퍼포먼스, 설치, 영화, 교육 자료 등을 제작하고 있다.

3 윌리엄 포사이스, 「안무적 사물」, 유연희 옮김, 『옵.신』 1호(스펙터 프레스, 2011), 65.

4 시각장애인이 의학적 시술로 급작스럽게 시력을 회복하는 현상에 관한 철학적 사고실험. 윌리엄 몰리뉴가 존 로크의 『인간지성론』을 참조해 창안했다.

5 컬럼비아대학교 현대미술이론 교수, 비평가. 시각성의 문제를 탐구한 『관찰자의 기술: 19세기의 시각과 근대성』, 『지각의 유예: 주의, 스펙터클, 현대 문화』 등의 저서로 명성을 얻었다.

6 인터랙티브 비디오 설치 작품. 이 작품에서 안무는 다른 예술 형태로 변화한다. 스크린

옆에 설치한 카메라는 관객과 주변 풍경을 녹화하고, 컴퓨터는 이 이미지를 전송받아 실시간으로 변형시켜 다시 스크린에 투사한다. 작품 앞에 선 관객은 마치 유령처럼 흔들리거나 부드럽게 춤을 추는 듯한 경험을 하게 된다. 백남준아트센터 개관 페스티벌 『나우 점프』(2008) 출품작.

7 쿠바 출생 미국 작가. 전구, 시계, 종이 더미, 사탕 더미 등을 이용한 미니멀리즘 설치와 조각으로 알려져 있다. 그의 작품은 삶의 보편적 정서를 예술의 범주로 끌어들이면서 사회 정치적 이슈와 미학적 개념을 두루 포괄한다. 1996년 에이즈 합병증으로 38세의 짧은 생을 마감했다.

8 프랑스 파리 에콜 데 보자르의 디렉터였고, 팔레 드 도쿄 공동 설립자이자 1999년부터 2006년까지 공동 감독이었다. 이후 테이트 브리튼에서 2008년부터 2010년까지 큐레이터로 활동하며 제4회 테이트 트리엔날레를 기획했다. 사람 사이의 관계와 사회적 맥락에 초점을 둔 예술적 활동을 분석한 저서 『관계의 미학』으로 잘 알려졌다.

게랄트 지크문트, 플로리안 말자허, 옌스 로젤트,
미리암 드라이세, 한스티스 레만
서현석 옮김

리미니 프로토콜의 작품은 일반적으로 '다큐멘터리 연극'이라
불린다. (전문 배우가 아닌) 일상 속의 사람들이, 그들의
표현을 빌리자면 '일상의 전문가들'이 등장하여, 자신의
이야기들을 말하고 서로와 상호작용을 일으키기 때문이다.
슈테판 케기에 따르면, 연극은 "요양소"가 아니라 "박물관"이다.
박물관이 그러하듯, '일상의 전문가들'의 발화는 우리가 보고
들을 수 있도록, 그리고 기억할 수 있도록, 해설도 없이
직접적으로 전람된다.

　　리미니 프로토콜은 대중을 훈계하는 도덕적인 계몽자로서의
연극, 관객에게 책임감을 전가하는 연극을 부정한다. 관객을
어린아이 취급하는 것은 용납되지 않는다. 그들은 저널리스트나
다큐멘터리 감독처럼 진짜 목소리를 찾는다. 아르헨티나의
잡역부, 바젤의 미니어처 기차 모델 조립가, 벨기에의 연설
작가, 취리히의 심장 전문의 등 실존하는 사람들을 경청하고
('프로토콜'을) 기록한다. 작업 과정에서 그들이 맡는 역할은
연출가보다는 관객의 위치에 가까울 지경이다. 이야기는 이미
발생한 상태다. 문맥을 부여하고 선택하고 집중하는 것이
그들의 일이다. 관객이 자신들만의 해석적 현미경으로 관찰할
수 있도록 말이다.

　　다르게 말하자면, '허구'(fiction)란 '환영'(illusion)과 다른
개념이다. 허구가 모사에 대한 동의를 기반으로 한다면, 환영은
재현이 대상과 균질적으로 일치한다는 환상적 믿음에 의존한다.
리미니 프로토콜은 상상적인 것을 무대화하는 개념 자체에
급진적인 변혁을 가했다. 그들이 모사하는 텔레비전의 토크쇼가
실제 방송되는 토크쇼와 근본적으로 다른 지점이 이것이다.

실제 텔레비전 프로그램은 '사실'이기를 고집하며 이에
'환영적으로' 의존하지만, (리미니 프로토콜이 지향하는)
'허구'라는 것은 용인된 사실과 그것을 체험하는 나의 방식
간에 명백한 차이가 존재하고 유지됨을 알린다.
　　연극에서 기표와 기의 간에 균열이 생길 때, 용인된
사실과 체험을 연결하는 고리가 느슨해지고 다른 가능성들을
받아들이기 시작할 때, 기억의 기능이 작동된다. 한스티스
레만의 말대로 전통적인 드라마가 외부를 단절시키고 내부의
구조에 폐쇄적인 견고함을 부여한다면, 리미니 프로토콜의
작품은 그 경계를 소각시킨다. 허구에 대한 의구심은 곧
관객이 '역사적 사실'을 체험하는 경로가 된다.
— 게랄트 지크문트

이리저리 짝지어 공동 작업을 해 오던 연출가들이 만든 작품
「도이칠란트 2」가 독일 세계 연극제에 초청되었을 때
페스티벌의 디렉터가 당장 단체명을 내놓으라 요구했다. 그들은
언젠가 만났던 한 술집 시인에게 급하게 의뢰했다. 시인은
이들의 이름 약자를 따서 시를 한 편 지어 주었지만 별
도움이 되지 못했고, 네 사람은 '헤르포르더 영수증'이라는
시의 제목을 이리저리 변형시키기 시작했다. 밤늦도록 이어진
고민과 토론은 하나의 이름으로 마무리되었다. 아무도 모르는
'헤르포르더'라는 지명보다는 독일인들에게 인기 있는
관광지이면서도 제노아의 반세계화 집회도 연상되는 이름이
적절하다는 결론이었다.[1] 그리하여 '리미니 프로토콜'의
공식적인 역사가 시작되었다.
　　이름을 정하는 과정에 적용된 (실질적인 필요성에 의한)
즉흥적인 실용주의는 지금까지 이 극단이 스스로를 이해하는
방식이기도 하다. 정치적 이념이나 거창한 개념을 내세우지
않는, 거의 사업 경영에 가까운 그런 결탁이 곧 그들이
나누는 우정과 창작의 즐거움이다. '리미니 프로토콜'은
효율적이고 실질적인 소통 내지는 네트워크를 가동시키는
브랜드 이름인 셈이다. 공식적인 선언문도 없이 모든 활동을
아우르는 우산 같은 틀이다. 특정하게 정해진 역할도 없는,

동등한 구성원들의 조합일 뿐인 것이 이들의 조직력이다.
이것이 한 명의 디렉터를 중심으로 조직, 운영되는 여타
극단들과 다른 점이다.

그들은 (기존 독일 연극의 전체적인 지형이기도 했던)
재현의 함정에서 어떻게든 벗어나야만 했다. 그것이야말로
연극이 앓아 온 모든 지병의 일차적인 근원이었다. 벗어던져야
했다. 관객을 기쁘게 하는 모든 것, 관객이 원하는 것, 눈에만
봉사하는 시각 효과나 피상적인 볼거리, 사유를 망각하게 하는
진부한 드라마투르기의 관습을.
— 플로리안 말자허

어떤 관객이라도 알아채는 사실이지만, 리미니 프로토콜의
작품에 등장하는 배우들은 전문적인 '직업' 배우가 아니다.
그들은 연기 수업을 받은 적도 없고, 오디션을 치른 적도
없으며, 무대에 서는 일로 생계를 꾸리지도 않는다. 하지만
생각해 보라. 역사적으로 볼 때 '직업 배우'라는 개념 자체가
생겨난 건 아주 최근의 일이 아닌가. 학구적이고 국가적인
차원에서 연기 훈련 과정을 만든 것만 하더라도 20세기의
시대적인 현상일 뿐이다.

리미니 프로토콜의 작업에서 정말로 중요해지는 건 프로와
아마추어, 혹은 '실제' 인물과 '허구적' 인물의 차이가 아니다.
중요한 건 '완벽'과 '비완벽'의 차이다. 완성을 지향함은 곧
'완결' 내지는 자율적인 통일체, 혹은 독립적인 완전함을
지시한다. '완벽'이란 따라서 언제나 전통적인 사회규범의 틀과
가치판단의 기준에 종속될 수밖에 없는 개념이다. '비완벽'의
미학은 '완결성'이라는 신화를 폐기 처분할 뿐 아니라,
연기자의 최종적인 최고 수준에 입각하여 연출을 하는 접근
방식 그 자체를 통째로 부정한다. 이런 작품들은 대신 부조화,
모순, 다원성, 불완전함, 그리고 개방성을 추구한다. 전통 연극이
'표현'을 위한 숙련된 매체로서 인간의 육체를 정형한다면,
'완벽'의 연극은 신체의 한계와 부조화를 탐구하며 이들이
자연스럽게 체현되도록 유도한다.

이러한 방향성은 연기자가 극심한 부담을 느낄 때 극단적으로 발현된다. 연기자의 목소리가 피로로 갈라지는 순간, 혹은 연기자가 대사를 잊거나 제대로 전달하지 못하는 순간 등. 리미니 프로토콜의 '연기자'들은 통제된 기술 대신 그에 대한 몸의 저항감이나 반향을 보여 준다. 이로써 몸은 매체일 뿐 아니라 장애물이 되기도 한다. 무대 위의 '비완벽'은 전통적인 연기자가 이상으로 지향하는 신체에 대한 조절과 지배의 욕구를 비판한다.

— 옌스 로젤트

'환영'(illusion)이라는 단어의 어원은 '속이다', '가지고 놀다', '조롱하다' 등을 뜻하는 라틴어 동사 'illudere'이다. 부르주아의 환영적 연극 전통에서 '환영'은 속아 넘어갈 정도로 사실적인 재구성 혹은 무대 밖에 존재하는 현실의 '모조'를 의미한다. 환영적 연극에서 중요한 것은 '사실에 대한 전제'와 그를 기반으로 하는 작업 과정을 은폐하는 것이다.

리미니 프로토콜의 작품들은 지극히 '반환영적'이다. 무대 밖의 현실을 '재현'하는 것이 아니라, 현실이 무대 위로 올라온다. 그와 동시에 현실에 대한 거리감이 형성된다. 몰입에 대한 방해나 소외 혹은 장치의 노출 등이 브레히트적으로 이루어진다. 구성 요소들의 조합 방식은 퉁명스럽기 짝이 없으며, 이에 따라 균질적인 통일체의 완성에 대한 기대나 환영은 아예 배제된다. 그저 주관적이고 개별적인 소통의 지점들만 제공될 뿐이다. 내용 간의 연결점들이 제안되기는 하지만, 그러한 연결점들의 의미는 전적으로 관객 개인의 해석에 맡겨진다. 연기자들의 발화는 언제나 오직 관객을 앞에 두기 때문에 성립하는, 공적인 연설이나 발언으로서 성립된다. 무대 안의 허구에 갇힌 폐쇄된 대사는 거의 없다. 무대 위의 진술의 진위에 대한 의혹이 생기는 것은 바로 이러한 거리 두기의 효과이다. 이로써 사실은 '허구화'된다.

리미니 프로토콜의 작품은 '사실'을 ('재현'하지 않고) '형성'할 뿐 아니라, 형성되는 과정을 노출시킨다. 즉, 그것의 '사실'로서의 위상은 삭제되고, 동시에 '허구화' 과정이 시작된다.

'사실'과 '허구'를 구분하는 경계는 불안정해진다. 이를테면, 전기적인 일화나 회상들은 그것을 말하는 사람들에 직접 관계를 맺기 때문에 '사실'로서 다가오지만, 그것들은 또한 관객의 입장에서 보자면 존재론적인 일관성 없이 '공연'이라는 문맥에서 구두적으로 발생하기 때문에 '허구'로서의 성질을 갖게 된다. '진실성'을 보증하는 기호들, 그러니까 비전문적임을 노출시키는 연기의 불안정함이나 실수 따위는 무대 위의 상황이 연출된 것임을 밝히는 거리 두기 효과와 즉각적으로 맞물린다. 전기적인 발언은 그리하여 철저한 진실성과 자유로운 창작 사이에서 진동하는 상태로 전달된다.
— 미리암 드라이세

'사유'(thought), 즉 'theoria'는 언제나 어떤 형태로든 '보는'(looking-at) 행위와 불가분의 관계였다. 항상 '관점'이나 '인식' 혹은 '감별'에 의존한다. '이론'(theory)은 생각들의 상호 관계를 '눈앞에' 배열하는 과정이며, 이로써 '통찰력'(insight)을 구성한다. '이론'은 '연극'(theater)과 근원적으로 깊게 연관되어 있다.

리미니 프로토콜의 '연극'은 곧 '탐구' 그 자체이다. 이중적으로 그러하다. 먼저, 작품에 출연하는 연기자들부터 '발견'된 사람들이다. 양로원의 노인, 사춘기 소년, 경비원, 트럭 운전사 등등. (뒤샹에게서 시작된) '기성품'(readymade)의 역사적 맥을 연장하여, 리미니 프로토콜은 물건뿐 아니라 실존하는 '기성인'을 작품화한다. 이들과 함께 따라오는 것이 '지식' 혹은 '정보'이다. 또 다른 면의 '탐구'로서의 작품성은 사실이 공개되고, 투시되고, 조명됨에 있다. 리미니 프로토콜의 작품은 선험적인 사회학 연구이자, 연극적인 지식의 체계이며, 실존 인물이 활용된 설치 작품이다. 관객은 전달받는 내용의 진실성에 대한 스스로의 믿음에 의존하면서도, 동시에 이로써 모든 정보의 진위에 대한 냉철한 비판적 사고를 하게 된다.

이러한 접근 방식이 '연극'과는 너무 멀다고 생각하는 사람이 있다면, 드라마적인 내용을 서술하는 것이 곧 연극이라는 통념은 아주 최근에야 나타난 시대적인 현상임을

상기할 필요가 있다. 르네상스 시대만 하더라도 '연극'이라는
용어는 무한히 다양한 형태의 '보는' 행위를 일컫기 위해
사용되지 않았던가. '연극'이라 할 때 지칭되는 장소 역시
저택이나 정원의 건축적 외양을 포함하였고, 나아가서는
계단이나 분수로 구체화되기도 했다. '연극'은 '과학적 탐구의
대상이나 그에 대한 성찰'과 연관되기도 했다. 실로 '연극'은
곧 '사유'를 의미했다. 지식의 축적을 질서 정연한 방식으로
전람하는 행위가 곧 '연극'이었다. '일상적 현실에 관한
전문가들'의 경험과 생각으로 허구적 서사를 대체하는 리미니
프로토콜의 접근 방식은 결국 지극히 근원적이고 자연스러운
것이다.
— 한스티스 레만

이 글들은 『페스티벌 봄 2009』에 게재된 글로, 『Experts of the Everyday: The Theaters of Rimini Protokoll』, eds. Miriam Dreysse and Florian Malzacher (Berlin: Alexander Verlag Berlin, 2008)에 실린 논문들을 발췌, 편집한 것이다.

　　2000년 헬가르트 하우크, 슈테판 케기, 다니엘 베첼이 결성한 연극 컬렉티브 리미니 프로토콜은 독일인들에게 이국적인 휴양지로 알려진 이탈리아 지명('리미니')에 막연한 정치성('프로토콜')을 부여하는 유희적인 이름처럼, 일상적 현실의 역사성과 정치성을 탐구해 왔다. 작품의 발상과 연출을 연기 훈련을 받지 않은 다양한 사람들과의 대화에서 이끌어 내고 실재와 작위성의 긴장을 무대에서 중층화하는 방법론을 개발해 활용하고 있다. 사회학, 인류학, 역사학을 관통하는 이들만의 독보적인 연출 방식은 각본과 환영성을 기반으로 하는 기존 연극의 과감한 변혁을 모색하는 '포스트드라마 시어터'의 대표적인 방법론으로 거론되어 왔다.

1　'리미니 프로토콜'은 석유의 생산국과 소비국 사이의 분쟁을 막기 위해 지질학자 콜린 캠벨이 제안한 의정서이다.

제롬 벨
조효진 옮김

그래요, 제게 있어 무용수들이 그저 객체로 인식되는 것은
부정적인 일이고, 더는 옹호하기 힘든 상황이 되었어요. 바로
이런 이유로 2004년에 「베로니크 두아노」를 만든 때부터 제
모든 작품들이 해석자의 이름을 달고 있는 것이죠. 무슨
말이냐고요? 그들은 단지 해석하는 사람이 아니라 이 작품의
작가라는 뜻이에요. 「피쳇 클런천과 나」(2005)부터 이 시리즈의
공연용 프로그램 책에는 다음과 같은 문구를 적고 있어요.

> 콘셉트: 제롬 벨
> 피쳇 클런천과 제롬 벨의 작품
> 혹은
> 세드리크 앙드리외의 작품 등

베로니크 두아노의 경우에는 그저 이렇게 썼습니다.

> 해석: 베로니크 두아노

전 이걸 후회하고 있어요. 당시에는 제가 하는 작업의 성질을
깨닫지 못했거든요. 이 작품이 시리즈의 첫 작품이었으니까요.
    「루츠 푀르스터」(2009)와 「세드리크 앙드리외」에서 저는 한
걸음 더 나아가 저는 이들을 작가로 인정했고 그들과
저작권을 동등하게 나누었어요. 무용수들은 작업의 모든 면에
책임을 지고, 저는 제 이름으로 콘셉트를 제시하는 역할만을
수행하는 것이 제 이상이에요. 그들이 무용수로서 춤으로 된
주석을 달아 작품의 이야기를 끌어가고, 저는 그들이 안무

텍스트를 써내려 가는 과정에 아무런 관여도 하지 않는 형태죠. 저는 해석자들이 제 아이디어를 자기 것으로 만들어 자신만의 솔로 작품을 만들기를 바라요.

이 시리즈는 많은 것에서 영향을 받았지만 그중에서도 특정한 하나의 자각에서부터 비롯됐어요. 바로 제가 15년간 극단과 일하며 무용수가 대상화되는 방식을 깨닫게 된 일이죠. 「쇼는 계속되어야 한다」(2001)는 처음에 해석자 스물여덟 명이 출연한 작업이었어요. 나중에는 스무 명이 되었는데, 끔찍한 일이 일어났습니다. 짧았던 2주간의 리허설은 평화로웠어요. 모든 것이 순조로웠고, 콘셉트(재생되는 팝송에 맞춰 해석자들이 말 그대로 행동하는 콘셉트로, '렛츠 댄스'라는 곡에는 해석자들이 파티에 온 듯 춤을 추기 시작하고, '프라이빗 댄서'라는 곡에는 해석자 한 명이 홀로 춤을 추는 식이죠.) 또한 잘 구현되었으며, 이 작품이 만들어 내는 감각적 경험이 무척 제 마음에 들었어요. 모두가 만족했고 잘 따라와 주었지요. 어떤 무용수들은 저보다 앞서 장면과 곡에 대한 탁월한 아이디어를 제시하기도 했어요. 그러나 불행한 일이지만 반복되는 루틴, 지구 반대편을 도는 고단한 투어 일정, 또 저의 충동적이고 요령 없는 태도, 대중 공연을 올리는 일의 압박감(공연이 대중에게 잘 받아들여지지 않았거든요.) 등이 모두 어우러져 작업환경은 악화되기 시작했어요. 저는 점점 해석자들에게 빡빡하게 굴기 시작했고 결국은 그들을 객체로 대하게 되었어요. 그들에게서 거리를 두었죠. 상의도 없이 결정을 내리고는 제대로 설명하지 않은 채 무용수들에게 무대에서 할 일을 지시하기도 했어요. 그들을 지배하기 시작한 거예요... 거기에서 어떤 형태의 소외가 발생했고, 주로 제 행동에서 비롯된 것이었죠. 비록 해석자들도 이런 객체화에 동의하긴 했지만, 몇몇은 결국 문을 박차고 나갔죠. 푸코는 지배하는 사람과 지배당하는 사람 사이의 이런 현상에 대해 매우 명료한 분석을 제시한 적이 있어요.[1] 그래서 이런 시나리오를 반복하는 것을 피하기 위해 숙고한 끝에 저는 공연에 참여하는 주체들이 스스로 해석자가 될 수 있는 그런 프로젝트를 작업하기로 결정했어요. 나아가 공연마다

2009~2010 이후공간

단 하나의 해석자가 존재하기에 제가 그 한 사람에게 모든 주의를 기울일 수 있고, 「쇼는 계속되어야 한다」의 해석자들을 객체로 대했던 것처럼 그를 대하지 않도록 저 스스로를 '단속'할 수 있는 방식의 프로젝트 말이에요. 스무 명을 한 명이서 상대하는 것은 일대일로 작업하는 것보다 훨씬 더 복잡하더군요. 「쇼는 계속되어야 한다」에서 좋았던 점이 하나 있다면(!) 그것은 작품 안에서 이 상황 자체가 문제로 제시된다는 점이에요. 저의 사절로 등장한 디제이가 그룹을 상대로 혼자 공연하는 장면을 통해서요. 하지만 이제는 이 방식이 충분하다거나 만족스럽게 느껴지지 않아요.

이런 상황은 공연 자체가 이를 구성하는 개인들보다 더 중요한 것으로 여겨질 때 주로 발생합니다. 불과 몇 년 전까지만 해도 저도 이런 개탄스러운 인식 체계 속에서 작업했지만, 이제는 이것을 용납하기 어려워요. 저는 더 이상 이렇게 일할 수 없고, 무용수 또한 더 이상 저에게, '체제'에, 혹은 예술에 종속되어서는 안 됩니다. 예술은 우리의 도구일 뿐이지, 목표가 아니에요. 저의 목표는 가능한 한 최대치의 해방을 향해 나아가는 과정에서 특정한 문화적 구성 (자본주의적 문화 산업, 무용 아카데미즘 등)을 특징짓는 소외의 과정을 밝혀 보여 주는 거예요. 이런 솔로 작품들의 주체는 해석자 자신이기 때문에, 우리 사이에 형성되는 관계는 평등해질 수 있어요. 이런 점에서 가장 높은 성취를 이룬 작품은 피쳇 클런천과 함께 만든 작품이지만, 그는 무용수이면서 동시에 안무가였기 때문에 애초부터 우리는 동등한 위치에서 시작할 수 있었죠.

이것이 여태껏 제가 찾을 수 있었던 유일한 해결책이에요. 그리고 물론 이 해법에도 단점은 있습니다. 이런 솔로 중 두 작품은 결국 끝을 맺지 못했거든요. 앙겔라 빙클러(독일 출신 배우, 현재 베를리너 앙상블 소속)와 함께한 작품과 데이비드 홀버그(뉴욕의 아메리칸 발레 시어터 수석 무용수)와 함께한 작품인데, 우리(해석자와 저)가 이 작품에서 갖는 몫을 공정하게 설정하는 데 있어 끝끝내 알맞은 균형을 찾지 못했기 때문이에요.

데이비드은 「쇼는 계속되어야 한다」의 뉴욕 공연을 보러 왔었고, 제게 이메일로 자신이 얼마나 이 작품을 마음에 들어 했는지 말해 주었어요. 저는 데이비드을 몰랐기에 그를 검색해 보았는데, 그가 클래식발레계의 '스타'라는 걸 알고 굉장히 놀랐죠. 당신도 알다시피 대부분의 클래식발레 무용수들은 현대무용에 관심을 갖지 않거든요. 현대무용수들이 클래식발레에 관심을 잃는 것처럼요. 어쨌든 몇 번의 이메일을 주고받은 후 우리는 만났어요. 데이비드은 굉장히 호감이 가는 사람이었고 무척이나 지적이며 호기심이 왕성했죠.

그래서 우리는 '데이비드 홀버그'라는 작품을 시도했어요. 처음엔 모든 것이 순조로웠어요. 제가 이 질문을 하기 전까지는요. "왜 '수석 무용수'가 되었다고 생각해요?"

그의 대답은 이랬어요. "저는 재능이 있으니까요."

제가 그에게 재능이란 무엇이냐고 물어보자 그는 "타고난 것"이라고 말했어요. 타고난 것에는 의심이 끼어들 여지가 없죠. 그러나 그가 더 밝혀내지 못한 것, 아니 우리가 함께 더 밝혀내지 못한 것은 그러한 재능이 인식되는 실제 과정이었어요. '재능'이라는 단어 뒤에 감추어진 과정에는 어떤 것이 있을까요? 저는 우리가 소위 '재능'이라고 부르는 것을 인식하는 제도의 작동 방식을 보여 주고 싶었어요. 그리고 무엇보다 저는 누가 재능을 판단하는지(선생? 극단의 감독? 비평가?) 탐구하고 싶었죠. 어쨌든 우리는 결국 이 과정을 구조화해 내지 못했고, 저는 우리가 만족스러운 방식으로 이 작품을 완수하지 못하리라는 사실을 깨달았어요. 정말 아쉬운 일이죠. 데이비드가 피케 아라베스크 동작을 열다섯 번 정도 보여 주면서 왜 이 동작이 절대 완벽할 수 없는지 설명하는 환상적인 장면이 있었거든요. 그 장면은 제가 데이비드에게 전해 준 포사이스의 발언에서 탄생했어요. "발레는 실패에 관한 철학이다." 이 말은 "다시 시도하고, 다시 실패하라. 더 멋지게 실패하라."라는 베케트의 그 유명한 말에서 따온 것이었죠. 데이비드는 당시 갓 스물다섯 살이 되었으니, 저는 그가 마흔다섯이 되었을 때 우리가 멈췄던 부분에서부터 다시 시작하면 되겠다고 생각하며 스스로를 위로했어요. 그럼 우린 다음번에 더 멋지게 실패할 수 있겠죠. [...]

저는 이 경험들을 실패라고 생각하진 않아요. 이 예술가들과
함께 일한 것은 매혹적인 경험이었어요. 제 인생을 이렇게만
보낼 수 있다면, 우리가 지금 주고받는 것처럼 극과 춤에
대해 여러 사람과 토론하면서 보낼 수만 있다면, 제겐
그것으로도 충분할 거예요. 물론 이런 토론의 연장으로서 대중
공연을 올리는 일이 필수적이라는 사실을, 또 공연을 통해서만
저의 생각과 작업을 더 잘 이해할 수 있다는 사실을 알고
있지만요. 저는 항상 그 점에 놀라고 말아요. 왜 극장 안에서
수백 명의 관객들에 둘러싸인 채로 제 공연을 볼 때에야
제가 전하고자 한 것이 무엇인지를 더욱 잘 이해할 수 있게
될까요? 요약하자면, 제 작업을 통해 저는 가능한 한 가장
평등한 협상의 공간을 창출하려고 노력해요. 불행하게도 그것을
성취한 적은 없습니다. 하지만 저는 최선을 다해요. 반면
과거에는 이런 것을 전혀 고려해 보지 않았죠. 무용수와 저
사이에 평등함을 확고하게 위치시키는 일이 중요한 것은
이것이 무용수와 관객 사이의 평등함을 이끌어 내기
때문이에요. 제가 스스로의 권력, 즉 전통적으로 안무가(그리고
더 확장해 보면 작가)에게 부여되어 온 권력으로부터 해방될
수 있다면, 그리고 제가 무용수들과 함께 구현해 낸 해방의
장치가 효과적으로 작동한다면, 어쩌면 그 결과로서의 공연이
관객에게도 해방적인 경험이 될 것이라 믿어 볼 수 있지
않을까 싶어요.

얼마 전, 크리스토프 바블레[2]와 저는 함께 공유하고 있는 한
가지 생각에 대해 대화를 나누었어요. 바로 극은 한편으로 세
개의 요소(작가, 공연자, 관객)를 수반하는 구조에 기초하면서,
다른 한편으로는 주체들(그리고 여기에 동반하는 모든 정동과
이동)과 관계하는 극적 실천의 실재에 기반한다는 가정이지요.
그렇다면 작업이란 이런 극의 구조와 주체들의 정동 사이에서
적당한 균형을 찾는 일이에요. 이 말을 하니 제가 정말
좋아하는 작품의 제목이 생각나네요. 멜버른에 있는 안무가
친구 루시 게린의 공연 제목 '구조와 슬픔'(2006) 말이에요.

당신의 생각을 들려주세요. 제 말이 미친 소리 같나요? 제가
이런 문제들을 논의할 수 있는 사람들은 많지 않아요. 아마
그자비에 르루아(그는 '프로젝트'[2003]라는 작품으로 이런
문제를 다룬 바 있어요. 하지만 이런 문제가 그 작품에서
주요한 지분을 갖는다는 것, 즉, 무용수들이 스스로 안무의
규칙을 세웠기에 단 한 명의 안무가의 작품이 아니라는
것에는 소수만 주의를 기울였지요.), 그리고 우리가 아끼는
소중한 친구 크리스토프 바블레 정도가 있겠군요.

　　우리가 이런 논의를 할 수 있다는 것은 멋진 일이에요.
당신은 거기 사막 위에, 저는 여기 섬 위에 있는데 말이죠...
어쨌든, 전 이제 해변으로 나가려 해요. 당신의 회신을
기다릴게요.

이 글은 두 안무가 제롬 벨과 보리스 샤르마츠가 서로의 작품에 대한 주요 개념과
자료를 공유한 1년간의 이메일 대담을 담은 책 『Emails 2009 – 2010』(Dijon: Les Presses
du Réel, 2013)에서 제롬 벨이 보리스 샤르마츠에게 쓴 이메일을 발췌, 편집한 것이다.
　　제롬 벨은 1964년생으로 프랑스 앙제 국립안무센터에 진학한 후 여러 안무가를
거치며 무용수로 활동했다. 1990년대부터 '모던'이라는 개념 아래 무용을 지배해 온
조형성으로부터 벗어나 무대에서 춤을 추고 객석에서 이를 바라보는 기본적인 조건과
동기들을 초기화하고 재편성하는 일련의 작품들을 선보였다. 무대 창작과 예술적 경험의
근간이 되는 사회적, 물리적, 역사적, 제도적 장치를 질문하면서, 인류학에 근접하는 그러한
태도와 방식 자체를 작품의 핵심으로 흡수했다. 아름다운 광경을 몸으로 보여 주거나
능력을 과시하는 무용수가 아니라 춤을 추는 이유나 정황으로부터, 과거의 작품들에 대해
발화하는 주체로서 무용수를 등장시키곤 하는 그의 작품 성향은 '농당스'라는 용어로
지칭되기도 하나, 실상 그의 작품은 무용을 거부하는 '비무용'이라기보다는 무용의 근원을
탐색하는 지성과 즐거움을 아우르는 무용의 찬양이자 충만한 향유에 가깝다. 이러한
메타적 발상의 궁극적 목표로서 벨은 무용의 해방, 관객의 해방을 지향한다.

1　Michel Foucault, 『Surveiller et punir』(Paris: Gallimard, 1975).
2　크리스토프 바블레는 프랑스 안무 분야에서 여러 공연에 참여했고, LiFe(Lieu
　　international des formes émergentes)의 예술 감독을 역임했다. 비평가이자 큐레이터로서
　　예술학교에서 학생들을 가르치고 있으며 특히 담론을 우선순위에 두는 예술 프로젝트에
　　관심이 많다.

로메오 카스텔루치
이경후 옮김

60 프리, 당신은 쿤스텐페스티발데자르와 함께 ─ 이는 당신의
탁월한 창조물 가운데 하나죠 ─ 관객들에게 사유의 기회,
본다는 행위를 성찰하고 그 행위 자체를 바라볼 수 있는
기회, 그리고 우리 시대 이미지들의 복잡성을 관람한다는 것의
의미를 깊이 인식할 기회를 선사해 주었습니다. 당신은
수사학적인 확신, 문화적 보호막, 문헌적 지원도 없이 리서치를
수행했죠. 진실된 형식은 자신의 논리적 근거를 초월한다는
사실을 당신의 리서치는 이미 알고 있었기 때문입니다. 당신은
절대적 필요성을 지닌 연극이라는 개념을 장려해 왔는데,
이것은 결코 길들여지지 않는 미를 향하고 있습니다. 그것은
인간의 경험이 갖는 높이와 깊이를 묘사하기보다 끌어안습니다.
당신의 쿤스텐페스티발데자르는 응시의 시선에 소홀했던 당대의
관객에게, 예술가들이 우리 사회의 징후로 구성한 인공의
폐허를 보여 주었습니다. 당신은 연극을 우리가 바라보고,
비판하고, 결국 사랑할 가치가 있는 예술로 만들어 주었습니다.
당신은 아마 ─ 당신 성격을 잘 아니까요 ─ 자신의 역할을
과소평가하겠지만, 당신의 업적은 몇 세대 예술가들에게
끊임없는 영감의 원천이 되었다는 걸 알아 주셨으면 합니다.
      이제 이 자리에 계신 분들이 허락해 주신다면, 당신이
1999년 1월 제가 사는 체세나에 방문한 후에 보내 드렸던
긴 편지의 일부를 읽어 드리고 싶습니다. 이것은 우리의
예술적 우애를 보여 주는 작은 증거입니다. 그 당시 예술가,
평론가, 큐레이터들은 끝나지 않는 논쟁을 벌였죠. 다양한
이론에 대해 상당히 많은 논의가 이뤄졌습니다. 당신과 저는
미학의 윤리에 대해, 그리고 이미 규정된 채 젠체하는 연극의
틀을 벗어나려는 공통된 의지에 대해 긴 토론을 했습니다.

이 편지는 우리가 ― 지금은 없어진 ― 지아니스라는
식당에서 이른바 비전문 배우, 삶에 상처 입은 사람들,
길거리와 이질적 세계에서 온 이들과 협력하는 제 작업의
적절성에 대해 열띤 토론을 벌인 후에 보냈던 것입니다.
현실을 연극으로 치환할 때는 분명 다양한 의문과 문제가
제기되기도 합니다. 윤리적인 작업이었나? 윤리란 무엇인가?
미학은 무엇인가? 윤리와 미학의 연결성은 또 무엇인가?
우리는 유미주의라는 신조가 아니라 미학에 대해 이야기하고
있었습니다. 이런 질문들이 있었죠. 미학은 ― 잘못됐거나 불쾌한
미학일지라도 ― 절실한 윤리적 문제들을 제기할 수 있는가?
미학이 마음을 저릿하게 만들 수 있는가? 사람을 변화시킬
수 있는가? 우리의 물음들은 무언의 소견에 바탕하고
있었습니다. 즉, 창작의 길은 절대 홀로 가는 길이 아니라는
것입니다. 저에게 당신이 필요하다는 걸 저는 알았습니다.
우리는 '윤리'와 '미학'이라는 이름에 부응하는 거울과 같은
소명을 안고 있었죠.

1999년 1월, 체세나
나에게 영감을 주는 프리에게,

이 편지는 윤리와 미학의 관계에 대해 지아니스에서
시작했던 우리의 대화에 관한 것입니다. 몇 가지 사항을
덧붙이고 싶은데, 그러면 ― 아주 조금이라도 ― 제가
정신없이 설명하려던 내용이 정리가 될지도 모르겠습니다.
더 혼란스러워질지도 모르지만요. 만약 흔히 그렇듯
'윤리'의 의미가 시민사회에 옳은, 도덕적인, 성숙한,
사회적으로 올바른 것을 의식한다는 뜻이 될 경우
연극에서는, 또 예술에서는, 윤리적 과제를 추구하는 것이
극도로 어려워집니다. [...]
　　예술가의 임무는 미학적으로 문제적인 이미지를
구성하는 것입니다. 관객의 임무는 '보는' 것이며, 관객에게
개인적인 질문을 제기하는 도덕적 선택을 요청하는 것은
오로지 이 동사입니다. 우리가 현실을 바라본 결과가 곧

현실이 되는 것이며, 현실의 상이 왜곡되어 드러난 것이 연극입니다. 변형과 기형은 응시를 재구성하는 미학적 행위입니다. 진정으로 정치적인 주제란 소위 말하는 '시사 문제'가 아니라 본다는 행위입니다. 응시는 정치적이며, 응시의 윤리를 창출하는 일은 미학에 달려 있습니다. [...]

미는 공평하지 않습니다. 미는 논거나 이론을 갖지 않습니다. 미는 자신의 '오류'와 그 본질을 같이합니다. 우리가 존중하는 연극은 '그릇된' 장소, '오류'의 장소, 가르침을 주는 거짓말의 장소이며, 이것은 형식의 무게 아래서 응시를 구부려 응시를 재구성하는 능력을 가지고 있습니다. 친애하는 프리, 말이 충분치 않을 때, 말이 실패할 때, 인생의 스핑크스 앞에서 그 실패를 뛰어넘을 수 있는 것은 미학뿐입니다. [...]

당신의 귀중한 업적은 한없이 윤리적이며, 결국 이 도시 안에 미학적 기호를 생산해 냅니다. 의문의 여지가 없죠! 당신의 업적은 한마디로 연극을 하는 이들의 작업을 보완해 줍니다. 한 공연의 미학은, 작품을 고르고 지지하며 그 작품을 시공간 안에 위치시키고 필요한 지원을 통해 실현시키는 예술 감독의 윤리 없이는 무의미합니다. 결국 이 도시 안의 공연을 생각하는 사람.

당신의 벗,
로메오

베르트에게 안부 전해 주세요.

이 글은 1999년 로메오 카스텔루치가 프리 레이션에게 보낸 편지에서 시작된 것으로, 프리 레이션이 EFFE 어워드 2019~2020 평생공로상을 수상할 때 다시 사용된 카스텔루치의 연설문이다. 2019년 유럽 축제 연합(EFA, European Festivals Association) 웹사이트에 게재되었다(https://www.efa-aef.eu/media/9094-speech-castellucci-en.pdf).
1981년 창작 집단 '소치에타스 라파엘로 산치오'를 결성한 로메오 카스텔루치는 연극의 역사적 기원으로서 비극에 대한 탐색을 다각적인 방식으로 무대화해 왔다. 그에게 연극 무대는 규범과 질서에서 배제된 것들이 소환되고 가시화되는 제의적 공간이자

시간과 이성이 소각된 폐허다. 바로 이곳에서 인간 내면 깊숙하게 내재된 공포와 불안이
의뭉스러운 기호의 형태로 끌어올려지며 관객 앞에 비릿하게 던져진다. 때로는 산업화의
막대한 그림자처럼 무대를 어둡게 점령하는 기계장치들이 현대 문명의 어두운 무의식과
접선하고, 이를 통해 정체를 알 수 없는 거대 타자로서 신적 존재가 언어가 아닌
물성으로 현현한다. 문명 바깥으로 추방되었다가 돌아온 희생 염소처럼 그의 미장센은
선악의 가치 체계를 무화하고 숭고한 대상으로서 무대를 복원한다. 그것은 동시대가
상실해 가는 영적 기반에 무자비하게 팽개쳐지는 거대한 존재론적 물음표이기도 하다.

고주영, 구자하, 서영란, 정진새

‘페봄 키드’가 있다. 페스티벌 봄이 허무하게 막을 내리고 그
연결점으로 생각했던 국립아시아문화전당의 개관 1년차
프로그램이 끝나고 나서 비로소, 작업 현장에서, 동료
예술인과의 공적 인터뷰나 사적 대화의 끝에, 우리는 ‘페봄’을
언급했다. 누가 페봄을 더 많이 봤는지 겨루기도 하고,
우리에게 ‘페봄’은 대체 무엇이었는지, ‘페봄’은 우리에게 어떤
영향을 미쳤는지 이야기 나누곤 했다. 지금은 각자의 자리에서
각자의 관점과 태도로 예술 작업을 이어 가고 있는 ‘페봄
키드’를 찾아 서면 인터뷰를 진행했다(가나다순, 진행 고주영).

질문

1. 자기소개를 부탁한다.
2. ‘페스티벌 봄’과 연관해 떠오르는 세 가지 단어는?
3. ‘페스티벌 봄’을 처음 인지했을 때, 관객 혹은 창작자로서
    참여했을 때를 기억하는지?
4. 이후 페스티벌 봄과 어떤 관계로 만났나?
5. 페스티벌 봄에서 가장 기억에 남는 작품을 두 편 정도
    꼽는다면?
6. 자신과 페스티벌 봄과의 관계가 지금의 창작 작업, 혹은
    예술가나 한 개인의 삶에 영향을 미쳤다고 생각하나?
    본인에게 ‘페봄’이 어떤 의미로 정의되며, 어떤 순간에
    이를 실감하는지?
7. 페스티벌 봄과 관련해 하고 싶은 말, 나누고 싶은 기억.

1. 예술을 통해 들려져야 할 목소리를 찾고 공부하고 무대화하며, 이를 일상의 삶에서 실천하고자 노력하는 공연예술 독립 기획자이다. 연극과 연극 아닌 것, 극장과 극장 아닌 것, 예술과 예술 아닌 것 사이에 있고자 한다. 안산의 도시 곳곳을 예술가와 관객이 다섯 시간 이상 도보 순례하며 몸의 감각을 통해 세월호 참사를 사유하고 기억하고자 했던 「안산 순례길」(2015~2019), 연극을 이루는 요소에 변수를 대입하여 연극의 확장과 새로운 연극의 발생을 꾀하는 「연극 연습 프로젝트」(2018~현재), '정상' 규범에 지속적인 질문(Question)을 던지고 정상성에서 벗어난 이상한(Queer) 존재들의 삶과 동행하는 「플랜Q 프로젝트」(2019~현재) 등을 기획·제작하고 있다.

2. #봄. 3월 말에서 4월 초, 겨울옷을 벗고 봄옷을 입기는 했지만 여러 공연장의 바깥에서 입장을 기다리며 느끼던 쌀쌀함, 그 주변에 있었던 것 같기도 한 진달래, 개나리 같은 봄꽃과 새잎의 연둣빛, 역시 실재했는지 확인조차 어렵지만, 핑크색 기조의 포스터 이미지가 가장 먼저 떠오른다. 그야말로 봄.

#탈(脫). 페스티벌 봄을 만나기 전, 대학로에 있는 직장을 다니며 야근 전에 인근 소극장에서 공연을 보는 것이 일과였다. 페스티벌 봄 덕에 대학로를 벗어나[脫] 낯선 지역의 공연장에서 제목과 국가 외에 별다른 정보 없는 '다원'이라는 탈(脫) 장르의 낯선 아티스트의 공연을 두 눈으로 직접 목격할 때의 낯설지만 짜릿했던, 일탈(一脫) 같던 감각.

#기획자. 관객으로서 연차가 쌓여 갈수록 이런 축제는 도대체 누가 어떻게 만드는지 궁금해졌고, 축제를 만들고 '페스티벌 봄'이라고 명명한 기획자의 정체를 알게 되었을 때, 기획을 한다는 것을 온몸으로 체화했던 것 같다.

3. 2008년 3월 말, 한국예술종합학교 연극원 예술극장에서 공연됐던 우메다 히로아키의 「축적된 배경」과 「상황을 향해 가는 중」 관람이 페스티벌 봄과의 첫 만남이었다. 한국예술 종합학교가 처음이었던 데다가 학교 안에 본격적인 공연장이 있고, 축제 공연이 열린다는 점도 신기했다. 페스티벌 봄 전체 프로그램을 파악할 정도의 정보나 관점이 없었는데, 일본 공연이 열린다는 얘기에 당일에 티켓을 구해 직장 동료와 둘이 찾아갔다. 공연장 앞도 한산하고 객석 역시 상당히 많이 비어 있어 반신반의했지만, 공연이 시작되고서부터 그대로 빨려 들어가고 말았다. 그때까지 본 무용 공연이, 대단히 많지는 않았지만, 대부분 서정적이거나 비장한 음악에 맞춘 서정적이거나 비장한 움직임이었고, 이해할 수 없는 의미를 어떻게든 읽어 내려고 노력하면서 봤다면, 사운드와 조명을 그렇게까지 높은 광량과 음량으로 전면에 내세우고 무대의 중요한 요소로 작동시키는 무용 공연은 처음이었다. 머릿속이 복잡할 것 없이 눈과 귀를 열어 두는 것만으로도 낯선 감각이 깨어났다. '아, 이런 무용도 있구나, 무용이 이럴 수도 있는 거구나, 이런 공연이 다원예술로 불리는구나'를 어럼풋하게나마 깨달았다. 당시 직장에서 일본 공연예술계 정보를 수집하고 공유하는 업무도 담당하고 있었는데, 이 공연을 본 이후 개인적인 취향은 물론 업무상 정보 리서치의 관점이나 방향까지 확장되었다.

4. 2008년에는 우메다 히로아키와 홍성민 작가의 공연을 봤고, 2009년부터는 패키지 티켓을 끊어 거의 모든 공연을 섭렵하는 열혈 관객이 되었다. 그리고 2012년의 페스티벌 봄에 초청된 좋아하는 두 일본인 아티스트의 작업에 「모티베이션 대행」 (네지 피진 작·연출·출연) 코디네이터·번역·라이브 통역, 「웨이팅 룸」(우메다 데쓰야) 기술 통역으로 관여했고, 나머지 공연들은 또 관객으로 열렬히 즐겼다. 또한 시각예술을 기반으로 다원적 퍼포먼스를 만들던 김황 작가와의 이전부터의 연이 이어져 김황 작가와 벨기에의 퍼포먼스 아티스트 사라 마넨테, 마르코스 시모즈가 함께 만들어 2013년 페스티벌 봄에

초청된 신작 「x: 나는 B가 좋던데 y: 나도 스물아홉이야」
제작 프로듀서로 참여했다.

5. 크리스 콘덱, 「죽은 고양이 반등」(2010). 공연 중
실시간으로 실제 주식 거래를 한다는 소재를 둘러싸고 돈과
욕망, 자본주의 사회에 대한 냉소와 각성을 불러일으키는
작품이었는데, 예술가가 던지고자 하는 질문을 무대화하기 위해
어떻게 할 수 있는지 신선한 발견을 하게 된 작품이었다.
질문, 주제 의식을 인위적으로 가공하여 대본화하는 것이
아니라 실제 상황이 무대의 소재이자 장면이 될 수 있다니.
　　쉬쉬팝, 「유서」(2012). 셰익스피어의 희곡 「리어왕」을
근간으로 하되, 이를 동시대 딸과 아버지의 이야기로 번안한
작품이었는데, 배우들의 실제 아버지들이 등장하여 자신들의
관계를 둘러싼 이야기를 보여 주었다. 왕이 평범한 아버지가
되고 왕(=아버지)을 위한 희생이 아닌 자기 삶을 개척하고자
하는 지금의 젊은 딸들의 모습으로 번안하여 단순한 언어의
현대화가 아니라 계급, 사회 구조, 개인의 관계 등을 모두
새로운 관점으로 고쳐 쓴, 권위와 위엄의 원작을 쉬쉬팝 극단
특유의 다정함과 따뜻함, 하지만 도발로 가득한 작품이었다.
「리어왕」을 보면서 움직이기 쉽지 않은 감정이 「유서」로는
단숨에 무너졌던 기억이 난다. 비(非)전업 배우가 등장하는
무대에 대한 첫 경험이기도 했다.

6. 페스티벌 봄에서 처음으로 결이 다른 일본 공연을 관람한
후, 2010년에는 김성희 예술 감독과 일본의 오자와 야스오
프로듀서가 공동 큐레이팅한 백남준아트센터 퍼포먼스 프로젝트
「시간, 공간 그리고 퍼포먼스를 넘어」를 통해 일본 현대
예술의 완전히 다른 면을 목격하게 되었고, 이를 계기로
2011년 '(오카다 도시키로 대표되는) 제로세대 이후의 일본
현대 공연예술 리서치'를 주제로 일본의 예술가 레지던스에
참여했다. 이듬해 독립 프로듀서로 타이틀이 바뀌었고, 2012년
7월, 첫 프로젝트를 기획했다. 그리고 지금까지 12년간 독립
기획자로 다양한 작업을 하며 살아가고 있고, 작업에서 얻은

깨달음, 발견을 통해 삶도 조금씩 방향을 바꾸고 굳혀 가고 있다고 생각한다.

돌이켜 생각해 보면 페스티벌 봄이 나에게 준 가장 큰 가르침은 "'왜, 누가, 무엇을, 어떻게' 무대 위에 존재해야 하는가"라는 기획의 가장 본질적이고 기초적인 단계를 알게 해 주었다는 점이다. 반드시 극작가가 쓴 대본을 전문 배우가 공연장의 조건을 충족하는 공간에서 공연하지 않아도, 다시 말해 기존의 전통적인 장르의 방식으로 기획하고 창작하지 않아도, 연극일 수 있고, 공연일 수 있고, 예술일 수 있다는 가르침, '왜, 누가, 무엇을, 어떻게'라는 질문에 대한 가설을 세울 수 있다면 예술에서 어떤 정해진 기준도 따라야 할 규칙도 없다는 가르침. 전통과 규칙으로부터 자유로워지니 오히려 '예술은 무엇을 해야 하고, 무엇을 할 수 있는가, 그 안에서 공연예술은 무엇인가'라는 보다 근본적인 고민에 더 방점을 찍게 되었고, 그 고민이 삶을 어떻게 살아야 하는지로 이어졌다고 생각한다. 공연 기획자로서, 시민으로서, 한 개인으로서 살고 창작하는 모든 시작점에 페스티벌 봄이 있다고 해도 과언이 아니다.

7. 공연을 닥치는 대로 보던 관객 시절에, 독립 기획자로서 작업을 시작하던 시절에, 아직 겁보다는 호기심이 많던 시절에 페스티벌 봄이 곁에 있어 이정표 삼아 내다보며 크게 의지했다. 다행이었고, 감사했다. 오래 꺼내 볼 추억이자 기억이다.

구자하

1. 음악, 영상, 로보틱 오브제 등 다양한 매체를 다루며, 동시대 연극의 미래에 대해 모색한다. 2014년부터 '하마티아 3부작'이라는 프로젝트를 시작해, 동아시아의 정치적 지형과 식민지 역사, 그리고 문화적 정체성에 대해 탐구하고 한국 사회의 구조적 문제에 대해 고민해 왔다. 3부작의 첫 번째

작업인 「롤링 앤 롤링」(2015)은 언어 제국주의와 그에 대한 문화적 침묵에 대해, 두 번째 작업 「쿠쿠」(2017)는 박탈된 경제적 주권과 배제된 사회적 구성원에 대해, 마지막 작업 「한국 연극의 역사」(2020)는 타율적 근대화와 문화적 폐허에 대해 집중하고자 했다. 현재는 '하리보 김치'라는 작품을 만들고 있으며 2024년 5월 브뤼셀에서 초연할 예정이다.

2. #국제 #연극 #김성희.

3. 2007년 우연한 기회에 '스프링웨이브 페스티벌'을 관람하면서 자연스럽게 페스티벌 봄도 관람하게 되었는데, 당시 내가 재학 중이던 연극원 사람들은 아무도 페스티벌 봄을 보러 가지 않았다. 공연장을 찾는 이들은 대부분 미술원이나 무용원 학생들이었고, 연극원의 비평 워크숍이나 공연 분석 수업 시간에 페스티벌 봄에서 본 작업으로 리포트를 제출하고 발제를 하면 다들 별 관심이 없었다. 그런 상황은 2008년까지 이어졌다. 심지어 2008년에는 페스티벌 봄이 한국예술종합학교 석관동 캠퍼스에서 진행되었는데, 라비 므루에의 「담배 끊게 해 줘」가 석관동 캠퍼스 중극장에서 공연될 때, 나는 중극장 옆 소극장에서 톱질을 하고 있었다. 공연 실습 비슷한 수업에 붙잡혀 주말까지 톱질과 못질을 해야 했는데, 보고 싶은 공연을 못 보고 그 옆방에서 톱질을 해야 하는 상황이 정말이지 유쾌하지 않았다. 페스티벌 봄의 프로그램을 공유하면서 공감할 수 있는 친구나 동료가 있었으면 좋겠다고 생각했었다. (2009년 페스티벌 봄의 리미니 프로토콜 공연 때부터는 연극원 사람들도 많이 관람했던 것 같다.)

4. 2011년 가을에 한국을 떠났는데, 스프링웨이브 시절부터 한국을 떠날 때까지 계속 페스티벌 봄의 관객이었다.

5. 페스티벌 봄의 하이라이트는 2010년 프로그램이었다고 생각한다. 대부분의 작업이 정말 좋았지만 꼭 두 편만 꼽는다면 다음의 두 작품이다.

고주영, 구자하, 서영란, 정진세 | 페스티벌 봄 키드

포사이스 컴퍼니, 「덧셈에 대한 역원」. 당시 연극을 공부하던 학생으로서 「덧셈에 대한 역원」을 보고 많은 생각을 했다. 공연 형식, 공연 시간, 퍼포머와 관객의 관계, 그리고 그 관계가 생성되는 공간에 대해. 파브리스 마즐리아·이오아니스 만다푸니스, 「P.A.D」. 작가의 '드라마투르기적 초이스'라고 해야 하나? 공연의 구조나 공간 디자인 그리고 안무 전개 등을 보면서 드라마투르기의 중요성을 실감했다. 공연 속에서 두 안무가가 너무나 매력적이었던 점은 덤.

6. 페스티벌 봄의 작업들을 보면서, 동시대 공연예술 작가들이 세계 각국을 돌아다니면서 다양한 관객들을 만나고 작업을 공유한다는 사실에 많이 놀랐다. 당시 한국 연극계는 국제적인 동시대 공연예술 교류와는 거리가 멀었고, 상당히 폐쇄적이었다고 생각한다. 페스티벌 봄이 공유하는 프로그램이나 국제 교류의 지향점은 국내에서 보기 드문 사례였고, 미지의 영역이었다. 나 또한 세계 각국을 돌아다니면서 수많은 관객을 만나고 싶다는 막연한 생각을 품었다.

7. 페스티벌 봄은 봄마다 추가로 열리는 계절학기 같았다. 학교에서 배울 수 없는 것들을 배웠고, 학교에서 품을 수 없는 생각들을 품게 해 주었다. 톱질보다 중요한 게 무엇인지 큰 깨달음을 주었다.

서영란

1. 덴마크에서 다생물종 기후 운동에 참여하며, 기후운동가 – 예술가 – 학자 등의 탈중심적인 네트워크의 가능성을 관찰하고 있다. 기후 담론과 선조적 전통을 엮는 매일의 태도, 프랙티스, 리추얼을 만든다. 서울의 마을굿 동네를 돌아보며 「끝나지 않는 이야기」(2012)와 「나의 신앙을 고백합니다」(2012)를 만들었다. 극장 도입 이전의 한국 전통 무용을 찾아보며, 「지신은 불완전하게 올라온다」(2013)를, 전통의 탈식민화에

관심을 둔 일본, 스리랑카 안무가와 「플로팅 보틀 프로젝트」(2017~2019)를 진행했다. 가부장적 영웅 신화의 폐허 위에 식물적인 몸과 몸들 사이의 전염으로 신화 쓰기를 상상한 「버자이너의 죽음: 신화 짓기」(2022), 부식하는 선조적 전통을 기억하는 「We/Re Confess Our Faith」(2023)를 만들고 있다.

2. #형식 – 실험적 #개념적 #사회 – 정치적, 다르게 말하면 #신선함 #난해함 #파격.

3. 2007년 스프링웨이브 페스티벌에서 소개된 윌리엄 포사이스의 「흩어진 군중」을 관람한 것이 첫 만남이었다. 전시 형태로 풍선 – 사물과 관객의 움직임을 안무한 점이 신선했다. 그해 티노 시걸, 나디아 로로의 작품도 전시 퍼포먼스 형태로 소개되었는데, 1년 뒤 빈 임풀스탄츠에서 이 작품들이 소개되는 것을 보고 페스티벌 봄이 컨템퍼러리 예술을 선두적으로 소개하고 있다는 인상을 받았다. 서울의 마을굿을 리서치한 자료로 렉처 퍼포먼스를 만들어 보면 어떨지 김성희 감독이 제안해 주었는데, 그것이 창작자로서 전환점이었다.

4. 2009년부터 2012년까지는 관객이자 당시 아시아 퍼포먼스 예술 잡지 『판』의 인턴이라는 명목 아래 허명진 비평가 덕분에 함께 여러 작품을 볼 수 있었다. 2010년에 남화연 작가의 「오퍼레이셔널 플레이」에서 퍼포머로 공연했고, 2013년과 2014년에는 안무가이자 퍼포머로 「나의 신앙을 고백합니다」와 「지신은 불완전하게 올라온다」를 공연했다.

5. 포스드 엔터테이먼트, 「스펙타큘라」(2009). 리미니 프로토콜, 「자본론」(2009). 포스트드라마틱 시어터라는 공연 미학 흐름을 페스티벌 봄을 통해 처음 체험했던 키드로서 떠오르는 두 작품이다.
　　오카다 도시키, 「핫페퍼, 에어컨, 그리고 고별사」(2011). 신경과 생리(physiology)의 춤 같았던 움직임들에 반해 오래 기억에 남았다.

최근에는 몸의 소매틱스, 적극적 쉼(Active Resting)의
정치적 실천 등의 키워드를 접할 때 티노 시걸의 「무언가를
보여 주기 대신에 브루스와 댄을 춤추거나 혹은 다른
무언가를 하시오」(2000) 속 몸들이 다시 떠오른다.

6. 페스티벌 봄을 보며 개념 무용, 포스트드라마틱 시어터를
배웠다. 재현에서 수행으로, 관계로의 철학적·미학적 전향을 이
페스티벌이 담고 있었다고 생각한다. 또 페스티벌 봄을 통해
자연스레 네트워크가 형성되었는데, 샤머니즘에 대한 공동의
관심사로 페스티벌 봄 참여 작가들과 몽골 노마딕 레지던시에
참여하기도 했다. 또 「지신은 불완전하게 올라온다」 공연 이후
일본의 무용 평론가 무토 다이스케, 안무가 데즈카 나츠카와
인연을 맺으며 일종의 언더그라운드 아시아 네트워크가
생겨났고 이 인연이 광주 국립아시아문화전당 예술극장 개관.
페스티벌 무렵까지 이어졌다. 앞선 질문에서는 유럽에서
자신만의 미학으로 정점을 찍은 마스터의 작품을 나열했지만,
작가로서 신나고 영감을 받았던 때는 이들의 작품이 아닌
한국의 다원예술 작가들, 논마스터리(Non-mastery)의 작업을
마주할 때였다. '우리가 함께 실험하는 중'이라는 신선함과
다듬어지지 않은 거칢이 매력 만점이었고, 작업을 하는 데
있어 커다란 힘을 받았다.

7. 페스티벌 봄을 만들었던 분들께 감사와 축하의 마음을
전하고 싶다. 좋은 작업을 소개해 주시느라 넘치게 일하셨던
것 같다. 공연을 보기 전의 설렘, 공연을 본 후 반짝이는
눈동자들, 비평가들과의 수다, 멋쟁이 계원예술대학교 친구들,
저녁의 선선한 봄바람이 떠오른다.

정진새

1. 극단 문의 극작가, 연출가. SF 연극과 어린이극, 생태적
공연예술에 관심을 둔다. 주요 작품으로 「액트리스 원」(2019),

「2021 대학수학능력시험 통합사회탐구 영역」(2020), 「외로운 개, 힘든 사람, 슬픈 고양이」(2021), 「극동 시베리아 순례길」(2022), 「너의 왼손이 나의 왼손과 그의 왼손을 잡을 때」(2023) 등이 있다.

2. #동시대성 #봄이라는 계절 #다원예술.

3. 학교에 다니던 2009년, 학교의 극장에서 축제가 열렸다. 당시에는 단순한 호기심으로 정말 유별나다고 생각했다. 그러다 1년 후, 페스티벌 봄의 공연을 관객으로 보면서 충격을 받았다. 기존의 드라마 연극 방식이 아닌 다원적이고 실험적인 공연예술이 축제 전체를 차지하고 있었다. 더하여 이런 것도 작품인가 싶을 정도의 파격과 다양성까지. 연극계에서 전혀 알지 못했던 미술계와 무용계 창작자들을 알게 되는 계기가 되기도 했다.
　　당시 공연예술계에서는 페스티벌 봄을 봤는지 확인하는 것이 일종의 유행이었는데, 어떤 공연은 좋았지만 어떤 공연은 굉장히 많은 의문을 갖게 했다. 불편하고 불쾌한 공연도 더러 있었지만, 한편 창작자로서의 무모한 시도가 용감하고 당당해 아주 인상적이었다. 1년 후에는 독립 예술 웹진 『인디언밥』 편집인으로서 좀 더 면밀하게 작품을 들여다보게 됐다. 크리스틴 선 킴의 공연을 보고 리뷰를 쓰고 영어로도 번역해 작가에게서 좋은 반응을 얻기도 했다.
　　내가 활동하던 창작 영역(드라마 연극)과는 완전히 달랐지만, 평론 영역에서는 '실험예술', '다원예술'이라는 공통분모가 있어서, 동시대 공연미학을 기록하는 사람으로서 열심히 보고 메모했었다. 페스티벌 봄에서 받았던 영감이 나중에 본격적으로 연출을 할 때 영향을 미쳤다고 생각한다.

4. 2010년부터 2013년까지 축제의 관객이었고, 2014년에는 (페스티벌 봄에서 주관한) 페스티벌 봄, 서울프린지페스티벌, 서울변방연극제 감독들과의 대화를 진행한 경험이 있다.

5. 두 편을 뽑기 어려울 정도로 기억에 남는 작품이 많다. 우열을 가리기가 어렵지만, 굳이 고른다면 다음의 작품들.

　　제롬 벨, 「루츠 퍼르스터」(2010). 남산예술센터의 큰 무대를 사용하는 방식이 기존의 극단과 완전히 달랐고, 무용수였던 한 남성이 자기 이야기를 들려주고 살짝 살짝 춤을 선보이는 순간순간이 너무나도 인상적이었다. 모노드라마와 다큐멘터리 퍼포먼스가 절묘하게 어우러졌고 그 와중에 극적이고 아름다운 순간도 있었다. 공연 내내 숨죽이고 보다가 마지막에 감동을 받았던 기억이 난다. 비교적 드라마에 가까운 포스트드라마였다. 한 명이 나와서 자기 이야기하기의 방법론으로 인생을 풀어 나가는 방식은 나의 극작술에도 영향을 주었다.

　　박민희, 「가곡 실격: 나흘 밤」(2013). 가곡이라는 장르를 알게 되었고, 전통예술 안에서 컨템퍼러리한 고민을 하는 창작자가 있다는 것이 사뭇 충격이었다. 결국 자기 한계를 넘거나 장르의 관성을 벗어나기 위한 자기 갱신의 방식이 놀라웠다. 가곡의 음향학적 표현도 매우 아름다웠지만, 관객과 만나는 방식을 바꿔 본다는 개념도 아주 신선했다. 결과적으로 전통은 다시 타자화되기는 했지만, 자기 장르에서 머물지 않아도 된다, 자기 고유의 장르를 만들어야 한다는 예술가의 실험에 깊이 감화되었다.

6. 굉장히 행복했던 관객이었다(그와 유사한 경험은 이후 거의 하지 못했다). 기존 학계와 업계에서 좋은 자극을 거의 받지 못하고 있던 차에, 페스티벌 봄은 연극에 대한 가치관을 확장시키고, 실제로 작품에서 활용할 수 있는 표현을 상호 참조 가능하게 해 주었다. 정통적인 연극을 하고 있지만, 간헐적으로 시도하는 거리 예술, 관객 참여형 퍼포먼스, 전시 연계 공연을 할 때, 항상 페스티벌 봄이 떠오른다. 일종의 학교 같은 것이 아니었을까. 창작자로서 활자와 문자를 기반으로 하는 드라마 연극을 하고 있지만, 다원예술로부터 영감과 자극을 받아서인지 성장한 이후에도 다원예술이 친근하고 반갑다. 어쩌면 내 영역이 다원예술과 겹치지 않기에 오히려 더 이해관계 없이 다원예술을 지지하고 애정할 수

있는 것 같다. 그 이유는 아무래도 페스티벌 봄으로부터 온, 다원예술의 가능성 체험과 다양성 목격 때문이 아닐까.

7. 연극의 전환기에 젊은 창작자 혹은 평론가였기에 페스티벌 봄을 더욱더 즐길 수 있었다. 내적인 고민과 더불어 동료들과 토론할 수 있어 좋았다. 결국 미학적 담론을 함께 만들고 실행한다는 차원에서 페스티벌 봄은 유의미했다. 인식과 관점을 바꿔 준 멋진 축제였다.

페스티벌 봄 이후 한국 예술계에 '페봄 키드'라는 세대가 출현했다. 본인을 '페봄 키드'라 자처하는 4인의 인터뷰를 수록한 글이다.

김성희

이제까지 아시아는 서구를 좇기에 바빠 서로를 바라보지
못했다. 컨템퍼러리 예술 담론 역시 '아시아가 바라본 서구'에
머물러 있었다. 국립아시아문화전당 예술극장은 오늘날 아시아가
아시아를 서로 바라보고 스스로 동시대 예술 담론을 형성하기
위해 작품을 제작하고 공유하는 시스템을 구축하고자 했다.

　　서구인들이 근대기에 설정한 기준에서는 세계의 중심은
서구이고 그 외에는 모두 야만(열대)이었다. '아시아'라는 것도
서구의 판타지 안에서 가능한 것이었다. 우리가 생각한 아시아
동시대 예술은 이러한 서구적 시각에 의한 아시아가 아니라
지금-여기 아시아에 대한 아시아 스스로의 비평적 관점을
보여 주는 것에서 출발한다. 우리의 비전은 아시아 동시대
예술의 허브가 되는 것이다. 오늘날 아시아 예술가들의
흥미로운 작품들이 이곳에서 제작되어 세상에 전파되고, 반대로
세계가 아시아를 보기 위해 이곳을 향하는 것이 우리가
이상으로 삼는 아시아 동시대 예술의 허브이다.

　　그러나 우리가 당면한 현실은, 아시아에 제작 인프라와
기회가 전무하다는 점, 그리고 제작된 작품들이 2~3회 공연
후 장기간 생명을 이어 나갈 수 있는 순환 구조가 없다는
점이다. 우리는 이러한 문제를 해결하고 비전을 실현시킬
방법으로 아시아 공동 제작 시스템을 구축하였다. 세계 각국의
기관들이 아시아 작품에 공동으로 지원하고, 작품이 제작되면
참여 기관에서 공연한 뒤, 세계 순회공연으로 연계되는 것이다.
아시아의 고질적 문제인 제작 인프라와 순환의 문제는 이를
통해 해결될 수 있다.

우리의 비전은 '페스티벌'과 '시즌'이라는 두 개의 축을 중심으로 하여 다양한 동시대 예술가들의 관점을 통해 구현되었다. 개관 페스티벌에서는 아시아 동시대 예술의 기준을 설정하고 예술극장의 비전과 방향성을 제시하고자 했다. 많은 아시아 작가들이 아시아의 오래된 미래를 길어 올리고 아시아의 역사를 다시 썼으며, 근대를 재성찰하고 전복하는 다양한 예술적 실천들이 이뤄졌다. 부토, 중국의 혁명 오페라와 같은 아시아 근대 예술을 소환하고, 아시아가 한데 모여 이를 공유한 것도 의미 있는 일이다. 더 나아가 아프리카, 중동, 라틴, 유럽의 작품까지도 아시아의 관점을 투영하는 동등한 거울상으로서 세계 동시대 예술의 지도를 함께 그려 냈다. 세상의 변화를 끊임없이 참조하면서 아시아의 위치를 재조정할 때 동시대 아시아의 좌표가 설정될 수 있다. 그러므로 아시아를 '아시아 지역'에 국한시키는 것이 아니라 국제적인 맥락에서 조망하는 일은 매우 중요하다.

시즌 프로그램은 '아시아 윈도우'와 '아워 마스터'로 구성되었다. 아시아 윈도우는 아시아 각 영역을 기반으로 하는 기획자 5인의 관점을 통해 아시아의 오늘을 포착하고 담론화하는 데 초점을 두었다. 반면 아워 마스터는 비서구 예술의 국제 무대 진출을 가장 적극적으로 도모해 온 벨기에 기획자 프리 레이션이 선정한 마스터의 작품을 통해 20세기 공연예술사에서 가장 큰 파장으로 이어진 변혁의 순간들을 나누고자 했다.

그동안 우리는 비전을 설정하고 이를 구현할 시스템을 구축하였다. 이 시스템을 통해 개관 페스티벌과 시즌 프로그램이 기획되었고, 총 62편의 작품이 소개되었다. 그중 아시아 작품 21편이 우리의 공동 제작 시스템을 통해 제작되었다. 이 작품들은 현재 아시아, 유럽, 아메리카, 오세아니아에 있는 100여 곳 이상의 주요 극장과 페스티벌을 순회하며 아시아 예술가들의 비전을 세계와 공유하고 있다. 이제 예술극장에 필요한 것은 시간이다. 조바심으로 매번 비전과 시스템을 바꾸는 것은 의미 없는 일이다. 하나의 비전과 약속이 10년 이상 지속될 때 그 단체의 정체성이 형성되기 때문이다.

한국은 '아시아 문화의 허브'라는 중대한 비전을 만들어 내고 이를 세계와 약속하였다. 우리는 이곳이 정치, 경제, 상업이 아닌 문화의 허브임을 잊지 않기를 바란다. 정치적 힘과 경제적 논리로부터 문화의 성지를 지켜 내기를 바란다. 아시아의 예술가와 관객을 위해 존재하기를 바란다. 예술가들이 세상을 향해 비평적 시선과 목소리를 자유롭게 개진하고, 사회와 공유하고 더 나아가 사회를 바꾸는 데 자기의 몫을 할 수 있는 곳이기를 바란다.

국립 기관, 불편하고도 불필요한 정치적 힘들, 무심한 행정, 국가, 시, 대중의 시선들, 그리고 이 모든 것을 초과하는 동시대 예술가의 작품들 사이에서 큰 파도와 맞서 싸운 예술극장의 모든 팀원과 믿고 지지해 준 사람들이 없었다면 이 커다란 배는 이제까지 한 번도 가 보지 않았던 바로 이곳에 도착할 수 없었을 것이다. 이곳은 그 어느 때보다 남루하지만, 여러 성과와 소문의 아침을 맞아 어느 때보다 찬란하다.

김성희 | 이제는 아시아가 서로를 바라볼 때

이 글은 2015년 『국립아시아문화전당 예술극장 개관 페스티벌』의 서문으로 게재되었다.

김남수

6천5백만 년 전, 혜성 충돌과 함께 중생대 공룡의 시대가 막을 내리고 신생대 포유류의 시대가 열린다. 이러한 종의 교체는 지구사의 중요한 모멘텀이기는 하지만, 여기서 더욱더 극적인 것은 고래의 출현이었다. 본래 포유류란 바다에서 시작된 생명이 시간의 화살이 가는 방향을 따라 육지로 상륙하면서 탄생한, 진화의 결정체이다. 그런데 고래는 육지에서 다시 바다로 되돌아가는 역행을 택한 것이다. 어떻게 보면 퇴화가 아닌가 싶지만, 학계의 일치된 견해는 진화가 선형적이지 않다는 것이다. 이 '시간 역행'의 결과로 고래는 바다로 돌아가 깊이 잠수하는 동물이 되었다.

　　"나는 잠수하는 모든 이들을 사랑한다. 수면 가까이에서는 어떤 물고기든 헤엄칠 수 있지만 5마일 이상을 내려갈 수 있는 것은 큰 고래뿐이다. 태초부터 사유의 잠수자들은 충혈된 눈을 하고 수면으로 돌아왔다."(허먼 멜빌)

　　고래는 무려 8킬로미터 심해로 잠수할 수 있는 유일한 동물이다. 고래는 그런 상태에서 노래를 한다. 고래가 부르는 20헤르츠의 노래는 이론상 전 지구의 모든 바다에 있는 고래들에게 전달될 수 있다고 한다. 가령, 남극에서 부른 노래가 알류샨열도나 그린란드의 고래에게도 들릴 수 있다는 것이다. 또한 고래의 노래는 6개월 후에 다시 재회했을 때 그대로 재현될 수 있을 만큼 지능체의 유목민적 예술 형태를 띠고 있다. 이렇게 고래의 노래, 혹은 심해의 사유는 6천5백만 년 전의 '시간 역행'의 산물로서 인류가 지구촌을 꿈꾸기 훨씬 이전에 이미 글로벌 네트워크를 구성했던 것이다. 역사의 시간을 지구가 탄생한 시점부터 확장한다면, 역사의 진정한 주인공은 고래일지도 모른다.

세상이 바뀌었다. 세상이 평평해졌다. 평평해졌다는 것은 유럽과 아시아의 저울추가 평행선을 이룬다는 것이다. 1750년대 이후 줄곧 '근대'라는 개념은 아시아의 트라우마로 작용했다. 서구와 비서구(혹은 유럽과 나머지 세계)라는 구도는 그 트라우마의 표현으로서 아무리 비서구가 열심히 근대화를 진행해도 서구가 될 수 없다는 불가능성의 뉘앙스가 깃들어 있다. 기계를 깎는 기계로서 공작 기계의 발명, 모든 지식의 결집으로서 『백과전서』 서른다섯 권 출간, 마네의 모더니즘 회화, 밤의 정복으로서 전구의 발명, 증기선과 대포의 결합으로 진전된 군사력 등등으로 표상되는 서구 근대에, 비서구는 점근선적으로 '접근'할 수 있을 뿐이다. 비서구에게 근대의 위력은 그렇게 형이상학적인 것이다.

그런데 '근대'는 과대평가된 개념이라는 사실이 폭로되고 있다. 급기야 서구 내부에서도 '근대'의 특권화가 잘못된 것임을 증명하는 사상가들이 출현하기에 이른다. 가령 21세기의 가장 주목받는 사상가 중 한 명인 브뤼노 라투르는 '정화 과정'으로서 근대의 기획을 설명하는 방식이 은밀하게도 '번역 과정'이라는 혼합적 하이브리드적 실천을 통해 수행되었음을 증명하고, 실제로 '근대는 없다'고 선언한 바 있다. 그의 논지는 '근대'라는 주술이 사실은 서구와 비서구로 구분한 권력관계로부터 움튼 것이었음을 방증한다.

현재의 지적 동향은 분명히 이렇게 의미 있는 방향으로 흘러가고 있음에도 불구하고 21세기 초의 세계는 여전히 '근대'의 재구축 작업으로 가득하다. 최근의 애니미즘 관련 전시나 집단 무의식의 사용 역시 '근대'라는 기원 신화를 새롭게 바라보는 정도에 머물러 있다. 이것은 여전히 세계가 유럽중심주의의 자장 안에 머물러 있음을 보여 준다. 문명과 야만, 근대와 전근대, 이성과 비이성, 역사와 역사 부재라는 이분법의 스키마로 가득한 세계가 여전히 지속되고 있는 것이다.

국립아시아문화전당 예술극장은 이렇게 근대라는 환영이 자욱한 철로를 지나가고 있다. 그 위에서 아시아는 물론 유럽의 다양한 문화들이 반대편에서 함께 달리고 있음을 바라본다. 수많은 문화적 다양성이 존재하는 세계의 여러 마음들이 하나로 모이려면 서로가 함께 달리고 있음을 깨닫는 상대론적 관점이 필요하다. 아울러 권력과 지배로 점철된 근대의 패러다임에서도 벗어나야 한다. 예술극장의 위상은 바로 그러한 문제의식 속에서 움튼 것이다.

국립아시아문화전당 예술극장의 위상

예술극장은 국립아시아문화전당의 주축 기관으로서 아시아의 동시대 공연예술을 제작하고 유통하는 역할을 맡는다. 그뿐만 아니라 아시아 문화의 특이성을 통해 담론과 이론을 생산하여 아시아가 세계 공연예술의 새로운 흐름을 형성해 나가는 데 기여하고자 한다.

　　이를 위해 예술극장은 지금까지 유지되어 온 서구와 비서구의 도식 대신에 유럽과 아시아가 대칭적 관점에서 마주 보는 형상을 새롭게 수용하여 유라시아라는 개념의 재발명을 꾀할 것이다. 단지 아시아만의 내부적 나르시시즘에 머무르는 것이 아니라 유럽과의 긴밀한 교섭과 반영상을 통해 객관성을 확보하려면 이러한 개념이 긴요하다는 판단에서다. 우리는 아시아와 유럽의 공연예술계와 지성이 이러한 유라시아라는 구도 속에서 새로운 질서를 함께 만들어 나가는 세계를 지향한다.

　　예술극장은 공연예술을 통해 아시아 각국의 예술계가 즐거운 소문으로 들썩거리는, 그래서 소문의 불이 돌림병처럼 전파되고 피드백되는 것을 목표로 한다. 그 아연한 활기, 예측 불허의 흥분감과 현장의 들끓는 정동(情動)의 한편에는 그럼에도 불구하고 예술 실행의 과정과 개념을 십분 보고하고 생산할 수 있는 냉철한 지성이 작용한다. 지금까지 유럽 지역에서 활발하게 전개되었던 이 모든 과정이 아시아라는

김남수 | 전 지구가 동시에 공명하는 고요한 엑스터시

범주, 나아가 유라시아라는 범주에서 이루어질 수 있도록 하는 것이 예술극장의 역할인 것이다.

이제까지 한국에서 진행되어 온 대부분의 국가 주도 예술 프로젝트들이 자국민을 대상으로 했던 반면, 이 사업은 그 지향점을 국제적인 측면에 맞추고 있다. 한국과 아시아, 아시아와 아시아, 그리고 아시아와 유럽이라는 여러 층위를 복합적으로 다루는 예술 실행에 중점을 두고 추진되고 있는 것이다. 또한 이 사업은 국가가 주도하는 것이긴 하지만, 근대적 관점으로서의 국가중심주의에서 벗어나고자 하는 성격도 아울러 갖고 있다. 예술극장이 국가의 수도가 아닌 지방 도시 광주에 위치하고 있는 것도 그러한 맥락과 맞닿아 있다. 국가적 개념으로서 다른 아시아와 수직적으로 관계를 맺는 것이 아니라 수평적인 네트워크를 구축하겠다는 의지의 표명인 것이다.

감히 말하건대, 영토에 기반을 둔 것이 아닌, 관계망을 중요시하는 국가 주도의 예술 프로젝트는 이제까지는 없었다. 따라서 그 비전을 설계하고 동시대의 모든 공연예술계와 지성에 전파하는 일이 무엇보다 선행되어야 했다.

지구사로의 관점 이동: 유라시아의 재발명

예술극장은 전혀 낯선 영역으로 가기 위한 관점의 이동이 필요한데, 우리가 선택한 것은 지구사라는 새로운 역사적 패러다임이다. 지구사라는 관점은 글로벌화 이후의 평평한 시각을 반영한 것으로서 유럽과 아시아의 관계를 대칭적인 구도로 바라보는 대안적인 역사관을 열어 준다.

20세기의 베를린장벽 붕괴와 소비에트연방의 해체, 그리고 21세기의 9 · 11 테러 등은 역사를 보는 관점을 새로운 흐름으로 직접적으로 이동시키기 시작했다. 헤게모니 국가로서 미국의 하향 곡선은 눈에 띄게 진전되기 시작했고, 블록화된 유럽연합의 새로운 부활은 중국이나 일본 같은 일국에 대응하는 성격이 강했다. 무엇보다 개발도상국에서 선진국으로

도약하기 시작한 아시아 신흥공업국들의 약진은 기존의 완강했던 서구 중심의 세계 질서를 요동치게 했다. 1980년대 이후, 세계의 하부구조는 완연히 변동기로 접어들었다. 이렇게 되자, 역사를 보는 눈 역시 이전과는 다르게 새로운 구도로 재편되지 않으면 안 된다는 시대적 요청이 일어났다.

지구사는 바로 이러한 세계사적 신질서를 반영하고, 기존의 탈식민주의가 해결하지 못한 문제를 전혀 다른 방식으로 다루는 길을 제시하면서 탄력을 받기 시작했다. 유럽 중심의 지배적 문화라는 소위 '근대'를 해체하고자 했던 탈식민주의는 20세기 중후반부터 각광을 받아 오고 있으나, 결국 실패를 맛볼 수밖에 없는 운명이다. '근대'를 지나치게 결정론적으로 전제하고, 그 우월성의 식민화 전략에 대해서 탈주하려는 태도가 항상 '근대'의 재환기로 귀결되기 때문에 그러하다. 결국 '탈근대'라는 도돌이표를 찍으면서 공회전을 거듭하는 시시포스의 운명인 것이다.

예술극장은 지구사의 패러다임에 의한 관점 이동의 실행으로서 유라시아라는 개념을 설정했다. 이는 유럽과 아시아의 대칭적 관계를 표상한다. 우리는 그 지리적 개념 위에서 유럽과 아시아가 자기성과 대타성의 키아즘적 교잡을 일으키는 글로벌 네트워크를 꿈꾼다.

모리스 메를로퐁티가 말하는 키아즘은 몸과 몸이 만나 상호 체감하는 어떤 것이다. 동아시아에서 느낀다는 것은 보통 몸으로 느끼는 것이다. 그래서 자기성이라는 부분과 대타성 ― 내가 아닌 상대와 마주 봤을 때의 반향 ― 이라는 부분이 접촉하는 것이다. 그러한 상태일 때, 타자에 대한 감각은 엑스터시에 가깝다. 바깥에 있는 것이 내 안으로 들어오는 것이다.

일찍이 고대의 유라시아 기마 유목민은 인간과 말을 일체화시킬 수 있는 '등자'를 발명했다. (이것은 앞서 기술한 바대로, 지구사가 주목하는 교류와 수렴 그리고 분기의 메커니즘과 긴밀한 연관을 맺고 있다.) 말 등에 올라탄 기마 유목민은 그 최첨단의 테크놀로지에 의해 말과 인간 그 어느 종에도 속하지 않는, 새로운 제3의 종이 되었다. 그리고 이들은 13세기에 칭기즈칸을 만나 인류 최초의 글로벌 네트워크를 완성하기에 이른다.

말에서 내리지 않고 끊임없이 속도감을 체감하면서 달려가는 몽골의 기마 궁수는 움직이는 표적을 향해 활을 당긴다. 달리고 있는 말 위에서의 관점과 움직이는 표적의 관점이 순간적으로 교차하면서 만들어지는 제3의 관점, 즉 그 관점들의 키아즘으로 발생하는 간극에서 행위가 이뤄지는 것이다. 기마 궁수는 두 개의 속도를 가늠하여 시각적인 것을 넘어선 미래의 공간으로 화살을 보내는데, 이것이 칭기즈칸의 몽골 세계 제국을 가능케 한 장면이다. 한때 서구에서는 공포와 경악의 대상이었던 칭기즈칸이 공교롭게도 유라시아라는 공간을 통해 유럽과 아시아 그리고 아프리카를 포괄하는 연결망을 탄생시킨 것이다.

예술극장이 설정한 유라시아라는 개념은 그러한 모티프에서 비롯된 것이다. 단순히 아시아 지역에만 국한하고 있는 것이 아닌, 서구 유럽까지 포괄하는 것으로서 유라시아인 것이다. 오늘날의 공연 예술은 이 대지 위에서 각각의 문화적 특이성이 상호 존중받으면서 대화를 나누는, 궁극적으로는 새로운 문화 간의 연결을 이루어 내는 중요한 매개로서 작용하고 있다. 이제 예술극장은 21세기의 글로벌화된 세계에서 공연예술로 유라시아를 횡단하여 아시아와 아시아가, 아시아와 유럽이 공존하고 연대하는 장을 열고자 한다. 이는 하늘 아래 다문화, 다종교, 다인종이 어우러져, 헝가리 평원에서부터 중앙 유라시아를 거쳐 인도양과 동해에 이르는 광대한 영역에 평화가 깃들었던 시대의 재요청이기도 하다. 그리고 그것은 아시아인으로서 우리 내부에 잠재된 무엇, 즉 아시아 정신의 요체이기도 하다.

진정한 생각(혹은 도래할 예술)은 시간의 잠수를 통한 지구사적인 시도를 할 때 출현한다고 우리는 믿는다. 주어진 전제로부터 이탈하고자 하는 행위가 선행하지 않으면, 근본적인 시간 축으로부터 자유로움을 얻지 못한다는 믿음이 우리에겐 있다. 20세기의 많은 철학자가 신세를 졌던 셰익스피어의 희곡 「햄릿」의 한 구절처럼 지금은 "시간의 지도리가 어긋나 있는" 상태다.

한 무리의 포유류가 바다로 뛰어들어 다시 수생동물인 고래로 역행하는 것처럼, 이 벗겨져 버린 시간의 지도리가 과거와 미래를 개방하기 시작했음을 우리는 감지하고 있다.

이 글은 국립아시아문화전당 예술극장 개관 페스티벌과 연계해 발행된 『책고래』 1권(2015)에 게재되었다.

아시아의 눈, 역사와 사회를 향한 삐딱한 응시

이경미

국립아시아문화전당 예술극장 개관 페스티벌에 참가한 작가들은
유럽의 식민주의가 소위 비유럽 국가들의 역사에 무엇을
기입하고 배제시켰는지 질문한다. 그 답을 구하기 위해 그들은
정치, 경제, 문화를 점령했던 그리고 점령하고 있는 특정
권력에 의해 만들어진 시간에 균열을 가한다. 그로부터
생성되는 새로운 지형 속에서 현재를 재구성한다. 오늘날
예술이 행하는 기억 행위는 현재를 객관적으로 바라보고
미래의 시간을 구성하는 일이다.

역사, 확장된 장에서의 응시

플라톤은 『국가』 제7권에서 동굴의 비유를 들어, 우리가
사실이라 믿고 있는 것들은 모두 불빛에 비친 환영에 지나지
않는다고 말한다. 아피찻퐁 위라세타꾼이 그의 「열병의 방」이
공연된 '극장 2'를 캄캄한 동굴로 만든 것은 우연이 아니었을
것이다. 그는 이 캄캄한 동굴에 갇혀 외부의 어떤 기제가
보여 주는 상황만을 사실이라 믿는 열병에서 우리를 흔들어
깨우려 했기 때문이다. 동굴 안, 저 멀리 스크린 위로 보이는
이미지들을 어떤 낯선 목소리가 생소한 단어로 지시한다.
이미지들과 단어의 연관성도 정확하지 않다. 이미지들의 흐름이
조금씩 달라지고 그것을 지시하는 단어들 또한 달라진다.
이로써 관객은 실체가 더 이상 고정된 형상이 아님을 알게
된다. 공연의 후반 즈음에 스크린이 모두 사라지면 극장은
다시 캄캄한 동굴이 된다. 동굴 저쪽 전면에서 나타난 빛이

관객을 향해 직선으로 쏘아지면, 이제 관객은 <u>보는</u> <u>주체</u>가
아닌 <u>보여지는</u> 대상이 된다. 주체와 대상의 경계가 소멸된
상황에서, 다양한 각도와 크기로 동굴 전체를 훑는 빛은 다시
한번 눈으로 보이는 것과 보이지 않는 것의 경계를 만든다.
이즈음이면 장치의 한쪽 끝에 관찰자가, 다른 한쪽 끝에는
대상이 존재한다는 전제, 즉 저 전통적인 '터널성 시각'은
완벽히 해체된다.

　　호추니엔이 「1만 마리의 호랑이」에서 역사에 대한 새로운
접근을 시도할 수 있었던 것도 바로 이러한 해방된 시선
덕분에 가능한 것이었다. 서사를 전개하는 그의 시선은 일체의
서사도 존재하지 않았던 근원 어딘가를 향한다. 태초의 인간은
숲의 끄트머리, 물가에 자리 잡았다. 그곳은 호랑이가 사는
곳이었다. 여기에서 인간과 호랑이는 서로 분리된 것이
아니었다. 하지만 근대성은 이 둘을 분리시켰다. 그 과정에서
호랑이는 죽임을 당하거나 숲으로 내쫓겼다. 하지만 호추니엔은
말한다. 호랑이는 절대 죽지 않았다는 것을. 어떤 말이나
시간에도 갇히지 않는 절대적인 자유이자 근원인 호랑이는 이
세계에 여전히 머물러 있다는 것을. 말레이시아의 '숲속'으로
사라졌지만 여전히 인간 주변을 맴돌고 있는 호랑이는 결국
잊힌 타자들이다. 바로 그 타자들의 목소리와 몸을 불러내어
하나가 될 때 비로소 그것을 역사라 말할 수 있지 않을까.

재연(reenactment), 역사의 현재화: 「발링회담」, 「관람자들을 바라보기」, 「B전시」

개관 페스티벌 작품들이 역사에 대한 시각을 확장하는 또
다른 방식은 재연이다. 이때 재연은 과거를 단순히 반복하는
대신 현재의 관점에서 과거와 특별한 관계를 조성하고 그를
통해 역사를 특별한 관점에서 이해하는 행위이다.

　　마크 테의 「발링 회담」은 제목 그대로 실제 1955년 12월
28일 말라야반도 북부의 한 학교 교실에서 이틀간 열렸던
발링 회담의 기록을 재연한다. 퍼포머들은 영상과 사진에서부터

신문 기사, 회의록 등을 바탕으로 조사원이자 전달자의 역할을 수행한다. 이 기억의 중심축은 제2차 세계대전 당시 영국군으로 참전하여 항일 전쟁의 영웅 칭호를 받았지만, 전쟁 이후 말레이시아를 식민화하려는 영국 및 그에 기생한 말레이시아 내부의 권력과 자본에 맞섰던 공산주의자 친 펑이다. 그러나 공연은 친 펑 이외에 회담에 참석한 다른 사람들의 목소리까지 균등하게 배치한다. 거기에다 그로부터 60여 년 후 현재의 시선이 얹어진다. 그 과정에서 국가와 애국, 민주주의, 희생, 테러리즘, 적과 같은 전형적인 정치적 개념들로 이루어진 상호 텍스트적 공간이 만들어진다. 관객이 여기서 한국의 현대사를 읽는 것은 우연이 아니다. 한국의 역사에서 특정 권력이 자신과 다른 목소리들을 강제로 내몰면서 내세웠던 정치적 구호들이 얼마나 실체 없는 것이었는지 우리 역시 잘 알고 있기 때문이다.

아바스 키아로스타미의 「관람자들을 바라보기」는 '타지예'[1]라는 신화를 재연하며 이란의 현재를 이야기한다. 이 공연은 이란 관객들의 얼굴 표정을 전면에 배치한다. 이로써 공연의 장소였던 아틀리에 안에는 이중의 보기라는 특이한 상황이 만들어진다. 스크린 안의 이란 관객들은 시간이 갈수록 타지예의 공연에 몰입한다. 이맘 후세인에게 가해진 박해와 순교의 과정이 정점을 향해 치달을 때 이란 관객의 얼굴에는 그 이상의 슬픔과 절망으로 가득하다. 그러나 아틀리에 안 2차 관람객들에게는 타지예에 대한 문화적, 역사적 공동체 의식, 무엇보다 물리적 현장성이 배제되어 있다. 이러한 조건은 2차 관람객으로 하여금 타지예 공연 영상과 1차 관람객들의 표정 변화를 타자적 관점에서 응시하게 한다. 이러한 응시는 영상 속 1차 관람객들을 고통과 슬픔 속으로 몰아넣는 이맘 후세인의 박해, 순교를 역사적, 문화적 맥락에서 재구성하며 객관적으로 현재화시킨다.

브렛 베일리의 「B전시」는 유럽이 자행한 야만을 재연하면서 유럽이 내세우는 무죄의 근거를 정면으로 반박한다. 19세기 유럽인들은 도처에 인간 동물원이나 인류 박물관 등을 만들고 '반(反)유럽인종'들을 전시했다. 「B전시」는 19세기 유럽의 이 인간 동물원을 재연한다. 관객이 전시장 안에서 '전시물'을 마주치는 순간 소스라치게 놀라게 되는 것은 이 전시물들이 박제되거나 가공된 사물이 아닌, 살아 있는 사람들이기 때문이다. 흑인 퍼포머들은 당시 유럽인들이 주목한 19세기 인간 동물원 아니면 인류학 박물관에 전시되었던 상태 그대로를 완벽하게 재연한다. 이 '전시물'을 마주한 관객들은 더 이상 관음증과 우월감이 혼종된 시선을 행사할 수 없다. 무엇보다 관람객들을 정면으로 뚫어져라 응시하는 퍼포머의 시선은 관람객들을 감각적으로도, 신체적으로도 철저하게 무력하게 만든다.

서구 근대의 합리성을 배반하다: 「봄의 제전」, 「당나라 승려」, 「내면」

국립아시아문화전당 예술극장의 개관 페스티벌에는 비아시아권 작가들의 작품도 상당수 포진되어 있다. 이들의 작품 또한, 근대의 담론, 계몽의 강박, 합리성의 허상에 대해 저마다의 시선으로 비판적인 성찰을 시도하고 있다는 점에서, 이번 페스티벌의 지형에 함께 가담한다.

이탈리아 연출가 로메오 카스텔루치는 스트라빈스키의 작품을 이제껏 누구도 상상하지 못한 새로운 「봄의 제전」으로 탄생시켰다. 그는 러시아 이교 시대에 봄을 맞이한 인간들의 흥분과 봄에 제물을 바치는 그들의 제의식, 그리고 제물이 되어 희생될 처녀의 절망적인 고통을 현대의 산업사회를 지배하는 또 다른 야만의 제의와 희생으로 재맥락화했다. 카스텔루치는 역동적인 군무를 천장에 매달려 컴퓨터에 의해 조정되는 용기들이 쏟아 내는 가루들의 춤으로 대체했다. 사각의 유리 박스 안, 희뿌연 조명 속에서 기계적인 패턴에 따라 상하좌우로 육중하게 움직이는 용기들에서는 아무런 생명이 느껴지지 않는다. 2막에서는 유리 박스 전면에 커튼이 쳐지고 그 위로 동물 뼛가루가 유럽의 산업 경제에서 갖는 의미, 공정 과정을 자세하게 설명하는 문구들이 투사된다.

3막에서 마스크에 하얀 옷을 입은 사람들이 등장해 기계가
쏟아 낸 뼛가루들을 쓸어 담는다. 인간은 기계와 동물의
사이에서 이 모든 야만을 집행하는 자들이다. 카스텔루치의 이
야만의 제의에서 커튼콜은 없다. 무대 안의 조명이 서서히
꺼지면, 관객은 순간적으로 길을 잃는다. 아니면 유리 벽
너머로 그 뼛가루들이 인간들에 의해 수집되는 그 광경을
무기력하게 지켜보며 하나둘 극장을 나선다.

차이밍량과 클로드 레지는 인간이 상실한 공간과 시간의
흔적을 사유한다. 두 공연은 내용이나 형식에서 차이가 있지만,
모두 일상적인 시간의 흐름을 배반하고 있다는 공통점을 갖고
있다. 차이밍량은 「당나라 승려」의 공연 장소인 '극장 1' 벽면
중 극장 밖과 접한 한쪽 벽면 전부를 과감하게 열어 놓았다.
극장으로 이어진 바깥 계단, 그 계단 너머의 야외 공간,
그곳을 다양한 방식으로 점하고 있는 사람들의 일상적 움직임,
그리고 무엇보다 해가 지려는 바깥 하늘이 극장 안으로
들어오는 보기 드문 광경이 펼쳐진다. 이로써 공연은 일상과
극장, 현실과 허구의 경계 어느 지점에서 행해진다. 더불어
주목할 것은, 공연의 시간이 통상 관객이 용인할 수 있는
시간의 속도를 심각하게 배반해 아주 느리게 흐른다는 점이다.
어떤 의미, 어떤 담론도 점유하지 않은 공간과 시간이 그
자체로 서로 교차하면서 독특한 제의적 분위기가 형성된다.

클로드 레지가 시간과 공간에 접근하는 방식은 차이밍량과
다르다. 마테를링크의 희곡이 원작인 그의 「내면」은 물에 빠져
죽은 한 소녀를 중심으로 삶과 죽음, 의식과 무의식의 모든
경계를 완벽하게 지워 버린다. 어떤 질서도, 어떤 담론도
존재하지 않는 철저한 부재의 공간이다. 이를 위해 클로드
레지는 무대를 채울 법한 일체의 흔적을 지워 버린다. 일상의
속도감을 벗어난 느린 목소리, 느린 움직임은 의미를 전달하는
매체가 아니라 그저 하나의 텅 빈 울림이자 부유하는 그림자
같다. 객석에 앉은 관객의 의식도 더불어 무중력의 상태가
된다. 그러나 언어로 서술하고 선형적 시간으로 배열할 수
없는 절대적인 무의식, 무중력의 지점 그 내면을 향한 클로드
레지의 언어는 지극히 관념적이다.

고전을 정치적으로 다시 쓰기: 「바보」, 「이상적 남편」, 「맥베스」

개관 페스티벌의 작품 중 넓은 의미에서 연극의 범주에 속할 작품이 몇몇 있었다. 이 작품들은 고전을 바탕으로 해체적인 다시 쓰기를 하고 있다는 점, 그리고 그 결과를 동시대적 현실에 대한 비판적 시각으로 확장시켜 연극의 정치적 외연을 확장하고 있다는 점에서 내적인 연관성을 찾을 수 있다.

아르헨티나 연출가 리카르도 바르티스의 「바보 기계」는 셰익스피어의 「햄릿」을 연습하는 죽은 배우들의 이야기이다. 하지만 이 이야기라는 말도 무색하게 정작 무대 위에서 볼 수 있는 것은 도무지 파악 불가능한 인물과 상황뿐이다. 그럼에도 연극 속 인물들은 모두 공동묘지에 묻혀 있는 죽은 배우들이다. 배우들은 「햄릿」을 공연하고자 한다. 공연을 해야 좀 더 나은 묘지에 묻힐 수 있기 때문이다. 하지만 이들의 대표 격인 이텔만이 아버지에게서 물려받은 히브리어 버전의 햄릿 대본으로는 도저히 연습이 불가능하다. 연습은 엉망이 되고 무대는 혼란스럽다. 배우들은 결정적 순간에 잠에 빠지기 일쑤고, 대사는 도무지 정리되지 않는다. 다급해진 배우들은 영국인 관광객에게 도움을 청하지만, 이 영국인 관광객은 문제는 대본의 내용이 아니라 시간이라고 답한다. 하지만 그러는 사이 배우들은 지금이 12월이라는 사실을 알게 된다. 10월 축제는 이미 지나갔다. 이들이 꿈꾸었던 축제는 과거가 되었다. 밖에서는 살아 있는 자들이 연말연시를 축하하는 목소리로 시끄럽지만, 이미 죽은 배우들은 이제 아무것도 할 수 없다. 바르티스는 원작 「햄릿」을 채운 수사와 형이상학을 걷어 내고 클로어디스라는 부조리한 권력에 분노하고 절망하는 햄릿의 광기를 극대화해 이것을 현재 아르헨티나가 겪고 있는 혼란의 언어로 가져온다. 이해 불가능한 세상을 똑같이 이해 불가능한 연극의 언어로 대응하는 것이다. 이것이 바로 21세기 연극의 리얼리즘이다.

브렛 베일리 역시 고전이 품은 보편적 잠재성을 현대 리얼리즘으로 확장시킨다. 바르티스가 햄릿의 광기를 현대사회의

광기로 가져왔다면, 브렛 베일리는 전쟁과 권력, 죄의식이
혼재하는 원작 「맥베스」의 공간을 탐욕과 부패, 착취가 만연한
콩고민주공화국의 공간으로 가져온다. 이 나라는 1960년
벨기에의 잔악한 식민지 지배에서 벗어난 이후, 두 차례에
걸쳐 혹독한 내전에 휘말렸고 내전 이후에도 부족 분쟁, 빈곤,
치안 부재 등 극도의 혼란에서 헤어나지 못하고 있다.

　　브렛 베일리의 「맥베스」의 등장인물은 맥베스와 레이디
맥베스, 그리고 일곱 명의 코러스이다. 이들 코러스는 장군
뱅코부터 세 명의 마녀들, 군인들과 콩고의 고통받는
국민들까지 다양한 역할을 수행한다. 특히 주목할 것은 브렛
베일리가 원작의 마녀들을 콜탄(coltan)에 눈독 들인 유럽의
기업자본으로 바꿔 놓았다는 점이다. '회색 금'이라 불리는
콜탄은 휴대전화의 원료로, 콩고는 전 세계 콜탄 매장량의
80% 이상을 보유하고 있다. 현재 유엔이 국제기업들이 콩고의
콜탄을 구입하지 못하도록 제재를 가하고는 있다지만, 콩고 내
반군 상당수가 전쟁 자금을 마련하기 위해 이 콜탄을
불법으로 유럽에 밀반출하고 있음은 주지의 사실이다. 따라서
브렛 베일리가 원작의 마녀들을 콜탄을 노리는 유럽의
기업자본으로 설정했다는 것은 현재 진행되는 콩고의 비극이
세계 강대국들의 자본과 그 자본에 기생하는 권력에 의해
자행되고 있음을 말해 준다.

　　콘스탄틴 보고몰로프의 「이상적 남편」은 오스카 와일드의
동명 희곡을 기반으로 한다. 보고몰로프는 원작의 틀을 충실히
따르는 듯하지만, 그 비틀기의 정도는 가히 놀랄 정도다. 그가
겨누는 것은 바로 극단주의와 만성적 경기 침체, 부정과
부패가 만연한 러시아 집권층이다. 여기에 체호프의 「세
자매」와 「갈매기」, 셰익스피어의 「로미오와 줄리엣」, 괴테의
「파우스트」를 함께 섞어 넣을 때, 그 냉소적인 풍자의 수준은
몇 배로 확대된다. 정치와 쇼가 뒤섞이고, 예술과 권력이,
권력과 종교가 서슴없이 짝짓기를 해 댄다. 최소한의 논리도
없고 설득의 여지도 없는 무대 위 인물들과 사건들은
희극적이면서 더없이 비극적이다.

국립아시아문화전당 예술극장의 개관 페스티벌은 '아시아의
예술이란 무엇인가?', '동시대 예술은 무엇인가?' 등의 질문에서
출발한다. 이러한 질문들은 '아시아', '모더니티', '오리엔탈리즘',
'컨템퍼러리'라는 키워드들을 중심으로 배치되어 있으며, 아시아
자신의 눈, 그것도 동시대의 눈으로 아시아를 바라보려는
국립아시아문화전당 예술극장의 의지를 담고 있다. 물론 지극히
관념적이며 아시아를 바라보는 기존의 서구적 시선을 벗어나지
못한 작품도 있었고, 예술가의 욕망으로만 무대를 채워
관객과의 소통에 실패한 작품도 있었다. 그럼에도 개관
페스티벌은 21세기 예술이 점유할 자리가 어디인지 확인해
주었다. 예술은 권력, 정치, 경제가 외면한 것들을 현시하는
기억의 장소이다. 광주에서 예술이 역사, 사회, 인간에 대한
책임을 다하는 모습을 계속 보고 싶다.

이 글은 국립아시아문화전당 예술극장 개관 페스티벌의 리뷰로, 『연극평론』 2015년 겨울 호
(한국연극평론가협회)에 게재된 원고를 편집한 것이다.

1 이맘 후세인은 모하메드의 손자이자 이슬람 시아파의 3대 이맘이다. 그는 서기 6세기에
  전사했는데, 그의 순교 400년 후인 10세기에 이집트와 이란의 신자들이 축하 의식을
  통해 그의 죽음을 기리기 시작했다. '타지예'는 그가 순교하기까지의 사건을 다룬
  종교극의 이름으로, 이슬람어로 '울며 애도하다'라는 뜻을 갖고 있다. 이란인들은 매년
  40일간 이맘 후세인의 순교를 기념하는데, 바로 그 추모 기간에 '타지예'가 상연된다.
  대부분의 이란인들에게 '타지예'는 공연의 의식이자 기도의 한 형태라 할 수 있다.

매체를 통한 가변적 역사 서술

다키구치 켄, 호추니엔
이경후 옮김

싱가포르의 가장 존경받는 동시대 예술가 가운데 한 명인 호추니엔은 여러 매체를 자유롭고 손쉽게 넘나든다. 「상처 받은 호랑이들의 노래」(2012), 「1만 마리의 호랑이」(2014), 「둘 혹은 세 마리 호랑이」(2015), 「타임라인」(2017) 등 호랑이를 주요 모티브로 하는 일련의 작품들은 그의 예술적 비전과 접근법이 지닌 폭과 깊이를 드러낸다.

호랑이의 매혹

다키구치 켄(이하 다키구치): 2018년 요코하마 TPAM에서 선보이고 있는 「한 마리 혹은 여러 마리 호랑이」나 내가 대본 번역팀으로 참여한 「1만 마리의 호랑이」(2014)를 비롯해, 호랑이를 주요 모티브로 하는 일련의 작업들을 해 왔다. 인터뷰의 첫 질문으로 묻고 싶다. 왜 호랑이인가? 이 동물의 어떤 점에 가장 끌리는가?

호추니엔(이하 호): 바로 답할 수 있는 점은 두 가지다. 먼저 싱가포르가 과거에는 호랑이로 가득했었다는 점이다. 그러나 영국의 식민 지배 이후 호랑이는 주된 희생양이 되어 멸종되고 말았다. 그래서 나에게 호랑이란 인간의 관점에만 국한되지 않은 채 우리의 식민주의 역사를 재고할 수 있는 출발점이 되었다. 두 번째는 상징적인 이유인데, 싱가포르라는 말이 문자 그대로 '사자의 도시'라는 뜻이다. 팔렘방의 스리위자야 왕국의 왕자인 상 닐라 우타마가 12세기에서

14세기 사이 싱가포르에 도착해 해안에서 사자를 보았다는 신화에서 온 이름이다. 우리 지역에 많았던 것은 호랑이였다. 따라서 역사를 생각하는 모티브로 호랑이를 활용하는 것은 정부가 승인한 사자의 도시라는 공식적 역사가 아닌 또 다른 역사를 꿈꾸려는 하나의 시도다.

다키구치: 본 연작에서 반복적으로 나타나는 중요한 이미지가 두 개 있다. 하인리히 로이테만의 목판화 「중단된 싱가포르의 도로 측량」과 월터 윌리엄 스킷의 「말레이반도의 이교도 인종」에 실린 호랑이 인간 사진이다. 이 이미지들에서 어떤 영감을 받았나?

호: 이 작업을 처음 시작했을 때 리서치의 일환으로 수많은 이미지들을 모았다. 그 후 이미지들로 시퀀스를 구성하며 내러티브를 짠 것인데, 언급한 두 이미지가 이 시퀀스의 중요한 구성 요소였다.

　　스킷의 사진 얘기를 먼저 해 보겠다. 이 이미지를 보면 두 명의 선주민이 쭈그려 앉아 있고, 그 뒤의 인공 배경은 깊이감이 거의 없는데 이 점이 몇 가지 측면에서 나를 사로잡았다.

　　일단 내가 이 이미지에 끌렸던 것은 여기에 담긴 불안감 때문이었다. 두 선주민의 몸은 매우 긴장되어 있다. 의심스러움과 불편함을 느끼며 카메라를 마주하고 있는 것 같다. 어찌됐든 이것은 식민주의자와 피식민자, 인류학자와 그 연구 대상 간의 조우이다. 이 선주민들의 말 없는 신체와 자세만으로 표출되는 이 불안감이 권력관계의 전체적인 틀을 암시하는 것으로 느껴졌다.

　　다음으로 이 이미지가 환기하는 역설적인 복수성이 나를 사로잡았다. 두 인물이 이미 이중성을 발생시키고는 있지만, 호랑이 인간 — 인간으로 변신할 수 있는 호랑이 — 은 그 자체로 이중적인 존재다. 그러니까 나는 이 셀 수 없음에 끌렸다. 내가 몇 개의 존재를 바라보고 있는지 결코 확신할 수 없는 이미지이며, 이것은 '한 마리 혹은 여러 마리 호랑이'라는 이 설치의 제목을 설명해 주기도 한다.

나는 2007년부터 말레이 세계에서의 인간 - 호랑이 관계를
연구해 왔다. 호랑이가 말레이 세계에 들어온지는 1백만 년도
더 되었는데, 이는 호모사피엔스가 등장하기 한참 전이다.
그리고 최초의 인류는 동남아 전역으로 흩어지면서 숲과 물
사이의 경계 지역을 택해 정착했는데, 이는 호랑이가 선호하는
서식지이기도 했다. 인간과 호랑이의 근접함으로 인해
공생적이면서도 상징적인 관계가 생겨나게 되었다.

말레이 우주론에서 호랑이는 조상 영혼들의 통로, 혹은
영매로 여겨진다. 또 우리를 보호해 줄 수 있지만 우리가
금기를 깰 경우 벌을 내릴 수도 있는 존재다. 따라서 이
관계는 좋게 봐도 모호한 관계다. 그러나 영국인들이
들어오면서 이 관계에 균열이 갔다. 자연이 인간 문화와
분리되면서 인간의 지배나 통제, 파괴를 겪게 되는 대상이 된
것이다.

두 번째 이미지인 「중단된 싱가포르의 도로 측량」에
대해서 이야기를 해 보겠다. 이 인쇄본은 1865년경에
만들어졌지만 실제로는 1835년에 일어난 사건에 바탕으로 하고
있다. 싱가포르 공공사업국을 담당했던 조지 드럼굴 콜먼이
수행한 도로 측량 사업이었다. 싱가포르의 최고위 건축가이자
최초의 도시계획가이기도 했던 사람이다. 그가 만든 건물들 중
많은 토대가 아직도 싱가포르 중심가에 남아 있다. 이
인쇄본이 소장되어 있는 싱가포르 내셔널갤러리 입구가 그의
이름을 딴 콜먼가를 마주하고 있다.

이 측량 사업 도중 콜먼과 수행원들이 호랑이를 만났다.
이 호랑이는 사람을 공격하지 않고 삼각법에 쓰이는
경위의라는 기구를 망가뜨렸다. 야생의 토착 자연에서 온
힘으로서의 호랑이, 그리고 공간에 질서를 부여하는 식민주의적
꿈으로서 영국의 측량 사업, 우리가 이 안에서 찾을 수 있는
서사는 매우 많다. 콜먼의 사업은 전세계적으로 빈랑고와 후추
수요가 있던 시기에 이루어졌기 때문에 이 이미지는
싱가포르를 자본주의 경제에 접속시킨다는 의미 또한 환기시켜
주었다.

더 구체적으로 이 이미지는 호랑이가 콜먼과 수행단을 향해 뛰어오르는 순간을 묘사하고 있는데, 이 사람들은 모두 경위의와 함께 뒤로 넘어지는 중이다. 모든 것이 공중에서 멈춰 있다. 이는 영화의 정지 화면과 비슷하다. 이 유예의 순간에는, 작용 중인 모든 힘들이 아주 분명하게 드러난다. 그리고 다양한 가능 서사들이 펼쳐질 수 있는 것은 바로 그러한 순간에서다.

다키구치: 「중단된 싱가포르의 도로 측량」에 나오는 호랑이는 동물이기 때문에 자연과 인공물의 대면이라는 측면이 명백하다. 그러나 스킷의 사진에 나오는 호랑이 인간은 사이의 존재와 비슷하다. 우리가 이에 대해 논하기 시작하면 이분법이 상실되면서 주변부의 존재들에 대해 생각하게 된다. 당신의 개념 안에서, 동물인 호랑이가 호랑이 인간으로 변모하는 순간이란 무엇인가?

호: 정확하다. 호랑이 작품들은 실제로 이러한 이분법들을 뒤집고 복잡하게 만들어 보기 위한 시도다. 얼핏 보면 이미지 안에서 대립항들의 충돌이 우리에게 확 다가온다 ― 오른쪽에서 뛰어드는 호랑이, 왼쪽으로 쓰러지는 콜먼. 그러나 이슬람교 이전의 말레이 우주론에서 인간과 호랑이는 그다지 뚜렷하게 분리되지 않는다. 사람들은 호랑이에게 제대로 된 호칭을 쓰지 않고 삼촌, 할아버지, '다툭'(datuk)과 같이 친족 같은 단어를 쓴다. 호랑이는 조상과 연관이 있다고 여겨지고, 동남아 여러 지역에서는 샤먼이 호랑이인간으로 변신할 수 있는 능력 혹은 저주를 가졌다고 믿는다. 당시 서구 인식론에서 지배적 패러다임이었던 자연과 문화의 분리는 말레이 세계에 내재한 것이 아니었다.

　　매우 흥미롭다고 생각하는 또 한 가지는, 식민 지배의 결과로 말살된 호랑이가 하나의 은유가 되어 말레이 세계에 계속해서 돌아와 떠돈다는 것이다. '은유'(메타포)라는 말은 어원상 '전달'뿐 아니라 '가지고 가다', 변하거나 바꾼다는 뜻을 가진 그리스어에서 온 것이다. 그리고 아까 말한 것처럼 말레이 세계의 호랑이야말로 조상의 영혼뿐 아니라 인간의 영역 그 안에도 밖에도 있지 못한 기타 모든 존재들을 옮겨다 주는 장치였다. 성과 속의 세계를 오가기 때문에 문명의 경계에서 살아가는 샤먼처럼 말이다. 두 세계 사이를 떠도는 존재인 것이다.

마찬가지로 무법자나 침략군, 공산주의 게릴라 등 ─ 내가 「1만 마리의 호랑이」나 「한 마리 혹은 여러 마리 호랑이」에서 언급한 존재들 ─ 은 문명과 바깥 세계 사이를 오갔다. 싱가포르에서 호랑이가 말살된 지 한참이 지난 후에도 이런 이들이 대중문학에서 '호랑이'로 묘사된 것이 이런 이유 때문이다. 싱가포르의 호랑이 이야기는 호랑이가 물리적으로 전멸한 후에도 이어지고 있으며, 나의 호랑이 작업들은 싱가포르를 계속 맴도는 듯한 이들의 영원한 회귀 방식들을 추적하고자 한다.

다키구치: 이 은유적 호랑이들은 주변화된 존재이면서 역사의 주류 서사에서 밀려나 있다. 한 예로 「1만 마리의 호랑이」에서는 말라야 공산당[1] 최고의 반역자로 여겨지는 라이텍을 언급했었다. 본 연작을 통해 하나의 대안적 역사를 전개시키고자 하는 것인가?

호: 주변적 존재는 이분법 속의 타자가 아니다. 안과 밖에 동시에 있고, 이쪽이면서 반대쪽이기도 한 존재로 생각하는 것이 훨씬 흥미롭다. 나에게 호랑이의 진정한 본성은 모호성이다. 인간과 호랑이 모두 될 수 있다는 점이다. 샤먼은 '정상'의 바깥에 있지만 동시에 한 사회의 구조적 기능 발휘에 필수적인 존재다.

그래서 라이텍을 호랑이 인간이라는 보다 큰 신화의 일부로 연결시킨 것이다. 「라이텍」의 인물은 아주 명확하게 위치 지을 수 있는 인물이 아니다. 여러 세계 사이를 움직이는 존재다. 분명 호랑이 작업들은 공식 역사와 관계를 맺는다. 하지만 나는 스스로를 대안적이라고 위치 짓는 또 다른 버전의 역사 구축 또한 매우 경계한다. 본질주의적인 한

가지 서사를 다른 하나로 대체하는 것처럼 보이기 때문이다. 내가 관심을 두는 것은 변화와 변신의 가능성을 열어 두고 살려 두는 한편 이런 안정성을 교란시키는 하나의 가변성이다.

다키구치: 「1만 마리의 호랑이」의 서사는 사실 굉장히 신화적이다. 모호성을 표현하기 위한 구조 틀로 신화를 사용하려는 의도가 있던 것인가?

호: 그렇다. 요즘 세상에서 우리는 신화와 역사가 이분법의 대립항이라고 생각하는 경향이 있다. 이 인터뷰에서 우리가 여러 이분법적 대립항 이야기를 계속 하고 있지 않나? 인간과 호랑이, 합리성과 마법, 성과 속. 우리는 근대적 — 혹은 합리적 — 이 되기 위해서는 사회에서 신화를 제거해야 한다고 생각하는 경우가 많다. 나는 근대적, 합리적 사회에 신화란 없다고 생각하는 것이 우리 시대 최대의 신화라고 생각한다. 프랑스 철학자 조르주 바타유가 매우 아름답게 표현했듯이, 신화의 부재야말로 곧 근대성의 신화다.

저장소의 은유와 아이디어 네트워크

다키구치: 「1만 마리의 호랑이」의 무대는 사실상 커다란 선반이다. 기억과 역사들이 보관된 은유적 저장소였다. 또한 이런 것들이 전시되어 우리가 그런 정보를 접해 볼 수 있게 하는 공간이기도 했다. 저장소라는 은유가 당신에게 예술적 아이디어를 발전시키는 데 중요한 요소 같아 보인다.

호: 그렇다. 실천하는 사람의 입장에서 나의 출발점 한 가지가 수집이다. 나는 정보를 모은다. 담론을 모은다. 이미지를 모은다. 그리고 내가 사고하는 과정에서 자주 개입되는 것이 일종의 지도 제작이다. 지도를 만들어서 요소들의 관계를 구성하고 또 복잡화한다. 나는 대본에서 시작하기보다 항상 다이어그램으로 시작한다. 「1만 마리의 호랑이」의 무대는 말 그대로 그러한 다이어그램을 실현시킨 것이라고 볼 수 있다.

다키구치: 「1만 마리의 호랑이」 프로그램 책 속에 '지도책' (아틀라스)이 있다. 2면에 걸친 페이지 왼편에 자연 및 인간과 관련된 사항들 — 숲과 삼림 벌채, 호랑이, 인간, 호랑이 인간이 있다. 말라야 역사와 관련된 것들 — 영국 식민 지배, 일본 지배, 말라야 공산주의자가 오른쪽에 있다. 이것이 '지도 제작'의 예시이겠다.

호: 바로 그렇다. 쿤스트카머, 즉 호기심의 방을 이런 지도 제작의 예로 볼 수 있다. 콜먼이 수행한 것과 같은 식민주의적 측량 및 지도 제작 임무들과는 구별해야 하겠지만 말이다. 선반과 비슷한 「1만 마리의 호랑이」 세트에 하나의 영감이 된 쿤스트카머는 이성이 아니라 공명을 통해 펼쳐진다.

다키구치: 하지만 당신의 이야기를 다이어그램 — 혹은 아이디어 네트워크 — 의 어느 지점에서 시작할지 결정해야 하지 않나.

호: 「1만 마리의 호랑이」를 할 때는 솔직히 다이어그램이나 지도 어디에서 시작하고 끝내도 괜찮을 것 같아 보였다. 결국 출발점을 어떻게 결정했는지 명확하게 답할 수 있을지 잘 모르겠다. 기억하기로 '연대기'에 기준해 서사를 배열한 후, 최대한 많은 연상과 공명, 강렬함을 발생시키기 위해 그것을 버리고 여러 시점에서 튀어나오는 비선형적인 또 다른 구조를 찾으려 했다.

다키구치: 「1만 마리의 호랑이」에서는 그 전달 방식으로 연극적인 라이브 퍼포먼스를 선택한 반면, 「한 마리 혹은 여러 마리 호랑이」에서는 영상 설치를 택했다. 이렇게 다른 선택을 한 이유는 무엇인가? 만들고자 했던 서사의 성격이 달랐기 때문인가?

호: TPAM의 프로그램 디렉터 중 한 명이기도 한 친구 막스필리프 아셴브레너가 예전에 나를 인터페이스 예술가라고

묘사한 적이 있다. 그가 정확히 어떤 의미로 말한 것인지는 잘 모르지만 방금의 질문과 조금 연관이 있을지도 모르겠다. 나는 아이디어들을 한 매체에서 다른 매체로 옮기는 데 관심을 갖고 있고, 이것은 자신과 다른 것을 담는 그릇이자 끊임없는 변화를 거칠 수 있는 말레이 세계의 호랑이와 공명하는 면이 있다.

그런데 내 작업들이 한 분야에서 다른 분야로 이주하는 또 한 가지 이유는 이런 아이디어들을 최대한 많은 사람들에게 던지고 싶다는 실용적인 욕구 때문이다. 나는 2003년 「우타마, 역사 속의 모든 이름은 나」로 시각예술계에서 아티스트로서의 커리어를 시작했다. 당시 싱가포르의 현대 시각예술 관객은 엄청나게 적었다. 그래서 전시 후 전체 프로젝트를 '역사' 강의로 재편성해 학교에 '판매'할 수 있도록 했다. 이런 강의들을 중학교와 대학에서 진행했고 그 계기로 결국 공연예술계와 만나게 되었다.

「1만 마리의 호랑이」와 「한 마리 혹은 여러 마리 호랑이」의 상이한 포맷에 대한 질문으로 돌아가 보겠다. 어느 정도는 두 작품의 유일한 차이가 '살아 있는' 사람이 참여하느냐 아니냐 하는 것이다. 하지만 나는 어떤 면에서 두 작품 모두 연극적인 작품이라고 생각한다. 나는 완전히 자동화된 작품도 공연만큼 연극적일 수 있다고 믿는다. 반대로 무대 작품이 실제로 회화 작품처럼 비연극적일 수도 있다.

다키구치: 어떤 의미인지 이해하지만 그래도 연극에는 고유의 수행성 양식이 있다고 생각한다. 영상 프로젝션의 경우는 또 나름의 방식으로 수행적이고.

호: 각각의 형식이 자기만의 특수한 역사적 궤적 및 관객과의 연결 양식을 갖고 있는 것은 분명히 사실이고, 나도 이 점을 최대한 배우려고 한다. 그런데 내가 작품을 만들 때 나에게 중요한 것은 이것이 연극이냐 아니냐가 아니라 그 작품의 연극성이 갖는 특정한 형식이다. 나는 연극이 아니라 연극성에 흥미를 느낀다.

시각예술에서는 연극성을 사유하는 특수한 방식이 있는데, 미국인 예술사가 마이클 프리드가 명저 「몰입과 연극성: 디드로 시대의 회화와 관람자」(1980)에서 이것을 설명한 적이 있다. 아주 단순하게 말하자면 프리드는 프랑스 철학자이면서 대단한 미술평론가이자 연극평론가이기도 했던 드니 디드로의 주장에 바탕해서 연극성이라는 문제와 그 반대 지점 — 몰입 — 을 논한다. 디드로는 좋은 연극 작품이 일종의 반연극성으로 규정된다고 보았는데, 반연극성이란 누군가에게 보여진다는 의식을 무언가 괄호 처리하는, 혹은 유예하는 테크닉이다. 그렇다면 연극성은 보여진다는 자의식으로, 몰입은 그 의식을 소실시키는 테크닉으로 설명할 수 있다.

나는 많은 작품을 이 두 양식 사이의 리드미컬한 움직임처럼 구성한다. 전반적으로 시각예술 맥락 안에서 작업할 때는 연극적인 면을 강조하고, '라이브'의 맥락에서 작업할 때는 적어도 최초의 의도를 최대한 연극적이지 않은 결과물로 잡는 것이 나의 자연스런 경향이다. 「1만 마리의 호랑이」 무대는 언급했다시피 본질적으로 커다란 선반인데, 이것은 극장의 모든 깊이를 무효화한다. 관객은 기본적으로 커다랗고 편평한 표면을 보면서 쿤스트카머를 한 부분씩 들여다봤다. 혹은 여러 개의 '창'이 달린 스크린일 수도 있다. 그리고 나는 무대 위에서 실제 사람의 존재를 무효화하거나 보류라도 할 수 있는 방법들을 찾는 경우가 많다. 그래서 선반의 작은 틈에 있었던 배우 네 명은 거의 움직임이 없었던 반면 나머지 부분에 있던 오브제들은 전부 자동화되어 있었다.

하지만 시각예술 작업을 할 때는 쿨함과 개념성을 선호하는 미술계에서 나의 작품을 어떤 과잉된 연극성 쪽으로 떠밀고 싶은 마음이 있다. 그래서 프로젝션에 조명이나 강렬한 사운드, 자동화된 연극 기계가 같이 가는 경우가 많다. 설치에 대한 나의 이상은 관객이 이것을 '실시간' 사건의 전개로 체험하는 것이다.

이 인터뷰는 일본국제교류기금 아시아센터가 아시아 전문가들의 인터뷰를 수록한 『아시아 헌드레즈』(Asia Hundreds)에 2018년 8월 21일 게재된 호추니엔의 인터뷰를 발췌, 편집한 것이다(https://asiawa.jpf.go.jp/en/culture/features/f-ah-tpam-ho-tzu-nyen/).

싱가포르 출신 작가 호추니엔의 「1만 마리의 호랑이」는 국립아시아문화전당 예술극장 개관 페스티벌에서 제작, 소개되었다. 말레이에서 호랑이는 인간 영혼의 표상이다. 고대부터 조상들은 호랑이로 현현하여 후세와 대화했고, 무당들은 인간의 신체적 한계를 넘기 위해 호랑이로 변신하기도 했다. 근대화 과정에서 숲이 파괴되며 말레이의 호랑이는 (물리적으로) 멸종 위기를 맞았지만, 끊임없이 다른 형태로 변신하며 역사를 직조해 왔다. '말레이 호랑이'라는 애칭의 일본 25사단 사단장으로서, 말레이(말라야) 공산당의 표상으로서, 호랑이는 계속해서 되돌아왔다. 작품은 신화, 역사, 구전, 기억 속에 출몰하는 호랑이의 발자취를 수집하고, 20세기와 오늘에 산재하는 호랑이의 흔적들을 재조합한다. 이는 역사를 지배해 온 폭력과 파괴, 공포와 파격에 대한 고찰이다. 호랑이 신화는 은유가 현실에 침투하는 이야기이다.

1 말라야 공산당(MCP)은 1930년 창당되어 1989년 투쟁을 멈출 때까지 주요 반일 조직으로 제2차세계대전 동안 일본 제국군에 맞서 약탈 및 매복 작전을 조직했다. 1948년부터 1960년까지의 말라야 비상사태로 이어진 세계대전 종전 후 영국 지배층은 이들을 불법 조직으로 선포했다. 라이텍은 1939년부터 1947년까지 총서기로 말라야 공산당을 이끌었다. 프랑스, 영국, 일본의 3중 간첩이었다고 알려져 있다. 1947년 태국에서 사망했다.

사사키 아츠시, 아피찻퐁 위라세타꾼
김신우 옮김

「열병의 방」은 영화감독이자 시나리오 작가, 영화 프로듀서인
아피찻퐁 위라세타꾼의 작품으로 장르의 분류를 벗어난다.
영화? 환상? 어트랙션? 아니면 퍼포먼스? 어떤 명칭을 붙이든
「열병의 방」의 경험은 모든 범주를 초월하는 매혹적인 반전과
미스터리로 가득하다.

사사키 아츠시(이하 사사키): 어제 「열병의 방」의 일본
초연을 봤다. […] 아직도 충격에서 헤어 나오지 못하고 있다.
일단은 「열병의 방」에 당신의 이전 작품들이 가진 여러
요소가 담겨 있다는 인상을 받았다. 먼저 「열병의 방」을
제작하게 된 계기를 설명해 줄 수 있나?

아피찻퐁 위라세타꾼(이하 아피찻퐁): 가장 최근에 만든 영화
「찬란함의 무덤」의 제작비를 모으던 중, 국립아시아문화전당
예술극장의 김성희 예술 감독이 제작비를 지원하겠다고
제안했다. 조건은 그와 함께 공연 작품을 만들어 달라는
것이었다. 공연예술은 내가 특별히 매력을 느끼거나 잘 아는
장르가 아니었기에 내가 「열병의 방」 제작에 참여하게 된
것은 어떤 의미에서는 순전한 우연이었다.
       나는 연극과 무대예술에 관해 아는 것이 없었지만, 소개를
통해 몇몇 실험적인 공연예술을 접한 후 이 프로젝트에
참여하기로 결심했고, 그 끝에 무대의 에너지를 경험할 수
있었다. 여기서 말하는 에너지란 관객의 에너지가 아니라 무대
위에 존재하는 에너지다. 관객의 에너지는 수동적이지만 무대
위의 에너지는 끊임없이 유동적이고 불안정하게 느껴졌다. 어찌

되었든 나는 「열병의 방」을 영화로 간주한다. 내 생각에 이 작품은 연극으로 분류될 수 없을 것 같다.

사사키: 그렇다면 당신의 영화에 대한 개념이 전통적인 정의를 뛰어넘는 것 같다. [...] 「열병의 방」 연출이 보다 광범위한 의미의 영화를 탐구하고 싶다는 당신의 의도를 표현한 것으로 이해해도 좋은가?

아피찻퐁: 그렇다. 내게 「열병의 방」은 영화다. 그렇지만 이 작품을 협소하게 정의된 범주에 넣고 싶지도 않고, 어차피 그렇게 할 수도 없을 것이다. 굳이 라벨을 붙여야 한다면 아마 '라이브 시네마' 혹은 '특수한 장소를 필요로 하는 라이브 시네마'일 것이다. 하지만 왜 「열병의 방」을 영화로 간주하는지 묻는다면, 이 작품에는 영화를 뒷받침하는 모든 철학이 담겨 있기 때문이라고 답하고 싶다. 내게 영화 철학은 빛과 공간, 스케일로 이루어져 있으며, 이로부터 영화가 진화해 온 역사나 움직이는 이미지에 대한 경외심으로 확장되어 나간다. 예를 들어 영화 초반의 동굴 장면은 2D이지만 현대로 넘어오면서 4D가 된다. 나는 4D를 시간 차원이 추가된 3D로 정의한다. 내 생각에 이 요소들은 모두 영화 철학을 구성하는 것들이다. 그리고 「열병의 방」에는 그 요소들이 모두 존재하기 때문에, (굳이 분류해야 한다면) 라이브 시네마라고 부르고 싶은 것이다.

사사키: 라이브 시네마라는 아이디어는 「열병의 방」을 만들기로 결정한 후 구상 과정에서 떠오른 생각인가, 아니면 예전부터 실험해 보고 싶은 아이디어였는데 마침 이번 프로젝트를 통해서 구현된 것인가?

아피찻퐁: 둘 다 아니다. 사실 무엇을 하고 싶은지 어렴풋이 생각하고는 있었지만 명확하지는 않았다. 작품을 만들기 시작하고 나서야 비로소 깨달았다. 관객이 영화관에 걸린 스크린을 의식하도록 이끄는 것은 언제나 내 영화에서 중요한

요소였다. 스크린은 2D 세계에 존재하는 평면적인 사물이지만, 「열병의 방」에서는 그 경계를 확장할 수 있었다고 생각한다. 기존의 평면적인 스크린을 넘어서서, 전통적으로는 스크린을 둘러싼 공간에서 발견할 수 없었던 거리감과 팽창감을 만들어 냈다. 그 결과 「열병의 방」은 영화관에 언제나 존재해 온 공간을 살아 움직이게 하고, 관객에게 영향을 주고, 일련의 자극을 불러일으켰다. 지금까지 보이지 않았던 것을 전면으로 가져오는 데 성공했다고 생각한다.

사사키: 스크린과 관계 맺는 관객에게 "영향을 준다"는 측면은 당신의 영화와 당신이 창조하는 영화적 세계를 관통하는 고유한 특징인 것 같다.

아피찻퐁: 그렇다. 빛과 다른 재료를 활용한 실험적인 시도는 언제나 내 작품의 핵심이었다. 내용의 측면에서는 개인적인 문제, 사회적 상황, 정치적 의견 등 다양한 영역을 아우른다. 나는 계속해서 다양한 재료를 실험하면서 영화를 만들고 싶고, 그런 기회를 찾고 있다. 계속해서 실험을 이어 나가고 싶다.

사사키: 할리우드 영화는 3D 영화를 비롯해서 점점 더 스펙터클한 경험을 만드는 방향으로 진화하는 것처럼 보인다. 당신은 그런 영화와 어떻게 거리를 두는지 궁금하다.

아피찻퐁: 대답하기 대단히 어려운 질문이다. 얼마 전에 친구와 이 문제로 이야기를 나누면서 할리우드 영화와 내 영화의 차이를 두고 다음과 같은 비유를 든 적이 있다. 내 작업이 성적 친밀감에서 오는 기분 좋은 감각이라면, 할리우드 영화는 포르노라고 볼 수 있다. 설명하기는 다소 추상적인 개념이다. 내 작업은 개인적인 상호작용을 통해 만들어진다. 나는 두 가지 기준을 충족하는 영화를 만들려고 한다. 첫 번째는 관객과의 개인적인 소통을 통해 지식과 지적 성찰을 추구하는 것이고, 두 번째는 나 자신의 감정과 욕구를 성찰하는 것이다. 영화를 통해 자신이 기대했던 것 이상으로

감정이나 신체에서 긍정적인 느낌을 얻는 것이 가능해진다. 반면, 내가 받은 인상에 따르면 할리우드 영화는 포르노에 더 가깝다. 그게 차이점이다.

사사키: 당신의 작품은 시네마틱하고 원초적인 측면을 가지고 있기도 하다. 영사기에서 나오는 빛, 별빛, 태양 빛을 크게 구분하지 않고 본질적으로 동등하게 다룬다는 인상을 받았다. 그러면서도 놀라운 첨단의 기술과 대단히 원시적인 측면을 동시에 담고 있다. 당신의 작품에는 이 두 가지의 극단이 공존한다고 느낀다.

아피찻퐁: 그렇다. 내가 관심을 두는 것은 유동성이다. 나는 언제나 영화의 큰 부분이 상상력에서 비롯된다고 믿어 왔다. 예를 들어서 내 작품에서 사용되는 연기가 진짜 연기일 수도 있지만, 관객은 그걸 구름으로 인지할 수도 있다. 빛은 인공적인 조명으로 만들어 낼 수 있지만, 달빛으로도 만들 수 있다. 관객의 상상력이 자유롭게 흘러가도록 말이다.

사사키: 「열병의 방」에는 스토리가 없다고 했는데, 분명 스토리 라인의 파편들이 존재하지 않는가?

아피찻퐁: 내 영화는 픽션과는 다소 다르다. 「찬란함의 무덤」은 꿈과 기억에 관한 이야기를 들려주는 작품이고, 그게 주제가 됐다. 여기서 기억은 나와 젠지라, 반롭, 그리고 다른 이들 모두가 공유하는 기억을 대변한다. 이 기억들은 영화 곳곳에 모티브로 흩어져 있다. 그리고 태국 북동부 이산 지역의 한 마을에 사는 젊은이들도 있다. 다른 프로젝트를 하면서 작업했던 마을이다. 이번 영화에는 이렇게 다른 세대에 속하는 젊은이들이 등장하는데, 기억을 여러 세대에 걸쳐 드러내고 전달하는 것이 주된 목적이었다. 이런 것들이 내가 작품에서 다루는 요소다. 나는 특정한 무언가를 고정해 두고 작업하지 않는다. 그런 의미에서 「열병의 방」은 「찬란함의 무덤」과 비슷한 점이 많다.

사사키: 꿈은 당신의 작품에서 대단히 중요한 개념인 것
같다. 어느 순간에는 꿈과 무빙 이미지의 경계가 사라질
정도로 말이다. 꿈에 이토록 집중하게 된 계기나 영향이
있는가?

아피찻퐁: 영화에 관심을 갖는 사람들은 꿈에도 흥미를
느끼는 것 같다. 나는 인간의 몸이 항상 꿈을 꾸고 싶어
한다고 생각한다. 앞서 나의 모든 작품은 본질적으로
개인적이고, 영화에 등장하는 모든 개인은 자신만의 이야기를
갖고 있다고 언급했는데, 꿈은 그보다도 한 차원 더 개인적인
경험이다. 그렇기 때문에 각 개인이 경험하는 꿈은 지극히
개인적이고, 대단히 깊은 의미가 있다. 따라서 꿈 그 자체가
자연스럽게 내게는 모티브가 된다. 영화와 꿈은 이런 점에서
연결 고리를 갖는다고 볼 수 있다. [...] 나는 영화가 다른
사람의 꿈을 관찰할 수 있게 해 준다고 믿는다.

사사키: 당신의 영화에서는 꿈의 세계와 현실이 잘 구분되지
않는데, 이런 특징이 꿈과 현실에 대한 당신의 개인적인 생각,
또는 당신이 현실을 받아들이는 방식을 반영한다고
생각하는가?

아피찻퐁: 나는 꿈에 본질적으로 경계가 없다고 생각한다.
당신은 꿈과 현실 사이에 뚜렷한 경계가 없다고 했는데, 옳은
지적이다. 영화에는 현실에서 벗어난 이야기가 등장한다. 하지만
동시에 꿈에도 사소하고 일상적인 일이나 여러 종류의 대화가
등장할 수 있다. 꿈을 가만히 따라가다 보면 시공간을
초월하는 점프가 발생한다는 걸 알 수 있다. 과거를 보고
있었는데, 어느 순간 현재에 와 있는 바로 그런 순간 말이다.
꿈 각각의 부분을 채우는 내용 그 자체는 뚜렷한 의미를
갖지 않는다.

사사키: 그런 관점에서 보면, 영화 속 어느 부분이 현실을
묘사하고 있고, 어느 부분이 꿈을 반영하는지 구분하는 것이

불가능해진다. 영화 전체가 꿈일 수도 있다. 실제로 꿈에는 꿈을 꾸고 있는 사람들이 등장할 수도 있으니까 말이다. 적어도 나는 그렇게 봤다.

아피찻퐁: 나도 꿈과 현실을 구분하는 경계선이 어디인지 잘 모르겠다. 어쩌면 그 둘은 같은 것일지도 모른다. 아마도 영화를 보고 나서 영화관을 나서는데 어디까지가 실제인지 혼란스러웠던 경험이 있을 것이다. 대단히 모호하다. 그 둘은 같은 것일 수도 있고, 서로 합쳐질 수도 있다. 예를 들어, 물이 담긴 이 컵은 물리적인 사물이지만, 그 실체는 사람마다 저마다 다르게 경험될 것이다. 이 컵이 현실의 일부가 되는 과정 역시 사람마다 다를 것이다. 우리가 살고 있는 이 세계는 끊임없는 흐름의 상태로 존재하고, 그 안에 사물도 계속해서 움직인다. 게다가 사물에 부여된 의미도 시간에 따라 변화하기 때문에, 절대적인 확실성이라는 것은 존재할 수 없다.

사사키: 당신이 꿈에 대해 갖는 관심과 공상 과학 간에 연관성이 있나?

아피찻퐁: 부모님이 모두 의사였기에 언제나 병원이 배경인 환경에서 자라났다. 내가 항상 유령과 영혼에 긴밀하게 연결되어 있다고 느낀 것도 아마 이 때문일 것이다. 그리고 언제나 과거와 미래가 매끄럽게 연결되어 있다고 느꼈다. 여기에 더해 독서는 상상력을 대단히 자극했고, 나를 흥분케 했다. 유령과 영혼, UFO는 모두 현실에서 벗어난 현상이라는 점에서 본질적으로 같다고 생각한다. 자라나면서 가지게 된 사고방식이다.

사사키: 당신은 항상 정치적인 주제들을 다뤄 왔다. 아니, 작품을 통해 현대의 정치 문제를 언급해 왔다고 표현하는 것이 더 맞을지도 모르겠다. 하지만 그 방식에 있어서 이해하기 쉬운 직접적인 언어를 사용한 것은 아닌 것 같다.

아피찻퐁: 나는 정치 활동가도, 전문가도 아니기 때문에 이 지점에 있어서는 조금 다르다고 생각한다. 어떻게 하면 내 작품에서 나만의 관점으로 정치적인 내용을 다룰 수 있을지 고민한다.

이 인터뷰는 일본국제교류기금 아시아센터가 구축한 『아시아 헌드레즈』에 2017년 7월 5일 게재된 아피찻퐁 위라세타꾼의 인터뷰를 발췌, 편집한 것이다(https://asiawa.jpf.go.jp/en/culture/features/f-ah-tpam-apichatpong-weerasethakul /).

국립아시아문화전당 예술극장 개관 페스티벌이 위촉한 「열병의 방」은 세계적인 태국의 영화감독 아피찻퐁 위라세타꾼의 첫 무대 연출작이다. 이 작품에서 그는 관객을 영화적, 연극적 상상력의 기원인 동굴로 데려간다. 이 동굴은 현실과 허구가 조우하는 매혹적인 공간이다. 그는 최면적인 조명과 음향효과를 활용하고 화면과 프레임을 여러 겹으로 쌓아 영화적 환영을 안개에 투사하여 삼차원의 꿈을 창조한다. 관객들을 이미지의 중심에 배치하고 열병의 바이러스에 감염시켜 길을 잃게 만든다. 우주는 무너질 태세가 되었고, 우리는 잠재의식의 문턱에서 황홀한 꿈의 세계에 갇혀 있다. 등장인물들은 붕괴 직전의 고향을 뒤로하고 여러 상상의 세계로 도망친다. 그들의 개인적인 이야기는 태국의 이야기와 결합되며, 현재 태국의 군부독재와의 연관성이 암시된다. 그는 영화와 연극의 자원을 능숙하게 활용하며 감각이 사고와 동일한 중요성을 갖는, 인식의 새로운 가능성들을 열어젖히는 걸작을 창조했다.

국립아시아문화전당 예술극장 개관 페스티벌에 관하여

마티아스 릴리엔탈
김신우 옮김

김성희의 프로그램에 관해 알게 된 것은 2014년 만하임에서
열린 독일 세계 연극제를 위해 한국 작품을 리서치할 때였다.
한국 공연예술계를 소개하는 자리에서는 언제나
국립아시아문화전당 프로젝트가 언급되었다. 김성희는 아피찻퐁
위라세타꾼 감독의 작품을 꾸준히 지지해 온 사람 중 하나다.
위라세타꾼의 영화들은 죽은 자의 영혼이 산 자의 그것보다
더 생명력을 가질 수 있고, 영혼과 함께 살아가는 일이
가능하다는 것을 유럽 문화사에 소개했다. 그가 처음으로 만든
공연 작품에서는 안개구름이 주인공으로 등장했는데, 이
안개구름은 일정한 밀도를 유지하며 객석 위를 맴돌았다.
아무것도 아닌 것 같아도 기술적으로 실현하기 매우 까다로운
연출이었다. 보통 기괴한 미스터리를 상징하는 안개가 다른
무언가로 거듭났다. 동시에 이 안개구름 위로 영상이 투사됐다.
　　김성희의 프로젝트는 언제나 다음과 같은 질문에서
출발한다. 바로 아시아만의 고유한 역사, 미학, 세계관이
있는가이다. 그런 관점에서 광주에서 열린 국립아시아문화전당의
개관 페스티벌은 선구적인 역할을 했다. 새로운 작품을 제작할
수 있는 제작 예산을 충분히 가지고 있었고, 그렇게 제작된
신작들을 유럽 지역의 큐레이터들도 찾아와 볼 수 있는
허브로 기능했다.
　　이 근간에는 무엇이 있었을까. 김성희는 페스티벌 봄과
광주의 축제를 통해 하나의 명확한 명제를 정립하는 데에
성공했다. 아시아 고유의 미학이 있는가. 다른 시각을 제시하는
아시아 고유의 관점이 있는가. 그러한 프로젝트를 위촉하기
위한 재원을 어떻게 마련할 것인가.

대규모 프로젝트를 맡게 되었을 때 그 자원으로 자기 작품을 만들고 아시아 출신 배우를 출연시키는 길을 선택했던 옹켄센과는 달리, 김성희는 보다 미학적인 질문에 집중했다. 이를테면 위라세타꾼의 영화는 죽은 자의 영혼이 산 자와 동일한 선상에서 소통할 수 있을 뿐만 아니라 때로는 죽은 자가 산 자보다 더 살아 있을 수 있음을 보여 준다. 작가는 이를 보여 주기 위해 탁월한 장면들을 연출한다.

위라세타꾼은 「열병의 방」으로 국제 공연예술계에 등장했다. 안개구름에 프로젝션을 투사하는 그의 작품은 할리우드식 엔터테인먼트 영화에 대한 비판을 제기했다. 동시에 그는 몹시 간단해 보이는 공연 하나로 극장의 기술적 장치를 한계까지 밀어붙이기도 했다.

이 작품을 위해서는 공기의 순환이 정지되어야 했다. 많은 관객을 수용하는 극장에서는 언제나 공조 시스템이 작동한다. 공조 시스템이 정상적으로 작동하기 위해서는 여러 날이 소요된다.

위라세타꾼이 가시화한 극장의 구조 속에서는 이처럼 케케묵은 공기도 포함되어 있었다. 이 작품에서 안개는 어떤 예술적 순간을 구성한다. 연출가의 연출을 벗어나 안개가 그 자체로 하나의 미학을 성립한다.

이렇게 작품을 자세하게 설명하는 이유는 위라세타꾼의 미학이 프로듀서로서 김성희의 작업을 대변하기 때문이다. 관객은 이 공연 작품을 통과해 위라세타꾼의 영화 세계로도 진입할 수 있어야 한다. 경계를 넘어가는 이러한 과정은 대단히 어려운 것이다.

광주는 광주비엔날레를 통해 그러한 횡단의 기준을 만들어 온 곳이기에 이 프로젝트에 적격인 장소였다. 프로젝트의 방향성과 적절하게 맞아떨어지는 장소였던 것이다.

또한 이 프로젝트는 광주에서 벌어졌던 학살을 추모한다는 점에서 좌파적 좌표에 서 있었으며, 이로써 한국에 여전히 남아 있을 수 있는 억압적 구조에 맞섰다.

국립아시아문화전당은 이 많은 것을 추진하면서도 동시에 유럽의 관점을 나란히 병치했다. 아시아의 정체성을 정립하고자 하는 이러한 접근은 많은 변화를 낳았다. 이를테면, 이를 계기로 그전까지는 유럽과 북미 지역에 자국의 문화를 알리는 것에 집중했던 한국과 일본의 지원 기관이 변하기 시작했다.

이처럼 김성희는 접근 방식 자체를 재고하고, 이를 축제의 언어로 번역한 뒤, 아무리 높이 평가해도 지나치지 않을 추동을 만들어 냈다. 내가 할 수 있는 것이 있다면, 그건 그의 사유로부터 무언가를 배우고 또 끊임없이 함께 일하는 것이다.

마티아스 릴리엔탈은 독일 연극계를 대표하는 인물이다. 베를린 폴크스뷔네의 드라마투르크로 활동하며 극장의 정체성을 만드는 데 지대한 영향을 미쳤으며, 이후 헤벨 암 우퍼의 예술 감독으로서 리미니 프로토콜과 같은 새로운 독일 연극의 장을 창출하고 이끌었다. 세계 연극의 경향을 선도하는 독일 세계 연극제, 세계적인 극단 뮌헨 카머슈필레의 예술 감독을 역임하며 독일 '올해의 연극상'을 수차례 수상했다.

국립아시아문화전당 예술극장 개관 프로그램이 가져온 것

야마구치 마키코
고주영 옮김

지금으로부터 8년 전인 2015년 가을, 김성희 예술 감독이 이끄는 국립아시아문화전당 예술극장이 개관했다. 나는 당시 일본국제교류기금이 한시적 프로젝트로 운영했던 아시아센터에서 아시아와 일본의 공연예술 국제 교류 업무를 맡고 있었던 터라 운 좋게 개관 축제 기간에 광주를 방문할 수 있었다.
　　아시아에서는 이미 싱가포르와 말레이시아, 한국, 일본을 비롯해 각지에 상당한 규모와 충실한 내용을 갖춘 국제 페스티벌들이 열리고 있었다. 그러나 아시아의 동시대 공연 예술에 정확하게 포커스를 맞추고서 '아시아'를 정면에서 다루고 아시아가 스스로 담론을 만드는 장을 전례 없는 스케일로 만들어 냈다는 점에서 김성희 예술 감독과 그 팀이 만든 개관 축제, 그리고 시즌 프로그램은 획기적이었다. 아시아 지역에서 동시대 공연예술에 종사하는 사람들에게 엄청난 자극을 주는 '사건'이었다. 아시아란 무엇이고 아시아의 동시대 공연예술이란 무엇인가, 라는 질문을 끝없이 던지며 여러 관점에서 다양한 아티스트를 커미셔닝 혹은 큐레이션하며 과감하고도 비평적인 태도로 임했던 점, 근대라는 한 시대의 프레임이 아니라 한참 전으로 거슬러 올라가 방대한 역사적 프레임으로 아시아를 포착하고 관점을 바꿔 응시함으로써 아시아의 미래를 향한 역사관을 발견하고자 한 점, 또한 아시아 대 유럽(서구)이라는 이원론에 빠지지 않되 외부의 시선도 수용하며 아시아로부터 아시아를 파악하고자 했던 점 등 개관 축제와 시즌 프로그램이 실현한 것은 대담하고 역동적이었으며 깊고 넓었다.

이미 유럽 등에서 공연을 하고 이름이 알려진 아티스트도 있었고, 그다지 알려지지 않은 아티스트나 영상 작가의 작품도 있었다. 개관 축제는 어떤 형태로든 아시아의 현재를 표상하는 다양한 창작자들이 한자리에 모이고 그들과 그 작품의 존재가 단번에 가시화되는 쉽지 않은 기회가 되었다. 나 역시 그때까지만 해도 아시아 출신 아티스트의 작품을 접하거나 관련된 사람과 만나는 경험은 유럽의 축제에서가 대부분이었다는 점을 떠올려 보면, 전혀 새로운 상황이었다. 국내외에서 축제와 극장, 그 밖의 관계자들이 광주를 대거 방문했고, 그 결과 예술극장이 위촉·제작한 아시아 아티스트의 작품 다수가 아시아와 유럽, 호주 등의 축제나 극장에 초청되었고, 아시아 파트너 간의 국제 공동 제작도 이루어졌다. 그 후 아시아 아티스트의 작품과 활동이 서서히 아시아 지역 바깥에서도 널리 관심을 모으게 되었고, 이제는 유럽의 주요 축제에서 일정한 존재감을 보이고 있다.

나는 개관 축제에서 몇 작품밖에 보지 못했지만, 그 대부분은, 부분일지언정, 지금도 기억에 깊이 새겨져 있다. 특히 전통 무용의 동시대성을 훌륭하게 표현한 작품, 역사를 자신의 관점에서 묘사한 작품, 관객들이 도시를 걸으며 참가했던 광주 현지의 맥락에서 만들어진 작품, 나아가 우리가 모르는 아시아의 현재를 여실히 표현한 작품 등에 강렬한 인상을 받았다. 프로그램 중에는 일본 아티스트의 신작(위촉)과 기존 작품도 포함되어 있었다. 불과 며칠간의 체류였지만 처음으로 일본-아시아, 일본-유럽이 아니라 아시아라는 커뮤니티 안에서 발생하는 관점에 설득되었다. 이 점은 큰 배움이 되었고, 이후 내 관점의 전환으로도 이어졌다. 일본에서 방문한 동료나 관계자 중에도 같은 경험과 깨달음을 얻은 사람이 적지 않았으리라 생각한다. 무엇보다도 아시아 동료와 함께 아시아 동시대 공연 작품을 연속적으로 보고 대화할 수 있는, 그때까지는 거의 경험한 적 없었던 귀한 기회였다.

개관 축제에 맞춰 유럽을 거점으로 하는 공연예술 네트워크 IETM(International Network for Contemporary Performing Arts)이 광주에서 위성 회의를 개최했고, 일본의 공연예술

제작자 오픈 네트워크(ON-PAM: Open Network for Performing Arts Management)의 제1회 아시아회의도 개최되었다. 한국과 일본 프로듀서와 제작자 간의 교류와 미팅도 열려 프리젠터 간 국제 교류도 활발히 이루어졌다. 탁월한 프로그램의 국제 축제에 모여 다양한 아시아 아티스트의 작품을 접하며 이루어진 미팅이었기에 그 내용이 충실하지 않을 수 없었다.

일본에서는 2013년부터 일본국제교류기금 내 한시적 프로젝트로서 아시아센터가 만들어져 2020년 도쿄올림픽과 패럴림픽까지 일본과 아시아, 특히 동남아시아와의 교류를 심화하기 위한 목적의 사업을 시작했다. 그 주요한 사업 중 하나가 이전부터 있었던 TPAM(요코하마 국제공연예술회의, 현 YPAM)으로, 축제가 아니라 프리젠터 등 공연예술 전문가가 모여 정보를 교환하고 교류와 협력으로 연결되는 장이다. 아시아센터가 공동 주최 단체 중 하나로 참여하게 되면서 TPAM은 2015년부터 '아시아 포커스'로 방향을 선회하고 아시아 동시대 공연예술에 종사하는 사람들이 모이는 플랫폼으로서 새롭게 시동을 걸었다. TPAM은 국립아시아문화전당 예술극장과 개관 축제 작품 중 한 작품을 공동 제작하며 아시아 내에서 국경을 넘어 협력하여 아티스트와 작업하는 하나의 사례를 남겼다.

이렇게 아시아 아티스트와 프리젠터, 큐레이터, 제작자 등이 아시아에서 모이게 되었고, 거점이 각지에 늘어나면서 교류도 깊고 넓어졌다. 예를 들면, TPAM에 참여했던 방콕의 젊은 공연예술 관계자들이 자신들의 플랫폼으로 2017년에 창설한 BIPAM(방콕국제공연예술미팅)에서는 지금도 동남아시아의 젊은 프로듀서들이 모여 토론하고 동남아시아 아티스트의 우수하고 실험적인 협업을 시도하고 있다. 또한 프리젠터가 아닌 아티스트 스스로가 중심이 되는 플랫폼 ADAM(Asia Discovers Asia Meeting for Contemporary Performance)도 같은 해에 타이베이예술제에서 시작되었다.

김성희 예술 감독과 국립아시아문화전당 예술극장은 아시아 아티스트와 작품들이 모이는 허브를 만들었고, 그 허브에 참여했던 사람들에게 분명한 씨앗을 남겼다. 그 씨앗들은 각각

싹을 틔워 아시아 지역의 공연예술을 둘러싼 다양한 시도 안에서 숨 쉬고 있을 것이다. 물론 예술극장 혼자만의 힘으로 이루어 낸 것은 아니다. 그렇지만 국립아시아문화전당 예술극장의 개관 프로그램은 2010년대 후반 이후 아시아 지역에서 크고 작은 규모로 활발하게 이루어지게 된 동시대 공연예술을 둘러싼 교류와 협업을 선도한 기회 중 하나였음에 틀림없다.

팬데믹을 시작으로 국제 정세가 급격히 변화하고 대면 교류가 극도로 제한된 채 3년이 지난 지금, 아시아의 동시대성에 대해 공연예술에 다시 질문을 던지면 어떤 답과 어떤 작품이 나올까. 8년 전과 비교하면 최근의 아시아 아티스트와 작품, 나아가 큐레이터와 프로듀서의 국제적인 위상은 월등히 높아졌다. 8년 전 같은 큰 규모의 기회는 당분간 없을지도 모르지만, 그럼에도 지속적으로 많은 사람이 국경을 넘어 만나고 교류하고 토론하고 협력하고 생각을 모으고 경험을 쌓아 갈 수 있기를 바라며, 다음 세대의 활약에도 기대를 걸어 본다.

야마구치 마키코는 일본국제교류기금에서 아시아의 문화 교류를 위해 설립한 아시아센터에서 공연예술 부서를 이끌었으며, 아시아 전문가들의 인터뷰를 수록한 아카이브 시리즈 『아시아 헌드레즈』를 기획했다. 2015년부터는 오카다 도시키의 독일 공립극장에서 드라마투르크를 맡고 있으며, 2022년부터 바젤 국제 연극제 등 국제 페스티벌을 공동 큐레이션하고 프로젝트 자문으로 참여하고 있다.

마크 테
이경후 옮김

저는 파익 시아즈완 빈 쿠히리입니다.

그리고 저는 앤 제임스입니다.

발링 회담은 제가 태어난 1955년에, 제가 태어난 바로 그
지역, 말레이반도 북부의 한 학교 교실에서 12월 28~29일에
이루어졌습니다.

그녀는 1955년 12월에 8개월 된 아기였습니다. 2년 후인
1957년, 말레이반도는 영국으로부터 독립했습니다.

그렇습니다. 저는 제 나라보다 나이가 많습니다.

1955년의 발링 회담은 평화를 중개하고 1948년에 시작된
말레이반도 긴급사태를 종식시키기 위한 시도였습니다. 회담의
주역들은 당시 새로 선출된 말라야연방 수상인 툰쿠 압둘
라흐만, 싱가포르 총리 데이비드 마셜, 불법화된 말라야 공산당
총서기인 친 펑이었습니다. 영국 식민 정부가 회담에
직접적으로 참여한 것은 아니었지만, 지대한 관심을 가지고서
회담 진행을 예의 주시하고 기록하고 있었습니다. 그래서
이렇게 사진과 함께 오늘 저희가 읽고 있는 이 회의록이
남아 있는 것입니다.

1955년 발링 회담은 대영제국에서 그토록 찾아다니던
사나이 친 펑이 정글에서 나와 대중의 시선을 한 몸에 받게
된 계기이기도 합니다.

이때야말로 많은 사람들이 말라야연방의 공공의 적
제1호를 직접 본 순간이었습니다.

라시드 마이딘, 첸 티엔 등 그의 동지들과 달리 친 펑은
초조하고 불편하며 조심스러운 모습을 보여 자기가 고스란히
노출되어 있음을 인식하는 것 같았습니다. 국내외 언론 수백
개의 시선을 마주하며 종종 카메라를 직시하기도 합니다.

그는 자신이 누명을 쓰고 있다는 것을 파악하고 있을지도 모릅니다. 기록되고, 중재되고, 사냥의 대상으로, 포획되고 있다는 것.

친 펑은 어떻게 제1의 공공의 적이 되었을까요?

발링 회담에서 그의 사진이 공개되기 전까지, 공산주의 가명 친 펑으로 더 잘 알려져 있던 옹 분 화의 공개 사진은 단 한 장이었습니다.

이 여권 사진은 옹 분 화가 스물세 살이던 1947년 말라야의 쿠알라룸푸르에서 찍은 것입니다. 당시 말라리아로 고생하던 옹 분 화는 특별 수사대 소속 경찰관에게 이끌려 사진관으로 갔습니다. 옹 분 화가 떠난 후, 특별 수사대의 그 경찰관은 사진관으로 들어가 네거티브 사진을 압류합니다.

이 이미지는 긴급 조치 시기에 그 생사를 불문하고 친 펑을 현상 수배하는 데 유일한 정보가 됩니다.

이 사진은 영국인들이 잘라 내고, 기울이고, 확대해서, 변형을 겪으며 말레이반도에서 가장 많이 재생산되고 배포되는 이미지가 됩니다. 옹 분 화는 그렇게 온 마을과 도시에 걸린 수배지의 주인공 '공산주의 테러리스트' 친 펑이 됩니다. 옹 분 화는 그렇게 말라야연방과 싱가포르의 모든 신문 1면을 장식하는 공공의 적 1호 친 펑이 됩니다. 옹 분 화는 그렇게 말라야 땅과 정글에 대한 경고로 공중에 흩뿌려진 선전용 전단지 수만 장에 얼굴만 남은 친 펑이 됩니다. 3만 달러, 8만 달러, 25만 달러, 생사불문.

훨씬 덜 알려진 친 펑의 사진이 있습니다. 악명 높은 여권 사진보다 1년 전에 찍힌 것으로, 친 펑이 영국군 정부의 동남아 연합군 최고사령관이었던 마운트바텐 제독에게 미얀마 별 훈장과 1939 / 45 별 훈장을 수여받는 모습입니다. 장소: 싱가포르, 날짜: 1946년 1월 6일.

제2차세계대전 중 일본의 말라야 점령이 끝난 후에 돌아와 식민 지배를 재개하고 있던 영국이 친 펑에게 영국을 위한 군공으로 훈장을 수여한 것입니다.

협력자 친 펑.

전쟁 영웅 친 펑.

이 사진은 말라야연방 긴급 조치 선언 2년 전에 찍은 것입니다. 바로 친 펑이 영국에 맞서 반식민 게릴라전을 일으키기 2년 전이죠. 발링 회담이 성사되기 10년 전입니다.

1955년 발링 회담이 마무리된 후, 친 펑은 정글로 돌아가고 말라야 공산당은 태국 남부 국경 지대로 철수하기 시작합니다. 말라야연방은 1957년 독립을 선포하며 1960년에는 12년간의 긴급 조치가 종식됩니다. 2,473명의 민간인, 1,865명의 안전보장군, 6,657명의 공산당원이 희생된 결과였습니다.

친 펑은 추방을 당해 죽을 때까지 독립한 말레이시아에 가 보지 못했습니다. 그러나 전쟁 영웅, 공공의 적, 발링에서의 몇몇 이미지가 재생산되고 순환됨으로써 그는 말레이시아인들의 상상 속에 몇십 년 동안 유령처럼 맴돌았습니다. 새로운 국가는 새로운 기반, 새로운 신화, 새로운 적을 필요로 합니다. 친 펑은 독립 말레이시아의 가장 강력한, 최초의 도깨비 (Bogey)가 되었습니다. 차가운 얼굴의 테러리스트, 공산주의 무뢰배, 중국계 배신자.

친 펑이 부재하는 이러한 이미지들은 새로 쓰인 역사책에 자연스레 흘러들어 갔습니다. 여러 혼령과 그림자, 변장이 가득한 정글에 거주하며 친 펑과 그의 동지들은 이야기와 루머, 전설을 통해 나타나게 되었습니다. "공산주의자들은 풀 한 포기 뒤에도 숨을 수 있다!" "공산주의자들은 일당백의 괴한들이다!" "친 펑은 총탄을 맞아도 죽지 않는다!" 인종 봉기, 학생 봉기, 노동 파업, 선거 실패, 자연재해, 인재 및 인명 사고, 모든 국가적 정치 위기는 모두 말라야 공산당의 책임이었습니다.

국경 바로 건너, 손 닿을 수 없는 곳에 있던 친 펑은 말레이시아의 새로운 긴급 조치를 정당화하는 이유가 되었습니다.

이 글은 국립아시아문화전당 예술극장 개관 페스티벌에서 제작된 마크 테의 작품 「발링 회담」의 대본에서 발췌한 것이다.

1955년 12월 28일 말레이반도 북부의 한 작은 학교 교실에서 이틀 동안 열린 발링 회담은 1948년 대영제국이 말라야 공산당의 뿌리를 뽑기 위해 비상계엄령을 선포한 이후 가중되었던 혼란을 종식시키고 말레이반도에 평화와 독립을 가져올 수 있는 중요한 계기였다. 「발링 회담」은 발링 회담의 녹취록을 재구성하여 당시 발화자들과 같은 정치적 견해를 가진 오늘날 퍼포머-리서처들의 입을 통해 국가 형성에 관한 질문을 살펴본다.

요우미
이경후 옮김

> 30년 전쯤에 나는 토인비에게 과거의 어떤 시대와
> 장소에서 태어나면 좋았을 것 같다고 생각하는지
> 물어보았다. 그의 대답은 서력기원이 얼마 지나지 않은
> 시기의 신장(지금의 중국 신장 위구르 자치구)이었다.
> 당시의 중앙아시아는 불교, 인도, 그리스, 이란, 중국 문화의
> 접점이었기 때문이다.
— 이케다 다이스케

「월경과 혼재」는 실크로드를 사고 수단이자 탈신비화의
방법으로 삼아 오늘날 국가, 민족, 이념, 경제의 측면에서
국경을 규정하는 한편 시간적으로 고정된 기존의 정치 및
문화에 질문을 던진다. 실크로드를 여행했던 역사적 또는
초역사적 인물에 대한 영감을 통해 오늘날 우리의 사유와
행위를 지배하는 촘촘하고 암호화된 구조들을 초월하는 여정을
시작할 것이다.
　　실크로드는 교역과 이주의 낭만적인 이미지로만 남아 있지
않다. 어쩌면 오늘날 초국가 슈퍼 인프라의 가능성을 떠올릴
때만큼이나 과거의 이 육로 무역에 대해 성급하게 열광한
것인지도 모른다. 이 둘 모두는 공간과 이동을 규정하는
맥락과 방식 내에서 탐구되어야 한다. 중세 당시 중국으로
들어가는 주요 지점의 조세 기록에 대한 고고학 연구에
따르면, 대상(隊商)들이나 교역의 규모는 꽤 일관되게 작은
양상을 보였다. 하지만 이 사실로 사람, 사상, 삶의 방식, 소통
형태의 흐름을 저평가할 수 있는 것은 아니다. 그 흐름은
시각적, 문화적, 언어적, 종교적 실천들이 최대치로 혼재되는

결과를 낳았고 오늘날에도 이를 볼 수 있다. 물자와 지식이 흘러가는 수많은 교점을 연결하는 역사적 루트들을 우리는 탈중심 네트워크로 부를 수 있을 것이다.

실제적 유목민이든 비유적 유목인든 이들 모두가 끊임없이 움직이며 지평 너머에 이르도록 추동하는 힘은 무엇인가? 유목민들에게 공간이란 인간에게 분배되는 것이 아니라 인간이 공간에 분배되는 것이기 때문에, 이동성은 월경의 필연적인 증상이지 그 원인이 아니다. 수많은 역사적 자료가 알려 주듯 사막과 초원을 여행하는 것은 여러 가지 외부적인 힘, 별, 바람에 대처하고 동행하는 동물의 본능에 의존하는 일이다. 나는 국제 둔황 프로젝트에 점성술, 별자리표, 행성의 교섭 사례인 천측력을 기록하는 중세의 종잇조각들이 풍부하게 보존되어 있는 것을 보고 감탄했다. 이 오랜 기술들을 현재 삶의 지침으로 삼겠다는 꿈을 꾸고 있을 때, 한 친구가 무표정한 얼굴로 말했다. "빛이 이동하는 거리를 생각하면 그 사람들이 본 건 그 당시보다 더 먼 옛날에 있던 별들이야. 그중에 벌써 소멸한 것도 있을 거야. 요즘 보이는 별들은 어쩌면 중세 시대 인간 위에서 빛나고 있었을걸."

오늘날 탐험이란 조금 다른 현실들에 처해 있다. 유목민의 모습 반대편에는 공간을 구획하고 땅을 일구며 도시를 건설하고, 법률을 확립하고, 지식을 범주화하고, 국경을 긋는 등등의 일을 하는 확신에 찬 인간이 있다. 자연이 인간과 분리되는 순간부터 모든 역사가 쓰여진다. 근본적인 이항주의, 그리고 그 장기적인 영향은 오늘날의 지정학, 통제 사회, 고갈의 위기 속에 여전히 이어지고 있다. 인위적으로 구성된 국경은 생활에 실제적인 영향을 끼치고 문화와 역사를 다시 써낸다. 그리고 국경이 조금 덜 누리는 자들의 흐름을 통제하는 실재적 형태인 한편, 전 세계적인 자본주의 통치의 비가시적 네트워크들은 우리가 인지하기도 전에 그 지식 생산과 욕망 통제의 시스템으로 모두를 사로잡고 있다. 최근의 자본주의는 어마어마한 중앙집권적 네트워크의 형태를 띠고 있다. 그 영향은 초국가적이지만, 그 설계 방식은 구조적으로 중심부에 집중되어 있고, 자본화의 강화를 위해 프로그램화되어 있다.

이 프로그램의 목표는 어떤 식으로든 본래의 상태를 낭만화하고 이에 회귀하는 것이 아니라 유목민의 정신이 동시대에 어떤 현현을 찾을 수 있을지 질문해 보는 것이다. 오늘날 진정한 탈중심 네트워크의 이름이 다크 웹 실크로드라는 점은, 이에 대한 윤리적 판단은 제쳐 놓고라도 그 이름이 역사적 동지애에서 나온 것이든 재치 있는 아이러니에서 나온 것이든 흥미로운 부분이다. 간단히 말해 이것은 물자와 서비스의 익명 거래를 가능케 하고 비트코인 (디지털 화폐)으로 은행을 거치지 않는 금전 거래 방식을 취하는 다크넷, 코드화된 소통이 이루어지는 공개적인 네트워크이다. 이곳을 장악하고 몇몇 호스트를 폐쇄하려는 시도는 실패로 돌아갔고, 인터넷의 매트릭스 다른 곳에서 계속 부활, 번성했다. 기업 자본주의 기제의 손아귀에서 벗어난 평행 경제를 약속하는 다크 실크로드의 장기적인 효력은 앞으로도 여전히 나타나게 될 것이다.

대세를 거스르는 또 하나의 사례가 있다. 19세기 후반 중앙아시아에 대한 과학 탐구가 절정에 이르고, 지도 제작법이 군사적인 목적으로 활용되며 자본주의자들의 이익에 부합하는 도로와 철도 건설이 이뤄지던 때, 프랑스의 무정부주의 지리학자 엘리제 르클뤼는 지정학적 영향력을 위해 지질학과 지리학이 파헤쳐지는 과정을 목격했다. 중앙아시아를 통해 중국과 유럽의 여러 상업 중심지를 연결하려는 고속철도 프로젝트 바람이 새롭게 불고 있는 오늘날, 그가 남긴 글은 많은 울림이 있을 것이다. 르클뤼의 비전은 '보다 느린 실크 로드'로 해석될 수 있을 터인데, 그는 실크로드를 "극대화된 상품의 흐름이 아니라 '지구 자체와 한 몸을 이루려는' 인류의 집단적 자의식을 보여 주는 지질사적 표지"라고 보았다(타마라 친).

이러한 지구로의 귀환은 우리가 곧잘 잊곤 하는 깊은 역사를 상기시켜 준다. 약 5천만 년 전, 인도 대륙은 광활한 유라시아 대륙과 충돌하였고 그 영향으로 티베트고원이 동서로 늘어지며 지구 최대의 산맥이 만들어졌다. 이 거대한

봉우리들은 은하수처럼 시계 방향으로 퍼져 카라코룸, 힌두쿠시,
파미르, 쿤룬, 그리고 히말라야 산악 지대로 휘감아 들어갔다.
　　지질학적인 시간으로 보면 짧은 시간이 지났을 뿐이지만
이 격렬한 추동은 오늘날까지도 에베레스트산의 높이를 계속
밀어 올리고 있다. 이것이 대지가 그 힘을 ('비인지적
이해'를 일컫는 화이트헤드의 용어를 빌려) 파악(prehend)하는
방식이며 계속해서 이런 방식으로 파악할 것이라면 인간은
이것을 어떤 형태로 파악하는가? 다시 말해, 전(前)
인지적으로라도 인식될 수 있다면 이 지리 역학은 과연 어떤
형태로 인간 영역 안에 드러나는가? 추측건대 일종의 우주적
공감대와 초월적 상상과도 같은 것, 경계를 넘어서고 약속된
지평 너머를 보며 자연의 힘에 올라타려는 인간의 오랜 소망
안에도 분명히 살아 있을 것이다.
　　본 프로그램은 이러한 드라마투르기적 구성에 따라
수행적으로 엮은 일련의 공연, 렉처, 영상 스크리닝, 워크숍으로
구성되어 있다. 각각의 프로그램은 여러 갈래로 펼쳐지고, 서로
엮여 지성의 다양한 형태를 마주하고자 한다. 사흘 밤낮에
걸쳐 유라시아의 심원한 시공 속으로 당신을 안내할 것이다.

국립아시아문화전당 예술극장의 시즌 프로그램은 '아시아 윈도우'와 '아워 마스터', 두 개의
축으로 구성되었다. '아시아 윈도우'는 5개 아시아 지역을 배경으로 하는 기획자 5인이
아시아의 중요한 사회적, 예술적 주제들을 포착하고 이를 아시아 공연예술사로 담론화하는
프로그램이다.
　　이 글은 '아시아 윈도우' 5인 중 한 명인 요우미의 「월경과 혼재」 기획의 글을
발췌, 편집한 것이다. 「월경과 혼재」는 실크로드를 사고의 수단이자 '신비성'을 해체하는
수단으로 삼아 오늘날 국가, 인종, 경제성장이라는 기준 아래 시간의 척도 속에서 국경을
결정짓는 기존의 문화적, 정치적 규범에 질문을 던진다. 중국 출신의 요우미는 현재
카셀대학교와 도쿠멘타 인스티투트의 미술과 경제학 교수로 활동 중이다.

헬리 미나르티
이경후 옮김

다중적 궤적에 대한 특정한 아이디어를 전략으로 취해, 역사적 체험으로서, 또 논쟁적인 구성물로서의 오리엔탈리즘이 가진 문제성과 복잡성을 풀어 보고자 한다.

궤적들은 다양하며, 서로 교차하기도 한다. 궤적들은 복잡하고 어긋난 서사들을 형성한다. 이것은 응시에서 시작해 타자성으로, 다양한 춤의 신체로 향했다. '이국적인' 동방의 춤 신체들을 선보인 것이 일면 파리가 중심이 되었던 19세기 서구 근대 속에 조건 지어졌음을 제시한다. 19세기 세계 박람회 — 발터 베냐민에 따르면 "상품 페티시로 향하는 순례의 장소" — 가 뻗어 나간 이 장소에서, 동방(동양이라는 또 다른 명명과 함께)을 발견하고 정복하려는 욕망과 권력으로 인해 이 응시는 복잡해졌다. 응시는 상업, 정복 활동, 식민주의 등 여러 영역을 횡단하고 서구 상상의 과거에 자리를 잡았다.

오리엔트가 다양한 식민주의적 실천 속에 장기간 스며든 역사적 구성물이었다면, 21세기 아시아의 경험과 아시아의 복잡하고 다층적인 여러 근대성의 맥락에서 이를 논한다는 것은 어떤 의미를 갖는가? 오늘날의 예술에 드러나는 아시아의 동시대성과 오리엔탈리즘을 연결해 주는 것은 무엇인가? 오리엔트는 언제 사라지고 있었는가? 타자성의 분류들로서 아시아가 이를 대체하기 위해 등장한 것은 언제인가?

솔로 안무작들이 개인적인 만남과 개인의 전문적 실천에 대한 성찰을 통해 이 문제들을 탐구한다면, 전시는 — 고의적으로 계몽주의 실천의 형태, 즉 수집과 전시, 분류의 행위를 채택해 — 다양한 식민주의적 아카이브를 뒤져 동시대 아시아의 이미지와 병치시킴으로써 질서를 전복하고자 한다.

이는 모종의 방식으로 아시아가 그 여러 근대성을 헤쳐
가는 궤적들의 문제적 영역을 부각시킨다. '아시아'가
무엇일지를 투영하는 오늘날의 춤 신체를 질문하게 한다. 자기
이국화는 왜 자기 정체성을 구축하는 비판적 관점을 넘어서
살아남는가? 왜 스펙터클을 택함으로써 킬링 필드와 거대한
무덤에 담긴, 아직 해결되지 않은 정치적인 전쟁 트라우마를
감추는가? 아시아의 세기라는 수사적 신화의 이면을 흐르고
있는 아시아 전역의 자본주의적 벤처의 무한 경쟁 속에서
우리는 여전히 민주 시민사회를 구축하려는 공동의 투쟁을
압박하는 성찰의 공간을 만들어 낼 수 있을 것인가?

이번 프로그램은 이 모든 질문으로 이어지는 몇몇 선택적
순간(과 계기)들을 연결하고 탐구한다. 1889년 파리 식민
박람회에서 시작해 1900년 박람회를 훑어보고 전후 1964년
뉴욕 세계 박람회를 거쳐 화려한 중화인민공화국관 건물을
부르던 이름 '동방의 왕관'으로 대표된 2010년 상하이
엑스포로 끝맺는다. 이 건물은 2012년 중화예술궁으로
재개관하여 현재까지 아시아 최대의 미술관으로 자리 잡았다.
우리의 질문은 계속될 것이다.

이 글은 국립아시아문화전당 예술극장의 시즌 프로그램을 구성하는 두 축 중 하나였던
'아시아 윈도우' 기획자 5인 중 한 명인 헬리 미나르티의 「응시, 투영, 신화」 기획의
글을 발췌, 편집한 것이다. 「응시, 투영, 신화」는 역사적 궤적을 통해 오리엔탈리즘의
담론과 실체를 되돌아보는 기획으로 오리엔탈리즘의 복잡성을 다룬 프로젝트다. 인도네시아
출신의 헬리 미나르티는 현재 자카르타예술위원회에서 프로그래밍팀을 이끌고 있다.

서현석

&

2015년 10월, 광주. 「해변의 아인슈타인」 공연은 시간을 접었다.
1970년대 미국으로의 시간 여행. 과거의 '혁신'이 회상처럼
무대에 펼쳐졌다. '예술'과 '변화'가 일체를 이루던 시대.
예술의 형식적 변혁이 사회 변혁의 가능성을 함의하던 시공.
그것은 1960년대로부터 이어지는 반향과 변혁의 궤도였다.
　　무대는 미래형이었다. 새로운 감각과 사유를 위한 스파크.
아르토의 표현을 빌리자면 '미래의 연극'이랄까. 이젠 과거가
된 미래. 이젠 과거가 된 혁명의 의지. 혁명을 망각한 시대에
도달하는 먼 시공의 표상들은 어쩌면 바로 오늘에 대한
예견이기도 하다. 기억상실증에서 벗어나게 하는 과거의
단상들은 생경하다. 불가능한 '미래'랄까. 어떤 임박한 가능성.
어쩌면, 결국 도래하지 않은 것. 갖기 전에 상실한 것. 작품의
40년 생명이 광주에서 완료됐다.

1-1

필립 글래스의 반복은 다분히 기계적이다. 서곡에 해당하는
'관절극 1'(Knee Play 1)부터 기계 되기는 시작된다. 곡에
익숙하지 않은 청중에게도 명백해진다. 같은 구절이 반복되고,
패턴은 작은 차이에 의해 교란된다. 고전적 균형미도 점증법도
없다. 반복과 차이뿐. 변형은 하나의 주제에 음이 하나씩
추가되거나 삭제됨으로써 이루어진다. 이에 따라 박자는 수시로
바뀐다. 변형의 궤적을 파악하려다 보면 각 구절을 이루는
음의 개체 수를 세고 있게 된다. 패턴에 변화를 가하는 음

하나하나의 첨삭에 세밀하게 집중해야 하는 것이다. 머릿속에 도형을 그리면 변화의 패턴은 간단하게 파악된다. 즉, 관객은 시간을 공간으로 변환하는 작업에 공모한다.

　　'해변의 아인슈타인'이라는 오페라에 주인공이 있다면, 공간과 시간이다. 어떤 면에서 모든 장(scene)은 이 둘의 듀엣이다. 즉, '시간'과 '공간'은 '측정' 가능한 독자적인 물리적 현상이 아니라 서로 맞물린 일체다. 그것은 물질, 운동과도 일체를 이룬다. 무대의 해변에 아인슈타인이 아른거린다.

1–2

이 작품의 전체적인 구성은 세 개 모티브의 반복, 순환으로 이루어진다. 필립 글래스와 로버트 윌슨은 협업하기로 결정하는 과정에서 둘의 작업 방식에 커다란 공통점이 있음을 발견했다. 도형과 스케치로 작업한다는 것. 두 사람이 동의한 기본적 골격은 극히 간단했다. '아인슈타인'. 네 시간 반이라는 공연 시간. 세 개의 '모티브'가 세 번씩 반복되는 구조. '스토리'나 '메시지'는 안중에도 없었다.

A:　기차
B:　법정
C:　비행선 / 무용

1:　AB
2:　CA
3:　BC
4:　ABC

각 막(act)은 그들이 '관절극'이라 부르는 막간극으로 분절된다. 관절극은 맨 처음과 맨 마지막에도 나온다. 고전적인 서사 형식의 인과율은 철저히 배제되어 있다. 단순한 형식은 재료 혹은 물성을 부각시킨다.

한스티스 레만이 1980년대 이후 공연예술에서 짙어지는
"포스트드라마적"인 동태들을 주시하면서 그 선각적 전형으로서
로버트 윌슨을 논한 것도 당연하다. 무대의 동시대적인 변혁은
문학적 환영에 대한 골이 깊은 고리를 끊는 것으로 시작했다.
모사로부터의 자유. 희곡으로부터의 자유. '정서'로부터의 자유.
중심으로부터의 자유. 그것은 '연극'의 근본을 묻기 위한
방법론이었다. 글래스와 윌슨은 본인들을 '미니멀리스트'가 아닌
근본주의자로 여긴다.

&

123412345612345678
123412345612345678
1234123456 2345678
1234123456 2345678
1234 2345612345678
1234 2345612345678
 23412345612345678
 23412345612345678
 234123456 2345678
 234123456 2345678
1234123456 2345678
1234123456 2345678
1234 23456 2345678
1234 23456 2345678
 234 23456 2345678
 234 23456 2345678
1234 2345612345678
1234 2345612345678
 234123456 2345678
 234123456 2345678

「해변의 아인슈타인」은 늘 필립 글래스와 로버트 윌슨의 이름이 앞서며 홍보되고 평가되곤 하지만, 종종 간과되는 또 한 명의 놀라운 협력자는 안무가이자 무용수인 루신다 차일즈다. 이 작품의 맥락뿐 아니라 무용의 역사에서도 훨씬 더 많이 주목되어야 할 인물.

　「해변의 아인슈타인」에서 차일즈가 맡은 여러 역할들 중에서도 특히 2막 1장과 3막 2장의 군무는 음악과 무용이 어떻게 교감할 수 있는가에 대한 교과서적 모범이다. 동작은 음의 구조와 세밀하고 정교한 긴장관계를 만든다. 글래스의 음악이 그러하듯, 차일즈의 안무는 단순한 몇 개의 동작만을 조합하여 패턴의 반복과 변형을 구축한다. 그것은 음악과 평행을 이루며 소리를 입체화하고 신체와 시간에 긴장을 부여한다. 무용은 조형이 아니라 구조다.

　이를 위해 무용수들은 당연히 패턴의 변화무쌍한 궤적을 속속들이 꿰차고 있어야 했다(안무의 첫 단계는 음악의 구조를 파악하고 익히는 긴 과정이었다). 악보를 보지 않고도 패턴에 변화를 가하는 음 하나하나의 첨삭을 세밀하게 따라야 하는 것이다. 기계 되기.

　차일즈는 광주에서 리허설을 포함해 네 차례 공연되는 내내 객석을 지키며 작품을 지켜보았다. 작품의 찰나라도 놓치지 않겠다는 듯.

달빛 아래, 안개를 가르는 기차. 2막 2장은 숨 막힐 듯 얼어붙었다. 밤하늘의 별들처럼. 노래는 견고한 기차의 속도처럼 시간을 달린다. 위태롭게, 그러나 한 치의 흐트러짐도 없이. 남녀 한 쌍이 기차 맨 뒤 칸의 발코니에서 이중창을 부른다. 사랑의 속삭임일까. 글래스의 리브레토는 음악적 구조를 만드는 재료 그 자체다. 소리의 이름. 도레미파솔라시도.

라시도시라시도시라시도시라시도시
라시도시라시도시라시도시라시도시
라시도시라시도시라시도시라시도시
라시도시라시도시라시도시라시도시
라시도라시도라시도라시도
라시도라시도라시도라시도
라시도라시도라시도라시도
라시도라시도라시도라시도
라시라시라시라시라시라시라시라시
라시라시라시라시라시라시라시라시
라시라시라시라시라시라시라시라시
라시라시라시라시라시라시라시라시
라파라시도시라파라시도시라파라시도시라파라시도시
라파라시도시라파라시도시라파라시도시라파라시도시
라파라시도시라파라시도시라파라시도시라파라시도시
라파라시도시라파라시도시라파라시도시라파라시도시
라파라시도시라파라시도시라파라시도시라파라시도시
라파라시도시라파라시도시라파라시도시라파라시도시

오페라의 '꽃'이라 할 사랑의 이중창은 결국 기표의 단순한
병렬이다. (실은 보이지 않는 가수까지 치자면 삼중창이다.)
세상의 모든 사랑과 열정의 노래들이 본질적으로는 그러하듯.
밤하늘의 별들이 그러하듯, 혹은 모더니즘적 주체에 대한
조소랄까.

라파라시도시라파라시도시라파라시도시라파라시도시
라파라시도시라파라시도시라파라시도시라파라시도시
라파라시도시라파라시도시라파라시도시라파라시도시
라파라시도시라파라시도시라파라시도시라파라시도시
라파라시도시라파라파파시도시라파라파파시도시라파라파파시도시
라파라파파시도시라파라파파시도시라파라파파시도시
라파라시도시라파라시도시라파라시도시라파라시도시
라파라파파시도시라파라파파시도시라파라파파시도시

라파라시도시라파라시도시라파라시도시라파라시도시
라파라파라시도시라파라파라시도시라파라파라시도시
라파라시도시라파라시도시라파라시도시라파라시도시
라파라파라시도시라파라파라시도시라파라파라시도시
라파라시도시라파라시도시라파라시도시라파라시도시
라파라시도시라파라시도시라파라시도시라파라시도시
라파라파라시도시라파라파라시도시라파라파라시도시
라파라시도시라파라시도시라파라시도시라파라시도시
라파라파라시도시라파라파라시도시라파라파라시도시
라파라시도시라파라시도시라파라시도시라파라시도시
라파라파라시도시라파라파라시도시라파라파라시도시
라파라시도시라파라시도시라파라시도시라파라시도시
라파라파라시도시라파라파라시도시라파라파라시도시
라파라시도시라파라시도시라파라시도시라파라시도시
라파라시도시라파라시도시라파라시도시

구조의 기본적 단위도 하나의 음이고, 파격을 이루는 것 역시
하나의 음이다. 집요한 반복 끝에서 하나의 작은 변화는
혁명처럼 전체 구조를 흐트러뜨린다. '미니멀리즘'은 소소한
변화에 파격의 힘을 부여하는 형식이다.
　　이 반복과 차이의 궤적에 '메시지'는 없다. 있다 하더라도,
그것은 인간의 정서에 냉담하다. 냉담 그 자체가 메시지일까.
밤하늘의 별들처럼. 노래는 견고한 기차의 속도처럼 시간을
달린다.

1234123412341234
1234123412341234
1234123412341234
1234123412341234
12345123451234512345
12345123451234512345
12345123451234512345
12345123451234512345

123456123456123456123456
123456123456123456123456
123456123456123456123456
123456123456123456123456

상대성이론의 딜레마: 빠른 속도로 지나가는 기차를 기차 밖에서 본다면, 기차 안의 시간은 상대적으로 느리게 느껴질 것이라는 것.

　문득 깨닫는다. 관객의 시점은 달리는 기차의 뒤에 고정되어 있다. 빠른 속도로 지나가는 기차를 같은 속도로 따라가면서 보고 있다고나 할까. 그렇다면 기차 안의 시간은 여전히 상대적으로 느리게 느껴질까.

　두 배우들의 몸은 마치 힘을 잃은 영화처럼 느리다. 기차의 발코니로 나왔다가 다시 들어가는 왕복 2미터 정도의 동선을 20분에 걸쳐 이동한다.

　문득 느린 시간의 궤적 속에서 초승달이 순식간에 보름달로 변한다. 숨 막힐 듯 얼어붙은 시간은 "달리는 기차의 느린 시간"으로부터 탈구된다. 무대는 알 수 없는 시공 속에 들어와 있다. '무대'라는 시공. 밤하늘의 별들처럼. 무대라는 해변에 아인슈타인이 아른거린다.

　어느덧 아인슈타인이 일반상대성이론을 발표한 지 100년이 지났다.

&

아폴로11호가 달에 착륙한 것은 불과 7년 전 일이었다. 이는 물론 소련과의 군사적인 경쟁 속에서 발생한 정치적 사건이기도 하다.

　병렬적인 패턴으로부터 '메시지'를 '해독'해야만 한다는 필요성은 냉전 이데올로기의 증후군일지도 모르겠다. 밤하늘의 별들에서 '메시지'를 찾기 시작한다면 아름다움은 사라질 것이다.

40년 묵은 신화 같은 이야기들이 작품을 맴돈다. 월슨과 글래스가 공동 작업을 하게 된 계기는 파리의 극장에서였다. 공연 시간이 12시간에 이르는 월슨 연출의 「이오시프 스탈린의 삶과 시간」이 저녁 7시에 시작하여 다음 날 아침 7시에 끝나자, 글래스가 무대 뒤로 찾아왔다. 둘은 아침을 같이 먹으면서 작업 방식에 커다란 공통점이 있음을 발견한다. 도형과 스케치로 작업한다는 것.

글래스의 반복은 다분히 <u>기계</u>적이다. <u>기계 되기</u>. 관객은 시간을 공간으로 전환하는 과정에 공모한다. 변형의 궤적을 파악하려다 보면 각 구절을 이루는 음의 개체 수를 세고 있게 된다.

변형은 하나의 주제에 음이 하나씩 추가되거나 삭제됨으로써 이루어진다. 한 가지는 분명하다. 인간이 기계가 되기 위해서는 초인간적인 집중력이 요구된다.

2015년, 한국은 문득 미니멀리즘 음악이 무용에 끼친 파장을 되돌아보는 해변이 되었다. 5월에는 (벨기에가 그토록 자랑하고 한국이 그토록 사랑하는) 아너 테레사 더케이르스마커르가 (글래스와 종종 비교되기도 하는 '미니멀리즘' 음악의 또 다른 선구자) 스티브 라이히의 「드러밍」을 기반으로 안무한 1998년의 동명 작품이 공연되었다. 하나의 구절을 두 명의 퍼커셔니스트가 동시에, 하지만 눈곱만큼 살짝 다른 속도로 반복하는, 놀이 같은 곡이다. 단순한 놀이 규칙은 돌림노래처럼 음을 중복시키고, 점점 어긋나는 음들은 한 바퀴를 돌아 원점으로 돌아오며 다시 일치된다. 연주자들은 각자 속도에 집중함으로써 평행 구조를 유지시킨다. 더케이르스마커르의 안무는 '페이징'(phasing)이라는 라이히의 작곡법을 안무적 방법론으로 취하지는 않았다. '페이징'되는 개별적인 음들은

'운동'으로 환원되지 않고, 음악 구조와는 상관없는 신체의 조형성 속에서 실종된다.

라이히의 작곡법에 근접한 안무는 도리어 1970년대 초반에 트리샤 브라운이 선보인 바 있다. 4월, 페스티벌 봄에 초청된 보리스 샤르마츠가 '무제'라는 작품에서 재연한 브라운의 「축적」은 단순한 동작들로 패턴을 만들고, 패턴을 축적함으로써 구조를 만든다. 브라운에 있어서, 무용은 조형이 아니라 구조다.

「해변의 아인슈타인」은 늘 필립 글래스와 로버트 윌슨의 이름이 앞서며 홍보되고 평가되곤 하지만, 종종 간과되는 또 한 명의 놀라운 협력자는 안무가이자 무용수인 루신다 차일즈다. 이 작품의 맥락뿐 아니라 무용의 역사에서도 훨씬 더 많이 주목되어야 할 인물.

「해변의 아인슈타인」에서 차일즈가 맡은 여러 역할들 중에서도 특히 2막 1장과 3막 2장의 군무는 음악과 무용이 어떻게 교감할 수 있는가에 대한 교과서적 모범이다. 차일즈의 안무는 단순한 몇 개의 동작만을 조합하여 패턴의 반복과 변형을 구축한다. 그것은 음악과 평행을 이루며 소리를 입체화하고 신체와 시간에 긴장을 부여한다. 무용은 조형이 아니라 구조다. 집요한 반복 끝에서 하나의 작은 변화는 혁명처럼 전체 구조를 흐트러뜨린다. '미니멀리즘'은 소소한 변화에 파격의 힘을 부여하는 형식이다.

무대는 음악과 동작이 서로의 반복적 구조를 지탱하고 견제하는 시공이 된다. 루신다의 안무에 주인공이 있다면, 공간과 시간이다. 어떤 면에서 모든 동작은 이 둘의 듀엣이다. 그러다 보니 수려한 의상은 물론이고 구조를 방해할 만한 그 어떤 추임새도 무대에 놓이지 않는다. 형식은 시간의 물성을 부각시킨다.

'시간'과 '공간'은 '측정'이 가능한 독자적인 물리적 현상이 아니라 서로 맞물린 일체다. 그것은 운동과 일체를 이룬다.

이를 위해 무용수들은 당연히 패턴의 변화무쌍한 궤적을 속속들이 꿰차고 있어야 한다. (안무의 첫 단계는 음악의 구조를 파악하고 익히는 긴 과정이었다.) 악보를 보지 않고도,

패턴에 변화를 가하는 음 하나하나의 첨삭에 세밀하게
집중해야 하는 것이다. 기계 되기.

　한 가지는 분명하다. 인간이 기계가 되기 위해서는
초인간적인 집중력이 요구된다. 한명의 무용수가 음 / 동작
하나만 놓치더라도 정교한 기계적 구조는 망가져 버린다.
무용은 조형이 아니라 구조다. 무대의 시간은 깨질 것 같이
견고하다. 위태로운 줄타기.

　차일즈는 광주에서 총 리허설을 포함해 네 차례 공연되는
내내 객석을 지키며 작품을 지켜보았다. 깨질 것 같은 견고한
구조의 한 단위라도 놓치지 않겠다는 듯. 인간이 기계가 되기
위해서는 초인간적인 집중력이 요구된다.

&

2015년 10월, 광주에서 이루어진 「해변의 아인슈타인」 공연은
시간을 접었다. 1970년대 미국으로의 시간 여행. '예술'과
'변화'가 일체를 이루던 시공간. 그것은 1960년대로부터
이어지는 반항과 변혁의 궤도였다. 연극이 극장을 벗어나
현실로 들어가고, 일상과 예술이 조우하고 있었다. 환영주의는
폐기되고, 자본은 배제되고 있었다.

　윌슨은 그러한 동시대의 '이탈'로부터도 이탈했다. 도리어
무대로 돌아가고, 환영주의를 다시 불러들였다. 그것은 '연극'의
근본을 묻기 위한 방법론이었다. '자유'로부터의 자유. 그러한
행보는 결코 시대에 공명하는 것은 아니었다. 길에서 누군가가
그의 얼굴에 침을 뱉었다. 글래스와 윌슨은 본인들을
'미니멀리스트'가 아닌 근본주의자로 여긴다.

4 - 1

필립 글래스의 반복은 다분히 기계적이다. 관객은 시간을
공간으로 전환하는 과정에 공모한다. 음악의 복잡한 구조가

막상 도형으로 펼쳐진 꼴을 보노라면, 헛되고도 덧없다. 기계가 되기 위한 그토록 집요한 집중이 도달하는 궁극은 텅 비어 있다. 반복과 차이의 궤적에 '메시지'는 없다. '메시지'가 있다 하더라도, 그것은 인간의 정서에 냉담하다. 냉담 그 자체가 메시지일까.

혁명을 망각한 시대에 도달하는 먼 세계의 표상들은 어쩌면 바로 오늘에 대한 예견이다. 혁명 없는 미래에 대한 혁명적 예견. 하지만 '무의미한 반복'이 기계 사회 속 인간성의 철저한 소외를 노래한다고 '해독'한다면, 그 해석의 주체는 완벽한 아름다움의 영역으로부터 멀리 비껴 나가 버리는 셈이다.

이 작품에 걸맞는 '리뷰' 역시 '의미'에 대한 해석학적인 해설보다는 파편화된 개념들의 변조로 이루어지는 것이 더 적절하겠다. 기계 되기. 물론 '여기'와 '지금'으로 성립되는 이 작품의 '작품성'은 그 말의 파편들로부터도 멀리 빠져나가 있을 것이다.

4-2

40년 묵은 신화 같은 이야기들이 작품을 맴돈다. '공연계의 대모' 프리 레이선이 기획한 국립아시아문화전당 예술극장 '아워 마스터' 시리즈에 포함된 다섯 명의 '마스터'들, 즉 20세기의 공연예술을 움직인 굵직한 별들 중에서도, 로버트 윌슨은 특히나 까다로운 '완벽주의자'로 유명하다. 소문에 따르면, 그를 맞는 극장은 개인 대기실 내 탁자의 재질까지 그가 제시하는 지침에 따라 정확하게 맞추어야 한다.

윌슨은 한국에서의 바쁜 일정을 쪼개어 국립중앙박물관에서 반나절을 보냈다. 반나절이라는 시간을 오직 금동미륵반가 사유상이 있는 전시실에서 보냈다. 그것도 오직 하나의 지점에. 사유하는 금동미륵의 광채가 극대화되는 단 하나의 관점을 찾아내 몇 시간을 그곳에 있었다. 깨질 것 같은 아름다움 속에서 찰나라도 놓치지 않겠다는 듯.

월슨에 있어서 '완벽'은 '아름다움'의 조건이다. 미장센의
모든 세세한 부분들이 정확한 위치와 형태를 따라야 함은
물론이다. 「해변의 아인슈타인」의 모든 파트에서 정밀한 건축적
구조와 그것의 냉담한 시간적 질감은 '완벽함'을 유지하며
지속된다. 위태로운 줄타기.

월슨에 있어서 '완벽'은 아름다움의 조건이다. 미장센의 모든
세세한 부분들이 정확한 위치와 형태를 따라야 함은 물론이다.
「해변의 아인슈타인」의 모든 장에서 정밀한 건축적 구조와
그것의 냉담한 시간적 질감은 '완벽함'을 유지하며 지속된다.
깨질 듯한 시간의 줄타기.

그 미학적 숭고미는 사소하기 그지없는 장난기 어린
제스처의 느닷없는 파열로 인해 가차 없이 깨지곤 한다. 다
된 죽에 콧물 빠지듯.

순수하고 섬세한 화음을 만들던 남성 가수들은 곡이
끝남과 동시에 빠르게 칫솔질을 하더니 일제히 혀를 길게
내어 보인다(관절극 4). 달빛 아래 숨 막히는 느림의 긴장
속에서 펼쳐지는 연인의 이중창은 슬랩스틱 수준의 권총
개그로 종결된다(2-2). 우주와 사랑의 함수를 명상하듯 읊던
내레이터는 암전이 되기 직전, 보드빌 광대처럼 관객에게
익살스런 손인사를 날린다(4-3).

소름 끼치는 시간의 세세한 질감이 마지막 광대 짓으로
훼손된다. 완벽한 아름다움에 대한 자신의 탐미를 스스로
견디지 못한 왕자가 하나의 탄식으로 작품을 망치는 것처럼
(보들레르). 반복과 차이의 궤적에 '메시지'는 없다. 모더니즘적
주체에 대한 조소랄까.

1977년, 미국은 우주탐사선 보이저 1, 2호를 발사했다. 1980년에는 칼 세이건의 「코스모스」가 방영됐다.

혹시나 있을 지적인 생명체와의 만남을 위해, 보이저호에 실린 디스크에는 글렌 굴드가 연주하는 바흐의 평균율, 전 세계 55개 언어로 녹음된 인사말 등이 저장되었다. 2015년 현재, 보이저 1, 2호는 태양계를 벗어나 미래로의 여행을 계속하고 있다. 이제 곧 멈출 것이다.

루이스 부뉴엘 감독이 언젠가 말하길, 평생 만들어 놓은 모든 영화들을 한데 모아 놓고 불을 붙이고 싶다고. 허허함 속에서 누릴 수 있는 마지막 허영이랄까. 모더니즘적 주체에 대한 자기 조소랄까.

공연예술은 모든 작품들을 한데 모아 놓고 불을 붙여야 하는 번거로운 연극적 장대함을 필요로 하지 않는다. 그저 더 이상의 공연 일정이 잡히지 않음으로써 '작품'은 소멸한다. 모더니즘적 주체에 대한 조소랄까.

로버트 윌슨은 「해변의 아인슈타인」의 공연 일정을 더 이상 잡지 않겠다는 뜻을 밝혔다. 모든 소도구와 장치들은 박물관의 멈춰진 시간 속에 아주 오랫동안 방치될 것이다.

작품의 40년 생명이 광주에서 완료됐다. 광주의 마지막 관람객들은 '지금'과 '여기'로서 성립되는 한 공연 작품의 생명력과 더불어 그 위태로운 마지막 숨을 기억할 것이다. 새로운 감각과 사유를 위한 스파크. '미래의 연극'이랄까. 어쩌면, 결국 도래하지 않을 것. 불가능한 '미래'랄까.

국립아시아문화전당 예술극장의 시즌 프로그램을 이루는 두 축 중 하나였던 '아워 마스터'는 연극계와 무용계를 혁신적으로 변화시키고, 지난 세기 공연예술사에 있어 오늘날의 가장 큰 파장으로 이어진 변혁의 순간들을 재방문한다. 초대 큐레이터 프리 레이션은 자신의 '마스터'이기도 한 거장들을 선보이고 공연예술사에 대한 자신만의 관점을 제시한다.
이 글은 5명의 마스터 중에서 첫 프로그램으로 공연된 필립 글래스와 로버트 윌슨의 작품 「해변의 아인슈타인, 4막의 오페라」에 관한 글로, 『인문예술잡지 F』 19호 (문지문화원사이, 2015)에 게재되었다.

1976년 초연된 「해변의 아인슈타인」은 기존 공연예술계에 통용되던 모든 관습과 규칙을 뛰어넘은 공연으로 초연 당시 혁명적인 시도로 여겨졌으며, 여전히 이 시대를 대표하는 가장 뛰어난 작품으로 꼽히고 있다. 2015년 재제작된 「해변의 아인슈타인」은 앞으로 더 이상 제작하지 않겠다는 선언과 함께 국립아시아문화전당에서의 공연을 끝으로 다시는 무대에서 만날 수 없게 되었다.

이경미

2017년 '아시아 포커스'에 이어 2018년 봄 국립현대미술관에서 다원예술의 장이 열렸다. 이제는 '다원예술'이라는 용어가 낯설지 않음에도 그것이 정확히 어떤 예술을 지시하는지에 대해서는 여전히 의견이 분분하다. 그러나 예술의 어느 프레임에도 속하기를 거부하고 제3, 제4의 후생적 지대를 찾아 자발적으로 표류하는 이 '사이-예술' 역시, 유례 없는 폭력과 파괴로 치닫는 21세기적 삶에 대해 다시 한번 '차이를 만드는 열정'이자 '벗어나기'임은 분명하다. 물론 모호한 수사들로 채워지고 마는 경우도 많지만 말이다. 때때로 관객은 이 규정될 수 없는 유동의 공간에서 현실의 감춰진 틈새를 깊숙이 건드리는 예술(가)의 시선과 마주하게 된다. 그리고 이 시선들을 현실에 대해 무뎌진 자신의 감각을 새롭게 열면서 동시에 현대 예술의 현재와 미래를 함께 가늠하는 것, 이것은 관객에게 실로 소중한 경험이다.

매트릭스, "실재의 사막에 오신 것을 환영합니다"

영화 「매트릭스」의 주인공 네오는 모피어스가 건네준 빨간 약을 먹고 비로소 자기가 현실이라 생각했던 것과 전혀 다른 현실에 눈을 뜬다. 슬라보이 지제크는 그와 관련해 자신의 책 『실재의 사막에 오신 것을 환영합니다』에서 이렇게 말하고 있다. "'진짜 현실'에서 눈을 뜬 그의 눈에 들어오는 건 불에 타 잔해만이 남아 있는 황량한 풍경, 다름 아닌 세계 전쟁 이후 폐허가 된 시카고의 모습이다. 저항군 지도자 모피어스는 그에게 아이러니한 인사를 건넨다. '실재의 사막에 오신 것을 환영합니다.' 9월 11일 뉴욕에서 일어난 사건도 이와 비슷하지 않았을까?"[1]

여기에서 '실재'란 우리가 현실에 비로소 닻을 내리는 때에 출몰하는 것, 도저히 통제할 수 없는 어떤 것, 그 전까지 제국, 혁명, 예술, 학문, 개인적 삶 할 것 없이 현실이라 믿어 의심치 않았던 것과 너무나 달라 그 충격에 오히려 환각처럼, 허구처럼 느껴지는 어떤 것이다. 알랭 바디우에 따르면 지금 돌이켜 보는 우리의 지난 20세기는 바로 이 "실재에 대한 열정"에 매달렸던 세기였다.[2]

9·11 테러 이후 17년이 흘렀다. 그때보다 더 많은 것이 가능한, 실로 더없이 완벽해 보이는 세상이다. 인공지능, 사물인터넷, 빅데이터가 가져올 세상은 실로 네오의 그 매트릭스를 충분히 뛰어넘는다. 그러나 찰나적인 현혹과 환영을 걷어 내고 보면, 오늘날 우리가 살고 있는 세계는 경제적 에너지와 기업가적 역량, 가급적 단기간에 최소의 비용으로 최대의 수익을 얻으려는 혁신에만 골몰하고 있는 형국이다. 정치는 더 이상 국민을 위해 존재하는 것이 아니라 시장을 위해 존재한다. 글로벌 시장경제 시스템 안에서 정부가 해야 할 중요한 일은 기업을 비롯한 경제적 주체에 대한 불필요한 규제를 풀어 국가 경쟁력을 높이는 것이다. 국민들의 경제적 활동과 소비 욕구를 충족시키면 국민의 행복 지수는 자동적으로 올라갈 것이라는 것이 정부의 생각이다. 하지만 문제는 그 부가 모두를 위해 안정적으로 공정하게 배분되지 않는다는 것이고, 시장과 기업에 기댄 정부 정책은 사회의 구조적 문제를 근본적으로 해결할 수 없다는 것이다. 이 '불안한 풍요'가 곳곳에 심각한 문제를 불러일으키고 있다. 정치적 이성을 상실한 온갖 포퓰리즘이 자유와 평등의 옷을 입고, 더 많은 자원과 시장을 점유하려는 전쟁이 정의의 얼굴을 하고 있다. 정치권과 시장, 미디어가 연일 쏟아 내는 온갖 화려한 신자유주의 수사는 우리의 감각을 갈수록 마비시킨다. 더없이 완벽한 시뮬라크르의 세계, 국가도 국민도 부재한 이 세계에 대해 아무도 문제를 제기하지 않는다. 아니 관심이 없다.

미셸 드 세르토는 우리의 일상에 권력이 작동하는 방식을
'전략'이라는 용어로 설명한다.[3] 그에게 '전략'은 권력을
소유한 주체가 자신의 권력과 안전을 유지하고 행사하기 위해
한 장소를 점유하고 계속해서 권력의 관계를 계산하고
조작하는 것이다. 반면 '전술'은 권력이 만든 이 공간을
해체해 권력이 만든 역사적 시간에 개입해 그 전략을
방해하고 그 가시성을 흐트러뜨리는 것이다. 세르토는 이러한
전략과 전술을 '글쓰기'와 '글 읽기'로 다시 설명하기도 한다.
예컨대 전략이 지배 권력이 자신의 희망을 거듭 부각시키는
정치적 및 인식론적 글쓰기라면, 전술은 정세 변화의 순간적
찰나를 정확히 포착해 그 조직을 흐트러뜨리고 타격하는
이동과 유동의 글 읽기이다. 그리고 권력 점유한 장소를
유유히 횡단하는 놀이의 장(場)이기도 하다.

국립현대미술관 다원예술에서 만난 세 개의 렉처
퍼포먼스는 공공성을 사유화한 정치권력, 개발도상국에 대한
인도적 지원마저 시장경제의 셈법에 따라 접근하는 서구
시장자본주의의 민낯, 그리고 개인의 공간과 시간을 오로지
자기 욕망에 따라 조작하고 끝내 산산조각 내 버리는 민족적,
종교적 이데올로기라는 실재를 유유히 횡단하면서 그 치밀한
전략을 해체한다.

완벽하게 텅 빈 정치와 광장을 탈환하다: 마크 테, 「말레이시아의 완벽한 미래」

1991년 말레이시아 정부는 '비전 2020'을 선포하면서
2020년까지 말레이시아가 세계적인 선진국으로 진입하게 될
것이라고 공언했다. 이 창대한 계획으로 어린 학생들의 도화지
위에서는 형형색색의 자동차가 하늘을 날고 사방으로 매끈하게
확장된 미래 말레이시아 도시 이미지가 넘쳐 났고, 광장은
더위를 무릅쓰고 정부와 정치권력을 환대하는 온갖 퍼레이드로
채워졌다. 하지만 그 '비전 2020'의 유효기간을 3년 남긴
2017년 1월, 말레이시아 정부는 서둘러 '비전 2050'을 선포해

애초 약속했던 그 '완벽한 미래'를 30년 후로 유예시켜
버렸다. 세계적인 선진국이라는 목표는 세계경제 20위권
이내라는 목표로 업그레이드되고 전보다 몇 배는 더한 화려한
신자유주의 수사들로 그 2050년의 시간을 치장했다. 그런데
말레이시아의 그 완벽한 미래만 유예된 것이 아니다. 독립
이후 지난 60년 동안 계속해서 집권해 왔던 현 정부가
앞으로도 계속 권력의 중심에 있어야 하는 이유 역시 그
시간만큼 불어난 것이다.

렉처 초반, 마크 테는 때로는 자신의 시선으로, 때로는
동료 예술가의 시선으로 말레이시아 정부가 제시하는 '완벽한
미래'의 조감도를 따라 1991년부터 2050년까지의 시간을
앞뒤로 더듬는다. 그러다 공연이 중반에 이르자 이렇게
말한다. "저는 메르데카 광장 있습니다." 쿠알라룸푸르의 역사적
발원지인 이 광장은 영국 식민지 지배 시대 때부터 지금까지
온전하게 시민들의 광장이었던 적이 한 번도 없었다.
말레이시아 국기와 각 주의 깃발이 게양되어 있고 대법원,
경찰 본부, 시청, 국립 모스크, 초대형 금융기관으로 에워싸여
있는 이 광장에서 유일하게 허락되는 것은 "독립기념일
행사부터 군사 퍼레이드, 대규모 코란 낭독회와 같은 공공
스펙터클", '비전 2020'과 '비전 2050'이라는 이름의 완벽한
정치적 환영 같은 것들이다. 그 외 일반 시민들의 출입은
통제되고 있으며, 사전 허가 없이는 어떤 집회도 금지된다.

일부 권력에 의해 점유된 장소, 그 권력과 결탁한 자본에
의해 치장되어지는 장소, 그러나 일반 시민의 몸이 존재하지
않는 장소, 시민들의 출입을 막기 위해 높은 펜스를 두르고
경찰을 동원해 감시하는 장소. 그래서 마크 테는 말한다.
"저는 메르데카 광장에 있지만 동시에 있지 않습니다." 그것은
그 화려한 광장이 겉으로는 공적 장소임을 표방하지만 정작
시민을 위한 것이 아니듯, 말레이시아의 정부 역시 국민을
위해 존재하지 않으며, 그들이 말하는 완벽한 미래 역시
국민의 미래가 아니라는 말이기도 하다. 국민이 아닌 특정
권력이 말레이시아의 정치와 미래, 광장을 점유하고 있는
것이다.

‘메르데카 광장 탈환’, ‘광장을 점령하라’ 그리고
‘말레이시아의 봄’ 등, 일련의 정치사회적 행동들을 통해
말레이시아의 예술가들이 시민들과 함께 메르데카 광장을
점령하려 했던 것은 궁극적으로 정치, 경제 그리고 역사를
사유화한 정치권력과 자본 권력이 증발시킨 공공성을
쟁취하려는 시도였다. 또한 특정 권력을 중심으로 치밀하게
배치된 이 공허한 공간 조직을 허물고 다양한 존재들, 다양한
시간들, 다양한 목소리를 기입하고자 하는 일종의 광장 허물기,
정치 허물기였다. 다시 마크 테는 말한다. "공공장소, 공유
장소는 탈중심화되어야 한다. 그 결과 공공의 개념보다는
공유의 개념이 훨씬 두드러지게 될 것이다."

　　60여 분간의 퍼포먼스가 진행되는 동안 국립현대미술관의
‘서울박스’ 공간에는 공공성에 대한 다양한 질문들이 차곡차곡
쌓여 간다. 그럴수록 국가의 부재, 정치의 부재, 그 과정에서
권력에 의해 그때그때 편의적으로 제조되고 소비되는 시민, 늘
특정 권력과 담론에 의해 만들어지는 시간에 대한 불편함
또한 차곡차곡 쌓여 간다. 그리고 어느새 관객은 이 모든
것이 그들만의 문제가 아닌 우리 모두의 문제로 감각하게
된다. 마지막 장면, 마크 테는 정부가 만들어 낸 완벽한
미래의 도시와 함께 권력이 점령한 시간과 공간 속에서
배제되었던 존재들, 소리들로 채워진 또 하나의 미래의
도시들을 병치해 번갈아 이야기한다. 그런 말에 의지해 관객은
그 다양한 미래의 도시들 사이를 감각하며 ‘산책’한다. 때로는
그 권력이 사유화한 미래 도시의 현란한 위압감에 압도당하고,
때로는 출입이 통제당한다. 하지만 그 사이사이에서 관객은
권력의 몸이 아닌 자신의 몸이 점유한 미래의 도시들과
마주친다. 특정 정치권력이나 자본, 담론이 점유한 그들만의
장소가 아니라, 랑시에르가 말한 ‘아무나’, 즉 배제되었던
수많은 몸, 타자들의 소리들로 채워질 도시들 말이다. 이를테면
이런 도시. 망각하지 않는 도시, 여자의 즐거움을 위한 도시,
남자가 없는 도시, 어머니들이 이끄는 도시, 이주민들의 향신료
냄새가 가득한 도시, 귀를 기울여 듣는 도시.

마침표나 물음표가 아닌 미완의 문장들이 나열되면서
끝나는 마크 테의 렉처는 관객들에게 연대의 필요성을
이야기하기보다 관객 스스로 사유할 수행적 공간들을 남겨
놓는다. 메르데카 광장은 말레이시아에만 있지 않다. 우리 역시
지금, 여기 우리의 증발된 공공성 실현을 위해 '아무나'의
점유를 시도할 때이다.

신자유주의에 대해 조롱으로 맞서기: 율리안 헤첼, 「베네팩토리」

2017년 네덜란드 총선 당시 자유당 후보로 나온 헤이르트
빌더스는 반이슬람주의, 반이민주의를 내세우는 대표적인 극우
포퓰리스트 정치인이다. 프리츠 볼케슈타인은 과거에 이
빌더르리스의 멘토 역할을 했던 자로, 2010년 당시 침체된
네덜란드 경제를 복구하려면 일차적으로 문화예술에 대한 정부
지원을 삭감해야 한다고 주장해 네덜란드 내 중산층 이하
서민들의 환심을 사로잡았다. 그러고는 다시 문화 예술계의
반발을 잠재우기 위해, 그는 개발도상국에 대한 원조를 전면
중단하고 그 돈으로 삭감된 정부 지원을 갈음할 것을
제안했다.

시장 자본주의의 논리로 보면 예술은 전혀 수익을 창출할
수 없는 비경제적, 비효율적인 '산업'이다. 율리안 헤첼이
네덜란드에서 공부하고 있던 2010년, 당시 극우정당이
네덜란드의 침체된 경기를 회복하기 위해 예술에 대한 지원
예산을 삭감하겠다는 공약을 내걸었던 것도 그 때문이었다.
그러니 예술(가)로서는 자본의 시장에서 생존하기 위해 어떤
식으로건 모종의 전략을 도모할 압박에 시달릴 수밖에 없는
형국이다. 이를테면 더 많은 상상력을 동원해 시장의 욕구에
부응하는 예술 상품을 공급하는 것, 즉 예술(가) 스스로
자신을 자본화하는 것. 그런데 그조차도 쉬운 일은 아니다.
자본은 예술을 지배한 것으로 만족하지 않고 최소의 투자로
최대의 수익을 창출하기 위한 자신의 시장 전략을 감히
예술적 상상력, 창조력이라는 용어로 치장하고 있으니 말이다.

이에 대해 율리안 헤첼이 택한 '전술'은 시장에 대해 거리를 두고 비판적으로 냉소하는 것이 아니라 오히려 그 누구보다 적극적으로 시장의 논리를 실천하는 것이었다. 그는 자신의 학교로부터 받은 창작 지원금을 최고의 수익을 창출할 수 있는 '예술 상품'을 만드는데 적극 투자하기로 마음 먹는다. 즉 콩고의 고아원에 살고 있는 여자아이를 퍼포머로 지정하고 그에게 하루에 1유로씩 총 2,000유로를 후원, 아니 '투자'한다. 그리고 그것을 하나의 렉처 퍼포먼스로 제작한다. 그러고는 전 세계를 투어하며 이 퍼포먼스 판매에 나선다. 이때 헤첼이 그렇게 만든 예술 '상품'을 '판매'하는 '전략'으로 하필 렉처 퍼포먼스 방식을 선택한 것도, 가능한 한 가장 최소의 비용을 투자해 '현존'(presence)이라는 예술의 효과를 최대로 끌어올리기 위한 셈법의 결과였다. 인도적 지원과 수익을 창출하기 위한 경제 활동과 예술의 경계가 없어진다. 전략은 매우 유효했다. 실제로 그는 이 '상품' 투어를 통해 최초 투자 금액의 무려 열 배에 달하는 수익을 창출했다.

헤첼이 그다음으로 자신의 '상상력'을 동원해 '창조'해 낸 사업 아이템은 과일 오일과 코코넛 오일, 그리고 비만에 시달리는 유럽 사람들의 몸에서 떼어 낸 지방을 재료로 '셀프'라는 비누를 만들어 판매하는 것이었다. 흔한 돼지기름이 아닌 인간의 기름인 데다가, 총 2,000개만 제작해 하나하나 고유의 번호를 새겨 넣은 이 비누는 그 자체로 여타의 다른 비누와 극명하게 차별화되면서 관객, 아니 소비자의 호기심을 충분히 유발하고도 남을 상품이 된다. 이번에도 헤첼은 이 '뻔뻔함'을 가리기 위해 수익금을 중앙아시아 개발도상국에 대한 지원금으로 쓸 계획이라고 공언한다.

자신의 상품을 예술이라 주장하며 전시하는 헤첼의 모순적인 태도가 서서히 불편하기도 하고 의아스러워지기도 할 즈음, 헤첼은 불쑥 서구의 역사는 죄책감으로 점철된 역사라 이야기한다. 십자군 전쟁, 식민주의, 세계대전, 홀로코스트... 그런 점에서 자신을 독일인, 백인 남성, 천주교 세례자로 명명하는 헤첼은 바로 이 서구의 과거와 현재 그 자체가 되는 셈이다. 한때 자신이 저지른 역사적 과오를 속죄하겠다는 명목으로 개발도상국에 대한 경제적 지원에 나섰던 유럽, 그러나 이제 개발도상국에 대한 서구의 원조를 더 이상 무조건적인 증여가 아니라, 더 많은 생산 물자와 값싼 노동력, 그리고 상품을 판매할 수 있는 시장을 확보하기 위한 전략으로 업사이클링한 유럽.

비누 '셀프'에 대한 호기심에 세면대 앞에 줄을 섰던 관객들은 채 씻어 내지 못해 자신의 손등에 남아 있는 비누 찌꺼기에서 원조라는 명분 이면에 도사린 서구 시장자본주의의 과도한 탐욕의 찌꺼기를 감각하게 된다. 자신을 사업가라 하고, 자신의 렉처를 상품 판매라 했던 무대 위의 헤첼이 예술가였음을, 그리고 90여 분의 렉처가 현실에 대한 정치적이고 수행적 질문으로 가득한 예술, 예술하기였음을 깨닫는 순간이다.

신화 만들기의 정치학: 라비 므루에, 「시간이 없다」

기억은 항상 불완전하고 유동적이다. 개인의 기억은 그의 경험과 정서에 따라 저장, 망각, 변형된다. 또 하나의 기억 위에 새로운 기억이 덧입혀지기도 하고, 변형, 왜곡, 재생성되기도 한다. 그런가 하면 거의 모든 집단은 집단적 정체성과 결속력을 강화할 목적으로 그들의 의지나 욕구, 이익과 이데올로기를 바탕으로 과거로부터 특정 이미지들을 선별해 내고 영향력 있는 서사를 찾아내 그것을 각각 그들의 상징적 아이콘이나 신화로 만들어 낸다. 이 모든 것이 바로 우리가 흔히 '기억의 정치'(politics of memory)라 부르는 것이다. 동상은 바로 그러한 '기억의 정치'가 작동하는 가장 대표적인 경우이다. 즉 동상은 특정 집단에 의한, 특정 집단을 위한 기억을 구성하기 위해 그 집단이 동원하는 도구 중 하나이다. 하지만 문제는 이처럼 자기 집단의 결속력, 정체성을 강화하려는 욕망이 반영되는 과정에서 동상 등에 투영된 집단적 기억은 상당 부분 지극히 당파적일 수밖에 없다는 것이다. 또한 그러한 집단적 결속을 위해 구성원 개인 내지 다른 집단이 갖고 있는 다른 기억은 가능한 한 철저히 배제해 버린다는 것이다. 라비 므루에는 바로 이 기억의 정치가 어떻게 하나의 집단의 감각을 지배하는지, 뿐만 아니라 한 개인의 삶을 파괴하는지 디브 알아스마르라는 인물을 통해 이야기한다.

객석을 중심으로 무대 왼편에는 커다란 스크린이 천장에서 길게 늘어뜨려져 있다. 오른편에는 한쪽이 1/3가량의 물로 채워진 수조가 있는 작은 테이블이 하나 놓여 있다. 앞선 두 개의 렉처 퍼포먼스에 비하면 자못 연극적인 잠재성을 지닌 장치들이다. 무대에 등장한 퍼포머 리나 마지달라니는 잠시 무대 한가운데 서서 관객에게 1971년 미국의 중재로 이스라엘과 팔레스타인해방기구 간에 이루어진 첫 번째 포로 교환에 대해 소개한다. 그러면서 자신의 이야기는 그때 시신으로 돌아온 디브 알아스마르에 대한 것임을 알려 준다. 일종의 프롤로그인 셈이다.

본 공연은 총 3장으로 구성된다. 우선 오른쪽에 놓인 테이블 쪽으로 걸어온 리나는 조금 전 무대 중앙에서 관객에게 들려주었던 디브에 대해 계속 이야기한다. 레바논 정부와 팔레스타인해방기구는 1971년 제1차 포로 교환 당시 시신으로 돌아온 디브를 순교자로 추앙하며 그의 동상을 제작해 광장 한가운데에 우뚝 세웠다. 아랍 국가의 반이스라엘 정서를 최고치로 끌어올림에 있어 이 동상의 효과는 대단했다. 이른바 '순교자 디브 알아스마르처럼 되기'. 그런데 1974년 제2차 포로 교환이 이루어졌을 때, 그 '순교자' 디브 알아스마르가 포로 중 한 명으로 살아서 귀환한다. 디브 본인을 비롯해 모두가 극도의 혼란에 빠진 것은 당연하다. 퍼포머인 리나는 이렇게 자신의 의지와 다르게 순교자로 만들어진 디브가 어떻게 다시 '살아 있는' 순교자로 재구성되었는지, 그리고 어떻게 그의 동상이 그때그때의 정치적, 종교적 권력이 충돌하는 틈새에 끼어 수도 없이 복구되고 복제되고 파괴되다 끝내 소리 없이 폐기되었는지 이야기한다. 또한 동상과 신화 등 국가와 권력이 만들어 낸 온갖 정치적, 종교적 선전과 선동이 그의 삶을 어떻게 마비시키고 산산조각 내어 흔적 없이 지워 버렸는지 이야기한다.

사실 디브는 허구의 인물로, 온갖 정치적, 민족적, 종교적 프로파간다로 산산조각 나 버린 아랍 국가의 시민들을 모두 아우르는 집합명사다. 물론 무대에 서 있는 레바논의 예술가 리나 자신이기도 하다. 리나는 1장에서 디브에 대한 이야기를 하는 한편 자신의 사진들을 표백제가 섞인 물에 한 장 한 장 집어넣어 하얗게 탈색시킨다. 그다음 2장에서 이 사진들을, 아니 더 이상 리나의 사진이 아닌 하얀색 종이들을 다시 꺼내 집게를 이용해 위아래로 세 개의 줄이 달린 사각 틀 안에 배열한다. 3장에서 리나는 무대 위 스크린 뒤로 몸을 숨기는데, 대신 그녀의 얼굴이 이 흰색 종이가 퍼즐처럼 모아져 만들어진 사각의 종이 스크린에 투사된다. 1장과 2장에서 구두로, 텍스트로 디브에 대해 이야기했던 것과 달리, 3장에서 리나는 디브가 되어 일인칭으로 그의 마지막을 이야기한다. 이스라엘군으로 추정되는 어떤 세력의 폭격으로 사망한 그의 시체가 어떻게 디브 본인이기를 부정당했는지를, 그것도 모자라 헤즈볼라, 시리아, 다시 그 안의 무수한 무장 단체와 정보기관이 만들어 쏟아 내는 무수한 소문에 의해 산산이 흩어져 실체 없이 증발당했는지를.

이때 종이와 종이 사이의 벌어진 틈 때문에 종이 스크린 위에 투사된 리나의 얼굴은 조각나 있거나 일그러져 있다. 그런 리나의 얼굴은 다름 아닌 서방 세력은 물론 그 안에 난무하는 무수한 정치적, 종교적, 민족적 이데올로기에 의해 산산이 조각나 해체된 디브이자, 나아가 리나들과 디브들, 즉 아랍의 몸 그 자체이다. 리나는 공연 맨 마지막에 이 종이 퍼즐 스크린을 하얗게 비워 둔 채 무대를 떠나는데, 관객은 순간 그 비어 있는 조각난 종이 스크린에 투사된 자기의 얼굴을 상상으로 떠올린다. 현실 속에 난 실로 끔찍한 실재의 틈, 온갖 정치적, 경제적, 민족적 프로파간다의 환영 안에 예외 없이 끼어 있는 자신을 발견하는 순간이다.

렉처 퍼포먼스 세 편의 내용이나 수행 방식은 각각 달랐지만, 이들에게 한 가지 공통된 점이 있다면 세계 안에 깊숙이 개입해 우리의 시간과 공간을 점유하고 우리의 무감각을 통제하는 보이지 않는 힘들을 무대 위에 전시한다는 것이다. 이들의 렉처는 한쪽이 알고 있는 것을 다른 한쪽에게 공유해 줌으로써 지식의 연대를 이루는 렉처가 아니라, 이미 알고 있다고 생각했던 것의 자명성을 전복시켜 그 박탈의 경험으로 주체적 앎의 필요성을 절감하게 하는 렉처다. 이제 미술관을 나와 거리로 나선다. 여기 우리의 매트릭스, '실재의 사막'. 그렇다면 이제 어떻게 해야 할지, 어떤 선택을 할 것인지는 온전히 우리의 몫으로 남는다.

이 글은 국립현대미술관 다원예술 2018의 리뷰로, 『연극평론』 2018년 여름 호(한국연극평론가협회)에 게재되었다.

1 슬라보예 지젝[슬라보이 지제크], 『실재의 사막에 오신 것을 환영합니다』, 이현우·김희진 옮김(자음과모음, 2011), 29.
2 알랭 바디우, 『세기』, 박정태 옮김(이학사, 2014), 111.
3 미셸 드 세르토, 『일상생활의 창조』, 장세룡 옮김(자음과모음, 2016), 42 참조.

마리 소르비에
김해주 옮김

2017년 10월, 서울 중심부에 위치한 국립현대미술관에서 다원 157
예술 작가들의 신작을 소개한다는 기치 아래 첫 번째 '아시아
포커스'가 개최되었다. 프로그램의 핵심에는 광범위한 형식을
포괄하는 '퍼포먼스'가 자리 잡고 있었고, 이러한 프로그램들은
미술관 곳곳에서 만개했다. 공연예술이라는 맥락 안에서 새로운
시각예술의 방향을 제시하고 그 담론을 분명히 하려는
의지이다.
    먼저, 우리는 형식과 내용이 서로 배치되는 것이 아님을
기억해야 한다. '아시아 포커스'에 소개된 한국, 레바논, 이라크,
인도와 홍콩에서 온 여섯 편의 작품은 모두 정치적, 사회적
현실에 대해 비평적인 시각을 보여 주는 동시에 각기
새로우면서도 독창적인 미학 언어를 보여 준다. 장르 간의
낡은 경계는 무너져 있고, 이 작업들을 특정 장르 안에 끼워
넣기란 불가능해 보인다. 연극, 무용, 퍼포먼스, 비디오 아트,
사운드 아트, 그 무엇이든 이 작업들은 생각의 틀에서 벗어나
아무도 방문하지 않은 영역을 탐험한다. 관객들은 어느덧 이
새로운 제안에 떠밀려 함께하게 되는 것이다.
    2016년 벨기에 쿤스텐페스티발데자르에서 처음 소개되었던
한국 작가 김지선의 작업은 형식과 내용 사이에 존재하는
특별한 긴장 관계를 잘 보여 준다. 오늘날 시스템의 버그와
한계를 탐색하는 과정에서 작가는 인간이 만든 경계를
넘어서게 될 앞으로의 세계를 고찰한다. 사유의 재료는 인공
지능이다. 「딥 프레젠트」에서 작가는 로봇의 삶과 죽음에 대해
질문하며 이 존재들이 우리 삶에 미치는 정서적, 실질적
영향에 대해 생각한다. "효율성은 새로운 윤리이다."라는

명제가 작품의 라이트모티프이다. 쓸모없어지고, 더는 수리할
수도 없어진 소프트웨어들이 생겨나자 일본의 절에서는 일상의
충직한 파트너였던 이 로봇들을 위해 장례식을 치른다. 그들
역시 죽음으로 생을 마치게 되는 것이다. 노화로 인해 로봇은
유한한 존재가 되고 그로써 인간화된다. 다양한 감각의
결합으로 만들어진 이 퍼포먼스는 기묘한 뒷맛을 남기며,
편안히 잠재우기에는 너무도 새로운 질문들을 머릿속에
불러일으킨다.

　　구자하는 한국 사회의 구조적인 문제를 다루는 다분히
정치적인 작업을 선보이며 한국 사회를 대변하는 한 상징물을
그 주인공으로 사용한다. 「쿠쿠」는 한국인이라면 누구나 가지고
있는 밥솥이자 그 자체가 밥솥이라는 기기를 지칭하게 된
브랜드로, 이번 공연에서 당당히 무대에 선다. 고향에서 멀리
떠나와 고독하게 살던 작가는 그때그때 기분을 빛과 노래로
완벽하게 표현할 줄 아는 밥솥과 함께 친밀한 관계를
형성한다. 작업은 한국의 역사를 되돌아보며 자살, 고독, 실업,
기술의 편재 등으로 점철된 일상을 살아 가는, 오늘날 찢기고
길 잃은 젊은 세대의 삶을 그린다. 로런스 아부 함단은
과학적으로 분석한 소리를 영상 설치물로 번역한다. 「고무를
입힌 쇠」에서 그는 실제 일어난 살인 사건을 가상의
재판으로 재구성한다. 2014년 팔레스타인에서 무장하지 않은 두
소년이 이스라엘 군인들에 의해 살해된다. 영상에 사람은
등장하지 않지만, 총탄의 발포 소리, 목소리의 실린 감정,
침묵의 순간이 빚어내는 무게가 소리 분석의 증거물로
제시된다. 어떤 소리가 청취 가능한 소리로 남는가? 우리는
어떤 소리를 듣기로 선택하는가?

　　서로 완벽하게 다르면서도 초현대적인 이슈들로 연결된
수많은 세계를 보여 주는 이 야심 찬 5일간의 프로그램이
반가울 수밖에 없다. 세계를 바라보는 방식에 오래도록 영향을
미칠 공연을 관객들에게 소개하고 싶은 각국의 프로그래머라면
모여야 할 장이다.

　　이 글은 국립현대미술관 다원예술 2017의 리뷰로, 프랑스 문화 예술 비평지 『이오』(I／O)
74호(2017)에 게재되었다.

서현석

> 나(그림자)는 지금이 황혼인지 여명인지 모르오. [...]
> 만약 황혼이라면, 밤의 어둠이 절로 나를 침몰시킬 것이나,
> 그렇지 않으면 나는 낮의 밝음에 사라질 것이오. 만약
> 지금이 여명이라면.
> ― 루쉰

1

와양(wayang) 예술가들이 그렇듯, 윌리엄 켄트리지가 그렇듯,
그림자를 다루는 장인들에게는 단호하면서도 겸허한 확신이
흐른다. 그들은 그림자를 현실로 보고, 현실을 그림자로 본다.
그리하여 타인과 눈을 마주쳐도 눈동자를 관통하여 그 너머를
보고 있다.
　「동에서 온 보랏빛 상서로운 구름, 함곡관에 가득하네」는
다이첸리안이 초대하는 원초적이고 신화적인 세계다. 빛과
그림자만으로 이뤄진 세계. 영화 이전의 영화다. 막대기 끝에
매달린 그림자 형체들은 정령처럼 아련하다. 그러면서도 거칠고
투박하다. 화려한 치장이나 정제된 효과는 없다. 이들은 하얀
평면 위에서 둔탁하게 움직인다. 퉁명스럽게 떨기도 하고 서로
겹치기도 한다. 그런 와중에 마을이 나타나고, 집과 강이
피어난다. 평범한 목가적 세계가 펼쳐진다. 허세 없는 일상적인
질서 속에서 자연의 섭리가 기묘하게 변형된다. 자연의 효과인
그림자는 자연의 세계를 뒤튼다. 새와 사람들이 형체를
공유하고, 신체 일부가 제자리를 이탈하여 세상과 새롭게 관계

맺는다. 세상을 닮은 이면의 세상. 그것은 영화 프레임이 시간을 구획하고 공간을 분할하기 이전의 유연한 세계다. 이천 년 묵은 영화의 정령이랄까. 그 오라(aura)는 투명하다.

무대에 선 다이첸리안은 안드레이 타르콥스키 영화의 잠입자(stalker)처럼 고요하지만 괴팍한 대체 현실의 심장부로 우리를 인도한다. 토끼굴의 입구는 좁다. 우리는 호기심과 의혹, 불안과 나태 사이에서 그의 행적을 따라간다. 그 궤적은 호락호락하지 않다. 잠입자는 친절하지도 상냥하지도 않다.

뒤처지지 않고 따라가기 위해서는 우리 정신에 밴 바깥 세상의 원칙이나 관념을 어느 정도 덜어내야 한다. 새로운 규칙들도 익혀야 한다. 이를테면 모든 사물에 달려 있는 막대를 묵인해야 하고, 형태들이 겹치거나 교체되는 형국을 해석하는 방식을 스스로 터득해야 한다. 그림자 숲에서 누가 귀신이고 누가 사람인지 분간하는 법도 배워야 한다. 잠입자는 그 낯선 세계를 펼쳐 보여 주기만 할 뿐, 그것을 해독하는 방식에 대해서는 입을 다문다. 스스로 터득하는 해독의 방식에 재미가 따른다면 어느덧 우리는 잠입자가 안내하는 '빛의 무의식' 속에 발을 들이고 있는 것이다. 형체들이 만드는 관계의 변화들을 인과관계가 있는 '이야기'로 읽든, 꿈속에서나 만날 법한 어렴풋한 의식의 파편들로 여기든, 그 흐름은 어쨌거나 낯설고 난데없다.

잠입자는 아예 (후면 영사 중인) 프로젝터 앞에 서서 스크린에 자신의 그림자를 드리운다. 그렇게 감히 그림자 세계 내부로의 진입을 시도한다. 그림자가 된 그는 하얀 평면 위에서 그림자 사람들과 대화를 시도한다. 손을 맞잡거나 포옹도 한다. 뻣뻣한 그림자 사람들이 유연한 이방인을 맞아 주는 건지 아니면 여전히 그 사이에 좁힐 수 없는 간극이 버티고 있는 건지는 방관자인 여행자들이 각자 판별해야 한다.

사실 「잠입자」의 여행자들, 그러니까 '교수'와 '작가'가 그러하듯, 우리 중 일부는 잠입자의 믿음을, 그 신화와 권위를 쉬이 믿지 않는다. 그림자들이 만드는 작은 떨림들에 같이 떨지 않는다. 신비로움은 없다. CG와 VR, 스마트폰의 초감각은 그림자의 흑마술에 대한 강력한 면역 체계를 만들어 놓았다.

아니, 프레임 없는 시공부터가 21세기의 디지털 산책자들에게는 날것이다. 그림자는 스펙터클의 사회 속에서 왜소한 이방인이다. 스펙터클의 사회 속에 침투했으나 곧 무기력해져 버린 스파이다.

21세기의 습관들을 버린다고, 잠입자에 대한 불신을 버린다고, 그림자 세상에 익숙해지는 것도 아니다. 잠입자조차도 표류하고 방황한다. 그는 그 세계의 주인이 아니며, 그 역시 이방인이다. 그래서 그의 추적은 때로는 긴박하기도 하고, 때로는 위태롭기도 하다. 그의 세계가 아름다운 것은 그것이 불완전하고 깨지기 쉽기 때문이다.

그림자에게 빈부의 차이는 없다. 신분의 차이도 없다. 빛 앞에서 모두 평등하다. 생명이 본연적으로 그러하듯.

2

"광선이 비추는 곳에는 그림자는 없어진다. 그림자가 존재하면, 빛은 잠시 멈춘다."[1]

만인의 평등을 기반으로 하는 겸애(兼愛) 사상을 설파한 중국 춘추전국시대의 철학자 묵자는 그림자에 대한 독특한 존재론적 성찰을 펼쳤다. 그림자는 빛 때문에 생기는 것이지만, 빛으로 인해 사멸할 수도 있다. 빛은 그림자의 어머니이기도 하고 파괴자이기도 하다. 그림자극은 이러한 위태로움의 묘한 줄타기다. 생명이 그러하듯. 그렇게 그림자는 이천년 동안 위태롭게 연명해왔다.

한나라의 마술사 샤오윙은 사랑하던 이부인을 잃고 매일 꿈속에서 그리움을 달래던 한무제를 위해 죽은 자를 불러온다. 이부인의 그림자가 한무제 앞에 나타난 것이다.

"정말 당신이오? 당신이 아닌가? 멀리 서서 당신을 바라보오. 부드럽고 느리고 조심스런 걸음. 하염없이 다가오기만 하네."[2] 그것은 마술사가 죽은 자의 형상대로 돌을 깎아 흰 천에 비춘 그림자였다. 마술은 욕망을 잠재우지 못하고 도리어 부풀린다. 그림자의 매혹은 그것이 즉물로 다가오지 않음에 있다. 다가갈 수 없는 사랑. 만질 수 없는 매혹.

마술사 샤오윙은 말한다. 이부인의 그림자 정령은 다가가지 않을 때에만 살아 있다고. 그에게 다다르는 순간 마법은 깨진다.

"낮에 꾸는 꿈처럼."[3]

17세기 유럽에서 매직 랜턴을 이용하여 그림자 쇼를 연출할 때에도 스크린에 나타난 것들은 역시 죽은 자와 정령과 괴물과 해골과 신이었다. 그림자는 이승과의 연결 통로인 셈이다. 무대에 서는 모든 그림자는 이승의 그림자인 것이다.

중국에서 그림자극은 아주 최근까지 진행형이었다. 동남아시아에서도 널리 퍼져 있었던 것처럼, 중국 곳곳의 작은 마을에는 그림자 극장이 있었고, 그림자를 만드는 장인들이 있었다(이제 그들은 자신들의 힘을 후세에 물려주지 못하고 이승으로 건너갔거나 가고 있다). 한무제와 다이첸리안 사이에는 길을 잃은 그림자의 정령들이 겹겹이 떠돌고 있다. 다이첸리안의 무대는 그들 중 일부를 무대로 불러들이는 제의다.

3

다이첸리안의 스크린에 뜨는 유일한 텍스트는 그가 찾는 세계에 관한 작고도 중요한 단서를 흘린다.

"할머니는 강이 있는 작은 마을에서 태어났다. 그곳은 루쉰이 태어난 곳이기도 하다."

어쩌면 기억의 박제된 끄트머리를 붙잡아 체온이나 생명을 불어넣을 수 있으리라고 다이첸리안은 생각할지도 모른다. 그는 강가에 있던 그림자 극장을 기억한다. 지금은 사라지고 없는 곳이다.

이 환상적 장소와 중첩되어 자신을 홀리는 것은 할머니 이야기 속의 귀신들이다. 대부분의 이야기들은 21세기 인간에게는 너무 엉뚱하거나 싱겁거나 부질없다. 이를테면 이런 식이다.

"한 남자의 팔 위쪽에 입이 하나 생겼다. 입이 어찌나 게걸스럽게 온갖 것들을 먹어 대던지, 남자는 입을 먹여 살리기 위해 동네방네 구걸을 해야만 했네. 끝."

다이첸리안의 손에 닿을 듯 말 듯 아른거리는 세계는 자신의 어린 시절과 겹쳐 있는 태고의 세계다. 그에게 '할머니'란 더 넓은 정념의 세계와 내통하는 매개자다. (잠입자의) 잠입자다. 다이첸리안의 어린 시절은 실로 할머니가 전해 준 온갖 귀신의 사연들로 가득 차 있다. 그 귀신들은 아마도 할머니의 까마득한 과거 너머의 더 깊고 거대한 시간 속의 전령들일 것이다. 「동에서 온 보랏빛 상서로운 구름, 함곡관에 가득하네」는 보이지 않는 겹겹의 잠입자들의 안내 행렬이다. 그림자는 그들과의 교신 수단이다.

다이첸리안의 기억 깊은 곳에서 할머니와 루쉰과 귀신은 더 이상 구분되지 않는다. 그들은 모두 그림자 형태로 나타난다.

잠입자가 우리와 다른 게 있다면, 그는 균열을 보고, 균열과 어울려 논다는 것이다. 과거와 오늘 사이. 그림자와 실체 사이. 귀신과 사람 사이.

그에게 있어서 균열은 그가 잃어버린 시간이다. 실은 그는 상실의 주체다. 그림자 세계는 그가 잃어버린 세계다. 도래하지 않은 유토피아다. 그곳은 죽은 할머니의 세계이고, 루쉰의 세계이며, 거친 정령들이 무단 점유하는 곳이다.

그곳에 몸소 들어가기 위해 빛 앞에 서서 평면의 후면 스크린에 그림자를 만들고 있을 그의 앞에는, 악수를 하는 손과 포옹을 하는 그의 가슴에는 허공이 감돌 것이다. 스크린 반대쪽에 앉은 우리에게는 보이지 않지만, 그의 신체는 결핍을 안고 있는 것이다. 한무제처럼.

묵자는 당시 사람들의 도덕적 타락이나 사회적 혼란이 더 이상 귀신을 믿지 않기 때문이라고 믿었다. 평등한 인간끼리의 온전한 '겸애'를 위해서는 필히 귀신이 존재해야만 한다.

물론 「동에서 온 보랏빛 상서로운 구름, 함곡관에 가득하네」는 관객 앞에서 즉각적으로 펼쳐지는 생(生, live) 그림자극이 아니라 그림자극을 촬영한 디지털 영상을 부분적으로 활용한 퍼포먼스이다. 그림자의 그림자. 영화 이전의 유연한 신화적 세계는 디지털 매체로 매개된다. 우리가 영상 스크린에서 보는 것은 그림자 귀신이 아니라, 0과 1의 조합으로 이뤄진 산술적 재현체다.

프레임을 초월하는 영화의 원형적 정령은 사실 그래서 프레임 안에 갇혀 있다. 다이첸리안은 천연덕스럽게 맥북을 열어 파일을 재생하고 디지털 프로젝터는 환한 '전기' 빛을 스크린에 투사한다. 어쩌면 그가 보여 주는 것은 프레임을 초월하는 원초적 세계가 아니라 그것과 디지털 사이의 메워지지 않는 균열이다.

공연이 막바지에 다다를 무렵, 무대 한구석에는 낡은 화로로 분장한 전기 곤로가 주전자 물을 데우기 시작한다. 물이 끓으면 주전자 주둥이에서 피어오르는 수증기가 스크린 위에 형상을 만들 것이라고 우리 여행객들은 예측한다. 하지만 공연이 끝날 때까지 물은 끓지 않는다. 다이첸리안이 무대 인사를 할 무렵에야 어렴풋한 수증기가 주전자 주둥이를 빠져나오는 게 가까스로 보인다. 역시 현상과 형상의 간극을 채워야 하는 것은 우리의 상상이다. 그는 작가와의 대화에서 말한다. "균열이 발생하지 않으면 연극이 아닙니다."

다이첸리안은 어쩌면 그림자를, 균열을 관통하여 그 너머를 보고 있다.

다이첸리안이 안내하는 세계는 결국 우리가 갖지 못하는 시간이다. 잃어버린 세계. 실은 우리는 상실의 주체다. 우리는 잃어 버렸다는 사실조차 기억하지도 못하고, 자각하지도 못한다. 그림자 세계는 우리가 잃어 버린 상실감의 현현이다. 사라진 유토피아다. 그것이 아름다운 이유는 우리가 그것을 되찾을 수 없기 때문이다.

루쉰은 그림자를 화자로 삼아 이렇게 말한다. 아마도 미래에 대한 절망 속에서.

> 내가 싫어하는 것이 천당에 있으니, 나는 가지 않겠소.
> 내가 싫어하는 것이 지옥에 있으니, 나는 가지 않겠소.
> 내가 싫어하는 것이 미래의 황금세계에 있으니, 나는 가지
> 않겠소. [...] 내 한낱 그림자에 지나지 않소만, 그대를
> 떠나 암흑 속에 가라앉으려 하오. 암흑은 나를 삼킬
> 것이나, 광명 역시 나를 사라지게 할 것이오. 그러나 나는
> 밝음과 어둠 사이에서 방황하고 싶지 않소. 나는 차라리
> 암흑 속에 가라앉겠소. [...] 내가 암흑 속에 가라앉을
> 때에, 세계가 온전히 나 자신에 속할 것이오. [4]

이 글은 국립현대미술관 다원예술 2018에서 공연된 다이첸리안의 작품 「동에서 온 보랏빛 상서로운 구름, 함곡관에 가득하네」의 리뷰로, 『오큘로』 8호(미디어버스, 2019)에 게재되었다.

「동에서 온 보랏빛 상서로운 구름, 함곡관에 가득하네」는 그림자놀이를 통해 현실과 꿈, 귀신 이야기와 사적인 기억을 하나의 세계로 엮어 낸다. 느슨한 서사로 흘러가는 이 작품은 다이첸리안이 유년기 기억에서 따온 일상의 장면에서 출발하여 9세기 당나라 시대의 기담집 『유양잡조』에 실린 세 편의 귀신 이야기로 이어지는데, 특이하게도 그 어떤 권선징악도, 인과관계도 존재하지 않는 이야기들이다. 현실과 허구가 공존하는 그 세상에서 평범한 물건은 기묘하게 낯설어지고, 천진한 이야기는 폭력적으로 둔갑하며, 비논리적이고 무의미한 것들은 새로운 감각을 획득한다.

이 작품은 2019년 도쿄 페스티벌 세계 대회에서 최우수작품상을 수상했다.

1 묵자, 「경설하」(經說下), 『묵자』, 박재범 옮김(홍익출판사, 1999), 284.
2 Fan Pen Li Chen, 『Chinese Shadow Theatre: History, Popular Religion, and Women Warriors』 (Montreal & Kingston, London, Ithaca: McGill-Queen's University Press, 2007), 22.
3 Eugene Wang, 「The Shadow Image on the Cave: Discourse on Icons」, in 『Early Medieval China: A Sourcebook』, eds. Wendy Swartz, Robert Ford Campany, Yang Lu, and Jessey J. C. Choo (New York: Colombia University Press, 2014), 410.
4 루쉰, 「그림자의 고별」, 『루쉰 문학선』, 루쉰전집번역위원회 옮김(엑스북스, 2018), 347~349.

김지선

벨기에 헨트 극장은 예술계 종사자들에게 "왜 극장인가?" (Why Theatre?)라는 질문을 띄웠고 그에 대한 답신을 동명의 책으로 엮어 팬데믹 기간에 출간했다. 책에 실린 100여 편의 이야기 중에서 고(故) 프리 레이선의 글이 크게 공명한다. 그의 글 제목은 '왜 바다 별인가?'(Why sea stars?)이다.

　　7년 전 테이트 리버풀의 벽 한쪽에 "당신은 왜 미술관을 방문하나요?"(Why do you visit art galleries?)라는 질문이 붙어 있었는데, 그 주위를 둘러싸고 있던 수십 개 답변 중 하나가 마음에 들어왔다. "그건 내가 감당할 수 있는 유일한 우주 여행이기 때문이에요."(It's the only travel around the universe I can afford.)

　　해외 진출에 관한 짧은 글을 의뢰받아 지난 자취를 더듬다 보니 불쑥 한 질문이 튀어나온다. 왜 페스티벌인가.

페스티벌과 봄

참여 작가이기 이전에 나는 페스티벌 봄의 열렬한 관객이었다. 매년 4월에 열리는 페스티벌은 그 자체로 최고의 공부였고, 흔히 '페스티벌 봄 키드'라고 불리는 나 같은 사람들이 꽤 있는 것만 봐도 그 교육적인 효과가 상당했음을 알 수 있다.

　　대학을 졸업한 해에 이 페스티벌에 초청받아 처음으로 내 작업을 선보이는 행운을 얻게 되었다. 2011년의 일이다. 당시 페스티벌 봄의 김성희 예술 감독은 『시사IN』과의 인터뷰에서 다음과 같이 말했다. "보수적 시각에서 김지선의 작업은

'예술'로 받아들여지지 않는다. 김지선의 작업이 '예술'임을 선언하며, 그 작업을 담을 그릇으로 페스티벌 봄이 역할을 하고자 했다."

　12년이 지난 시점에서 이 인터뷰를 다시 읽는 감회는 남다르다. 한 작가가 자신의 세계를 제대로 사람들과 공유하기 위해서는 그러한 실험을 일정 기간 꾸준히 지지해 주는 예술 페스티벌과 기관의 역할이 중요하다. 페스티벌 봄은 예술성에 대한 외부의 숱한 의심에도 불구하고, 나를 비롯한 국내외 신인 작가들에게 지속적인 기회를 열어 주었다.

　당시 페스티벌 봄에는 유럽과 일본 등지에서 공연을 보러 오는 예술계 관계자들이 많았는데 그렇게 몇 년간 그들이 내 작업을 보게 된 것이 훗날 해외 페스티벌에 작업이 초청되는 데 큰 역할을 하게 되었다. 해외 기획자가 관심이 가는 한 작가의 단일 작품을 보기 위해 한국을 방문하기는 쉽지 않기에, 페스티벌 봄 같은 국제 예술 페스티벌의 존재가 중요하다. 페스티벌을 통해 보다 다양한 해외 기획자들의 방문이 집중적으로 성사되고, 작가는 이를 통해 작업을 계속해서 순환시킬 수 있는 기회를 얻는다. 페스티벌 봄이 사라지고 한 시대로 기억되는 움직임과 사조, 시간의 풍미는 빠르게 다했지만 이후 옵/신 페스티벌이 이어지고 있음에 감사한 이유다.

쿤스텐페스티발데자르와 공동 제작

1994년 초대 예술 감독 프리 레이선이 창설한 쿤스텐페스티발데자르는 매년 5월 벨기에 브뤼셀에서 열린다. 나는 '다음 신의 클라이막스'라는 작업으로 2016년 쿤스텐페스티발데자르에 초청되었다. 첫 해외 공연이었다. 「다음 신의 클라이막스」는 2015년 국립아시아문화전당 예술극장의 개관 페스티벌에서 초연되었는데, 이 공연을 본 당시 쿤스텐페스티발데자르 예술 감독 크리스토프 슬라그뮐더가 같은 해 네덜란드 암스테르담에 있는 내 작업실에 방문했고, 작업을 다시 보고 초청을 결정하게 되었다. 이는 크리스토프가 그간 페스티벌 봄을 통해 내 이전 작업을 몇 번 봤기에 가능했던 일이라 생각한다. 여러 지역의 예술 감독, 프로그래머들과 만나며 느낀 점은, 그들이 단발적으로 한 작업을 페스티벌에서 선보이는 데 그치기보다는 페스티벌 관객에게 작가를 소개하고 그 작가의 작업 세계를 지속적으로 지원하려는 경향이 크다는 것이다. 그래서 작가를 알아 가기 위한 신중한 단계와 시간이 필요한데, 그러기에 가장 좋은 방법은 역시 직접 작업을 보고 얘기할 수 있는 장일 것이다.

쿤스텐페스티발데자르는 '축제들의 축제'로 불리는 만큼 전 세계 예술 감독과 프로그래머들이 유럽에서 가장 먼저 초연되는 실험적인 작업을 보기 위해 방문한다. 그 덕분에 쿤스텐페스티발데자르에서 「다음 신의 클라이막스」를 공연한 이후 다양한 지역의 페스티벌에 초청받아 작업을 선보일 수 있었고, 나아가 여러 페스티벌과 기관의 공동 제작으로 신작을 만들 수 있는 기회도 얻게 되었다.

2017년 쿤스텐페스티발데자르에서 초연한 「딥 프레젠트」는 쿤스텐페스티발데자르, 오스트리아의 빈 페스티벌, 네덜란드의 스프링 퍼포먼스 예술 페스티벌, 한국의 국립현대미술관이 공동 제작으로 참여한 작업이었다. 공동 제작을 통해 작가는 제작에 필요한 제반 사항을 보다 폭넓게 지원받는 동시에 작업이 순환될 수 있는 투어의 기회를 안정적으로 확보하게 된다. 이런 국제 공조 제작 시스템과 페스티벌, 극장 시스템을 경험하고 다양한 관객들을 만나며 국제 무대에서 많은 경험을 쌓고 값진 것들을 배울 수 있었다.

최근 몇 년 사이 예술 감독이 바뀌고 세대교체가 이루어지는 등 많은 페스티벌이 큰 변화의 와중에 있다. 주변을 살펴보면 페스티벌 시스템에 대한 내·외부의 비판적인 얘기도 있고, 더 나아가 예술의 사회적 역할에 대한 지난한 고민도 짙어지고 있다.

그런데… 왜 페스티벌일까. 왜 바다 별이고, 왜 별을 볼까. 나도 그에 대한 생각을 띄워 본다.

        2016년 쿤스텐페스티발데자르의 의제는 '우리가 공유하는 시간'(The Time We Share)이었다. 유럽의 난민 문제가 뜨거웠고, 브뤼셀에서는 페스티벌이 열리기 한 달여 전에 테러가 발생했던 시기였다. 그런 와중 페스티벌이 내건 저 한 문장은 물리적 지역 구분으로 촉발되는 관념을 벗어나 우리가 공유하는 이 시간을 토대로 다 같이 얘기해 보자는 제안으로 읽혔다. 그리고 그 장을 통해 사람들은 실제로 그렇게 소통할 수 있었다.

        페스티벌은 단순히 여러 작업을 모아 놓고 한꺼번에 많이 보여 주는 뷔페식 행사가 아니다. 그보다는 모든 것에 끊임없이 '왜'를 붙이는 개별 작업들과 구성원이 모여 사회에 묵직한 질문을 던지는 공론장에 가깝다.

        페스티벌은 나에게 큰 길잡이이자, 어떨 때는 눈이 멀 것 같은 아름다움을, 어떨 때는 통째로 세계가 뒤집히는 사유를 마주하는 장이었다. 그곳에 있던 모두에게 감사를 전하며 앞으로 우리가 공유할 시간을 기대해 본다.

이 글은 국제 공동제작 시스템에 대한 김지선의 경험을 담은 글이다. 2015년 국립아시아문화전당 예술극장 개관 페스티벌에서 제작된 김지선의 「다음 신을 위한 클라이막스」가 이듬해 벨기에 쿤스텐페스티발데자르에서 소개되어 '주목해야 할 작가'로 평단의 인정을 받게 된 것을 계기로, 후속작 「딥 프레젠트」(2018)가 국립현대미술관, 쿤스텐페스티발데자르, 네덜란드 스프링 퍼포먼스 예술 페스티벌, 빈 페스티벌에서 공동 제작되어 활발한 국제 활동으로 이어지는 경로를 배경으로 한다.
        김지선은 세계화된 환경의 제도화된 행위나 구획화된 공간에 이의를 제기하는 열린 형태의 수행적 퍼포먼스를 발전시켜 왔다. 서울 시장 선거 유세 현장이나 G20 회의장 주변, 광화문 광장 등 정치적인 상징성이 강한 현장에 미묘하게 개입하거나, 컴퓨터 게임의 가상공간 안에서 혁명의 (불)가능성을 진지하게 사색하는 등, 현실과 상상을 오가며 냉소적인 유희와 비평적 예리함이 서로를 위태롭게 만드는 작품 세계를 펼쳐 왔다. 인터넷과 게임에서 로보틱스, 인공지능에 이르기까지 새로운 기술을 과감하게 수용하면서도 이들을 스펙터클을 위한 소재로 재활용하는 것이 아니라 시스템에 대한 비판적 거리를 만들어 냄으로써, 디지털 문화 조건에 대한 날카로운 통찰을 제시한다. 기존의 장르나 형식에 포섭되지 않는 독창적인 세계를 구축한다.

파제, 스티브 라이히 음악에 대한 네 가지 움직임

아너 테레사 더케이르스마커르
김신우 옮김

「파제」는 언제 만들어졌는가?

「파제, 스티브 라이히 음악에 대한 네 가지 움직임」(이하
「파제」)은 1982년 3월 18일 브뤼셀 뵈르스하우뷔르흐 극장에서
초연되었다. 무용수는 미셸 안 드 메와 나 자신이었다. 작품
제목은 우리가 춤을 춘 음악에서 왔는데, 스티브 라이히의
초기 작품 중 네 곡, 즉 「피아노 페이즈」 「컴 아웃」
「바이올린 페이즈」 「클래핑 뮤직」을 말한다. 조명 디자인은
이후 「로사스 단스트 로사스」를 디자인한 마크 슈벤트너와
레몬 프로몽이 맡았다. 의상은 미셸 안과 내가 제안한 옷을
바탕으로 마르티네 앙드레가 디자인했다.
　「파제」의 제작 과정은 초연 1년 전인 1981년으로 거슬러
올라간다. 나는 1978년부터 1980년까지 무드라 무용학교에서
수학한 뒤 뉴욕으로 건너가 뉴욕대학교의 티시 예술대학
무용과에 입학했다. 나는 브뤼셀을 떠나면서 「바이올린
페이즈」를 짐에 넣었고, 이 음악에 맞춰 춤을 만들고 싶다는
열망을 품었다. 뉴욕에는 공부하러 가는 것이었지만 동시에
내게는 안무를 하고 싶다는 욕구, 안무하는 법을 배우고
싶다는 욕구가 있었다. 「바이올린 페이즈」는 티에리 드 메이의
소개로 알게 된 곡인데, 슈테가이거, 그러니까 유대인 바이올린
연주자나 카페 바이올린 연주자가 연주할 것 같은 음악처럼
들렸고, 춤을 추라는 초대처럼 느껴졌다. 내가 맞춰 춤추고
싶은 음악이라는 생각이 들었다.
　1981년 첫 6개월 동안 나는 낮에는 학교에 다니고, 늦은
저녁이나 짬이 날 때마다 조금씩 춤을 만들면서 「파제」의

솔로 부분을 완성했다. 솔로 파트인 「바이올린 페이즈」는
1981년 4월, 뉴욕주 북부 퍼체이스에 있는 뉴욕주립대
예술학교에서 당시 커닝엄 무용단의 공동 설립자이자 유명한
무용수인 캐럴린 브라운이 이끌던 초기 현대무용 축제에서
초연됐다. 마사 그레이엄 무용단 등 여러 초기 현대무용가들을
한자리에 모은 축제였다. 그중에서 가장 나이가 많은 사람은
이사도라 덩컨이 마지막으로 입양한 딸, 90세의 마리아 테리사
덩컨이었다. 그 역시 「바이올린 페이즈」를 보기 위해 찾아왔다.
어떤 80세의 한 관객은 작품을 보고 이렇게 말했다. "당신의
춤은 삶 그 자체와 같군요. 항상 똑같고 항상 달라요.
그러면서 계속되죠. 그러다가 갑자기 멈추고요."

　솔로 작품에 대한 반응은 고무적이었다. 그래서 1981년
여름, 브뤼셀로 돌아왔을 때 샴테라는 예술가 컬렉티브와 함께
일하던 휘호 더흐레이프를 만나 「바이올린 페이즈」에 관해
이야기했다. 그리고 다시 뉴욕으로 돌아가면 스티브 라이히의
음악에 맞춰 작품을 하나 더 만들 예정인데, 1982년 봄에
돌아와서는 스티브 음악에 맞춰 만든 춤으로 저녁 공연을
구성하고 싶다고 얘기했다.

　1981년 가을에는 뉴욕대학교 학생이었던 제니퍼
에버하르트와 '컴 아웃'이라는 듀엣을 만들었다. 듀엣과 솔로
모두 뉴욕대학교 조명디자인과 학생이었던 마크 슈벤트너가
조명을 디자인했다. 「컴 아웃」은 1981년 10월, 뉴욕대학교 티시
예술대학에서 초연되었다. 1982년 봄 브뤼셀에 돌아온 뒤 나는
무드라 무용학교 시절부터 알고 지내던 미셸 안 드 메와
함께 작업했다. 그녀에게 「컴 아웃」을 가르쳐 줬고, 우리는
라이히의 초기 음악에 맞춰 두 작품을 더 만들기로 했다.
그것이 「피아노 페이즈」와 「클래핑 뮤직」이다. 우리는
샤르벡에서 극단 헤트트로얀스파르트를 이끌던 얀 데코르테의
스튜디오에서 두 달간 리허설을 했는데, 그 스튜디오는 나중에
「로사스 단스트 로사스」를 만들었던 스튜디오와 멀지 않은
곳이었다.

국립현대미술관 다원예술 2018에서 소개된 아너 테레사 더케이르스마커르의 「바이올린 페이즈」를 다룬 글로 『A Choreographer's Score』(Brussels: Mercatorfonds & Rosas, 2020)에 게재되었다.

「파제, 스티브 라이히 음악에 대한 네 가지 움직임 중 3부 '바이올린 페이즈'」는 아너 테레사 더케이르스마커르가 22세의 나이에 발표한 작품으로, 그녀를 단숨에 세계적인 무용가의 반열에 올려놓았고, 나아가 벨기에를 현대무용의 중심지로 만들고 세계 무용계의 지도를 재편하는 데 결정적 역할을 했다. 1960년 벨기에 출생인 아너 테레사 더케이르스마커르는 뉴욕대학교 티시 예술대학에서 수학하며 당시 미국이 주도하던 포스트모던 댄스에 깊은 영향을 받았다. 이후 반복과 절제를 중시했던 기존의 경향에 자신만의 극적인 표현력을 결합하여 포스트모던 댄스의 새로운 지평을 열었다.

엘 콘데 데 토레필
이경후 옮김

저명한 철학자 메리 미즐리가 바르샤바에 머물고 있다.

그녀는 97세다.

지금은 손자에게 편지를 쓰는 중이다.

메리 미즐리는 이렇게 쓴다.

"경제가 우리 일상에 완전히 침투했단다.
경제는 사랑이라는 개념에도 내재되어 있고

묘지 무덤도 관리하고

아이들도 먹여 살리지.

네가 듣는 음악, 입는 옷, 읽는 책들을
경제가 골라 주고,

매일 아침, 카페의 셔터 문을 올려 주는 것도 경제지.

경제는 우리가 잠들기 전에 알람을 맞춰 준단다.

경제는 너의 손을 잡고서
네가 가 보고 싶은 도시들로 안내해 줘.

파티나 장례식에서 음악을 연주해 주기도 하지.

경제가 취리히, 발파라이소, 베이루트를
거니는 모습을 볼 수 있을 거야.

경제는 베를린 장벽이 붕괴되는 것을 도왔고,

가자 지구 폭격에도 가담했지,

브라질 올림픽 때는 마라카낭 경기장에
불을 밝혀 주기도 하고,

멕시코의 시우다드후아레스를 헤매며
여자를 찾아다니기도 하고,

매일 밤 제프 쿤스의 품에서 잠을 잔단다.

어린아이 둘이 대화를 나눌 때도
안에 숨어 있는 경제의 모습을 볼 수 있을 거야.

잘 보면 스시, 점성술사, 콘돔의 모습으로
변장을 하고 있기도 해.

그리고 경제는 그 어떤 경우에도
우리를 완벽하게 설득할 거란다,

이 세계에 질서를 부여할 수 있는 힘은
오직 경제만 갖고 있거든.

경제란 끝없이 에로틱한 것이란다.

마침내 밤이 찾아오면
우리는 경제와 나란히 집으로 걸어가지,

소파에 앉으면 우리를 안아 주며 키스를 해 줄 거야.

우리는 그렇게 입맞춤을 받지."

메리 미즐리는 이어서 적는다.

"경제가 아직 사지 못한 것이 딱 하나 있어,

아직 설득하고 유혹하지 못한 것 말야,

바로 권태란다.

권태란 왠지 반경제적이지.

미국은 모험을 팔고,

아시아는 성적인 판타지를,

유럽은 경계와 규범의 이탈을 팔아먹지.

자유는 아드레날린과 혼동되어 왔어.

정당, 도시, 사람들은
절대 권태로워서는 안 된다는 압박을 느껴.

권태에서는 실패의 냄새가 나거든.

그리고 더 중요한 건 말이다,
권태는 돈이 안 된다는 거야.

내 생각에, 삶에는 참 많은 권태가 있고,

권태에는 한 조각의 진리가 담겨 있어.

그건 바로 아무런 필터가 없다는 거지.

권태에는 화려한 네온사인도,
의상도, 배경음악도 없지.

이제는 사라져 버린,
인간 본연의 자연적 리듬이,

그 입자가 아직 권태 안에는 담겨 있는 것 같아.

그냥 존재하기.

그냥 바라보기.

그냥 걸어가기.

우리가 자연과 영영 멀어지기로 결정한 건

권태를 시간 낭비로 착각한
바로 그 순간이었어.

권태는 우리를 동물과 구분 짓는
유일한 기준의 원천이기도 하지.

'사유' 말이야.

누군가 사유란 걸 했기 때문에 진보가 있었던 거야.

권태란 이 세계에 딱 맞는 시간이란다.

우리는 과도한 자극에 끊임없이 노출되어서

자극이 없는 것은 곧 시간 낭비라고 생각하지.

그래서 나는 아주 정중하게,
권태로울 수 있는 시간을 요구한다.

날 즐겁게 해 주려고 하지 마,
무얼 보고 싶지도 않고, 어딘가에 가고 싶지 않아.

마치 양을 치듯이 날 대해 주기 바란다.

내가 풀을 뜯게 놔둬. 내 젖을 마시고,

가끔씩 내 젖을 짜다가,

나중엔 나를 죽여 잡아먹고 배설해 버리렴,
우리가 잘하는 게 유일하게 그거 아니겠니."

이 글은 국립현대미술관 다원예술 2018에서 소개된 엘 콘데 데 토레필의 작품 「풍경 앞에서 사라지는 가능성들」의 대본에서 '바르샤바' 부분을 발췌한 것이다. 「풍경 앞에서 사라지는 가능성들」은 10개 유럽 도시를 방문하며 관객을 인간의 어둡고 폭력적인 내면으로 인도한다. 각 도시의 평온한 풍경 아래에는 지난한 야만의 역사가 파묻혀 있다. 무대 위 네 명의 퍼포머는 시종일관 시시한 일상 행위를 하고, 텍스트는 내레이션을 통해 관객에게 한쪽 방향으로 전달된다. 이러한 '불참의 제스처' 혹은 '실어증적 대화'야말로 이미지로 점철된 스펙터클 사회에 대한 최후의 저항인 동시에, 변태성과 붕괴된 윤리로 점철된 인간 내면의 황무지를 내보이는 과정이다. 작품은 한때 역사는 선의 방향으로 흐른다고 믿었던 모든 가치 기준의 침몰을 그린다.

남선우, 로이스 응

남선우: 2017년에 선보인 퍼포먼스 「쇼와의 유령」과 이번 「조미아의 여왕」 모두 아시아의 근대 국가가 형성되는 과정을 거시적인 역사 쓰기에서 주목하지 않았던 방식으로 살펴보려는 시도가 흥미로웠다. 특히 아시아 정치 경제 시스템의 구동 방식을 특정한 인물(기시 노부스케, 올리브 양)과 대상(아편)을 이용해 연결하는 서사 구조가 눈에 띄었는데, 역사를 매개할 유도 동기로 '아편'을 선택한 이유는 무엇인가?

로이스 응: 나는 아시아의 근대를 일반적인 역사에서 다루지 않는 것들을 이용해 대안적인 시각으로 바라보고 보여 주고 싶었다. [...] 아편은 근대의 식민 국가나 지배 국가 모두에게 있어서 경제, 정치, 문화적으로 각기 다르게 중요한 역할을 했다. 대부분의 열강에서 식민지에 마약국을 두고 있었고, 부를 축적하거나 때로는 식민지를 제압하는 용도로도 사용했다. 아시아 국가 형성의 초기 역사에서 아편은 다양한 사건들을 촉발했고, 그 사건들은 아시아의 현대 정치 경제 시스템이 지금의 모습을 갖추는 데 강하고 약하게 연결되어 있다. 아편과 그에 얽힌 사람들을 주제로 한 일련의 작업을 통해 나는 이 연결을 추적하고 들추어 보여 주고자 한다.

남선우: 「쇼와의 유령」의 배경이었던 만주국은 오족협화를 꾀했던 초국가(trans-national)라는 점에서, 그리고 이번 작품의 배경인 조미아는 국가 편입을 거부했던 반국가(anti-national)라는 점에서 우리가 통상적으로 떠올리는 국가 모델과는 차이가 있고, 현재는 둘 다 실패했다고 볼 수 있다.

이 두 장소를 작품의 배경으로 고른 이유가 궁금하다. 그리고 다음 작품의 배경이 될 곳도 정해져 있나?

로이스 응: 「쇼와의 유령」과 「조미아의 여왕」은 내가 계획하고 있는 '아편 박물관' 3부작의 일부로, 세 번째 작품의 배경은 아마 홍콩이 될 것이다. 각각 실험적인 괴뢰국, 국가나 정부라는 이름을 붙이기 어려운 공동체, 국가 안의 국가였던 만주국과 조미아, 그리고 당대 홍콩은 모두 근대적인 국가 모델에서 비껴 있는 예외적인 공간이었다. 주지하다시피 셋 다 성공했다거나 이상적이었다고 볼 수는 없지만 민족주의로 인한 갈등이나 지정학적 긴장이 빈번한 동시대에 대해 고찰할 때 유의미한 참조의 지점이 있다고 생각한다. [...]

남선우: 전작 「쇼와의 유령」에서 당신은 기시 노부스케가 만주국에 구현하려고 했던 통합적인 경제 모델과 근대국가의 이상 이면에 참혹할 만큼 야만적이었던 그의 내면과 퇴폐적인 삶을 그로테스크한 화법으로 보여 주었다. 한편 「조미아 여왕」에서 올리브 양은 문자언어를 사용하지 않고 유목 생활을 할 만큼 체제 편입을 거부하는 인물인데도 아편 생산과 거래, 정치적 연합 관계 형성 등에 있어서 고도로 체계화된 조율 능력을 보인다. 두 인물이 가진 양면적인 성격을 어쩌면 아시아 근대화가 가진 양면적 모습이라고도 볼 수 있을 것이다. 이를 보여 주기 위한 시각적인 장치로서 특히 고려했던 것이 있었나?

로이스 응: 「쇼와의 유령」에서는 기시 노부스케, 그리고 동아시아 근대화가 가진 양면성에 대한 시각적인 비유를 제공하고자 20세기 초 유행했던 '에로그로 난센스'(erotic grotesque nonsense)의 이미지를 주로 참조했다. 식민지에 발현된 그로테스크한 성 풍속이 다시 본토로 흡수되는 과정에서 나타난 다양하고 기이한 모습에서 영감을 받아 만든 이미지와 당대의 산업적인 발전 양상을 보여 주는 시각 자료를 혼합해 사용했다. 한편 「조미아의 여왕」에서는 역사와

구조에서 엿보이는 양면성을 메타적인 위치에서 관찰하고 드러내는 것보다는 나의 개인적이고 주관적인 경험을 시각적으로 구현하고 싶었다. 조미아 지역을 방문해 그곳에서 내가 받았던 인상과 직접 아편을 피워 내 신체와 지각이 변했던 경험을 공연에 투영하고자 했다. 그런 분위기의 이미지를 만들 때 영향을 받았던 것은 트로피컬 고딕 양식이다. 모더니티 이면의 야만성을 드러낼 수 있으면서도 내가 경험한 것과 유사한 사이키델릭한 시각성을 가지고 있는 이미지였다.

남선우: 그래서인지 「조미아의 여왕」은 내용만큼이나 형식도 흥미로웠다. 가장 특징적이었던 홀로그램은 환각 상태에 대한 적절한 유비였다. 반면 피라미드 구조물은 상당히 육중하게 느껴졌는데 이 구조물이 홀로그램을 투영하기 위한 기술적 이유 외에 다른 의미를 가지고 있는지 궁금하다.

로이스 응: 피라미드는 다분히 조미아가 위치해 있었던 황금 삼각지대에 대한 직접적인 언급이었다. 피라미드에 붙은 세 면은 황금 삼각지대를 마주하고 있었던 태국, 미얀마, 라오스를 의미한다. [...]

남선우: 그러나 가령 기시 노부스케가 드나들던 강간촌인 '중국 변소'라던가, 올리브 양이 주문했던 전쟁의 현장 같은 비극은 근본적으로 현재 시점에서 경험과 재현이 불가능하다고 생각한다. 재현 또는 형언의 불가능성을 안고 있는 이러한 주제를 언어로 번역해 내는 작업이 쉽지 않았을 것 같다.

로이스 응: 당신의 질문은 프리모 레비가 말했던 '홀로코스트 이후 시의 불가능성'에 기반을 두고 있는 것 같다. '재현 가능성 훌쩍 너머에 있는 것을 어떻게 다룰 것인가', '상징계의 논리로 일축할 수 없는, 라캉의 관점에서 "실재"의 영역에 존재하고 있는 것을 어떻게 묘사할 수 있는가', 이런 것들은 나에게 정말 중요한 질문이고, 내가 계속해서 고민해야

할 부분이다. 그러나 사실 나는 레비의 말에 동의하지는
않는다. 억압되어 있는 것을 '표현할 수 없다'고 말하는 것은
그것이 가진 권력을 더 크게 만드는 일이라고 생각한다. 많은
끔찍한 사건들이 역사에서 선택적으로 삭제되고 불완전한
봉합의 역사를 만들어 내고 있는데, 이런 상황 아래서 상처는
치유될 수 없으며, 아시아의 지정학적 관계를 계속해서
감염시키고 있다. 동남아시아 아편 교역의 역사, 만주국의
역사처럼 일반인들에게는 상대적으로 알려지지 않은 것들이
내게는 근대 아시아의 기록되지 않은 '평행 역사'처럼
느껴진다. 예술가로서 이러한 외상적인 사건들, 인물들, 기록되지
않은 것들을 수면 위로 끄집어내는 것은 내가 사소하게나마
역사에 공헌하는 방법이라고 생각하고 있다. 역사적 트라우마에
대해 말하는 작품을 만들어 보여 주는 것, 그리고 이
인터뷰에서처럼 그에 관해 언급하는 것, 그것이 전시나 글을
통해 보존되는 것 모두가 20세기 아시아 역사의 내러티브에
일종의 각주를 추가하는 일이라고 생각한다.

남선우: 재현할 수 없는 것을 재현한다는 것이 바로 예술
언어가 가진 힘인 것 같다.

이 글은 국립현대미술관 다원예술 2018 '아시아 포커스'에서 제작, 소개된 로이스 응의 작품
「조미아의 여왕」 리뷰를 일부 발췌한 것으로, 전문은 『오큘로』 8호(미디어버스, 2019)에
게재되었다.
　　로이스 응의 『아편 박물관』은 아편을 라이트모티프 삼아 아시아 정치 경제 시스템의
근원을 해부하는 3부작 프로젝트로, 2017년 '아시아 포커스'에서 「쇼와의 유령」으로 처음
소개되었다. 1부 「쇼와의 유령」이 아시아 근대국가의 형성 과정을 그렸다면, 2부
「조미아의 여왕」은 근대국가에 편입되기를 거부한 이들의 이야기이다. 그 출발점에는
올리브 양이 있다. 그는 제2차세계대전 당시 버마, 코캉, 중국 국경 지대에 형성되었던
무정부주의 삼각지대 '조미아'의 수장이자, 동남아시아의 아편 유통망을 장악한 마약왕,
남성과 여성으로 구분되지 않았던 유령 같은 인물이다. 로이스 응은 피라미드와 영상
홀로그램, 퍼포머의 신체가 어우러진 환각적인 무대를 선보이며 민족과 국가 정체성이
얽히고설켰던 동남아시아의 미로 같은 역사를 탐구한다.
　　이 작품은 국립현대미술관과 독일 함부르크 캄프나겔 극장이 공동 제작했다.

장크리스토프 브리앙송
조영란 옮김

예술가가 자기 생각을 표현하기 위해 사용하는 형식은 항상 그 예술가가 예술에 관해 상상하는 바를 드러낸다. 바로 이 지점에서 서울의 국립현대미술관 다원예술 2018 '아시아 포커스'에서 만난 두 공연이 흥미롭게 다가온다. 극장의 개념을 둘러싼 오래된 논쟁을 보여 주고 있을 뿐 아니라, 극장에서 활용할 수 있는 기술적 수단이 상상력을 만들어 내는 데 쓰여야 하는지, 아니면 실제 현실을 인식하는 데 사용되어야 하는지에 관한 최근의 논쟁까지 정확하게 보여 주고 있기 때문이다.

싱가포르 예술가 호추니엔과 작품 「의문의 라이텍」, 일본 작가 고이즈미 메이로와 작품 「희생」은 각각의 방식으로 새로운 기술이 만들어 낸 기회를 충실하게 활용한다. 호추니엔은 오로지 로봇의 연기를 통해 서사를 풀어내고, 고이즈미 메이로는 가상현실을 이용해 영화적인 공연을 보여 준다. 두 작가의 작품 모두 관객들에게 전에는 해 보지 못한 경험을 선사한다는 장점이 있지만, 무대 위 휴머노이드 로봇의 현존감이 어떠한 대안도 제안하지 않는 파괴적인 현대성에 부합한다면, 고이즈미 메이로의 작품은 기술의 창의적인 잠재력을 엿볼 수 있는 몇 가지 단서들을 제시한다. 이는 굉장히 드문 시도로 주목할 만하다.

수년간 연극 무대의 어설픈 영상과 눈을 피로하게 만드는 스트로보 조명을 경험한 끝에, 우리는 비로소 이 예술가의 등장으로 인간이 기술을 자신의 지능을 증명해 보이는 것 ("보라, 우리는 로봇도 만들 줄 안다!") 이외의 다른 용도로도 사용할 수 있음을 목격했다. 또한 이 작품을 통해 우리는 현대성이 현실의 미학을 단순히 재현하는 것 외에 다른 쓰임을 가질 수 있다는 것을 알게 되었다. 호추니엔은 인류학자 모리스 고들리에가 말한 "석화된 현실"의 이미지를 재현하기 위해 도구를 마스터한다. 반면 고이즈미 메이로의 경우, 가까운 이들을 잃고 전쟁에서 살아남은 한 남자의 상실감을 생생하게 구현한다는 점에서 마찬가지로 현실에 뿌리내리고 있지만, 미학을 잠시 차치해 두고 궁극적으로 중요한 것을 추출하는 데 성공한다. 그것은 여태까지 기술적인 한계로 구현이 불가능했던 것, 바로 현실의 외견이 아닌 현실의 살아 있는 경험이다.

　　등장인물의 머릿속과 눈으로 들어간 관객은 사라지는 것의 어려움을 말하는 그의 이야기를 일인칭 시점으로 듣는다. 어느덧 관객은 인물과 동화되어 그의 몸짓을 함께 따라 한다. 인물과의 완전한 동화에 다다를 수 있을까? 아마 그건 불가능하겠지만, 관객은 생각의 영역 너머에서, 즉 몸으로 남자의 상실을 경험해야만 하는 상황에 놓인다. 이렇게 예술가는 비트루비우스의 낡은 유리드미아를 깨부수고,[1] 예술을 타자의 일상과 슬픔을 비추는 깨진 거울로 바꾸어, 마침내 종교를 통해서만 가능했던 초현실을 경험하도록 이끈다. 이는 고들리에가 "현실보다 더 현실적"이라고 말했던, 철학적이면서도 감각적인 사건으로서의 초현실이다. 누군가는 그 이유를 질문할 수 있을 것이다. 이것이 단순히 타자의 비극을 몸으로 경험한 뒤, 극장을 나서는 순간 원래의 삶으로 돌아갈 수 있는 문제라면, 그간 너무도 자주 그래 왔던 것처럼 기술은 외설의 매개체에 불과하게 되는 것 아닐까? 이를 바꾸는 것은 전적으로 우리의 몫이다. 그리고 20분 동안 펼쳐지는 이 작품에서 우리가 체화했던 인물이 말하는 바 또한 정확히 그것이다. 공연은 다음과 같은 대사로 끝난다. "이것은 내 몸, 내가 탈출하려는 몸입니다. 저를 데려가 주실 수 있나요?"

이 글은 국립현대미술관 다원예술 2018 '아시아 포커스'에서 제작, 소개된 고이즈미 메이로의 작품 「희생」 리뷰로, 같은 해 『이오』에 게재되었다.

「희생」은 「어린 사무라이의 초상」 등의 작품에서 개인 – 가족 – 국가 차원의 권력 역학, 꾸며진 감정과 진실된 감정의 경계, 의무와 욕망 사이의 갈등과 같이 다층적이고 복합적인 이슈를 다루며 논란의 중심에 서 온 영상 작가 고이즈미 메이로의 첫 공연 작품이다.

1인칭 시점으로 전개되는 「희생」은 이라크 전쟁에 참여했던 한 이라크인의 일상에서 출발하여 내밀한 자기 고백으로 이어진다. 고이즈미 메이로는 한 캐릭터에 대한 완벽한 몰입을 만들어 내며 간주관성, 집단 기억, 내면의 타자와 같은 이슈를 질문한다. 비극은 1인칭으로 서술될 수 있는가? 우리는 타인의 고통에 어디까지 공감할 수 있는가? 그 한계는 어디인가? 그러한 한계를 넘어설 수 있게 하는 예술 매체는 존재할 수 있는가?

1 비트루비우스는 고대 로마의 건축가로, 자연 법칙에 따라 구현된 완벽한 조화를 유리드미아(Eurythmia)라고 부르며 이를 건축과 예술의 이상으로 제시했다. 레오나르도 다빈치의 인체 비례도는 비트루비우스의 이론에 따라 그려졌다.

미술관에서 공동체를 재발명하는 것이 대체 가능하기는 한 걸까?

최승희

> 무엇을 중심으로 모일 것인가. 어떻게 공동체에 다시
> 응답하고 또 어떻게 즐길 것인가. 우리가 모인다는 건
> 물론 대단한 일이지만, 과연 어떤 목적을 가지고, 어떤
> 목표를 위해?
> ― 팀 에철스,「페스티벌의 알파벳」 중에서

두 권의 책

1998년에 출간된 니콜라 부리오의 『관계의 미학』은 1990년대의
새로운 미술 형식이 새로운 미래를 열어젖히고 있다는 분홍빛
이상으로 충만하다. 미술관의 방문객이 더 이상 완성된
'미술품'의 시각적 '감상'에 머물지 않고 '작품'과의, 혹은
창작자와의 직접적인 '만남'을 갖게끔 하는 일련의 시도들이
미술을 사회의 장으로 입체화하기 시작했다는 것. 하나의
완성된 작품이 교환가치를 생산하여 자본주의 생태계에
편입되는 대신 사회적 '관계'를 촉발시킨다는 주장은 분명
미술의 혁신에 목마른 가슴을 다시 뛰게 하는 힘을 가졌다.
푸른 혁명가적 태도에 분명 설득력이 있다.

　　한편, 바로 다음 해에 로절린드 크라우스가 강연한 내용은
전혀 다른 모습으로 동시대 미술을 그려 낸다. 이듬해에
'북해에서의 항해: 포스트매체 조건 시대의 미술'이라는
제목으로 출간까지 된 강연록에서 묘사되는 1970~90년대의
미술의 장은 자본주의에 잠식된 처참한 폐허다. 모든
아방가르드 전략을 전용하는 자본주의에 맞서 그나마 유효한

저항의 방식으로 상황주의자들의 '전용'(détournement)이라는 카드를 다시 들어 보지만, 마르셀 브로타르스를 통해 그나마 타진해 보는 이 가능성마저도 1970년대라는 지나간 시점의 것일 뿐이다. 1990년대의 비엔날레를 가득 메웠던 '탈매체적'이고 개념적이며 수행적이거나 상호작용을 유도하는 설치 작업들에 대한 엄격한 미술사가의 시선은 싸늘하다.

1, 2년을 사이에 두고 나온 이 묵직한 두 권의 책이 같은 시기, 같은 추세를 놓고 완전히 상반된 관점을 제시했다는 사실은 모더니즘 이후 '동시대'라는 흐름이 서로 모순되는 현상과 정황들이 공존하는 장으로 봐야 한다는 태도 정도로 매듭을 지으면 되는 걸까. 68세대 꼰대의 엄중한 비판과 30대 젊은 패기의 차이로 정리해 두기에도 그 차이는 심상치 않다. 말기 암 선언과 활기 넘치는 미래라는 두 가지 엇갈린 진단서들을 서랍에 방기해 두고, 치료 걱정과 힘찬 미래의 건설 사이에서 이어지는 내일들을 어중간하게 맞아들일 수만은 없는 일이다.

두 책의 공통점은 아방가르드의 형식적 변혁이 삶을 인식함에 있어서 새로운 사회적 모델로 작동할 수 있고, 또 그래야만 한다는 믿음에 뿌리를 내리고 있다는 점이다. 자본주의의 거대한 권력 속에서 아방가르드의 혁신을 어떻게 재발명할 수 있을까? 어떤 조건과 경로를 통해 가능해질까? 그 가능성을 어떤 근거를 통해 사유해야 할까? 두 책은 20세기가 저물어 가는 마당에 미술이 당면해야만 했던 진중한 문제에 대한 각자의 숙제인 셈이다. 그렇다면 두 저작의 관점 차이는 이 문제에 대한 혜안을 얼마만큼 견고하고 설득력 있게 구축하는가의 문제로 바라봐야 할 것이다. 이 공통 영역을 기준으로 두 책을 충돌시켜 본다면 사실 『옥토버』라는 첨예한 담론의 장을 통해 일관된 관점을 구축하며 미술사를 총체적으로 통찰해 온 '석학'과 석사과정을 갓 졸업한 큐레이터의 첫 저작은 어쩔 수 없게도 논리적, 역사적, 철학적 근거에서 상대가 되지 않는다.

크라우스는 자본주의의 거대한 권력으로부터 자유로운 입지를 상상하는 것이 더 이상 가능하지 않음을 못 박아 말한다. 이미 일상에 깊숙하게 뿌리내린 자본주의에 기생하면서 그로부터 전혀 영향을 받지 않은 순수한 관점을 전제하는 것은 크라우스에 있어서 "형이상학적 픽션"일 뿐이다. 케케묵은 '전용'에 기대를 걸어 보는 것은, 자본주의가 가장 잘하는 것을 아방가르드가 따라 해 보는 것이 그나마 마지막 남은 가능성이기 때문이다. 그만큼 상황은 비관적이다.

　　이러한 입장을 부리오의 관점에서 보면 어떨까? 부리오는 본인이 말하는 '관계'를 산출하는 '작품'들의 경우, 잉여가치를 갖지 않는다고 주장함으로써 자본주의 생태계로부터의 이탈을 실천한다고 말한다. 그의 표현을 직접적으로 빌리자면, 마르크스가 말하는 '균열'(interstice)이 촉발된다는 것이다. 작품을 '감상'하지 않고 '관계'를 갖는 것이 왜 중요한가를 설명하는 결정적인 부분에서 저자는 살짝 마르크스의 개념을 빌려옴으로써 어떤 거대한 사회적 변혁의 의지가 '관계'라는 개념 속에 내재해 있음을 넌지시 내비친다. 멋진 발상이다. 창작자가 더 이상 자본을 축적하지 않고 대화와 교감의 장을 마련해 준다는 것.

　　이러한 관점을 크라우스의 관점에서 보면 어떨까? 베냐민, 아도르노, 알튀세르의 계보를 미술계에서 이어 가며 미술과 사회의 관계에 대한 비판적 태도를 체계화한 이순(耳順)의 학자에게 이는 가당치도 않은 헛소리로 들렸을 것이다. '자본'의 의미에는 경제 자본뿐 아니라 문화 자본까지 포함된다는 부르디외식의 사회학적 체계까지 빌려 오지 않더라도, 돈을 주고받지 않는다고 해서 잉여가치가 발생하지 않는다는 철없는 주장을 곧이들을 사람이 오늘날 누가 있으랴. 부리오와 그가 전시 및 저작에 포함한 창작자들이 '관계의 미학'이라는 그럴듯한 신조어로 인해 하늘에 한 점 부끄럼 없는 일관된 존엄까지는 아니더라도 자본주의의 혜택을 누리지 않은 순수 전복이었다고 그 누가 말할 수 있을까. '균열'은 인정 투쟁에서의 상징 자본 쟁취를 창작의 목적으로 삼는 창작자라면 덩달아 공모할 만한 그럴듯한 허울이겠지만, '시장'으로 축소해 버린 오늘날의 미술 생태계에 대한 저항의 수사로서는 민망한 오류에 그치는 것이 아니라 위험천만한 거짓말이기까지 하다.

이는 한 기획자와 그의 미학에 엮인 창작자들의 자기 존엄을 문제 삼는 것이 아니라 자본주의와 미술의 관계에 대한 비평적 담론은 부리오가 희망했던 것보다 훨씬 더 정교해야만 한다는 것을 지적하려 함이다. 더 중요한 것은, 1990년대 이후 미술의 총체적인 분위기 자체가 자본주의를 그럴듯하게 비판하는 흉내만 낼 뿐 그 어떤 시대보다도 자본주의의 권력에 공모하는 역할에 깊이 침잠해 왔다는 사실이다.

> 인터랙티브 아트(interactive art)란 게 뭔가요? 내가 지금 칫솔질을 하고 칫솔을 여러분에게 건네면 상호작용인가요? 그 칫솔로 이빨을 닦으시겠어요?
— 르네 폴레슈, 「현혹의 사회적 맥락이여, 당신의 눈동자에 건배!」 중에서

말이 나온 김에 잠깐 다시 보는 『관계의 미학』의 허울

그렇다면 부리오의 책에 펼쳐지는 미학적, 철학적, 사회학적 입지가 그토록 허술하고 얄팍한가? 답은 '그렇다'이다. (그렇다고 고혹적인 68세대 혁명가의 말이 무조건 맞는다는 말은 아니다.) 미술관 벽에 한두 달 붙었다가 떨어질 두세 단락의 전시 소개 글이거나 도록 속의 덕담 같은 변이었더라면 넘어갈 수도 있었을 내적인 허술함은 한 권의 책의 분량에 걸쳐 미학적 기반을 다져야 하는 필요성을 짊어지면서 점입가경으로 커져 버린다. '관계의 미학'이라는 책과 부리오의 큐레이터로서의 전략이 미술사의 맥락에서 취할 수 있는 중요성이 있다면, 그 총체적인 허술함에도 불구하고 미술계에 커다란 파장을 끼쳤다는 사실이 세기의 전환 전후의 미술계와 미술 담론이 얼마나 취약한 사상적 기반 위에서 휘청거리고 있었는가에 대한 정확한 방증으로 기록되어야 한다는 점이다.

열린　작품,　상호작용,　공동체,　수행성　등　1990년대에　뜨겁게
달아오른　철학적　개념들은　부리오의　책에서　'관계'라는　단어로
응집된다.　부리오　미학에　대한　비판적　태도를　피력한　학자　중
클레어　비숍이　정리했듯,　"열려　있고,　상호작용적이며,　완성미를
배제하는,　완성된　결과보다는　진행　중인　상태에　가까운
작품"들이다.　사실　마르크스주의의　언술을　차용하면서도　미술에
접속한　동시대의　마르크스주의　철학자들의　중요한　논점들에
대해서는　완전히　귀를　닫은　이　이상한　책이　갖는　기록적
가치가　있다면,　1990년대　당시　미술계의　갈망이　무엇이었는지
정확히　표현하고　있다는　점이다.　바로　새로운　미학적　혁신,
아니　좀　더　정확히　말하자면　'트렌드'를　이끌　'새로움'에　대한
열망,　그리고　공동체적　만남에　대한　막연한　열망이다.　고립된
천재로서의　모더니즘의　신화가　벗겨진　'포스트모더니즘'의　공황
상태에서　새로운　미학적　성과를　수립하려는　갈망이　파편화된
사회　속에서　작은　공동체적　교감의　불씨를　살려　내고자　하는
갈망과　합작해　낸　미학　체계가　'관계의　미학'이다.

　　부리오는　이　두　가지　갈망에　응대하는　과정에서　(어쩌면
스스로의　이상에　너무　뜨겁게　도취되어?)　그　잠재력을　너무
과장하는　오류를　책　여기저기에서　저질렀다.　그　오류들은　이미
책이　나온　직후　비숍을　비롯해　앤서니　다우니,　핼　포스터,
스튜어트　마틴,　프레더릭　폿기터　등　수많은　연구자들에　의해
상세히　분석,　열거되었다.　이들을　요약하는　작업이　무슨　의미가
있겠냐마는,　한　가지　확실한　점이　있다면,　이　책의　미흡함을
비판하고　대체하려는　학구적　시도들　자체가　뒤늦게나마　담론의
작은　성숙　내지는　만회를　가져왔다는　것이다.　즉,『관계의
미학』은　흥미롭게도　그것이　주장하는　바를　통해서가　아니라
그것에　담긴　오류를　지적하는　비판적　관점들을　통해　미술
담론에서　무엇이　왜　중요한가에　대한　토론을　파생시켰다는
특이한　이력을　갖는다.　'관계'라는　개념에　대한　부리오의
불충분하고　모호한　정의를　지적하며　'공동체'라는　개념을
재고하고,　'관계　미학'이　완전히　새로운　미학　형식이라는
부리오의　주장에　반박하며　참여적,　수행적,　현존적　방법론을
지향했던　과거의　유산들을　되돌아보게　되었고,　동질적　목적

의식으로 미래를 그린 부리오식 설계도의 불완전함을 대체하며 보다 사려 깊은 공동체의 형식을 상상하게 되었다. '무지한 스승' 부리오가 일으킨 작용과 반작용의 동태로부터 우리는 몇 가지 징후를 감지할 수 있다. 이는 『관계의 미학』과 부리오의 성공을 미술계의 민망한 자화상으로 읽을 때 관찰할 수 있는 '동시대 미술'의 골이 깊은 문제들이다. 즉, 『관계의 미학』의 문제는 단지 책 한 권, 큐레이터 한 사람에 국한되는 문제가 아니라 보다 총체적이고 고질적인 미술의 장의 문제를 가리키는 것이다.

첫째, 모더니즘으로부터 이른바 '포스트모더니즘'으로 이어지는 담론의 궤적에서 어떤 심각한 비평적 관점의 단절이 발생했다. 자크 랑시에르가 논의할 가치조자 없다는 식의 태도로 "예술가가 캔버스에 그림을 그리는 것을 넘어 삶의 새로운 형식을 짜려 했던 20세기 초반, 특히 소비에트 혁명기의 발상들의 파생물" 내지는 "패러디"라며 관계의 미학을 가차 없이 비꼬았듯, 1990년대의 미술은 이미 쇠락한 아방가르드의 정신과 태도를 갱신하기는커녕 그 잔향 속에서의 왜소한 몸부림이었다고 보는 관점이 관계 미학 그 자체보다 설득력 있고 쓸모가 있어 보인다. 자본의 순환을 위한 '새로움 증후군'이랄까.

둘째, 이 단절은 자본주의를 비롯한 권력 체계에 저항하는 미술의 기능이 새로운 국면에 접어들었음을 의미한다. 자본주의에 대한 저항의 수사는 자본주의가 스스로를 강화하는 가장 강력한 수단이 되었다는 상황주의자들의 진단은 1990년대 이후에 급격히 악화됐다. 21세기의 자본주의 권력의 막강함은 자본주의에 대한 비판을 자본주의를 강화하는 수단으로 흡수하거나, 시대에 뒤처진 진부한 수사인 것으로 인식하도록 만들어 버림에 있다. 이를 통해 미술 담론은 역사적으로 늘 새로움에 의한 자구적인 자기 갱신을 지속해 올 수 있었다. 헬 포스터가 'arty farty'를 전용한 'arty party'라는 말로 비아냥거린 미술계의 실체는 굴욕적이기 그지없으나, 'arty party'의 힘은 바로 그러한 굴욕으로부터 스스로를 면제시킨다는 점에 있다.

셋째, 미술 담론은 동시대 철학의 논제들에 대한 감각적 응대를 표방하면서도 실존하는 심화된 논의에 대해서는 철저히 차단되어 있다. 비슷한 시기에 '아브젝시옹'(abjection)이 그러했듯, 미술관에서 차용되는 철학적 개념들이 그것이 야기하는 심도 깊은 정치적, 윤리적 문제의식을 박탈당한 채 박제되고 전람되는 소재주의 패턴은 '관객의 눈높이 맞추기'라는 민주주의를 가장한 알량한 알리바이에 의해 합리화된다. 이는 교육의 장으로부터 시장에 이르기까지 예술과 인문학이 철저히 분리됨에 따르는 효과이기도 하다. 이에 따라 많은 창작자들은 논리와 언어로 설명할 수 없는 감각적인 영역으로서 자신의 작품을 설명하며 이러한 신화화 과정을 통해 작품의 잉여가치를 양산한다.

한마디로 함축하자면, 미술의 장은 종적으로, 횡적으로 단절되었다. 이러한 단절이야말로 자본주의가 효율적으로 작동하는 방식이다. 자본주의 증후군으로서의 단절은 바로 『관계의 미학』의 성공에서 잘 나타난다. '관계의 미학'의 사상적 허술함은 단지 개인의 무지나 시행착오의 문제가 아니라 미술계 전체가 얼마나 자본화되어 있는가에 대한 방증이다. 마르크스의 개념조차 유용한 상징 자본 축적의 경로가 되었다는 것이 오늘의 현실이다. 미술관에서의 관계적, 공동체적 교감의 미학적, 정치적 의미는 바로 이러한 맥락에 대한 고려를 바탕으로 탐색되어야 한다. 또 다른 허울의 연속이 되지 않기 위해서는.

> [「미국의 민주주의」 공연은] 미국 사회에 있어서 매우 중요하지만 결코 편안하게 다룰 수는 없는 감정들을 다룹니다. 저와 생각이나 개념들을 나눠 주었을 여러분에게 진심으로 사과의 말씀을 전합니다. 특히 '아니, 난 [당신의 관점에] 절대 동의할 수 없어'라고 말하고 싶었을 분들께도요. 이는 정말 제가 바랐던 바입니다.
> ─ 로메오 카스텔루치, 「미국의 민주주의」 미국 공연 후 건강상의 문제로 작가와의 대화를 진행할 수 없게 된 것에 대한 공식 사과문 중에서

정작 중요한 문제에 다가가려고 맥락을 곱씹다 보니
지금까지의 서문이 길어졌다. 이 글은 사실 하나의 문제에
접근하기 위해 어떤 생각이 필요한가를 간략하게 되묻기 위해
쓰기 시작한 글이다. 그 문제를 하나의 개념으로 표하자면,
'공동체'다. 개인의 자유과 공동체적 관계라는 20세기
아방가르드의 중요한 문제가 21세기에 여전히 유효한가?
그렇다면 이를 논하고 다시 상상하기 위해 어떤 고민이
필요한가?

　　나는 구태여 부리오를 비판하지 않고서도 미술관과 연관된
하나의 화두를 제안하고자 했지만, 그럼에도 글의 본질보다
그를 향한 진입로가 기형적으로 커진 것은 미술의 총체적
문제를 논하지 않고서는 미술에 있어서의 공동체의 문제를
제대로 직면할 수 없기 때문이다. 『관계의 미학』이 출간되고
그에 대한 비판이 겹겹이 동시대 미술의 한계를 직면해야 할
필요성을 피력해 왔음에도 불구하고 미술계의 기만과 오만은
더욱 심각해져 왔다. 미술의 총체적이고 구조적인 문제를
거론하지 않고 오늘날 미술을 통해 공동체를 새로이 상상하고
재발명하려는 시도에 동참하는 것은 늪 속에 빠져 같이 빠져
가는 지푸라기를 잡고 살아났다고 스스로를 기만하는 것만큼
덧없는 일이다. 관계의 미학이 새로운 발상으로 제안한
공동체적 관계의 잠재력과 한계를 짚어 보는 일은 한 권의
책에 대한 비판을 펼치는 것을 넘어 미술의 장 전체에 대한
총체적 고민의 맥락에서 공동체의 문제에 다가가는 것이다.

　　「적대감과 관계의 미학」에서 클레어 비숍이 지적하는
관계의 미학의 가장 큰 문제는 부리오가 정치적 덕목으로서
기대고 있는 '민주주의'의 개념부터 너무 단순하고 안일하다는
거다. 미술품을 관람하는 대신 미술가가 마련한 장소에서 다른
방문객들과 대화를 나누거나 미술가가 준비한 요리를 같이
먹는 것, 이로써 관람객의 현존을 작품의 조건으로 작동시키는
것이 곧 '열린 형식'의 실천이며, 따라서 민주적인 상황으로
이어진다는 부리오의 주장에 대해, 비숍은 하나의 목적에

동의하는 사람들이 모여서 동질성을 확인하는 행위는
'민주주의'와 거리가 멀다고 반박한다. 이를테면 1992년 뉴욕
303갤러리에서 직접 타이 음식을 조리하고 방문객들이 음식을
먹는 와중에 갤러리 디렉터가 같은 전시 공간에서 사무적인
일들을 하도록 하는 등 갤러리 내부의 일상을 개방하고
바깥의 일상적 행위를 '작품'의 영역으로 영입한 리끄릿
띠라와닛이 추구한 '마이크로토피아'의 낙관은 비숍이 상상하는
민주주의, 나아가 '정치 미술'로부터도 멀기만 하다. 비슷한
시기에 유행했던 팝송 「돈트 워리 비 해피」로 표상되는
긍정의 정서는 미술과 사회가 처한 문제를 직시하는 데에
아무런 도움이 되지 않을 뿐 아니라, '마켓'에서의 성공으로
가는 지름길이다. 비숍이 챙기는 민주주의의 중요한 조건은
타자를 통한 주체성의 끊임없는 질문이다.『관계의 미학』의
개념적 허점들을 토론하는 리딩 그룹을 미술관 전시 공간
안에서 조직하면 그나마 부리오의 미학을 살리는 적절한
방도가 되려나.

    그렇다고 해서 사회에 대한 비판을 작품으로써 재현하는
것이 적절한 정치성을 획득하는 것은 아니다. 비숍이 옹호하는
미술의 정치성은 관계의 미학의 한계를 지적하며 하나의
대체적 사례로서 제시하는 토마스 허쉬혼의 태도를 통해
구체화된다. 허쉬혼에 있어서 '정치 미술'을 하는 것과
구분되는, '정치적으로 미술 작업을 한다는 것'은, 하나의
이념을 위해 누군가를 자극하고 선동하거나, 그 위에서
군림하는 것과 거리가 멀다. 자신이 믿는 정치적 형태를
작품으로써 재현하거나 구현하는 것은 도그마의 함정에 취약할
수밖에 없다. 민주주의를 믿는다고 해서 민주적 관계를 작품의
틀 안에서 구현하고 이를 체험하라고 관객에게 종용한다면,
그것을 '민주적'이라고 볼 수 있을까. 군중이 듣고 싶어 하는
말을 들려 주고 보고 싶어 하는 것을 보여 주고 먹고 싶어
하는 음식을 맛보게 해 주는 것으로 민주가 가능해지지
않는다. 세상이 바뀌지 않는다.

    비숍이 곱씹는 대표성 강한 '관계 미술' 작품들 외에도,
여성의 치마 속을 시리즈로 촬영하는 사진작가가 한 달간의

최승희 | 미술관에서 공동체를 재발명하는 것이 대체 가능하기는 한 걸까?

여행에 동반할 여성 모델을 공개 모집한다거나, 반년 동안
실제로 결혼과 이혼을 네 번 반복하는 절차를 '퍼포먼스'하는
'작품'의 사례들이 어떤 차원에서 '민주적'인 '관계'를
소환한다고 할 수 있을까? '예술'로 보기에는 거리가 멀어
보이는 행위에 '미술'의 프레임을 적용하는 엉뚱함의 이탈과
충격을 초월하는 실천적, 혹은 이론적 함의가 무엇일까? 이에
대한 해답을 부리오의 책에서 찾는 것은 불가능하다.

너도 좋고 나도 좋은 식의 낙천적 유대 관계를 대체하는
보다 사려 깊은 민주적 교감으로서 비숍이 제시하는 모델은
'적대감'(antagonism)으로 맺어지는 관계의 총체다. 비숍의
이러한 입장은 자크 랑시에르, 장뤼크 낭시 등 68운동의
실패를 직접 목격한 세대의 철학자들이 더 이상 일차원적
연대를 저항의 기반으로 삼지 않는 이유와 연결된다. 68운동은
좌, 우에 치우치지 않는 새로운 사회 변혁을 이끌고자 했던
시민운동이었으나, 초기에 연대했던 학생과 노동자들 간에
불화의 조짐이 보였고 결국 6월의 대통령 선거에서 하나의
목소리를 내지 못하며 우파인 드골의 연임을 초래한 바 있다.
이때의 아픈 상처는 유럽 지식인들의 정신에 기대와
이상보다도 깊게 파였다. 그리고 이 상처 위에 20세기 말
공동체 담론이 매우 조심스레, 가까스로 타진되었다. 하나의
사상, '하나 된' 모임은 더 이상 기존 권력에 대한 저항의
힘으로 채택될 수 없다. 그 실패는 불 보듯 뻔하니까. 불화
(랑시에르)를 포용하거나 무위(낭시)를 근간으로 삼는 새로운
상상과 실천의 모색이 20세기 말에 펼쳐진 것은 68운동
이전의 정치적 연대, 혹은 역시 실패한 소비에트 체제를
모델로 삼을 수 없기 때문이다. 이미 68 당시 공산당의
부패를 직시했던 세대에게, 같이 생산하고 같이 소비하자는
식의 농경사회 모델은 더욱 덧없는 환상일 뿐이다. 예술이
이러한 조심스런 타진과 무관한 유토피아적 비전을 감히 꿈꿀
수 있다는 것은 무지, 기만, 교만의 응집이다. 아도르노가
통찰했듯, 모순이 없는 총체는 전체주의가 될 뿐이다.

그렇다면 모순을 포용하는 예술의 형식은 구체적으로 어떤
것일까? 부리오가 민주적 관계 형성의 구체적인 예술화로서

집중하는 바는 '형식의 열림'이다. 창작자가 작품을 '완성'하여 전시, 판매로 이어지는 자본의 축적을 지향하는 대신 '관계'를 발생시킨다는 것은 유보적이고 비결정적이며 가변적인 교류의 장을 촉진하는 것이다. 작품의 형식이 프레임으로 제한되지 않고 관람객의 체험 자체가 유동적으로 표류하게 되는 상황이다. 이에 대한 반론으로서 비숍은 작품의 '개방'은 직접적인 개입보다 근본적인 차원에서 이뤄진다는 움베르토 에코의 입장에 무게를 싣는다. 에코가 말하는 '개방적'인 작품이란, 새로운 소통의 경로를 제안함으로써 "예술 작품의 실용적 활용과 그에 대한 묵상 사이에 새로운 관계를 발생"시키는 작품이다. 그가 사례로서 호명하는 예술가는 소설가 제임스 조이스와 작곡가 루치아노 베리오와 조각가 알렉산더 콜더로, "파편화된 현대 문화 속 실존의 조건들에 대한 성찰"을 일으키는 것이 이들의 작품이 '개방'하는 사회적 가능성이다. 즉, 혁신은 정신으로부터 우러나와야 하는 것이다. 작품을 "열어 놓는다"는 것은 물리적으로 독자나 관람객이 개입할 여지를 만드는 것으로 규정할 것이 아니라, 결국 그를 통해 어떤 사유를 촉진시킬 수 있는가의 문제가 되는 것이다. 이러한 관점에서, 음식을 나눠 먹고 수다를 떠는 등의 무늬만 남은 집단 퍼포먼스는 그냥 자본주의 시장의 연장이라고 보는 게 맞다. 이러한 시도를 새로운 형식이라고 선전하는 것은 큐레이터의 자유겠지만, 마르크스의 이론이나 증여 이론을 차용하는 것은 곤란하다.

직접적인 참여나 상호작용에 대한 하나의 대체적 사례로서 비숍은 토마스 허쉬혼을 예로 든다. 허쉬혼에 있어서 물리적으로 열린 작품은 미술관과 미술품이 궁색하게 취하는 "해방의 위장"에 지나지 않는다.

> 나는 상호작용적인(interactive) 작품을 만들고 싶지 않다. 나는 능동적인(active) 작품을 만들고 싶다. 내게 있어서 예술 작품이 불러일으킬 수 있는 가장 중요한 능동성은 사유의 능동성이다.

모순을 수용하는 공동체가 미술관에서 발생할 수 있을까? 그 열쇠는 직접적인 상호작용이 아닌 개별적인 사유에 달렸다. 끊임없이 고민하고 질문하기. 생각과 고민이 없이 앞서는 행동과 모임은 자본주의의 연장이 될 뿐이다. 비숍에게 있어서 관계 미술이 표방한 작품의 개방은 물리적, 수행적 유동성이 가미되지 않더라도 이미 미술에 잠재되어 있는 힘이다. 이를 민주적 공동체에 대한 안일한 낙관주의로 재활용하는 것은 기만이다. 2012년 삼성미술관 플라토에서 열린 펠릭스 곤잘레스 토레스의 개인전 『더블』에서 관객들에게 작품의 일부로서 호의로 제공되던 사탕을 트럭으로 쓸어 나른 김종원 작가의 퍼포먼스에 대한 여러 가능한 해석들 중, 관람객의 물리적, 정서적 참여를 통해 '해방의 위장'을 그럴듯하게 앞세우는 제도권 미술관의 가증스런 기만에 대한 이의 제기의 여지를 도출하게 된다면, 관계의 미학을 통해서 드러난 미술의 총체적 난국에 대한 깊은 수심으로도 작용할 수 있을 것이다.

불화와 모순은 작품 내적으로도 작동하겠지만, 무엇보다도 사상과 형식 사이에서 진가를 발휘한다. 동화와 동일시를 배제하고 거리를 유지하도록 하는 기술. 미술관에서 타인과 덧없는 수다를 떨거나 기념품을 들고 나와 집에 보관하는 것보다는 (팀 에첼스가 그랬듯) 예술적 체험 이후 도취와 비판 사이 외로운 묵상에 깊이 젖어 귀가도 못 하고 안절부절 방황하는 것이 개인의 차원에서 그나마 변화를 향한 작은 걸음이 될지 모른다. 정치적 슬로건을 힘껏 외치고 일상에서 아무런 변화를 일으키지 않는다면 '정치 미술'이 무슨 소용이랴. 안무가 마텐 스팽베르크의 말대로, 차라리 아무런 정치적 안건도 없는 음악이나 무용을 보고 정동에 취해 다음 날 대기업 직장을 그만두게 된다면 혁명적 변혁의 잠재성은 성큼 다가온다. 그렇지 않으면 아예 (자본주의의 또 하나의 증후군이라 할 수 있는) '새로움'에 대한 강박부터 먼저 떨쳐 내어 브람스가 어떻게 전통을 복원하고 전통 속에서 변화를 모색했는지를 분석해 보는 게 진정한 내적 변화에 가까운 행보가 될지 모른다.

르네 폴레슈
최승희 옮김

이 얼마나 혐오스러운 사교의 예술 형식인가요! 의미를 공유한다고 믿다니! 작동하는 공동체가 있다니! [...]
　'인터랙티브'!!
　'인터랙티브' ─ 그러니까 '상호능동적'(inter-active) ─ 연극은 지난 수십 년간 테러 그 자체였습니다. 그러나 엉망이 된 의사소통을 연극 탓으로만 돌릴 수도 없습니다. 모든 극장의 관객이 어쨌든 간에 끔찍한 공동체를 형성하니까요. 이들은 의미를 공유한다고 믿고, 나아가 사회 전체를 의미 공동체로 인식할뿐더러, 있지도 않은 의미를 끊임없이 서로 주고받는 걸 소통이라고 생각하지요. 인본주의는 우리에게 의미를 다시 찾아내라고 요구 혹은 권유합니다. 마치 나타나기만 하면 의미란 게 뭔지 알 수 있을 거라는 듯 말이죠. 하지만 어쩌면 의미라는 건 우리 밖에서는 존재하지 않을지도 모릅니다. (몸을 가볍게 긁는다.) 그런데도 사람들은 연극에서 합의된 의미 공동체를 찾으려 했습니다. 고대에는 신과의 관계, 근대에는 세계와의 관계, 그리고 현대에는 인간관계를 그린 연극에서요. 그런데 인간관계는 원래 의미가 없다는 게 핵심인 듯싶은데요. 이제 '함께'하는 게 뭔지에 대한 공통된 이해부터 다른 방식으로 모색해 보면 어떨까요? 이를테면 비공동체적 공동체의 형태로요.

이 글은 2012년 페스티벌 봄에서 소개된 르네 폴레슈의 연극 「현혹의 사회적 맥락이여, 당신의 눈동자에 건배!」 대본에서 발췌한 것이다.

축제라는 항해, 그리고 우리 앞에 떠오른 것들

김신우

내가 일했던 축제들은 항해와 닮아 있었다. 바다에 오른 배는 저만의 생명을 지닌 것처럼 앞으로 나아갔다. 배는 세계 곳곳을 누비며 그곳에 사는 사람들의 이야기와 눈이 번쩍 뜨이는 혁신, 찰나의 아름다움을 담았다. 그 발견을 마주하는 순간에 나는 내가 알고 있던 세계가 갑자기 확장되는 경험을 했다. 아마 나의 동료 선원과 승객도 그런 경험 때문에 매년 축제를 다시 찾아왔을 것이다. 새로운 세계를 만나고 싶고 또 그러한 세계를 만드는 데 참여하고 싶다는 열망을 품게 만드는 그런 항해였다. 목적지는 언제나 뚜렷한 좌표가 아니라 수평선 너머 어딘가였지만 바람의 흐름을 읽고, 별과의 거리를 가늠하고, 방향을 수정하며 거침없이 나아가다 문득 뒤를 돌아보면 지나온 궤적이 상당히 분명한 선으로 그려지곤 했다. 동시대를 살아가는 예술가들이 가리키는 곳을 따라가다 보면 어느 한 섬에서 모두를 만나기도 했다. 우연과 필연이 직조해 낸 이런 만남은 나름의 사건이 되어 예술사 어딘가에 기록으로 남았다. 항해 중에는 언제나 몸과 마음이 극한까지 치달았지만, 긴 여정이 끝나고 집에 돌아오면 피로보다는 그 짜릿함이 기억에 남았고 다음 해의 항해가 기다려졌다.

환경이 바뀌었다고 느낀 것은 다음을 고민해야 하는 시점이 되었을 때였다. 정확히 무엇이 바뀌었다고 진단하기는 어려웠지만 '항해'라는 비유가 불러오는 낭만만큼이나 그에 따르는 그림자가 눈에 밟히기 시작했다. 거센 동력을 얻어 나아가는 배 위에서 예술가들의 작은 목소리를 세심하게 듣기는 어려웠고, 흥미로웠지만 여력이 되지 않아 지나쳐야 했던 작품도 많았다. 한 예술가의 작품 세계를 섬이라고 본다면, 우리는 해변에 잠시 머물다 가는 관광객이었다. 섬에 사는 식물과 그들이 맺는 열매, 그곳에서만 서식하는 동물종의 생태계를 세밀하게 관찰할 여유가 없었다. 축제 중에 쏟아지는 감각의 자극 속에서 관객, 예술가, 스태프 모두 저마다의 값진 경험을 했지만, 몰아치는 흐름 속에서 길을 잃지 않고 단단한 과실을 수확하기란 여간 어려운 일이 아니었다. 축제의 빠른 리듬을 통과하고 나면 많은 사람이 허무함에 시달렸다. 축제라는 항해는 선원과 탑승객 모두에게 고된 경험이었고 매번 많은 자원을 과도하게 소진했다. 어떻게 지나갔는지 모르는 시간이 끝나고 나면 수많은 쓰레기와 갈 곳 없는 짐이 한가득 쌓였다. 축제가 만들어 내는 집중력과 추동력은 여전히 소중한 것이었지만, 우리가 접어들고 있는 이 시대는 또 다른 방법론과 리듬을 필요로 하고 있다는 자각이 찾아들었다.

　　이를 비단 개인적인 차원의 피로감에서 비롯된 고민으로 치부할 수는 없었다. 팽창적인 자본주의 사회의 장치들을 재고하기에 과연 이와 같은 축제의 형식이 유효한가라는 질문이 찾아들었기 때문이다. 우리를 흥분시켰던 세계 곳곳의 이야기는 자극적인 정보로 둔갑해 쏟아지고 있었고, 새로운 담론과 형식이 매 순간 생성되는 시대에 새로움은 오히려 피로감을 불러일으켰다. 가격을 매길 수 없는 아름다움은 중요하지 않게 되었고, 찰나의 순간이 가졌던 아름다움은 초 단위로 휘발되는 이미지의 폭격 속에서 그다지 특별한 것이 아니게 되었다. 전통과 위계를 허물었던 전복적인 실험들은 이미 누구나 자신을 예술가로 표명할 수 있게 된 사회 속에서 초과 달성한 사명이 되었다. 거듭된 해체와 혁신 속에서 '혁명'은 허풍처럼 여겨졌다. 예술이 사회를 변화시킬 수 있다는 믿음은 순진한 표어로 치부되거나 예술을 사회복지 정책의 도구로 만드는 데 일조했다. 그간의 축제가 전복과 실험을 거듭하며 새로운 지평을 향해 항해를 이어 갔던 탐사선이었다면, 어느새 우리는 탐사선의 존재 이유와 방식을 질문할 수밖에 없는 시간에 닻을 내리고 있었다.

오늘날 축제가 존재해야 한다면, 그 지향점은 무엇이 되어야 할까? 어떤 축제의 형식과 경험이 오늘날 유효한 방식이 될 수 있을까? 새로움의 함정에 빠지지 않고 '새로운' 세계를 만들어 갈 방법은 무엇일까? 아직 예술에 미래를 그릴 힘이 있다면, 그것은 어떤 미래가 될 수 있을까? 발밑을 허무는 질문들이었지만 이를 무릅쓰고 옵/신 페스티벌을 시작했던 것은 '그럼에도 불구하고'라는 말이 우리를 이끌었기 때문이다. 고민을 손에서 놓아 버리는 대신 그럼에도 불구하고 할 수 있는 일들을 해 나가며 고민에 대한 답을 찾아 나가기로 했다. 하지만 이제는 다른 전략이 필요했다. 거대한 빙하를 거침없이 쪼개고 나가는 쇄빙선이나 혁명의 대포를 장착한 범선이 아니라 작은 얼음 조각 사이를 조심스럽게 지나갈 수 있는 북극 선주민들의 카약이 되어야 했다. 깨부수어야 하는 대상이 사라지고 그 자리에 남은 모순들을 직접 손으로 더듬으면서, 물끄러미 들여다보면서, 빈 공간으로 노를 저을 때마다 흔들리면서, 계속해서 숨을 돌리며 물길을 되돌아보는 과정이어야 한다고 생각했다. 그렇기에 옵/신이 만들어 내는 것은 축제의 열광보다는 느린 호흡과 밀도 있는 시간이어야 했다.

옵/신 페스티벌은 팬데믹이 절정이던 2020년 가을에 첫 회를 맞이했다. 많은 사람에게 고통스러운 시간이었지만 적막 속에서 조심스럽게 길을 찾아야 하는 우리에게는 이 얼어붙은 세상이 적격이기도 했다. 어떻게 이전과는 다른 방식으로 예술을 공유하고 경험할 것인가라는 옵/신의 질문은 공교롭게도 나라 간 이동이 불가능하고 극장이 문을 닫은 상황에서 반드시 대면할 수밖에 없는 조건이 되었다. '장(scene)으로부터/벗어나다(ob)'라는 이름이 함의하듯, 첫 옵/신 페스티벌은 많은 관객이 모일 수 있는 극장보다는 일상에 맞닿아 있거나 내밀한 공간을 찾았다. 대규모의 관객을 압도하는 경험을 만드는 대신 일상 곳곳에 작은 시공간의 어긋남을 만들고 그곳에서 새로운 사변의 장이 생겨날 수 있기를 기대했다.

이를테면 문래예술공장에서 열린 메테 에드바르센의 「오후의 햇살 아래 시간이 잠들었네」에서는 '살아 있는 책'이 된 퍼포머가 관객과 단둘이 만나 자기가 발견한 장소로 관객을 인도해 암기한 책을 들려줬다. 극장 공간 대신 특정한 시간에만 해가 드는 비상구 계단이나, 비행기가 잘 보이는 2층의 창가, 버리려고 내놓은 화분이 모여 있는 창고 한쪽에서 공연이 이루어졌다. 이 작품에서 책을 읽는 30분이라는 짧지 않은 시간 동안 관객은 옴짝달싹할 수 없었다. 빨리 감기를 할 수도 없었고 오직 나만을 위해 내주어진 시간에 몸을 내맡길 수밖에 없었다. 하지만 무언가를 이해하기에 급급하거나 얕은 자극을 좇는 대신 가만히 소리를 따라가며 생각이 표류하는 경험 속에서 가장 내밀한 보살핌의 세계가 열렸다. 책은 독자가 자신을 더 잘 읽을 수 있도록 주의를 기울였고, 독자는 문장을 복기하기 위해 잠시 멈춰 선 책을 기다리며 이 여정이 이어질 수 있도록 마음을 다했다. 겉으로 발화되는 것은 책 내용이었지만, 그 아래에서는 두 사람 사이의 낯선 교감 작용이 끊임없이 일어났고 여느 한낮에 평범한 극장 귀퉁이에 생겨난 이 시공간에서는 새로운 윤리의 실천이 시작되고 있었다.

마텐 스팽베르크의 「그들은, 배경에 있는, 야생의 자연을 생각했다」는 두 명의 무용수가 한강 나루터나 가족 공원, 덕수궁 돌담길과 같은 공공장소에서 해 질 녘에 추는 춤이었다. 시시각각 바뀌는 빛은 나무와 물결을 매 순간 다른 색으로 물들였고 무용수들은 그사이에 섞여 풍경의 일부로 녹아들었다. 이 작품은 그 어느 블랙박스 극장보다도 현실과 가까운 곳에서 현실로부터 비켜난 시공간을 만들어 냈다. 무조건적인 집중을 요구하는 무대예술의 특권적인 지위는 사라졌지만, 그 느슨해진 공백 속에서 관객은 기우는 해를 보며 느리게 흘러가는 시간을 감각하거나 다른 존재와의 연결을 어렴풋이 감지하는 저마다의 실험을 할 수 있었다. 공원에서 축구 하는 아이들이나, 아파트 유리창에 비치며 깜빡이는 빨간 불빛, 떨어지는 낙엽 등 우리가 미처 보지 못했던 풍경과 자연이 우리의 감각 체계로 들어오며 우리가 이 세계와 연결된 촘촘한 그물망을 드러냈다. 같은 시각, 유럽에서도 두 명의 무용수가 공원에서 춤을 췄다. 이 4중주 안무는 대륙을 가로질러 연결된 존재들을 상상하는 순간 비로소 완성되었다. 공공의 장으로서 극장이 기능하지 못하는 시기에 작품은 다른 방식으로 생태계를 지각하게 하며 예술이 그 자체로 공공이 될 수 있는 방법을 시도했다.

첫해의 옵/신은 사회의 속도에 편승하는 대신 느림과 무위의 감각을 이어 나갔다. 대부분의 작품은 감지하기 어려울 정도로 느린 변화를 물끄러미 바라보는 것으로 시작되었다. 그 과정에서 시각을 우위에 두는 현대사회에서 뒤로 밀려났던 몸의 감각들이 되살아났다. 덕수궁 정관헌에서 열린 황수현의 「음—」에서 움직임은 눈으로 지각하는 것이 아니라 진동으로 와닿는 것이었다. 바로 옆에 앉은 퍼포머가 내는 소리와 그 진동을 따라가다 보면 우리에게 편리하고 익숙한 인과와 이해의 방식을 넘어서서 이 세계를 다른 방식으로 감각할 수 있는 가능성을 만날 수 있었다. 예술 작품을 바라보는 관찰자의 눈에 머무르는 대신 세계의 파동의 일부가 되어 함께 진동해 보는 경험이었다. 재건축을 앞둔 밀가루 공장에서 열린 남정현의 「장막」 역시 느리게 사라지는 빛을 감각하며 어둠에 침잠하는 작품이었다. 해 질 녘에 시작해서 완전히 어두워지면 끝나는 이 공연에서 관객은 구멍 뚫린 천장으로 새어 들어오는 빛의 궤적을 좇았다. 빛이 서서히 잦아들고 어둠이 밀려 들어오는 과정을 오랜 시간 바라보는 일이 어떤 유용한 깨달음을 발생시켰는가 질문한다면 답할 수 없겠지만, 정확히 그 무용한 시간의 흐름이야말로 매분, 매초에 값을 매기는 현대사회에서 희소한 감각을 선사했다.

두 번째 옵/신 페스티벌은 한 작가의 작품 세계를 깊이 있게 보는 것에 주력했다. 한 편의 공연으로만 작가를 만났던 과거의 축제 형식 대신 글, 토크, 영상, 전시, 워크숍 등 한 작가를 여러 형식과 각도로 만날 수 있는 자리를 만들어 공연만으로는 미처 알 수 없었던 작가의 생각을 공유했다. 작가가 공연을 위해 잠깐 방문하는 것이 아니라 긴 호흡으로 작품을 만들 수 있는 조건을 모색했다. 7시간 30분이라는 긴

상영 시간을 가진 라브 디아즈의 「멜랑콜리아」나 공원에서 진행된 마텐 스팽베르크의 「춤추는 공동체」는 첫 번째 옵/신 페스티벌의 작품들이 그랬던 것처럼 이질적인 시공간의 감각을 만들어 냈다.

　나는 이 조금씩 비켜난 시공간 속에서 세계가 다른 속도로, 다른 감각으로 작동될 수 있음을 보았다. 낯선 이의 목소리에 졸린 눈을 감고 나를 온전히 내맡기는 일, 곧 허물어지게 될 어느 시간의 귀퉁이를 잠시 움켜쥐는 일, 소음으로 가득한 도시 한가운데서 궁궐의 소나무 사이를 오가는 작은 생명들에 집중하는 일. 내게는 예술을 경유해 마주하게 된 이런 경험들이 무엇보다 강력한 윤리적인 실천처럼 느껴졌다. 정보, 의미, 경쟁, 속도, 가치 등 오늘날 우리 사회를 작동시키는 지배적인 원리들에 맞서는 작지만 단단한 저항이었다. 과거의 거침없는 항해가 우리에게 낯설고 이국적인 세계를 보여 줬다면, 지금은 우리가 떠 있는 바다의 물결을 하나씩 헤아리며 그 아름다움을 회복하기 위한 노력, 그 결 사이로 지금까지 상상할 수 없었던 어떤 세계가 비치길 바라는 기다림에 가까웠다.

　이러한 실천이 가능한 것은 공간, 공연 회차, 공연 시간, 관객 수, 장르 등을 모두 뒷전에 둘 수 있는 작은 축제의 특권이었다. 하지만 한국의 예술 환경 속에서 이 특권을 이어 나가기가 녹록지 않다는 점이 금세 명확해졌다. 예술 분야의 공공 기금은 규모와 팽창의 논리로 운영된다. 관객 수와 작품 수, 예술가 수, 해외 예술가 수, 티켓 판매액 등 정량적인 지표가 중요한 평가 대상이 되었고 그 증가율이 다음 해 축제 예산을 결정했다. 축제의 공공적 가치는 얼마나 많은 시민에게 얼마나 많은 작품을 선보이고, 얼마나 좋은 설문 평가를 받는가에 따라 결정되었다. 수치로 평가될 수 있는 가시적인 성과를 내야 한다는 압박이 점점 커졌다. 다음 해 예산을 전혀 가늠할 수 없는 상황 속에서 예술가와 긴 호흡으로 무언가를 준비하기는 불가능했다. 결국은 옵/신 페스티벌 역시도 지속 가능성을 확보하기 위해서 관객 규모를 키우고, 작품 수를 늘리고, 그 규모를 유지하기 위해 더 많은 기금에 지원해야 하는 팽창적인 나선에 동참해야 했다.

물론 예술과 축제를 둘러싼 모든 문제가 구조적인
시스템의 문제로만 환원되는 것은 아니다. 공적 지원을 받는
예술 단체가 그에 상응하는 사회적 책임을 다할 것을
요구받음은 마땅하다. 옵 / 신 페스티벌이 출발점에서 했던 고민
역시 오늘날 예술이 할 수 있는 공적 역할을 질문하는
데에서 비롯되었다. 하지만 그러한 질문에 대한 해답이
행정적으로 규격화된 형태의 서비스 제공으로 귀결될 수밖에
없다면 우리가 지금까지 알고 있던 틀 너머의 가치와 존재
방식, 세계와의 관계 맺기를 실험할 수 있는 장은 점점
좁아질 수밖에 없다. 3회를 마친 옵 / 신 페스티벌은 시작할
때보다 더 많은 질문을 안게 되었다. 규격화된 구조를
변화시킬 수 있는 실천에는 어떤 것이 있을까? 초기의
고민들에 대해 타협하지 않으면서도 구조의 힘을 빌릴 방법은
무엇일까? 축제의 공적 지원에 대한 의존성과 지속성, 자생적
힘, 자율성은 어떤 균형을 만들어 나갈 수 있을까? 기존의
축제 형식을 보다 시의성 있는 형태로 바꿔 나갈 수
있을까? 소수를 위한 지적 유희로 축소되지 않으면서도
내밀하고 깊이 있는 경험을 만들어 낼 수 있는 방법은
무엇일까? 단번에 그 해답을 찾기란 불가능할 것이다.
질문조차도 계속해서 수정해야 하는 지난한 과정이 되겠지만,
노를 저을 때마다 흔들리는 얼음 조각들의 진동과 공명하다
보면, 그럼에도 불구하고 예술을 향한 항해가 계속되어야 하는
이유가 파도 속에서 떠오르리라 믿는다.

장(場)에서 벗어난, 춤을 지운 춤

이경미

어느 가을 일요일 오후, 종로 대학로 뒤편의 낙산공원. 가족 혹은 친구들과 함께 탁 트인 야외로 나와 운동하거나 산책하면서 팬데믹 기간에 굳은 몸과 닫힌 숨을 푸는 사람들로 적잖게 붐빈다. 저기 건너편 빌딩 사이로 서서히 저녁 해가 지기 시작하는 가운데, 거기에서 나는 공연을 기다린다. 마텐 스팽베르크의 「그들은, 배경에 있는, 야생의 자연을 생각했다」. 드디어 예약 당시 공연 시작 시간으로 안내받았던 오후 다섯 시가 되었을 때, 평범한 티셔츠에 추리닝 바지를 입은 두 남녀 무용수가 사람들 사이 동그란 잔디밭 한가운데 서더니 천천히 몸을 움직인다. 하지만 그들의 몸은 진즉부터 그곳에 있던 사람들이 자신의 일상에서 벗어나 시선을 줄 만큼 도드라지지 않는다. 공연임을 알고 바라보고 있는 나 같은 사람들에게는 '그래도 무용하는 몸'이겠지만, 그걸 알지 못하는 대부분의 사람들에게는 한번쯤 슬쩍 시선을 준다 해도 이내 시야에서 밀어내도 상관없을 정도로 평범한 몸이다. 게다가 이곳에는 그 몸을 부각시켜 줄 음악도 없다. 공연 시작 전에 페스티벌 측은 원하면, 그것도 이어폰을 통해 혼자 듣는다는 전제하에 구글 앱에서 들을 수 있는 음악을 하나 슬쩍 귀띔해 주긴 했다. 그러나 이어폰을 통해 들려오는 음악은 내내 단일한 음조로 낮고 밋밋하게 이어질 뿐, 저 앞의 두 몸에도 딱히 닿지 않는다.

알랭 바디우는 춤은 "어떤 형태의 치장도 없는 자리 그
자체"이자 "찰나 속에서 공간화되는" 말과 이름 이전의
몸이라고 이야기했다.[1] 이를 좀 더 풀어 말하자면, 춤은
외부의 어떤 것에 매여 그것을 재현하지도 않으며, 그렇다고
음악에 기대어 자기 내부의 충동을 밖으로 발산하지도 않는다.
자기 자신에게조차 매여 있지 않으면서, 자신의 충동조차도
스스로 억제하면서, 그리고 어떤 관계 속에 있지 않으면서,
아무것과도 관계하지 않으면서, "공간 속에서 시간을
중단시키는 것"이다.[2]

　실제로 저 앞의 두 몸은 극장이라는 '장'(場)으로부터
벗어났을 뿐 아니라, 춤을 에워싼 모든 이론적, 실천적
담론에서도 벗어난 몸이다. 그들의 춤은 외부의 어떤 것을
지향하지도, 어떤 힘을 응축시켜 발산하지도 않는다. 자신보다
먼저 그곳을 점유했던 몸들의 리듬을 예술이라는 이름으로
멈춰 세우지 않는다. 사람들의 시간을 예술의 시간으로
점령하지 않으며, 그들의 공간을 예술의 공간으로 전환하지
않으며, '관객'인 나에게조차 어디에 서서 어떻게 듣고 보아야
하는지도 지시하지 않는다. 모든 것은 오로지 이 장소
한가운데 서 있는, 관객이면서 동시에 관객이 아닐 수 있는
나의 몫이 된다. 그러나 나는 나의 욕망을 섞어 그 춤을
엿보지 않는다. 춤 자체가 이미 스스로 일체의 스펙터클을
지워 버렸기에, 관객 역시 그 스펙터클에서 벗어나 보이는 것
너머로 사라지는 것들에 가닿기 시작한다.

　공연 내내 나의 눈과 귀는 저 앞의 춤에 가닿는 동시에
자유롭게 떠돈다. 그러는 사이 나의 감각은 눈과 귀를 넘어
차츰 지금 이곳을 채우고 있는 다른 몸들과 다른 소리를
향해 열리기 시작한다. 노을이 지는 서울 시내, 바람에
흔들리는 나무, 건강을 위해 열심히 운동하는 노년의 몸,
가족과 친구의 몸, 산책하는 어느 부부의 몸, 강아지, 그들이
나누는 말과 웃음소리, 트로트부터 지저귀는 새들의 소리,
나무가 바람에 흔들리는 소리까지. 예술이 담을 수 없는,

어쩌면 예술 이전에 존재에 예술과 무관하게 늘 있었던
세상이라는 장에 나 역시 이미 있었던 것이다.

바로 그 순간, 같은 음악에 맞춰 런던과 베를린의 어느
공원에서도 누군가가 춤을 추고 있을 것이라는 마텐
스팽베르크의 말이 생각났다. 보이지 않고 들을 수 없고,
가닿을 수 없는 아주 먼 곳의 장소, 역시 그 장소를 채우고
있을 여러 사람들과 소리들, 또 그 한가운데 역시 있는 듯
없을 그 무용수의 몸에 다가간다. 절대 볼 수 없고, 절대
들을 수 없는 몸들과 소리. 하지만 그들은, 그곳은 이곳의
나처럼 이미, 늘 거기에 있었고 있으며 또 앞으로도 있을
것이다.

> 오늘날 세상에서는 마치 편집과 빨리 감기가 유일한
> 방법인 것처럼 여겨집니다. 하지만 만약 춤이 관객을
> 사로잡는 것이 아니라, 관객이 자신만의 시간을 보낼 수
> 있도록 해 주는 것이라면요? 춤이 도시나 미디어가
> 강제하는 방식이 아니라, 바람에 흔들리는 나무나 해변에
> 밀려드는 파도와 더 비슷한 것이 된다면요?[3]

벌거벗음, 사라짐 속에서 비로소 드러나는 것들

예술이 재현해야 하는, 재현할 수 있다고 오만을 떨 단
하나의 진리는 애초부터 없다. 그 진리를 시각적 황홀경으로
감싸 제시하는 것 자체가 이미 인간의 오만이 만든 자기
환상이었다. 저 앞의 춤은 관객이 보는 앞에서 자신을 예술로
지시하지 않는다. 온라인이라는 저 새로운 환각의 통로 속으로
스스로를 욱여넣어서라도 자신을 보여 줄 생각도 하지 않는다.
그렇게 스스로를 둘러싼 예술의 자의식을 깨끗이 지워 버리고
무수한 다른 몸들과 소리 속으로 사라져 모든 것을 우연성에
맡긴다. 이처럼 스스로를 자발적으로 무화시킨 춤 앞에서
관객은 더 이상 무언가를 욕망할 수 없다. 오히려 예술적
자의식에 가담해 공연과의 접점을 놓지 않으며 '관객'으로

남기 위해 움켜쥐고 있던 감각은 이제 다른 곳을 향해 열린다. 예술의 프레임을 스스로 지운 그 몸들이 뒤로 물러나면서, 관객은 볼 수 없다고, 볼 필요도 없다고 생각했던 것들, 그리고 들을 수 없고 듣지 않아도 된다고 생각했던 것들을 보고 듣게 된다. 우리의 세상은 보고 들었던 것들 못지않게 보고 들을 필요가 없다고 생각해 흘려버리거나 밀어냈던 것들에 의해 채워진 곳임을, 진정한 소통은 바로 그러한 것들을 내게로 불러들이고 내가 그곳으로 가닿은 것임을. 이를 위해 마텐 스팽베르크와 저 두 무용수는 자신을 자발적으로 지워 버렸다.

이 글은 2020년 옵/신 페스티벌에서 제작, 소개된 마텐 스팽베르크의 작품 「그들은, 배경에 있는, 야생의 자연을 생각했다」 리뷰로, 『옵/신 페스티벌 2020』(작업실유령, 2021)에 게재되었다.

　　「그들은, 배경에 있는, 야생의 자연을 생각했다」는 서울에 있는 두 명의 댄서와 베를린, 런던에 있는 두 명의 댄서가 춤을 통해 두 도시에서 동시에 진행될 안무를 완성한다. 이 동기화의 순간에 춤은 시각의 지배로부터 벗어나며 관객은 두 춤을 동시에, 감각으로 경험한다. 사회적 관계가 위협에 놓인 역사의 한순간에, 이 춤은 춤이 공공의 것임을, 경험할 수는 있지만 결코 소유할 수는 없는 것임을 상기한다. 누구의 소유도 아니기 때문에 평평한 춤. 이 춤은 정중한 애도이며 누구든 나눌 수 있는 시간과 공간이다. 춤이 멀리서 들려오는 노래라면 어떨까? 춤이 먼 거리에서 진동으로 느껴지는 가벼운 지진이라면 어떨까? 춤이 작은 씨앗과 생명체들의 냄새를 실어 나르는 바람이라면 어떨까?

1　알랭 바디우, 『비미학』, 장태순 옮김(이학사, 2010), 122.
2　바디우, 『비미학』, 118.
3　https://youtu.be/IHVBwzCHkVo.

이경미 | 장애서 벗어난, 춤을 지운 춤

필요

마텐 스팽베르크
김신우 옮김

모두 알다시피 선언문은 전통적으로, 또 필히, 현실적인 세부
사항보다는 수사적 야망 쪽으로 많이 치우쳐 있다. 그렇긴
하나 최근의 시대는 춤과 춤추기에 대한 강력한 주장을 점점
더 요청하고 있다. 우선, 왜 꼭 춤을 춰야 하는가. 그리고
특히 우리가 사는 세계와 지구가 우리의 힘을 필요로 하는
시대에, 왜 계속해서 춤을 춰야 하는가. 나는 사회적인 이유로
추는 춤이나 무엇을 기리기 위한 춤보다는, 뭐랄까, 자신을
위한 춤, 집에서 추는 춤, 어딘가에서 추는 춤, 어쩌면
연습실이나 무대에서 함께 추는 춤, 춤 수업에서 추는 춤,
모임이나 워크숍에서 추는 춤을 말하려는 것이다. 춤추기.

　　이야기가 약간 돌아서 갈 수밖에 없을 듯하다. 누드화나
모든 종류의 누드는 권력, 남성의 시선, 관음증, 학대, 착취
등등의 측면에서 재단되는 경우가 많고, 위 이유들은 모두
실재하며 진실되다. 그러나 이탈리아 사상가 조르조 아감벤은
더 알고 싶다는 생각으로 '하지만 왜?'라고 자문했다. '정말
그토록 자명한가' 하니 그 답은 '그렇다'였다. 자신이
철학자라는 생각으로 아감벤은 포기하지 않고 밀어붙였다. 그
모든 회화 작품들이 약하게 표현하자면 문제적이라 하더라도
그 작품들에 대해서가 아니라 작품들을 통해 사유하는 것은
조금 다른 문제라고 말하면서.

　　화가의 입장에서 봤을 때, 벗은 사람들과 같이 있는 게
제일 중요하다면 왜 굳이 그림을 그릴까? 딱히 모티프는
아니더라도 사실 그 저변에 어떤 강한 욕구가 자리하는 것은
아닐까? 화가들이 그것을 꼭 인지하진 않았더라도 어떤
숨겨진 동기 같은 것 말이다.

아감벤의 제안은 이렇다. 단색화가 이른바 최초의
그림이라고 한다면 수평선 하나로 캔버스를 나눈 그림은 그
두 번째일 것이고 누드화는 마지막 그림, 더 좋게 말하자면
마지막 순간의 회화라는 것이다. 아감벤에 의하면 누드화는
이렇게 외친다. "여기, 전부 다 있고, 이 뒤에는 더 이상
아무것도 없다. 더는 그리지 않는다는 의미에서 마지막이라는
것이 아니라, 만약 단색화가 최초고 누드화가 최후라고 했을
때 누드에는 뭐가 없다는 의미에서 마지막 그림이다. 누드화는
마지막 순간의 회화이며, 그 이유는 바로 드러낼 것이 더
이상 없거나 드러나 있는 것이 회화를 인식론 속으로 다시
튕겨 내기 때문이다."

아감벤은 나체와 누드를 구별하는데, 나체는 법 앞의 우리,
국경 경찰의 몸수색을 당하는 우리의 모습이다. 나체는
내보여지고 노출되는 것을 뜻하는 반면, 누드는 아감벤에
따르면 알몸 수영, 가족사진 앨범, 심지어 자연적인 무언가와
더 가깝다. 누드는 실천하는 것이며 직접적으로 전시되지
않는다. 다르게 표현하면 주체성 측면에서 차이를 보이는
것인데, 나체는 위치가 있고 고정된 반면 누드는 이 세계에
행위를 가하는 주체성을 지닌다.

아감벤은 외견상 명백해 보이는 나체(naked), 누드(nude),
맨몸(bare)의 연결 고리를 결코 만들지 않는다. 그의 지평에서
맨몸이란, 맨삶이라는 형태로 기준이나 조건, 특질이 없는 존재
상태, 그리하여 권리도 책임도 없는 상태로 규정된다. 아감벤과
정치 및 사회 이론의 맥락에서 맨삶은 통상 바람직하지 않은
것으로 간주되고 충분히 그럴 만하지만, 철학적인 관점에서
이것은 좋지도 나쁘지도 않으며, 권리가 없는 만큼 동시에
의무로부터 자유롭거나, 사실 그런 변증법을 가능케 하는
매트릭스에서 분리되어 있다.

나체 외엔 아무것도 고찰할 수 없는 사회적 해석을
넘어서서, 회화의 누드는 맨삶이다. 누드가 맨삶을 기호화하거나
체화, 재현하는 것은 아니다. 언어에 새기거나 통합한다는 것이
이미 기준을 끌어올 수 밖에 없기 때문이다. 회화의 누드는
그 어떤 누드라도 곧 맨삶이며, 맨삶에는 특질이 결여되어

있으므로 그 이상의 무언가가 존재할 수 없다. 거기서 끝이다. 누드는 <u>뭐가 됐든</u>(whatever)인 동시에 <u>무슨 일이 있더라도</u>(no matter what)이되, 그 사이에 있을 수 없다. 결국 철학적으로 말해 누드는 가치의 매트릭스를 통과해 자기지시적으로 된다.

명확성을 기하기 위해 아주 작은 주의사항을 덧붙인다. 자기지시적이라 함은 메타와 동의어도 아니고 관련도 없다. 이 맥락에서 자기지시란 사물 그 자체에서 한 발 떨어진 것이고, 메타란 매체에 대한 인식, 환상이며 이는 드물지 않게 해체와 가까워진다. 타란티노의 영화들이 영화사를 인용한다는 의미로 자기지시적이라고 설명될 때가 있다. 이 감독은 자신이 무엇을 하는지 알고 있음을, 그리고 노골적이지는 않으나 영화에 관한 영화를 만든다는 걸 알고 있음을 드러낸다. 즉, 메타다. 이런 의미에서 볼 때 자기지시와 메타는 영리하고, 자기만족적일 때도 있고, 허영인 경우도 꽤 있다. 아감벤과 연결 지어 보면 이것은 불가능한데, 그 이유는 맨삶, 누드라는 것이 인식이나 영리함과 정확히 반대되기 때문이다. 그냥 그런 것일 뿐 그 이상도 그 이하도 아니다. 심플하게.

가능의 영역은 개연성의 영역이다. 이것일 수도 저것일 수도, 아마도 이것이나 저것, 어느 정도의 가능성 등 언제나 이미 인식된 것, 상상 가능한 것 안에 있다. 잠재성은 이와 전혀 다른 것으로, 가능, 불가능, 인지나 지식을 넘어선 영역이다. 잠재성 안에서는 개연성이 분해되며 미결정성, 완전히 예측 불가한 것, 우발적인 것에 자리를 내준다. 화가가 가졌던 집착이란 정확히 누드가 잠재성이라는 것(그 이상이나 그 이하, 아마도 이것이나 저것이 아니라, 그저 있는 그대로의 누드라는 것), 적어도 잠재성이라는 가능성에 대한 약속이라는 것이다.

흥미롭게도, 그리고 결과적으로, 이로써 누드와의 조우는 특질이나 기준이 결여된 체험이다. 이것은 자기지시적 체험, 즉 체험하기의 체험, 혹은 잠재성으로서의 자아 체험이다.

어디에선가 아감벤은 '몸짓에 관한 단상'이라는 짧은 글에서 개념적으로나마 ― 정말이지 개념 무용을 고찰한 게 아니어서 천만다행이었다 ― 춤을 고찰한 바 있다. 아감벤이 말하길 몸짓이란 그 자체로는 아무런 의미가 없다. 예를 들면 치켜올린 두 엄지에 무언가 좋은 게 내재하는 것도 아니고, 가운뎃손가락은 F로 시작하는 단어와 당연히 관련이 없다. 하나의 몸짓에 의미가 부여되고 통념들이 형태를 갖추면서 몸짓은 방향성을 얻게 된다. 아감벤은 헬레니즘 철학을 상기하면서 인간은 방향성을 부여하지 않고서는 어떤 것도 행할 수 없음을 분명히 한다. 모든 활동과 비활동은 의미가 끌고 간다. 사물, 행위, 생각, 이것저것의 한 가지 공통점은 이른바 목적론이다.

여기서 아감벤이 마술봉을 꺼내 든다. 휘리릭 톡. 만약 춤을 일련의 몸짓으로 본다면, 그런데 몸짓을 춤으로 출 경우 부여받았던 의미가 삭제되는 것이라면 어떤가? 이런 관점에서 춤이란 방향성이 없는 활동, 목적론이 없는 활동이다. 다른 말로 하면, 춤은 춤 외에 다른 것은 전혀 의미하지 않는다는 것. 유레카, 춤은 자기지시적이다.

이것이 쉽게 느껴질 수도 있다. 의미 없이 춤을 추고 다니는 것, 식은 죽 먹기네. 하지만 사실 그저 춤춘다는 것, 춤에게 무언가를 요구하거나 의미를 부여하거나 심지어 맥락도 부여하지 않고 그저 춤을 춘다는 것, 이것은 춤을 추는 데 있어서도, 춤을 체험하는 데 있어서도 독보적으로 어려운 과제다. 그러나 그냥 춤춘다는 것이 완전히는 아니어도 거의 불가능하다 해도, 스스로를 몸짓으로 깎아내리는 모든 춤은 자기지시성에 대한 약속을, 체험하는 자아를 체험하는 것에 대한 약속을 담고 있다. 이것은 자아를 잠재성으로서, 특질과 기준이 없는 존재로서, 맨몸 혹은 누드로 체험하는 것과 동일하다. 이것이나 저것에 대한 춤이 아닌 춤, 메시지를 전달하려 하지 않는 모든 춤은 누드이다. 혹은, 춤을 춘다는 건 자기 자신과 이 세계를 향해 누드가 되는 과정이다. 그리고 이것이야말로, 위기와 재앙과 부패와 전쟁과 고통과 전반적인 개판으로 포화된 이 세계에서조차, 이런 세계에서 특히 춤이 필요한 이유, 우리가 결코 춤추기를 멈추지 말아야 하는 이유이다.

빅토리아 페레즈 로요
이경후 옮김

> 모든 꿈은 예언이다.
> 모든 농담은 장차 일어날 일에 대한 징조다.
> — 키건, 1904[1]

라몬 보나베나는 여섯 권으로 이루어진 자신의 걸작
『북북서』에서 극한의 치밀함을 발휘해 자기 책상의 한
모서리를 묘사한다. 연필 한 자루를 묘사하는 데 29쪽이
할애될 정도의 정확성이다. 람킨 포르멘토는 — 비록 저서의
분야는 다르지만 — 넘치는 정확성을 향한 이와 같은 열의를
갖고 자신이 완벽하다고 규정한 문학비평을 창시하였다. 바로,
분석 대상이 된 시와 단어 대 단어로 일치하는 비평이다.
그는 이러한 방식으로 원문에 정확히 부합하는 『신곡』의
해설을 발표하였다. 니에렌스테인 소우사는 또 다른 방식으로
책을 만들었다. 구술 문학의 가변적 성격을 띠도록 글쓰기를
중단하고 이야기를 들려주는 일에 헌신하기로 한 것이다.
훌륭한지 그렇지 않은지는 중요치 않았다. 이후의 서술과
세월의 흐름이 결국 선택, 개선, 심지어 쓰기 작업을 알아서
해결해 줄 것이기 때문이었다.
    이는 보르헤스와 비오이 카사레스의 잊지 못할 책
『부스토스 도메크의 연대기』(1967)에서 고안된 문학적
판타지들의 일부다.[2] 여기에 완벽하게 속했을 법한 또 한
가지가 레이 브래드버리의 책 『화씨 451』(1953)의 마지막
부분이다. 여기엔 각자 한 권의 고전을 빠짐없이 암기한 수천
명의 사람들이 나라 전체에 흩어지고 또 연결되어 있는
사회가 묘사된다. 이들은 책의 저자(쇼펜하우어, 바이런, 파블로,

마르코)나 제목(『국가』)으로 불린다.[3] 이 두 개의 텍스트는 상당히 다른 맥락과 의도를 가지고 있긴 하지만, 「오후의 햇살 아래 시간이 잠들었네」를 살펴볼 수 있는 생각의 틀을 만들기 위해서 이 둘을 연결 지어 볼 가치가 있다. 메테 에드바르센은 이 프로젝트를 통해 브래드버리의 유토피아를 실현한다. 점점 더 많은 사람들이 자신이 고른 책을 암기하는 개인적인 과제에 몰두하는 것이다. 이 활동은 페스티벌 및 유사한 환경을 위해 개발하고 선보일 수 있는 프로젝트로서 간헐적으로 이루어지며, 몇 주간의 집중적인 상주 작업과 작업 공개로 구성된다. 현재 서른 권-명의 책-사람이 일곱 개 언어(영어, 프랑스어, 아랍어, 스페인어, 네덜란드어, 노르웨이어, 그리스어)로 존재한다. 프로젝트 참가자는 도서관이나 서점, 카페에서 자신의 책을 암기하며 방문자에게 '읽힐' 준비가 되어 있다. 즉 책의 전문 혹은 그 시점까지 암기한 부분을 암송할 준비다. 이는 분명 야심 찬 프로젝트다. 어떤 종류의 실용주의와도 거리가 한참 멀고, 발단이 된 동기 역시 실현할 만한 작업이 아니라 애초에 허구로 고안되었던 유토피아적 이미지에서 출발한다.

　　그런 점에서, 일반적인 예술 작품보다는 허구의 이야기와 훨씬 수월하게 연결되는 이런 개성적인 작품에 접근할 수 있으려면 허구 쪽으로 이야기를 이어 가는 편이 좋을 듯하다. 보르헤스는 「아베로에스의 탐색」(1947)에서 수수께끼 같은 두 단어의 의미를 알아내려는 어느 철학자를 상상한다. 그 단어는 희극과 비극인데, 이는 그가 해설하는 아리스토텔레스의 텍스트에서 찾아낸 것이다. 보르헤스는 12세기 스페인의 아랍 문화에 삽입된 이 아베로에스가 주변에 실재하는 연극 형식들을 보지 못하는 모습을 서양 독자들에게 보여 주고 있다. 그가 의문에 빠져 이 두 단어를 곱씹는 동안 뒷마당에서는 아이들 세 명이 기도 시간 알림을 흉내 내며 놀고 있다. 아베로에스가 놓치고 마는 또 다른 정보는 친구 몇몇과 함께한 저녁 식사에서 나오는데, 이 자리에 아불카심이라는 여행자가 있다. 아불카심은 그간의 수많은 모험 가운데 목격한 신비에 대해 이야기해 달라는 요청을 받고,

어느 목조 가옥에 사는 사람들이 "감옥에서 고통받으면서도 아무도 철창을 보지 못했고, 모두가 말을 타고 이동했지만 누구도 말을 보지 못했으며, 싸움을 하였으나 검은 갈대로 만든 검이었고, 죽은 다음엔 다시 자리에서 일어났다."고 말했다.[4] 보르헤스는 확실히 재현에 바탕을 두고 있으면서 동시대 공연예술의 형성 과정 속 몇몇 경향과는 일치하지 않는 연극을 언급하고 있다. 이 텍스트가 쓰이고 10년이 채 지나지 않아 공연예술과 시각예술 모두를 변혁시킬 융합이 일어나게 된다. 그 이후로 실험 연극과 퍼포먼스는 허구의 재현보다 퍼포머와 관객을 위해 실제 상황과 경험을 창조하는 데 더 집중하게 됐다. 퍼포먼스 분야의 작업은 해석학적으로 분석해야 할 기호들의 조직화가 아니라 참여자들의 체험과 변화를 가능케 하는 상황 전개로 이해된다. 이것은 퍼포머들이 '책 한 권을 암기하는' 행위를 실행하는 연극이 아니라 행위들을 제안하는 연극으로서, 이 행위들을 구성하는 것은 자신이 표상하는 바에 대한 효과적인 실행이다. 우리가 『필경사 바틀비』를 암기한 크리스틴 판 덴 브란데를 볼 때 그녀는 정확히 그것, 『필경사 바틀비』 암기하기를 하고 있는 것이다. 2차적인 해석이나 형식화는 존재하지 않는다. 그리고 바로 여기에 이 프로젝트의 가장 흥미로운 측면이 자리한다. 바로 (상상은 가능하나 실현이 가능하지는 않은 것으로 쓰여진) 공상 과학의 유토피아를 실제 실천의 스코어로 삼는 급진성이다. 그리고 이 실천이 바로, 독자(관객)의 입장에서든 책(퍼포머)의 입장에서든 겪을 가치가 있는 체험을 창출한다.

독자의 행위를 통해서는 전통적인 읽기의 조건이 일부 유지된다. 집중할 수 있는 조용한 장소가 제공된다. 독자는 책이 이미 '대여'된 상태가 아니라는 전제하에 독서가 시작되는 순간을 스스로 결정한다. 하지만 이 프로젝트가 제시하는 읽기의 변위와 재개념화로 인해 새로운 조건들이 나타난다. 책은 독자의 손이 아니라 독자 앞에 있다. 읽기는 두 사람의 만남, 일반적인 문학 향유와 반대로 공연예술을 특징짓는 퍼포머-관객의 공존에 의해 이루어진다. 나아가 이 경우에는 편안히 열을 맞춰 좌석에 앉은 관객일 때보다 그

조우의 순간이 더 강력해지는데, 「오후의 햇살 아래 시간이 잠들었네」가 제시하는 상황이 친밀하기 때문이다. 책에게는 목소리가 있고 신체 또한 있다. 관객은 자신의 일방적인 시선 속에서 안심하는 대신 책이 되돌려 주는 시선에도 노출되어 있다.

책－사람에게 일어나는 변화도 이와 상관관계에 있다. 퍼포머는 이미 쓰여진 텍스트에 봉사하는 존재로 여겨질 수가 있다. 아베로에스가 상상해 낼 수 없었던 연극에서는 아마도 그랬을 것이다. 하지만 「오후의 햇살 아래 시간이 잠들었네」의 경우, 배우가 텍스트에 부여하는 것은 텍스트 재현을 위한 표현이 아니라 이를 체화하려는 신체다. 퍼포머의 과제는 책의 이해를 촉진하고 책이 해독 가능한 기호들로 탈바꿈해 관객에게 읽기의 방향성을 제시하도록 하는 데 있지 않고 책을 흡수하는 신체를 제공하여 극화와 분리된 읽기를 창출하는 데 있다. 이 프로젝트에서 책－사람이 겪는 과정은 굉장히 흥미로운데, 책 한 권을 암기하는 이들의 행위 속에서 바로 허구가 실제가 되고 판타지의 불가능성이라는 틈이 메워지는 것이기 때문이다. 이 과정에서 포착할 수 있는 변화들은 또 한 번 보르헤스의 소설을 통해 더 효과적으로 살펴볼 수 있을 듯하다.

이렇게 쉽게 책을 기억할 수 있는 정신은 "모든 산, 모든 나무의 모든 잎을 기억할 수 있을 뿐 아니라 자신이 인식하거나 상상한 시간들까지도 기억할 수 있는" 이레네오 푸네스(「기억의 천재 푸네스」, 1942)의 정신과 유사할 것이다.[5] 다행히 인간의 기억은 훨씬 부정확하고 조절 불가한 방식으로 작동하기 때문에 상이한 시기의 기억들을 혼합하고 또 변질, 변모시키면서 아주 예상치 못한 순간에 이 기억 저 기억을 오간다. 이것은 헤르만 쇠르겔이 한때 감지한 위협이기도 했다. 그는 「셰익스피어의 기억」(1983)에 등장하는 허구의 인물로, 이 영국인 드라마투르크에게 예기치 못한 선물이 주어진다. 바로 셰익스피어의 기억을 갖는 것인데 쇠르겔은 이를 수락한다. 그는 자신을 셰익스피어에 다가가게 해 줄 또렷한 이미지들을 찾아 헤매지만, 종잡을 수 없는 기억이라는 것은 이를 허용하지 않는다. 그는 기다림을 터득하여 꿈에서 기억들을 발견하거나 일상의 행위 속에서 뜻밖의 기억들을 마주하게 된다. 쇠르겔은 또렷한 이미지들을 인지하는 대신 낯선 말들을 내뱉거나 알 수 없는 멜로디로 휘파람을 부는 자신을 발견한다. 셰익스피어의 기억은 조금씩 쇠르겔의 기억에 침투하고 그 위에 자신을 겹쳐 놓고 덮어 버리면서 쇠르겔의 기억을 변모시키기 시작한다. "인간의 기억은 백과사전이 아니라 무한한 가능성들의 혼돈이다." 셰익스피어의 기억이 너무도 강력해 모국어마저 잊기 시작한 쇠르겔은 자신의 정체성과 분별력을 잃을까 두려워 결국 미지의 인물에게 이 기억을 넘겨주게 된다.[6]

물론 「오후의 햇살 아래 시간이 잠들었네」의 책들은 이러한 극한에 이르지 않지만, 위 이야기는 책 암기라는 체험을 구성하는 기억 작업이 지닌 어떤 진실을 드러낸다. 예를 들면, 메테 에드바르센은 책의 언어가 자신의 평소 언어 표현을 변질시켰다고 이야기한 바 있다. 『사중주 네 편』의 문장들은 언제나 이를 암기하는 사람의 머릿속에 존재하면서 일상의 체험을 인식하는 데 끊임없이 영향을 준다. 본 프로젝트에 참여한 모든 책들은 일면 푸네스와 비슷하게 특정 문단을 외울 당시의 공간이나 날씨를 기억한다든지 이를 암송한 횟수, 심지어 그 문단을 '읽은' 사람들을 기억한다. 책을 외우는 일은 외부에 존재하는 콘텐츠를 자신의 기억에 삽입해 더 이상의 영향 없이 그저 획득하는 것만으로는 이뤄질 수 없다. 이에 대한 체화를 함축할 수밖에 없고, 이것은 곧 언어적 물질이 한 사람의 모든 신체적, 정신적 기능에 혼합되고 용해되고 통합되면서 그들의 체험과 한데 얽히고, 그들의 기억 방식과 내용에 변화를 가하고, 그들의 언어와 읽기 방식을 바꾼다는 의미다. 그러나 가장 잘 알 수 있는 방법은 책을 읽은 후 책에게 직접 물어보는 것이다.

이 글은 2020년 옵 / 신 페스티벌에서 소개된 메테 에드바르센의 작품 「오후의 햇살 아래 시간이 잠들었네」에 관한 에세이로, 『쿤스텐페스티발데자르 2013』에 게재되었다(https://kfda.be/en/festivals/2013-edition/programme/time-has-fallen-asleep-in-the-afternoon-sunshine/).

「오후의 햇살 아래 시간이 잠들었네」에서 퍼포머는 살아 있는 책이 되어 도서관에 소장된다. 도서관을 방문한 이들이 읽고 싶은 책을 고르면, 그 책은 독자를 도서관의 어느 장소로 데려가거나 바깥에서 산책을 하면서 자신의 내용을 암송한다. 살아 있는 책의 도서관이라는 아이디어는 레이 브래드버리의 소설 『화씨 451』에서 출발했다. 책을 외운다는 건 지난한 투여이자 계속되는 '하기'이다. 도달해야 할 결승점이나 실용적인 목표는 없다. 책 한 권을 외우는 행위는 끊임없는 기억과 망각의 과정이다. 정보와 지식이 대량으로 생산되고 흩어지는 오늘날 가장 비효율적일 수 있는 이 활동은 몸에 기억을 각인시켜 온, 몸에서 몸으로 '앎'을 전해 온 과거의 감각을 소환한다. 그 더디고 비생산적인 움직임은 시간의 속도감을 잠시나마 늦추고 유토피아적 공간감을 만들어 낸다.

1 호르헤 루이스 보르헤스 · 아돌포 비오이 카사레스, 「부스토스 도메크의 연대기」, 『죽음의 모범』, 이경민 · 황수현 옮김(민음사, 2020), 479.

2 보르헤스 · 카사레스, 「부스토스 도메크의 연대기」, 491~511 참고.

3 레이 브래드버리, 『화씨 451』, 박상준 옮김(황금가지, 2009) 참고.

4 호르헤 루이스 보르헤스, 「아베로에스의 탐색」, 『알레프』, 송병선 옮김(민음사, 2012), 123~124 참고.

5 호르헤 루이스 보르헤스, 「기억의 천재 푸네스」, 『픽션들』, 송병선 옮김(민음사, 2011), 145~146 참고.

6 호르헤 루이스 보르헤스, 「셰익스피어의 기억」, 『셰익스피어의 기억』, 황병하 옮김(민음사, 1997), 180~194 참고.

단단하지 않은 공간

확장된 안무에 관한 메테 에드바르센과의 인터뷰

카린 할트, 메테 에드바르센
김신우 옮김

카린 할트(이하 카린): 「오후의 햇살 아래 시간이
잠들었네」(이하 「오후의 햇살」)를 처음 만들었을 때, 이
작품이 이렇게 오랜 기간 지속적으로 공연되리라고 생각했나?
이와 관련해서, 이런 방식으로 작업하는 것의 의미와 11년간
작품이 공연되는 동안 어떤 변화가 있었는지 궁금하다.

메테 에드바르센(이하 메테): 어떤 면에서는 모든 공연이
지속성을 갖지만, 이렇게 장기간에 걸쳐서 공연되는 것은
애초에 이 작품의 의도도, 목표도 아니었다. 「오후의 햇살」이
미래에 어떻게 될지 전혀 알지 못했다. 일단 나는 장기적인
계획을 세우는 사람이 아니고, 대체로 짧은 주기로 한 과정에
몰두해서 작업하는 편이다. 무엇보다 책을 외우는 하기의
실천을 기반으로 한다는 작품의 특성 때문에 이렇게
기념비적인 작품이 되리라고는 상상하기 어려웠다. [...] 작품은
같기도 했고 달라지기도 했다. 내 역할은 프로젝트가
도구화되거나 진정성을 잃지 않도록 지키고 돌보는 일이다.
그렇게 해 왔기 때문에 프로젝트가 성장하고 지속될 수
있었던 것 같다. 여기서 출발해 다른 형식들이 생겨나기도
했고, 새로운 질문들이 등장하기도 했다. 책 선택이 어떻게
바뀌는지도 관찰한다. 우리의 도서 목록이 계속 늘어나고 있다.
레이 브래드버리의 소설 『화씨 451』은 작품의 중요한
원천이다. 작품을 만든 이후에 나는 러시아 시인 안나
아크마토바가 실제로 검열을 피하고자 자기가 쓴 시를 외운
뒤, 이를 불태웠다는 이야기를 들었다. 이 작품을 하면서
여전히 많은 것을 알아 가고 있다. 나 스스로 '책'이 되는

경험과 수년간 해 왔던 기억 연습은 분명히 나를 변화시켰을 것이다. 동시에 공동의 작업으로서도 아직 공유하고, 발견하고, 해야 할 일이 많다.

카린: 당신의 답변을 들으니 여러 차원에서 친밀감(intimacy)에 대해 생각해 보게 된다. 특히 오랜 시간을 들여 작품에 가까이 머무는 방식이나, 소규모로 함께 작업하는 방식, 나와 재료(이 경우 책) 간에 비위계적인 관계를 만드는 방식 등, 작업 방식에서 특히 그렇다. [...] 예술, 특히 공연에서 친밀감의 문제에 관심이 많다. 친밀감은 자본주의로 오염되지 않은 영역이기 때문이다. 친밀감은 가짜로 만들어 낼 수도, 주문할 수도 없고, 서로의 동의하에만 발생할 수 있다. 독서 역시도 다른 많은 예술 작품과 달리 책을 직접 고르고, 앉아서 읽고, 메모하고, 그 안에 나 자신을 담을 수 있다는 점에서 매우 친밀한 경험인 것 같다. 친밀감이 당신과 당신의 작품에 중요한 개념인가? 이런 합의된 친밀감이 존재할 수 있는 공간을 어떻게 안무했나?

메테: 그렇다. 친밀감은 결코 그냥 주어지는 것이 아니다. 그리고 말한 것처럼, (완전히) 자본주의에 오염되지 않은 것 중 하나인 것 같다. 친밀감에 대한 욕망이나 기대는 있을 수 있지만, 그것을 미리 지시할 수는 없다.
　　작품을 처음부터 친밀한 경험에 초점을 맞추어 구상한 것은 아니다. 일차적인 목표는 독서 경험을 만드는 것이었다. 책을 읽는 공간은 무엇이며, '책이 된다'는 것은 무슨 의미일까? 다른 작품에서도 책의 형식을 사용한 적이 있었지만, 이번 프로젝트에서는 책이 일대일 만남으로 구현됐다. 한 명의 퍼포머와 한 명의 관객이 만나는 것 자체가 친밀한 형식이라고 말할 수도 있겠지만, 그 지점을 너무 부각하거나, 이 공연을 경험함에 있어 필수적인 요소로 내세우지 않으려고 조심했다. 나를 포함해서 어떤 관객들에게는 일대일 형식이 다소 부담스러울 수 있고, 자기 자신이 너무 노출된 것처럼 느껴질 수 있다. 오히려 친밀함과는 정반대의 느낌인 것이다.

하지만 당신이 말한 것처럼, 꽤 친밀한 경험인 것은 틀림없다. 그건 '책'의 입장에서도 마찬가지다. 여러 번 반복해서 공연하지만, 할 때마다 '책'과 '독자' 사이에 무언가가 일어난다. 작품은 그것을 위한 조건을 만들 뿐, 그 일이 일어나는 것은 언제나 둘 사이에서다. 그 일 앞에서 '책'과 '독자' 둘 다 마음을 여는 것이다.

나는 이 책을 읽는 공간이 '말랑말랑한 공간'(soft space)이라고 생각한다. 일대일 만남은 따로 떨어진 공간이 아니라, 도서관처럼 주위에서 삶이 계속해서 이어지고 있는 공간에서 이루어진다. (종이) 책을 읽는 것과 마찬가지로 두 개 이상의 공간에 동시에 머무르게 되는 것이다. 나는 이 지점이 안무의 관점에서도, 또 경험의 차원에서도 매우 흥미롭다고 생각한다. 이런 '공간'을 어떻게 만들어 내고, 그 안에서 어떻게 작업할 수 있을까? 우리는 '책'으로서 어떤 준비를 하고, 어떤 경험을 만들어 낼 수 있을까? 당신이 이 작품에서 '책'을 읽을 때, '책'도 당신과 함께 책을 읽고 있는 셈이다. [...]

카린: '말랑말랑한 공간'이라는 말이 좋다. 친밀감과 그런 공간이 어떻게 작동할 수 있는지를 잘 설명해 주는 말인 것 같다. 관용과 돌봄의 문제를 생각하게 하기도 한다.

「오후의 햇살」에는 문학에서 가장 빈번하게 쓰이는 비유인 기억이 중요한 소재로 등장한다. 작품과 연결된 앤솔러지 『오후의 햇살 아래 시간이 잠들었네: 살아 있는 책들의 도서관에서 읽기, 쓰기, 기억하기, 잊기에 관한 책』에서 당신은 이런 말을 했다. "항상 새로움으로 정의되는 세상에서 기억은 망각에 대한 저항이 될 수 있으며, 외우기는 효율성과 유용성에 반하는 제스처가 될 수 있다." [...] 책은 이를테면 독재 정권에서 자유와 전복적인 사유를 제한하기 위해 먼저 검열하는 것들 중 하나다. 저항과 관련된 생각도 작품에 담겨 있나?

메테: 『화씨 451』이 작품의 출발점 중 하나이긴 했지만, 당시에 검열은 내가 직접 관심을 가졌던 주제는 아니었다. 그보다는 기억의 문제, 실천으로서의 외우기, 책이 되는 것과 그 함의를 이해하는 데에 더 초점이 맞춰져 있었다. 이 작품이 처음으로 해외에서 초청받은 곳은 2011년 팔레스타인이었다. 거기에서 우리는 점령 기간 중에 감옥에 수감되었던 사람들이 다른 이들과 함께 책을 읽고 공유하기 위해 실제로 책을 외웠다는 사실을 알게 됐다. 이들에게는 생존하기 위한, 시간을 보내기 위한 방법이었다. 그런 맥락 속에서 작품을 공연하면서, 그리고 그곳에서 새로운 현지의 (아랍어) '책'들과 함께 작업하면서, 이 작품에 또 다른 정치적인 차원이 추가됐다. 우리는 같은 작업을 했지만, 새로운 의미가 생겨난 것이다.

　　사회의 민주주의적 원칙으로 '자유'의 개념을 중요하게 여기고 보호하는 유럽과 스칸디나비아에서 살아온 내게, 검열이라는 위협은 상당히 거리가 멀게 느껴졌던 것이 사실이다. 물론 그 정신은 여전히 일정 부분 유지되고 있지만, 동시에 포퓰리즘과 극우 담론이 만연한 오늘날, 우리는 '자유'라는 개념 그 자체를 재정의할 필요가 있다. 이는 철학적인 차원에서 자유라는 개념을 어떻게 이해할 것인가의 문제라기보다는 개인과 사회가 어떻게 자유를 구체적으로, 능동적인 과정으로 실천할 것인가에 관한 고민이다. 자유는 절대적이지 않다. 모두가 권리는 누리지만 아무도 책임을 지지 않는다면, 자유는 지속될 수 없다.

　　「오후의 햇살」 같은 작품을 수년에 걸쳐 공연하다 보면, 물론 우리도 작업과 함께 변화하고 발전하지만, 같은 것을 반복하다 보니 우리가 살고 있는 시대의 변화도 두드러지게 보인다. 이 지점이 대단히 흥미롭다. 기억이라는 것의 전제, 즉 기억하기와 망각하기가 기억을 구성하는 두 가지 필연적인 과정이며, 이 과정은 결코 고정되거나 완성되지 않고 계속해서 이어진다는 점이 생각에 많은 도움이 된다. '책이 된다'는 것은 단순히 기억(정보나 내용)을 습득하는 것이 아니라, 반복하고 또 하는, 하기의 과정에 전념하는 것이다. 책을 아무리 많이, 아무리 잘 외웠다고 해도 계속해서 하지 않으면, 되풀이하지 않으면, 기억은 다시 사라져 버린다. 이 끊임없는 이어짐과 하기에 대한 헌신이 이 프로젝트의 핵심인 것 같다. 이는 프로젝트의 전제이자 방법론이며, 시간이 지나도 계속될 수 있는 이유이기도 하다.

이 글은 2020년 옵/신 페스티벌에서 소개된 메테 에드바르센의 작품 「오후의 햇살 아래 시간이 잠들었네」에 관한 인터뷰를 발췌, 편집한 것이다. 인터뷰는 웹진 『바스타드』 (Bastard)에 게재되었다(https://bastard.blog/soft-spaces-an-interview-on-expanded-choreography-with-mette-edvardsen/).

　　무용수이자 안무가인 메테 에드바르센에게 무대적 상황이 발생하는 임계점은 언어와 인지가 미묘하게 진동하는 일상의 경계들이다. 그의 '작품'은 평범하면서도 단순한 형식 속에서 언어의 자극에 의한 신체적 반응의 떨림과 굴곡으로서 '발생'한다. 그것은 가공된 창작물이라기보다는 신체와 인식을 연결하는 '상황'에 가깝다. 그가 추구하는 예술적 상황이란, 신체의 움직임을 무대에서 미화하거나 전람하는 것이 아니라 공적인 관계 속에서 참여자 각자가 스스로를 바라보는 내적 공간을 만들어 내는 것이다. 관객과 작품을 연결하는 시공의 작은 변화에 퍼포머와 관객 모두가 집중하는 공유된 상황을 만드는 것이다. 이는 자본주의에 잠식된 예술로부터 감각을 일깨우기 위해서는 '감상'이 아닌 행위에 대한 작은 돌봄에서 출발할 필요가 있다는 그의 신념을 따르는 것이다.

소비, 게으름, 덜 일하기에 관하여

보야나 쿤스트
김신우 옮김

이 글의 목적은 어떻게 예술이 자본주의와 닮아 가면서도,
동시에 인간의 힘과 창조를 전용하는 자본주의에 저항하는가를
보여 주기 위해 예술 노동의 특성을 성찰하는 것이다.
동시대적 노동 방식 속에서 생산과 재생산의 경계는 사라지고
있다. 이 현상의 중심에는 예술이 있다. 예술은 그러한 경계의
소멸을 가장 이상적이고 가설적(speculative)으로 대변한다고
여겨지며, 그 때문에 가치 창출을 좇는 자본주의의 관심이
예술가의 주체성에 집중된다. 따라서 예술가의 노동을
비판적으로 분석하고, 그것을 포스트포드주의 노동 방식과
더불어 자본주의적 착취와 연결하는 것은 필수적이다.
　　지난 수십 년간 우리는 수많은 참여적, 정치적, 비판적
예술 프로젝트를 만났지만, 그중 다수는 사회적 장에
침투하거나 영향을 미치는 데 실패했다. 이와 같은 예술의
유사-참여는 예술이 '좌파 엘리트주의'에 불과하다는 식의
위험한 포퓰리즘적 비난을 불러왔다. 그에 따르면, 예술은 일반
대중과는 무관하고 사회적 역할이나 영향력을 갖지 못하는
활동임에도, 예술가들은 국가 보조금을 받는 데다가, 소위
그들의 '게으름'은 시장의 자기 조정 능력과 역동성으로부터
보호받는다. 이 주장은 한편으로는 공공이라는 개념을
재평가해야 할 것을 요구하며, 다른 한편으로는 지난 20년간
전개된 예술의 정치화에 따른 문제의 핵심을 정확히 건드리고
있다. 부정할 수 없는 사실은 이 시기의 예술이 한순간도
빠짐없이 정치적 활동에 관심을 가져 왔지만, 동시에 정치적
공공 영역에서 점점 멀어졌다는 점이다.

이 논의의 연장선에서, 나는 우리가 예술가의 노동에 접근하는 방식의 근간을 이루고 있는 세 가지 주장을 다루고자 한다. 예술가의 일이 창의력에 대한 착취에 맞서고 동시에 '공통적인 것'이 지닌 잠재성을 드러낼 수 있으려면, 다시 말해, 예술가의 일이 그 일을 수행하는 사람뿐만 아니라 모든 이의 삶을 열어젖힐 수 있으려면, 우리는 이 주장들을 비판적으로 재고해야 한다.

1

첫 번째 부류의 주장은 예술도 경제적 가치를 생산하기 때문에 지원하지 않으면 안 된다는 '경제적' 주장이다.[1] 오늘날 많은 예술계 종사자는 예술에 대한 정치적 압력과 급격한 보조금 예산 삭감에 맞서기 위해 예술가의 노동을 공통의 이익과 경제적 가치로 표현한다. 많은 경우, 예술을 옹호하는 주장은 예술이 동시대 경제와 창의 산업의 중요한 부분을 구성하며, 중요한 경제적 가치를 창출한다고 주장한다. 이 주장은 사실 일정 부분 거짓이며 예술 활동의 가치 그 자체를 긍정하지 않는다. 예술이 경제적 가치를 갖는다고 말할 수 없는 이유는, 앞으로 도래할 것의 가치를 추측하는 일이 불가능하기 때문이다. 예술이 굳이 경제의 언어로 긍정되어야 한다면, 우리가 주목해야 할 것은 예술이 가치 생산의 경제보다는, '무분별한 쓰기'(senseless spending)에 가깝다는 점이다. 예술이 공공연히 (그것도 아무런 대가를 지불하지 않고) 무분별한 쓰기에 몰두한다는 사실이야말로 바로 예술이 갖는 본질적인 힘이다. 바타유에 따르면 모든 사회는 잉여를 창출하고, 어떤 식으로든 이 잉여는 쓰이거나 낭비된다. 하지만 한 사회가 잉여를 소비하거나 낭비하는 '방법'은 저마다 다르다.[2]

오늘날 우리는 소비하고 있다는 사실을 알지 못한 채로 소비한다. 소비는 존재하지만, 더는 즐거움으로 가득한

대대적인 스케일의 소비가 아니다. 오늘날 우리 사회는
무의식적 쾌락의 형태로 잉여를 소진하는데, 이러한 쾌락은
실제로는 신경증적일 뿐, 쾌락이 결여되어 있다.[3]

이와 같이 '보이지 않는 쓰임'의 경제가 야기하는 문제는
사회 전반에 편재하며, 팔러에 따르면 예술도 예외가 아니다.

이 분야에는 큐레이팅과 중개라는 장애물이자 소비
메커니즘이 존재하는데, 오늘날에는 예술가 한 명당 최소
두 명의 큐레이터와 한 명의 에이전트가 붙는다. 하지만
오늘날 대부분의 예술가는 거의 생산적이지 않다. 예술가의
일에서 실제 예술 작업이 차지하는 비중은 그조차도 점점
줄어들고 있는 10%에 불과하며, 나머지는 시장 조사, 셀프
마케팅, 홍보, 브랜딩, 사교 활동 등에 할애된다.[4]

이와 같은 예술 생산과 창작 방식의 변화, 즉 예술가가
일하는 방식의 변화는 예술을 자본주의와 가깝게 만들고, 그
잉여의 본질에 대한 관점을 완전히 바꿔 놓는다. 우리가
주목해야 하는 것은 예술가의 일에 대한 중개와 경제화가
아낌없는 쓰기에 대해 장애 요소로 작용한다는 점인데, 바로
그러한 쓰임을 '의미 있는' 것으로 둔갑하려 시도하고, 그
정동적인 기운과 '쓰기'의 힘을 통제하려고 하기 때문이다.

자기가 '쓴다'는 것을 아는 사회와 모르는 사회가 있다.
자원을 갉아먹는 거대한 소비 메커니즘을 만들어 내는
것은 둘 중에서 후자다. 그러나 이 사회들은 그 사실을
인식하지 못하기 때문에 '쓴다'는 행위의 마술적인 광채,
그 찬란한 매력을 알지 못하며, 더 이상 어떤 일을
대대적인 스케일(grand scale)로 벌인다는 감각을 잃게
된다.[5]

예술의 '경제적 효과'를 옹호할 때, 애당초 왜 예술이
옹호되어야 하는가에 관한 답변이 형이상학적인 '인본주의'의

차원이나 효율성과 수익성을 따지는 실용적인 차원으로
환원되어서는 안 된다. '아낌없는 소비'는 예술의 역할을 이
맹렬한 자본주의의 흐름에 맞서 인간의 본질을 수호하는
것이라고 이해하는 방식을 거부하는 동시에, 예술을 창의
산업의 일부이자 인류의 새로운 발전 방식으로 보는 경제적
이해에도 동의하지 않는다. 이 두 부류의 이해는 예술이
경제적 엄격성에 의거하여 비판에 시달릴 때 가장 빈번하게
나타난다. 이러한 상황에서 공적 논의는 대체로 예술의 숨겨진
본질(예술은 우리를 문명화시켜 준다, 뭔가 좋은 일을 한다
등)을 조명하거나 그 유용성(예술은 수익과 가치를
창출한다)을 강조하려고 한다. 하지만 팔러는 바타유가 예술을
향한 비난에 대해 전혀 다른 답변을 할 것이라고 말한다.

> 시험 삼아, 지금 정치인의 홍보 담당자, 평가원, 개혁
> 설교자, 교육기관 등에 사용하는 돈을 우리에게 달라고
> 요구해 보자. 우리는 이 재원을 즐거움이 넘쳐나는 문화와
> 문화 이론을 위해 마지막 1센트까지 사용할 것이다.
> 지금까지와는 달리, 우리와 상대방은 모두 대대적인
> 스케일로 일을 벌이는 것의 아름다운 매혹에 휩싸이게 될
> 것이다.[6]

이 아름다운 매혹은 미적 범주일 뿐만 아니라, 아낌없는
소비에서 비롯되는 공통의 즐거움이기도 하다. 예술의 가장
급진적인 정치화는 그 어떤 경제적 가치로부터 스스로를
분리시킴으로써 새로운 공통의 정동적, 미적 발화를 만들어
내는 것일지도 모른다. 예술은 팔러가 말하는 "대대적인
스케일로 무언가를 하는 것"과 관련된다. 무언가를 쓰고 만들
때 느끼는 삶과 창조의 즐거움, 아낌없이 창조하고 선물하는
즐거움, 공통의 삶을 아낌없이 써 버리고 또 창조하는 끝없는
즐거움 말이다.

2

두 번째 부류의 주장은 예술적 일의 유용성과 생산적인 성질과 관련이 있다. 지금은 모든 무용함을 생산성으로 전환해야 하는 시대이다. 개인은 자신의 잠재적 능력을 지속적으로 업데이트해야 한다. 지금의 자신과는 뭔가 다른 사람이 되기 위해 계속해서 자기 자신을 수행하고, 그러면서 비생산적이고 비유용한 일의 영역과는 영영 거리를 두어야 한다. 모든 현재의 순간들이(활동을 하지 않는 순간을 포함해서) 일을 더 잘 하기 위해 투자된다. 그렇기 때문에 우리는 여러 예술 실천과 예술가가 일하는 방식을 모든 활동을 일로 정의하는 현상에 대해 저항하려는 시도로 이해해야 한다. 예술가의 활동은 시공간과 긴밀한 관계를 맺는 일의 물질성을 드러내고, 목적 지향적인 프로젝트 형태의 전진으로 여겨지는 대신 수동성, 수면, 무위 등을 오랜 시간 포용할 수 있는 것이 된다. 크로아티아의 개념예술가 믈라덴 스틸리노비치는 1992년 '게으름을 향한 찬양'이라는 제목의 글을 발표해 동유럽과 서유럽(사회주의 세계와 자본주의 세계)이 게으름을 어떻게 다르게 이해하는지 비교하고 있다. 1990년대 초, 스틸리노비치는 흥미로운 해석을 제시하고, 나는 이것이 오늘날에도 매우 시사적이라고 생각한다.

> 서구 예술을 관찰하고 배운 끝에 나는 서구에서는 [...] 예술이 더 이상 존재할 수 없다는 결론에 이르렀다. 물론 서구에도 예술이 있다. 하지만 예술이 서구에서 더 이상 존재할 수 없는 이유는 무엇인가? 답은 간단하다. 서양의 예술가들은 게으르지 않기 때문이다. 동구의 예술가들은 게으르다. 그들이 더는 동구의 예술가가 아니게 된 지금, 계속해서 게으를 수 있을지는 아직 미지수다.[7]

스틸리노비치의 선언문은 또 다른 종류의 낭비에 관해 말하고 있다. 이는 오늘날 가장 소중한 삶의 상품인 시간을 낭비하는 것, 즉 게으름이다. 사회주의와 비교했을 때, 자본주의 사회의

주된 특징 중 하나는 예술 시스템(동시대 예술 제도의
발전된 시스템이나 동시대 예술이 시연되는 시장 메커니즘
등)이 존재한다는 것이다. "이들은 프로덕션, 홍보, 갤러리
시스템, 미술관 시스템, 경쟁 시스템(누가 먼저인가), 오브제에
대한 강박 등, 게으름으로부터, 예술로부터 그들을 멀어지게
하는 모든 것에 집착한다. 돈이 종이일 뿐인 것처럼, 갤러리는
방에 불과하다."⁸ 동구에는 "무의미한 요소들로 구성된 전체
시스템이 존재하지 않았기 때문에 동구의 예술가들은 게으르고
가난했다. 그들에게는 예술과 게으름에 몰두할 수 있는 시간이
있었다. 이들은 예술을 생산하더라도, 그것이 아무 쓸모가
없다는, 아무것도 아니라는 것을 잘 알고 있었다."⁹ 1990년대
초반에 만연했던 견해는 동구권 예술이 다소 비가시적이고
주변부적인 영역에 머무를 수밖에 없는 이유가 예술 제도를
발전시키지 못했기 때문이라는 것이었는데, 이 제도의 부재는
긍정적인 관점에서 재고될 수 있다. '프로덕션 모델의 부재'에
대한 전복적인 긍정이 무엇으로 이어지는지 다시 생각해 볼
수 있다는 것이다. 이것이 스틸리노비치의 선언문이 하고 있는
일이다. 예술가의 일을 게으름, 무위, 쓸모없는 일 ― 효율성에
집착하는 사회에서는 게으름과 동일한 것으로 여기는 ― 과
등치시킴으로써, 이 글은 예술과 일의 문제적인 관계를
드러낸다. 스틸리노비치의 말처럼, 오늘날 예술가는 자신의
창의적 작업이 진짜로 아무런 값어치가 없다는 인식을 가지고
일하기가 불가능해졌다. 실제로는 아무런 쓸모가 없을지라도,
모든 활동은 목적을 가져야 하며 시장가치를 얻어야만 한다.
모든 무용한 활동은 가치가 있음을 보여 줘야 한다. 1990년대
초에 쓰인 스틸리노비치의 글은 예술적 일에 발생한 변화,
혹은 예술가들이 일하는 방식에 나타난 변화를 보여 준다.
이러한 변화 끝에 새로운 일의 측면들 ― 일이 모든 것의
중심이 되는 현상, 사업가로서의 예술가, 끊임없는 유목적 활동,
지속적으로 자기 일에 대해서 성찰할 준비가 되어 있는 태도,
자신의 생산물이 지속적으로 시연되고 유통될 수 있도록
참여하는 일, 네트워킹의 중요성, 일의 국제화 등 ― 은 당연한
것으로 받아들여지게 되었다. 그 속에서 예술가는 다른 유의

창의성에 쏟을 수 있는 시간도, 여유도 잃게 된다. 이를테면 다른 시간적 양태 속에서 존재하는 방법을 모색하는 일 말이다. 동시에, 스틸리노비치의 선언문은 자본주의 예술 체제 바깥에 등장한 다른 예술 창작 방식을 긍정하려는 시도, 혹은 적어도 동시대 시간의 가속과 일의 가시성을 결합하는 자본주의의 시간적 총체에 대해 브레이크를 밟으려는 명백한 시도로 이해할 수 있을 것이다.

스틸리노비치의 선언문에 추가해야 할 것은 오늘날 예술가가 수행하는 엄청난 양의 일로 인해, 예술가는 자본주의적 노동 이데올로기의 핵심에 있는 진정한 게으름을 드러낼 수 있는 정치적 힘을 잃어버렸다는 것이다. 그러나 오늘날의 예술가는 예술가로 남으려면 반드시 일을 해야 한다. 그게 예술가가 끊임없이 일을 하면서도 동시에 자신의 일에 관해 끊임없이 비판적이어야 하는 이유다. 그들의 모든 행위는, 아무리 게으른 행위일지라도, 반드시 일로 전환되어야 한다. 예술가가 그 전환을 직접 하지 않으면, 그 예술가의 일을 일로 가시화하고 평가하는 다른 제도나 시스템이 그 역할을 대신한다. 자신의 무용한 일에서 그 어떤 게으름의 흔적도 지우려고 끊임없이 노력하는 과정에서, 예술가는 자신이 자본주의 체제의 핵심에 자리 잡고 있는 진짜 게으름을 비출 수 있는 그 어떤 비판적 힘도 잃게 되었다는 사실을 간과하고 만다.

3

한나 아렌트는 『비타 악티바』(Vita Activa, 활동적 삶)에서 모든 공공 영역의 활동이 노동이 되었다고 말하고 있다. 그 결과 우리가 하는 모든 것은 생활필수품을 공급하고 최소한의 생활수준을 영위하기 위한 활동으로 밀려난다.[10] 분명한 것은 일이 다른 모든 것을 지배하게 되었다는 점이다. 이런 의미에서 일이 만연한 현상은 자유나 해방을 의미하는 것이 아니라, 필요성이라는 멍에가 삶에 편재하게 된 것에 더 가깝다.

비르노에 따르면 이 영역들 – 일, 창의성, 정치적 활동 – 은 더는 근본적으로 구분되지 않는다. 비르노는 이 세 종류의 활동 간에 차이가 사라지는 것이 동시대성과 포스트포드주의 일의 기본적인 성질이라고 말한다. 특히 그는 일과 정치의 차이가 사라지는 현상에 주목한다. 포스트포드주의 세계에서는 많은 정치적 활동이 일의 일부가 된다는 것이다. 그의 해석에 따르면 일이 공적 성질을 갖게 되었다는 것은 모든 것이 일이 되었다는 의미이기도 하지만, 무엇보다 일이 공공적 활동의 특성을 탈취했다는 뜻이다. 동시대적인, 소통적인 일은 일 그 자체를 위해 수행되면서도 잉여 가치를 창출한다는 점에서 명장(virtuoso)의 공적 활동을 닮았다.[11] 일의 공적이고 정치적인 성격을 대표적으로 표상하는 것은 예술적 일이다. 예술적 일에서 중요한 것은 창작이 아니라 활동이고(혹은 인간의 정치적이고, 참여적이고, 소통적인 힘을 다뤄야 하고), 그 핵심에는 주체성 생산, 사회성, 유연성이 놓인다. 이러한 힘은 오늘날 강도 높은, 극도로 '생산력이 높은' 삶과 자연의 힘이 되며 자연적인 삶의 리듬을 가속화한다. 특히 창의적 힘은 실제로 동시대 생산 수단으로 기능한다는 점에서 더욱 그렇다. 그런 의미에서 이러한 힘들은 아렌트가 말하는 기계들을 대체하면서도, 이 세계에 같은 영향을 미친다. "기계의 리듬은 자연적인 삶의 리듬을 팽창시키고 강화하겠지만, 영속성의 마모라는 삶의 핵심적인 성질을 바꾸지는 않으며, 오히려 그것을 더 치명적으로 만들 것이다."[12] 인간의 힘을 생산수단으로 사용하는 것은 이 세계의 지속성과 영속성뿐만 아니라, 주체성의 지속성과 영속성을 파괴한다. 문제는 이러한 동원이 피로와 고갈로 이어질 뿐만 아니라 우리의 삶과 활동을 동시대 생산에 종속시킨다는 점이다. 그런 의미에서 예술은 양가적으로 자본주의와 닮아 있다. 한편으로 예술은 더는 예외적인 것이 아니라, 일과 혼연일체가 되는 법을 표상한다. 하지만 다른 한편으로 예술은 삶의 필요성으로부터 벗어난 물리적이고 체화된 창조의 과정을 나타내기도 한다. 예술은 유용하지도, 목적 지향적이지도 않다. 완전한 우연이나 실패로부터 비롯될 수도 있다. 그 지속 기간도 예측할 수 없다. 예술은 영속하며, 아직 실현되지 않은 인간 힘의 잠재성으로 존재한다. 동시에 예술은 삶의 생산을 강화하는 일에 머무르지 않는다. 오히려 반대로, 낭비, 수면, 무위라는 무정부적 힘을 통해 생산을 지향하는 그 어떤 것과도 다른 삶의 기운과 리듬을 만들어 낸다. 하지만 이 역설적인 자율성 때문에 예술은 생명의 엔트로피와도 결합한다.

4

어쩌면 예술적 자율성의 핵심은 창조적 힘의 실현되지 않은 잠재성을 인식하는 것일지도 모른다. 이러한 인식을 통해 인간의 활동, 인간 존재는 자신이 될 수 있는 것에 언제나 미처 못 미치는 활동으로 나아갈 수 있다. '덜 일하기'의 가능성은 예술과 일의 관계를 비판적으로 볼 수 있는 프리즘이 된다. 게으른 반란이나 비노동의 특권, 자유 시간의 연장을 주장하는 것이 아니다. 예술적 일이 계속해서 이어질 수 있게 하는 것, 아감벤의 말을 바꿔 말하자면, 일이 '특질을 갖지 않는 일'이 되게 하는 것을 말한다. 바로 이 덜 할 수 있는 능력, 이렇게 '적음' 속에서 끝없이 지속할 수 있는 능력이 인간을 시간적 차원으로 열어젖히고 역사적인 존재로 만든다.

'덜 하기'의 잠재성은 인간 활동에 지속성을 만들어 내고, 인간이 할 수 있는 다양한 경험 간의 경계를 재고할 수 있는 영구적이고 자율적인 힘을 예술에 부여한다. 예술은 이 무용한 삶을 긍정할 수 있는 관문을 열어 준다. 따라서 덜 하기는 예술적 삶의 가치를 사변할 수 있는 새로운 급진적 제스처로 이해할 수 있으며, 일의 완벽을 위해 일하기보다는 삶 그 자체를 위해 자율적으로 일하는 시작이 될 수 있다. 그렇기에 이는 일하는 자로서 예술가가 지녀야 하는 중요한 미적, 윤리적 태도다. 그러나 이 적음은 그 무엇과도 타협하지 않으며, 대대적인 스케일로 이루어진다. 인간 활동을 우리 모두에게 공통된 것으로 만드는 것은 우리 모두 할 수 있는 것보다 덜 할 수 있는 능력, 할 수 있는 것 대신 다른 무언가를 할 수 있는 멋진 능력을 가지고 있다는 사실이다. 또한 덜 하기는 자기가 하는 일의 시간적 물질성을 열어젖히기 위해 자신의 삶을 창의적 투기로 내모는 힘에 저항해야 하는 예술 노동자의 특정 태도를 시사한다. 예술가의 일은 삶에 자리를 내어 준다. 삶과 예술 활동의 경계를 무너뜨리는 방식이 아니라, 덜 하기라는 자율적인 차이를 만들어 냄으로써 말이다. 덜 하기를 통해 삶이 비로소 가능해진다. 그런 의미에서 덜 하기는 동시대 삶의 리드미컬하고 유연한 분위기에 영향을 미칠 수 있는 대단히 중요한 정동적 전환으로 이해될 수 있다. 바로 이것이 예술을 옹호하는 세 번째 부류의 무정부주의적 주장이다. 언제나 보다 많은 것을 해야 한다는 요구를 마주하는 바로 그 순간에, 덜 하기.

이 글은 『Performance Research』에 게재된 「Art and Labour: On consumption, laziness and less work」(2012)를 발췌, 편집한 것이다.

1   Robert Pfaller, 『Wofür es sich zu leben lohnt: Elemente materialistischer Philosophie』 (Frankfurt-am-Main: S. Fischer Verlag, 2011), 202.
2   엄청난 규모의 가상의 가치를 창출할 수 있는 경제적으로 성공적인 예술가(오늘날 대표적인 예로 데미안 허스트가 있다)와 전혀 다른 경제적 조건으로 작동하는 나머지 '예술 생산'을 구분할 필요가 있다. 예술이 금융 투기(speculation)에 의존하는 현상은 내가 하고자 하는 논의와는 큰 관련이 없는데, 나는 보다 광범위하고 재정적으로 덜 성공적이며 예술 시장의 투기적 과잉으로부터 멀리 떨어진 예술 생산(그럼에도 불구하고 여전히 시장 원리를 따라야 하는)에 더 관심이 있기 때문이다. 그럼에도 불구하고, 이러한 투기는 기본적으로 가치가 갖는 비합리성을 보여 주며, 예술이 경제적 가치와 실제로 거의 관련이 없다는 것을 다시 한번 승인한다. 예술 작품의 경우 그 가치는 주로 비합리적인 기대와 투자에서 발생한다. 이것이 바로 끊임없이 예술의 가치를 정립하고, 확인하고, 맥락화하는 일을 하는 수많은 중개자들이 존재하는 이유이기도 하다.
3   Pfaller, 『Wofür es sich zu leben lohnt』, 203.
4   Pfaller, 204.
5   Pfaller, 205.
6   Pfaller, 205.
7   Mladen Stilinović, 『Umetnik na delu: 1973-1983』 (Ljubljana: Galerija ŠKUC, 2005).
8   Stilinović, 『Umetnik na delu』.
9   Stilinović.
10 Hannah Arendt, 『Vita Activa』 (Ljubljana: Krtina, 1996), 127.

11 잉여 가치에 대한 비르노의 주장은 포스트포드주의 사회에서 노동의 변화를 이해하는 데 핵심적이며, 마르크스가 말하는 명장의 노동에 대한 이해와도 차이를 드러낸다. 포스트포드주의 사회에서 마르크스가 개인적인 서비스라고 간주했던 일은 이제 자본을 투자하는 일이 된다. 산업은 커뮤니케이션 산업으로 전환되고 아이디어 공장이 형성된다. 예술적 삶의 투기적 가치에 관한 나의 진술 역시 명장의 일이 창출하는 잉여 가치와 연결된다. 이때 투자의 대상이 되는 것은 예술이 아니라 예술적, 창조적 힘이다. 예술가의 삶은 자본의 관심 정중앙에 놓인다.

12 Arendt, 『Vita Activa』, 132.

마텐 스팽베르크
김신우 옮김

돌리 파턴은 사업 파트너이자 멘토인 포터 왜거너에게 작별을
고하며 '언제나 당신을 사랑할 거예요'(I will always love
you)라는 곡을 썼다. 1974년에 발표된 이 곡은 파턴이 직접
작곡하고 노래한 만큼 파턴 특유의 분위기를 느낄 수 있는
멋진 노래다. 그녀의 감정, 그녀의 작별 인사 그 자체였다.
    1992년 휘트니 휴스턴은 영화 「보디가드」의 주제곡으로 이
곡을 다시 녹음했고, 이 솔-발라드 버전은 대히트를 쳤다.
하지만 이상한 일이다. 적어도 내게 휘트니 버전은 전혀 다른
곡이 되었는데, 대단히 감동적이고 비가역적인 이 버전이
역설적인 이유는 가사, 화음, 감정 그 어떤 것도 휴스턴
본인이 사랑하는 이를 떠날 때를 다루고 있지 않기 때문이다.
그런데도 매번 노래를 들을 때마다 눈물이 난다.

자크 랑시에르는 예술과 정치에서의 의견 불일치(dissensus)에
관한 글에서 불일치는 갈등, 혹은 누군가는 이겨야만 하는 두
식별 가능한 존재들 간의 불화가 아니라고 말한다. 샹탈
무페가 말하는 적대의 형식도 아니며, 랑시에르의 말에 따르면
하나의 감각과 다른 감각 간의 생산적인 긴장감이다. "감각적
제시와 그것을 이해하는 방식" 간의,[1] 혹은 일상적인 언어로
표현하자면, 어떤 것을 경험하고 의미를 부여하는 방식 간의
긴장인 것이다. 그렇다고 합의(consensus)가 부정적인 것은
아니고, 이 또한 삶을 영위하기 위해 절대적으로 필요한
것이다. 합의는 감각과 감각, 경험과 의미가 잘 들어맞거나,
일치해서 그 어느 방향으로도 누수가 발생하지 않는 상황을
말한다.

물론 이 프랑스 철학자가 휘트니 휴스턴을 사례로 들지는 않았지만, 그녀의 버전과 돌리 파턴의 버전이 다른 점은 바로 오리지널 버전에서는 요소들 사이에 합의가 발생하는 반면, 리메이크 버전에서는 단순히 이질적인 뭔가를 만들어 내거나 피상적으로 접근하는 것을 넘어서서, 분명 경험과 의미 사이의 누수가 있다는 점이고, 바로 이 지점에서 감정의 소용돌이에 휩쓸릴 수 있는 가능성이 생긴다. 아니, 더욱 정확히는 감정이 아니라 감각 또는 정동이다. 감정이 식별되고 위치 지어질 수 있는 것이라면, 정동은 감각되지만, 식별할 수도, 명명할 수도, 위치를 규정할 수도 없는 것이다. 돌리 파턴의 「언제나 당신을 사랑할 거예요」는 놀랍지만 지극히 관습적이고, 휘트니의 버전은 커버 곡이기 때문에 대단히 평범하지만, 압도적이다. 파턴의 곡이 "와 대단하다, 하지만 그래 봤자 사랑 노래지."라면 휴스턴의 곡은 "그래 봤자 팝송일 뿐인데, 와, 대단하다."인 셈이다. 여기서 "와, 대단하다" 같은 감탄사는 느낌표를 어디에 찍건, 결코 어딘가 착지하지 않은 채로 계속해서 놀라움을 자아낸다. 고작 대중적으로 인기를 끈 노래의 커버일 뿐인데 말이다.

프랑스의 또 다른 철학자 자크 데리다는 유튜브에도 올라와 있는 한 인터뷰에서 사랑에 관한 질문에 대해, 사랑하는 사람과 사랑하는 대상을 구분해야 한다고 말한다. 절대적인 고유성(singularity)으로서의 사랑하는 사람과, 그 사람이 지닌 자질, 아름다움, 지성, 경제적 가치는 구분되어야 한다는 것이다. 사랑의 핵심은 <u>누구</u>를 사랑하는지와 <u>무엇</u>을 사랑하는지를 구분하는 것이다. 물론 데리다가 이 용어를 사용하지는 않지만, 사랑은 바로 이 <u>누구</u>와 <u>무엇</u> 간의 불일치, 감각적 제시와 그것에 부여된 의미 간의 불일치에 참여하는 것이다.

나는 랑시에르가 "동의하지 않기로 동의합시다."와 같은 문장을 사용하는 사람들에 대해 어떻게 생각할지 궁금하다. 불일치의 관점에서 볼 때 이 문장은 정확히 생산적인 긴장을 위치 지어진, 식별 가능한 것으로 둔갑하는 것이 아닌가? 즉, "동의하지 않기로 동의합시다."는 강요된 인위적 합의가

아닌가? 불일치는 어쩌면 황혼[2]이나 어스름과 비슷한
것일지도 모른다. 어떤 것의 부정성을 통해서만 식별 가능한
무언가 말이다. 여기서 부정성이란 단순히 반대, 병치, 대조,
심지어는 결여 또는 부재를 의미하기 십상인 '그것이 아닌
무언가'를 말하는 것이 아니다. 황혼도, 불일치도 정신분석학적
뒷마당 따위가 아니다. 반대로, 그것은 한순간이 길게 늘어난
것으로, 확장된 상태에도 불구하고 프레임에 얽매이지 않으며,
따라서 이미지를 비롯한 포획의 기술에 저항하는 힘을 가진
무언가를 말한다. 불일치는 바로 이 낮과 밤의 사이에
있으면서도 동시에 있지 않은, 또한 끊임없이 포획으로부터
물러나는 비물질적인 확장을 말한다.

　　세 번째로 소개할 프랑스의 철학자 질 들뢰즈는 1966년에
출간한 『베르그송주의』에서 가짜 문제와 진짜 문제를 구분한다.
전자의 범주는 일련의 해결책들이 존재하는 문제를 말한다.
올바른 선택을 내리면 그만인 문제이고, 물론 여기서 각각의
선택은 특정한 가치를 대변한다. 이것도 가능하고 저것도
가능한, 간단히 말해 개연성의 문제이며, 설사 최종적인
해결책이 없더라도 가짜 문제는 그 문제를 극복하기 위해
약간의 협상만 하면 되기 때문에, 인간으로서 우리의 능력을
승인해 주는 것에 지나지 않는다.

　　반면, 진짜 문제는 해결책이 존재하지 않는, 선택지를
제시하지 않는, 협상이 불가능한 문제다. 이것도 가능하고,
저것도 가능하지 않은 그런 문제다. 진짜 문제는 개연성의
영역에서 작동하지 않으며, 심지어는 상상력의 영역도 넘어선다.

　　물론 진짜 문제를 생산하거나, 만드는 것은 불가능하며,
우리는 그것을 찾거나 발견할 수도 없다. 그 자체로 존재하는
것이 아니기 때문이다. 생산되거나 제조된 문제는 어떤
형태로든 해결책이 존재하지 않을 수 없다. 들뢰즈의 관점에서
볼 때, 우리가 생산할 수 있는 것은 진짜 문제가 출현할 수
있는 가능성뿐이며, 여기서 진짜 문제는 자크 랑시에르의
불일치 개념과 밀접한 관련이 있다는 것은 명백하다. 불일치와
유사한 진짜 문제는 방향성이 없으며 불확정적이지만, 세상에
눈에 띄는 변화를 일으키는 것은 바로, 이 불일치와 진짜

문제들이다. 정동과 마찬가지로 그것은 위치 짓거나 고정될 수 없다. 진짜 문제는 불일치의 출현이다.

이 연장선상에서 보자면, 가짜 문제와 합의는 들뢰즈의 말처럼 변화나 차이를 <u>정도</u>에 따라 조율할 수 있지만, 오직 진짜 문제와 불일치만이 아예 다른 <u>종류</u>의 차이를 만들어 낼 수 있는 가능성을 생성한다. <u>종류</u>의 차이는 가능성의 영역을 넘어서서, 잠재성의 영역에서 작동하며, 이는 언어가 닿지 않는 영역도 아우르는 역학이다.

돌리 파턴과 휘트니 휴스턴의 「언제나 당신을 사랑할 거예요」 사이에는 개념적으로 중요한 사건이 있었는데, 바로 1990년 3월 1일에 주디스 버틀러의 『젠더 트러블』이 출간된 것이다. 이 중대한 저서에서 버틀러는 J. L. 오스틴의 수행성 이론을 언어가 그 자체로 수행적이라는 자크 데리다의 명제와 연결하여 인간의 정체성뿐만 아니라 모든 것의 정체성이 수행적이고, 언제나 상황적이며, 언어를 통해서만 가능해진다는 획기적인 아이디어를 정교하게 설명한다.

주디스 버틀러는 정적이고, 고유한, 개인적인 정체성이 불가능한 이유를 여러 층위에서 설득력 있게 풀어낸다. 인간이 세계에 접근하는 경로가 언어라면 정체성 또한 언어를 통해 구성될 수밖에 없으며, 언어가 수행적이라면, 다시 말해, 언어가 그 어떤 기반도 갖지 않으며 끊임없이 변화하는 것이라면, 정체성이 확실한 안정성을 갖는 것도 불가능하다. 버틀러 사유의 급진적인 측면은 한 사람의 정체성이 결코 개인적인 것이 아니라 공유된 관습을 통해서 설계되거나 구성된다고 주장한다는 점이다. 피부 아래에서 그 어떤 진정한 나, 진실된 자아도 찾을 수 없다. 정체성은 수행적인 것으로, 우리 각자가 세상과 협력하며 지속적인 과정을 통해 구성해 나가는 것이다. 우리는 맥락에 따라 딸에서 엄마로, 또는 전문가, 연인, 공연예술가, 개 주인, 뉴요커, 독신자 등으로 수만 개의 다른 정체성을 획득할 수 있다. 나는 결코 '나'가 아니라 항상 '그들'이며, 영원히 복수로 존재한다. 아니, 중첩되는 수많은 정체성으로 '존재'하는 것이 아니라 그 정체성을 계속해서 '실천'하는 것이다. 누군가로 '존재'한다는 것은 결국 안정성을 의미하기 때문이다. 정체성 정치는 이런 식으로 존재를 근절했다.

다시 강조하자면, 언어에 기반이 없다면, 그 어떤 급진적인 의미에서든 진리는 불가능해진다. 진리는 확고한 기반이나, 어떤 형태로든 지표에 의존하기 때문에 진정한 자아 같은 것은 변칙이 되고, 진정한 자아가 설사 존재한다고 하더라도 그것은 언어를 통해서 도달할 수 있는 영역 바깥에 존재하기 때문에, 우리가 접근할 수 없는 것이 된다. 그러나 우리는 이 사실이 큰 축복이라는 점을 기억해야 하는데, 진정한 자아는 절대적으로 정적이고, 이 우주에 대한 성찰이나 아빠의 농담만큼이나 재미없는 것이기 때문이다.

다시 돌리 파턴과 휘트니 휴스턴으로 돌아가자면, 70년대 초 파턴의 버전에서는 노래를 부르는 주체가 안정된 정체성의 형태를 갖기 때문에 그의 사랑은 진실된 것으로 머물 수 있고, 아마도 그렇기 때문에 특별히 바로크적인 과장 없이도 노래를 부를 수 있었을 것이다. 휘트니의 경우 전혀 다른 게임을 해야 한다. 이제는 오직 설득력 있게 보이는 문제가 있을 뿐 고정된 실제란 없기 때문에, 그녀가 어떻게 노래를 수행하는지가 관건이 된다. 휘트니의 사랑에는 진실이 없다.

주디스 버틀러의 수행성 이론과 그의 확장으로 부상한 정체성 정치의 중요성은 아무리 높이 평가해도 지나치지 않다. 비록 겉으로 드러나지 않았을지라도, 이 이론은 분명히 세상에 혁명을 일으켰다. 좋은 의미에서든 나쁜 의미에서든 말이다. 특히 여성, 유색인종, 성소수자 등 다양한 소수자 집단에 완전히 새로운 형태의 투쟁과 기회를 제공했을 뿐만 아니라 인간 존재가 함의하는 바가 무엇인지, 심지어는 인간이란 무엇인지에 대한 완전히 새로운 이해의 길을 열었다. 흥미롭게도 이른바 수행적 체제의 출현은 1989년 냉전 종식 후 글로벌 경제로 확장된 신자유주의적 자본주의가 추구하는 새로운 형태의 개인성과 일치한다. 버틀러의 개념은 내용적으로 뛰어났을 뿐만 아니라 시기적으로도 완벽했다. 돌이켜 보면, 그 역사적 순간을 위해 딱 맞게 재단된 이론처럼 보인다.

'나'를 정적인 것으로 이해하는 고전적 방식과는 반대로, 수행적 정체성은 '나'를 개선할 수 있는 것으로 보고, 그렇기 때문에 자기 자신에게 투자하는 것은 각자의 몫이 된다. 2007년 인비저블 커미티에서 출간한 영향력 있고 도발적인 책 『다가오는 반란』(The Coming Insurrection)에서 선언한 것처럼, 현재와 미래에 우리의 가장 소중한 재산은 요트, 고급 빌라, 자동차가 아니라 우리의 정체성이라는 사실을 받아들이는 것 외에는 선택지가 없다. 각자가 판매하는 것은 자기 자신이고, 자기가 얼마나 투자 가치가 있는 상품인지는 그 사람의 드레스 코드가 뭔지, 어느 필라테스 스튜디오를 다니는지, 채식주의자인지, 맥주보다 와인을 더 좋아하는지, 플레이리스트에 무엇이 있는지, 액티비스트 예술을 하는지, 옷을 잘 차려입는지, 캐주얼하게 입는지, 스도쿠를 하는지, 샐리 루니를 읽는지, 존 케이지의 『사일런스』를 가지고 다니는지 등으로 판단할 수 있다.

2000년대 초반에는 모든 예술 맥락에서 수행성이 중요한 화두가 되었고, 공연예술뿐만 아니라 모든 비엔날레, 미술관, 문학 축제에 수행적인 요소가 포함되어야 했다. 이 시기에 무용이 미술관에 진입했을 뿐만 아니라, 모든 예술 작품이 수행적인 것으로 포장되었다. 수행성은 꽤 자주 형용사로 쓰였는데, "그 작품은 약간 수행적이지."라는 말은 마치 그것이 흥미롭거나 쿨하다는 의미로 여겨졌다. 수행성은 양적인 단위로도 사용됐다. 어떤 것이 더 수행적이거나 덜 수행적일 수 있다는 듯 말이다. 그런데 미안한 말이지만, 춤을 많이 춘다거나, 통통 튀는 걸음으로 걷거나, 과장된 표정을 짓는다고 해서 당신의 정체성이 더 수행적이 되는 것은 아니다. 비물질적인 것을 포함해서 이 세상 모든 것의 정체성, 이를테면 의자, 도시, 역사적 사건, 무용 공연, 진료 예약 등은 수행적이다. 무언가가 다른 무언가와 관계 맺는 순간, 수행성은 필연적이다.

정체성 정치와 그것이 어떻게 세계를 구성하는가에 관련해서 다소 간과되는 관점은 그것이 지극히 인간중심적이며, 포스트구조주의 언어 이론의 연장선상에서 극도로 관계성에 몰두한 나머지, 모든 객체, 사물, 물질은 오직 관계 속에서만 그 '존재'가 허용될 뿐, 그 자체로 존재할 수는 없다는 결론으로 이어진다는 점이다. 현상학을 배경에 둔 수행성 이론에서 객체는 존재할 수 없다.

언어가 관습적이고, 요컨대 접근성의 차원에서 볼 때 언어 그 자체가 세계라면, 다음과 같은 의문이 떠오른다. 한 사람이 언어에 아직 포함되지 않은 형태의 정체성을 실천할 수 있을까? 달리 말하면, 정체성 정치의 관점에서 한 사람은 언어가 허용하는 정체성의 형태로만 '존재'할 수 있으며, 이를 자크 랑시에르의 관점에서 보면, 정체성이 오직 합의에 기반한 것, 마찰과 긴장을 일으키지 않는 것이 될 수밖에 없다는 것을 의미한다. 모든 정체성은 가능성이다. 이것이 될 수도 있고, 저것이 될 수도 있기 때문에 개연적이며, 때로는 도발적인 정체성이 있을 수도 있지만, 그럼에도 불구하고 언제나 우리가 이미 알고 있는 방식의 인간 존재를 승인한다. 동시에 정체성 정치는 랑시에르의 불일치 개념을 거부해야 하는데, 왜냐하면 이 이론은 언어가 전부가 아닐 가능성을 제시함으로써 수행적 체제의 권위를 돌이킬 수 없이 무너뜨릴 수 있기 때문이다.

내가 보고 느끼는 범위 내에서 말하자면, 정체성 정치는 결국 사랑에 있어서도 문제를 마주하게 된다. 사랑이 자크 데리다의 주장, 즉 누구와 무엇 간의 씨름이라는 것과 조금이라도 관련이 있다면, 주디스 버틀러의 이론하에서 절대적으로 고유하고 독자적인 누구는 존재할 수 없기 때문이다. 수행적 체제는 결국 누구를 배제하고 무엇만 남기게 되는데, 이는 특별할 것이 하나도 없는, 단순히 관습과 협상의 문제가 되어 버린 사랑의 형태다. 데리다가 "내가 당신을 사랑하는 것은 내가 당신을 사랑하기 때문이다. 당신이 당신이기 때문이다."라고 속삭일 때, 버틀러는 그녀가 누군가를 사랑한다면 그건 상대방의 외모, 긴 다리, 학벌, 부유한 집안 때문이라고 결론을 내리는 셈이다. 안타까운 사랑이다.

이것이 사랑에서 일어나는 일이라면 정체성 정치와 예술의 관계에서도 일어날 수 있는 일이다. 수행성 이론은 언어 영역의 구조적 문제가 생기지 않는 이상 그 너머로 확장될 수 없기에 예술을 가시적인 효과로 환원해야 하며, 따라서 랑시에르가 불일치라고 부르는 정동의 역학, 즉 그 마술을 배제하게 되기 때문이다. 그럼으로써 정체성 정치는 예술을 사회적 환경의 도구 또는 토큰으로 만든다. 의미, 효과, 결과물, 심지어는 관습적인 인과관계를 제외하고는 다른 그 어떤 방식으로도 예술을 이해할 수 없게 되며, 예술을 인지, 지식, 성찰의 문제로 바꾸어 놓는다.

정체성 정치는 흐릿한 상태를 거부한다. 단순히 "나는 이 그림을 사랑해."라고 말하는 대신, 왜, 어떤 상황 속에서 이 예술이나 저 예술이 가치 있는지에 대한 논쟁으로 자신의 흔적을 뒤덮는다. 심지어는 정체성 정치가 예술의 영역을 제거한다고도 말할 수 있을 것이다. 절대적으로 고유한 경험의 가능성을 지닌 예술의 영역을 전적으로 문화에 통합시켜 버리기 때문이다. 예술은 분명히 이런 문화나 저런 문화 속에서 창조되지만, 그렇다고 그것이 문화와 동일한 것은 아니다. 예술과 문화의 차이는 일차적으로는 자율성의 차원에서, 그리고 두 번째로는 정량화할 수 있는 가치인가라는 관점에서 대단히 중요하다.

불일치의 순간이 떠오르기 위해서는 그것이 아무런 가치를 지니지 않으며, 위치를 특정 지을 수 없고, 언어로부터 물러나야 한다는 점이 중요하다. 미적 경험, 불일치와의 만남에는 방향성이 없다. 그것은 랑시에르가 말한 원인이 존재하지 않는 결과이며, 정체성이 존재하지 않는 순간이자, 수행적이지 않은, 관계적이지 않은, 객체, 객체 그 자체와의 만남이다.

그렇다, 그림은 그림임을 수행하고, 무용 공연은 무용 공연임을 수행하고, 사람들은 그 무용을 수행하며, 이들 모두는 정체성이자 끝없는 서로와의 관계성, 세계와의 관계성으로 이루어져 있다. 하지만 미적 경험은 수행적이지 않다. 그것은 구성되지 않으며, 분리될 수도 없고, 그렇기 때문에 측정할 수도 없다. 그것은 전적으로 고유한 것이고, 정확히 그렇기 때문에, 그것은 정도의 차이가 아닌, 종류의 차이로서의 경험이다.

바로 돌리 파턴의 노래와 휘트니 휴스턴의 수행 사이에, 백인 미국 여성과 흑인 미국 여성이 "나는 언제나 당신을 사랑할 거예요."라고 노래할 때 그 의미의 차이 사이에, 진실의 불가능성과 사랑의 기적 사이에, 정체성 정치와 절대적 고유성 사이에, 불일치가 머무른다. 바로 그곳에 예술의 자율성이 짧은 한순간이나마 모습을 드러낸다. 진실이 감지되는 것은 모든 것이 보이는 것과는 다르지만, 그 어느 때보다도 실재에 가까운 낮과 밤 사이에서다.

1 J. Rancière, 『Dissensus』(London: Continuum, 2010), 139.
2 마텐 스팽베르크는 2021년 옵/신 페스티벌에서 '휘닝엔'이라는 작품을 선보였는데, 이는 스웨덴어로 '황혼' 또는 '어스름'을 의미한다.

우리의 몸은 우리가 실제로 가진 전부다

엘 콘데 데 토레필
김신우 옮김

연극은 탄생 이래 언제나 상상력이라는 도구를 사용해서 가상의 현실이 되려고 노력해 왔다. 즉, 관객 눈앞에 인공적이고 고도로 설계된, 극도로 안무된 세계를 구축하고자 했다. 최근, 연극이 이토록 염원해 왔던 가상현실은 실제로 존재하게 되었다. 삶의 디지털화를 연극이 이길 수 있는 길은 없어졌다. 이제 그 어느 때보다도 중요해진 것은, 연극이 상상력을 불러일으키는 것이다. 디지털 세계에서 제공하는 유한하고 편집된, 픽셀화된 형태가 아닌, 다른 상상력 말이다. 연극은 다른 무언가가 되어야 한다.

연극은 태초부터 인간이 허구에 대한 욕구를 품고 키워 나간 장소이며, 인류 역사에 걸쳐 모든 형식의 허구가 등장하고 발전한 모체다. 연극의 형식과 관습은 오늘날 우리 삶을 점유하는 모든 복합적인 문화 예술 체제의 토대를 마련했다. 어떤 의미에서 이러한 토대와 결별한다는 것은 그 이후에 생겨난 수많은 형식 역시도 허무는 것을 말한다.

오늘날 허구를 만들어 내는 새로운 형식들은 훨씬 더 정교해지고 진화했으며, 자신만의 영역과 언어를 갖게 되었다. 연극은 결코 이 형식들과 경합할 수도, 해서도 안 된다. 연극에는 역사를 통해 끊임없이 새로운 형식으로 갱신되어 온 확고부동한 관습들이 있다. 기술의 정교함만 두고 본다면 연극은 다른 형식을 이길 수 없기 때문에, 이러한 근원을 잃어버린다면 연극은 소멸 위기에 처할 것이다. 연극이 갖는 힘은 허구를 위해 만들어진 최초의 신전이라는 그 근원적인 본질에 있다. 허구의 모체로서, 허구의 심장과 영혼으로서, 연극의 생명력은 그 뿌리를 굳게 유지하는 데에 달려 있다.

우리가 살고 있는 역사적 시기를 특징짓는 것은 디지털화, 그리고 유기적인 인간의 삶과 이 새로운 차원의 통합이다. 연극은 이 차원을 포용할 수 있는 역량을 갖고 있지 않으며, 감히 말하건대, 이러한 방향의 시도는 연극이 멸종에 동의하는 것과 마찬가지일 것이다. 연극의 본질은 가상 세계의 대척점에 있다.

연극의 힘은 현재에 있다. 연극은 몸과 물질의 만남 속에서 소비되는 예술이며, 바로 지금, 이 공간에 고유한 에너지 장을 생성하는 예술이다. 연극은 전적으로 집중에 관한 것이고, 시간이자 공간이며, 모닥불처럼 지금 여기에서 스스로에 생명을 불어넣는 살아 있는 몸이다.

끊임없는 집중력 방해, 무수히 많은 자극, 즉각적인 욕망을 부추기는 거듭되는 선동으로 인해 제의라는 형식이 희미해진 시대에, 연극은 여전히 살아 있는 몸이 지닌 모든 감각에 호소하며 현존과 집중력을 필요로 하는 매체이자, 창작자와 관객 모두에게 정신적, 감각적, 지적, 정서적 차원의 적극적인 참여를 요구하는 매체다.

연극은 나중에, 또는 스크린을 통해 소비될 수 있는 매체가 아니다. 연극은 우리의 유기적이고 아날로그적인 본성에 호소한다. 연극은 우리가 가지고 있는 가장 인간적이고 유기적인 허구이며, 우리 몸과 창조적 역량, 에너지의 잠재력, 행동할 수 있는 힘에 가치를 부여하는 매체다. 연극은 우리가 행동할 수 있고, 능동적이고 창조적인 존재이며, 사유하고 물질을 생산할 수 있는 존재라는 것을 일깨워 준다. 연극은 인간 세계를 창조하고 관찰하며, 그 피조물에 관해 생각하고 질문한다. 연극은 외부적이거나 추상적인, 혹은 기술적인 중재가 필요하지 않은, 그 자체로 비판적이고, 실천적이며, 능동적인 도구다.

우리 인간은 이 세계를 정신적으로, 또 물리적으로 지각한다. 무대는 서사를 3차원의 공간으로 펼쳐 냄으로써 우리를 말, 이미지, 움직임의 물리적인 차원, 즉 물리적인 삶과 연결해 준다.

미래의 연극은 텍스트 또는 주제의 혁명이 아닌, 형식의 혁명을 통해 도래해야 한다.

우리와 엘 콘데 데 토레필이 함께 추구하고 실천하고 있는 연극 형식은 상상력에 호소한다. 우리 작품은 무대, 말, 움직임을 실천을 위한 도구로 사용한다. 이는 예술이 강력한 촉발의 힘, 즉 자기 자신을 미래로 투사할 수 있으며 필연성을 토대로 가능성의 흐름 위에서 무언가를 만들어 내는 힘을 가진다는 전제하에서다. 실험이 우리의 방법론이고 위험은 든든한 동반자다. 실제 현실과는 달리 허구에서는 실수와 비틀거림, 모호함이 모두 새로운 문을 열어 내기 때문이다. 허구가 만들어 낸 이 일시적이고 연약한 현실들은, 연극에서 비로소 다른 이들과 함께 미래의 가능성을 상상할 수 있는 고유한 경험으로 거듭난다.

이 글은 스페인 컬렉티브 엘 콘데 데 토레필의 미래 연극에 대한 비전을 담았다.

2010년 타냐 베옐레르와 파블로 기스베르가 결성한 듀오 극단 엘 콘데 데 토레필의 무대는 오늘날의 현실을 직접적으로 재현하는 대신 단순하고 진부하면서도 어쩐지 기괴한 표상들을 통해 추상화한다. 기스베르의 시적인 텍스트와 베옐레르의 엉뚱한 미장센이 만드는 절묘한 몽타주는 21세기가 당면하는 개인과 정치 체제 사이의 새로운 긴장과 모순을 무대로 끌어들인다. 그들이 바라보는 오늘의 현실은 새로운 형태의 전체주의가 잠식한 소외의 생생한 현장이다. 그 광경은 치명적으로 비극적이면서도 터무니없을 정도로 우스꽝스럽다. 이는 정치적 비전을 상실한 무기력한 유럽의 통렬한 캐리커처이자, 무기력한 이 시대의 뼈아픈 자화상이기도 하다. 그 공허함의 잔상은 각 개인이 어떻게 자유와 책임을 새로이 상상하고 짊어질 수 있는가에 대한 첨예한 질문으로 공명한다.

오카다 도시키
고주영 옮김

2018년경부터 탈인간중심주의적 연극의 가능성을 모색하는 데
몰두하고 있다. 그 관심에 기반하여 지금까지 만든 작품이
「지우개 산」과 「리빙 룸의 메타모포시스」라는 두 편의
연극이었다.

탈인간중심주의적 연극은 어떤 식으로 가능할까? 이
질문은 '연극이라는 예술형식은 어떤 식으로 인간중심적인가'를
뒤집은 질문이다. 그리고 지금 시점의 나는 이 '연극은 어떤
식으로 인간중심적인가'라는 질문에 대한 세 가지 답을 갖고
있다.

첫 번째 답. '연극은, 그 내용과 소재가 인간중심적
관심사와 이해관계에 근거하기 때문에 인간중심적이 된다'. 이
생각에 따르면, 사람의 관심사나 이해관계와는 무관한 소재,
혹은 그것을 능가하는 소재를 다룸으로써 그 연극은
인간중심주의를 벗어날 수 있다.

「지우개 산」과 「리빙 룸의 메타모포시스」의 대본은 사람의
관심사와 이해관계에서 멀어져 가는 구성이다. 둘 다 초반에는
세탁기가 고장 나 등장인물들의 일상에 작은 불편이
발생하거나(「지우개 산」), 집주인이 부당한 퇴거를 요구해
등장인물들이 투덜댄다(「리빙 룸의 메타모포시스」). 하지만 곧
작품은 그러한 문제를 상대하지 않게 된다. 그리고 대본은
사람이 아닌 것이 무대 위/세계를 지배하는 모습(「지우개
산」)과 땅은 물론 세계의 물질 그 자체가 용해된 후의 정경
(「리빙 룸의 메타모포시스」)을 묘사하는 성격으로 변화한다.

두 번째 답. '연극은, 그 형식의 주요한 구성 요소가
사람이기 때문에 인간중심적이 된다'. 그 가장 주요한 구성

요소가 배우 곧 사람이라는 점이 연극의 본질적인 특성이라고 한다면, 연극이 인간중심적인 것은 필연적이고 불가피한 일일지도 모른다는 생각이 들기도 한다. 그렇다면 인간중심적이지 않은 연극을 실현하기 위해서는 사람인 배우가 나오지 않는 연극을 만드는 수밖에 없는 것일까.

나는 사람 배우를 쓰지 않는 방식이 아니라 사람 배우와 동등하거나 그 이상의 존재감을 가진 액터로서 '사람이 아닌 것'을 작품 속 사람 배우와 나란히 두는 방식으로 탈인간주의적 연극에 다가간다. 「지우개 산」의 무대 위에는 사람 배우도 등장하지만 무수한 오브제들 — 미술가인 가네우지 텟페이에 의해 선택, 조합, 배치되었다 — 이 놓여 있고, 그들의 존재감은 사람 배우들의 존재감을 양적으로 압도한다. 사물들은 사람과 등가로 무대에 있다. 「지우개 산」은 사람과 사물의 공연(共演)이자 경연에 의한 연극이다. 「리빙 룸의 메타모포시스」에서는 사람 배우와 대등하게 맞서 공연(共演)/ 경연의 상대가 되는 '사람이 아닌 것'의 표상을 후지쿠라 다이가 작곡한 음악이 맡았다. 우리는, 사람의 감정, 사람이 놓인 정황, 그러한 사람의 관심사나 이해관계를 둘러싼 것을 묘사하는 음악의 기능과는 결정적으로 다르게 '사람이 아닌 것'의 양상, 사람의 관심사와 무관하게 존재하는 세계의 양상 등과 결합하는 방식으로 음악이 기능하는 음악극을 목표로 삼았다. 탈인간중심주의적 음악극이 가능하다고 한다면, 음악극에서 음악의 위치를 쇄신하려는 이러한 시도에 의해서야 한다고 생각했다.

'연극은 어떤 식으로 인간중심적인가'라는 질문에 대한 세 번째 답. '연극은, 그것을 경험하는 관객이 사람이기 때문에 인간중심적이 된다.'

우리는 「지우개 산」에서 관객을 직접 수신인으로 삼지 않는 연극에 도전했다. 무대 위 퍼포먼스를 극장 객석을 향해 선보이는 것이 아니라 벡터를 위쪽으로 하여 내뱉는 콘셉트로 수행한 것이다. 그렇게 하다 보니 우리가 무언가 제의적인 것에 다가가고 있는 듯한 느낌을 의식할 수밖에 없었다.

제의적인 연극을 하려고 했던 것은 결코 아니었다. 인간중심주의를 벗어나는 연극이 어떤 식으로 가능한지 시행착오를 하던 가운데, 퍼포먼스가 어딘가 제의스러워진 것이다.

이런 시행착오의 과정 중 한 가지 큰 발견이 있었다. 사람인 관객을 향하지 않고 행하는 퍼포먼스는 '지금-여기'라는 공연의 장에 있는 사람을 향해 그 퍼포먼스를 하지 않는다는 것이다. '지금-여기'에 있지 않은 사람 — 이 극장 공간에 없는 사람은 물론, 아직 태어나지 않은 사람, 이미 죽은 사람 등도 포함된다 — 을 향한 공연이라면 사람을 향하고 있다 해도 인간중심주의를 벗어난 것이 될 수 있지 않을까? 그렇다면 내가 문제시하는 인간중심주의란, 아마도 현재중심주의라고 할 수 있지 않을까?

그러면 이것이 어쩌면 네 번째 답일지도 모른다. '연극은, 그 공연이 "지금-여기"에 맞춰져 있어 인간중심적이 된다'. 이 네 번째 생각이 세 번째 답보다도 적절하다. 인간중심주의를 벗어나는 연극에 대해 생각하기보다 현재중심주의를 벗어나는 연극에 대해 생각하는 편이 연극 실천에는 훨씬 유용할 수 있기 때문이다. 무엇보다 이 네 번째 답을 둘러싼 생각에는 이미 의식-제의라는 구체적인 참조항이 있다. 현재중심주의를 탈피한 연극 — '지금 아님-여기 아님'을 향한 연극 — 을 목표로 삼는 것. 그럼으로써 인간중심주의를 탈피한 연극에 이르는 것. 이 콘셉트는 작품이 상대하는 시간의 스케일을 바꿀 뿐 아니라, 작품이 상대하는 맥락이 겨냥하는 범위도 바꾸게 될 것이다.

인간중심주의를 벗어난 연극을 시도하고 싶다고 생각하게 된 경위는 무엇이었을까.

그 직접적인 계기는 2017년에 리쿠젠타카타를 방문한 일이었다. 2011년 동일본대지진에서 파괴적인 쓰나미 피해를 입은 그 마을에서 나는 그때, 복구공사를 목격했다. 어처구니없는 규모의 공사였다. 파멸한 마을의 중심지 — 쇼핑센터가 있고 주민 교류 시설이 있고, 무엇보다 주택이 있는 일대 — 전체를 12미터나 높이 쌓아 올리고 거기에 다시 마을을 만들겠다는 것이다. 물론 이 공사는 다음에 또 다른 거대한 쓰나미가 덮쳐 왔을 때를 대비한 조치다.

나는 그 광활한 일대를 차로 돌아봤다. 바로 옆 살짝 높이가 있는 산의 중턱에서 조망하기도 했다. 업데이트되지 않아 재난 이전의 데이터가 남아 있는 자동차 내비게이션 화면에서 내 차는 길이 없는 곳을 달리고 있었다. 듣기로는 그 정도 광활한 땅 전체를 12미터나 쌓아 올리기 위해 필요한 양의 흙을 충당하고자 주변 산의 흙을 깎았고, 그 결과 산이 몇 개 사라졌다고 한다.

나는 지금, 전에는 상공 12미터였던 곳을 날고 있는 것 같은 기묘한 감각을 주는 드라이브를 하면서, 나고 자란 땅의 익숙한 광경 속에 그때까지 당연하게 있던 산이 한순간 문득 사라지는 사태가 내 몸에서 일어나는 것을 상상했다.

생활하던 땅을 완전히 잃은 사람들이 그곳을 회복시켜 예전과 똑같이 살고 싶다는 희망을 갖는 것은 지당하다. 하지만, 그때 나는 이렇게 생각할 수밖에 없었다. 인간의 이해에 근거해 이토록 거대한 규모의 자연 개편이 이루어지다니, 말이 안 되지 않나?

그 정경을 눈앞에 두고, 지금 여기의 대규모 공사 현장에서 노골적으로 드러난 인간중심주의에 압도되었다고 생각했다. 하지만 실은 그 공사에서 보이던 가당치 않은 모습의 현재중심주의, 그것에 아연실색했던 것이 아닐까 하고 지금은 생각한다.

이 경험에서 나는 「지우개 산」의 아이디어를 얻었다. 그렇다. '지우개 산'이란 사라진 산의 이미지에서 아이디어를 얻어 붙인 제목이다.

이 글은 2018년경부터 오카다 도시키가 몰두하고 있는 탈인간중심주의적 연극의 가능성에 대한 그의 생각을 담은 글이다.

극작, 연출, 소설에 걸쳐 오카다 도시키가 작업의 일차적인 질료로 삼는 것은 일상 속에서 무심코 수행되거나 발화되는 작은 몸짓과 말이다. 1997년에 그가 극단을 조직하면서 'selfish'라는 영어 단어를 유아적인 발음으로 과장한 '체루핏추'라는 이름을 부여했듯이, 서툴게 꼬이거나 어긋나고 흩어지는 신체 행위로서의 언술이 그의 연극론의 출발점이었다. 재현의 한계를 넘는 추상적 추론의 감각을 추구하며 25째 진화해 온 그의 무대는 정형화된 제식과 사소한 현실이 중첩되는 교차점이자, 그 이면의 보이지 않는 거시적 힘을 엿보기 위한 제단으로 작동한다. 연극에 대한 성찰은 곧 사회에 대한 통찰과 연동되며, 형식의 재창출은 '잃어버린 세대'의 미묘한 위기감, 나아가 인간의 존재론적 불안에 대한 통찰과 중첩된다. 그에 있어서 '연극'은 사회적 비전의 공백을 직시하는 예술적 비전이다.

다원이라는 질문들, 단상들, 그리고 문장들

성용희

(다원)예술의 근처에서 일하면서, 나름의 방식을 시도하면서, 그 안팎에서 갈등하면서 들었던 생각과 읽었던 문장과 적어 두었던 질문을 다시 풀어내고 나누어 본다.

1. 첫 질문

"왜 우리는 작가에게 재정과 시간, 공간을 지원해서 새로운 작품을 만들 수 있는 환경을 제공해야 할까요? 왜 우리는 집에서 편안하게 TV를 보거나 책을 읽는 대신 '추위나 비를 헤치고 극장까지 와서' 공연을 보는 수고를 들이는 것일까요?"[1]

스스로에게 가장 많이 했던 질문이 '왜 (다원)예술을 하는가', 더 자세히는 '왜 이렇게 (힘들게) 예술을 해야 하는가'라는 내적 또는 사회적 갈등과 동력에 관한 것이었다면, 외부로부터 가장 많이 들었던 질문은 '다원예술은 무엇인가'라는 정의였다. 한때 누군가 내게 흥미로운 이야기를 전해 줬다. 그건 인간을 정의할 수 있는가였다. 생물학적으로, 종교적으로, 철학적으로, 사회적으로 어느 정도 인간을 규정할 수 있는 있겠지만, 명확하고 단순하게 인간을 무엇이라고 말하는 것은 결코 불가능하다. 그러한 시도는 오히려 더 복잡한 질문을 야기하고, 그 경계 지점을 만들어 낼 뿐이다. 인간을 명료하게 정의할 수 없기 때문에, 인간을 알기 위해서는 인간을 둘러싼 복잡한 활동과 인간이 만들어 낸 문화와 사회를 자세히 바라보고 이를 연구해야 한다는 것이다.

그래서 니체는 인간을 "아직도 확정되지 않은 동물"이라 말했다.[2] 인간에 대한 정의는 불가능하며 동시에 위험하듯, 다원예술도 그렇다. 다원예술을 명확하게 다른 어떤 것과 구분할 만한 점이 과연 존재할까. 다원예술 나아가 최근의 예술이 지속적으로 공격받는 그 경계 지점이 오히려 예술을 더 예술답게 해 주며, 우리의 미래를 치열하게 생각하게 해 준다. 전형이 확정되지 않은 예술. 그 미확정, 그리고 이 불확정을 둘러싼 여러 갈등이 바로 내가 일하던 '장소'이자 '시간'이었다.

2. 건너뛰다(zapping)

페스티벌 봄, 국립아시아문화전당, 국립현대미술관 다원예술, 옵 / 신 페스티벌 등 몇 개의 다원예술 프로젝트는 과거부터 현재까지 선형적으로 그리고 순차적으로 진행된 것이 아니다. 그것은 저마다의 현실에서, 각자의 질문과 고민에 관한 나름의 상응(correspondences)이었다. 이때 상응의 의미는, 서로가 정확하게 그 뜻을 전달하지 않더라도 상호적으로 반응하기에, 서로 인과적인 관계라는 것이다. 김남수는 보들레르의 시 「상응」을 인용하면서 이 시가 "감각들의 합일이자 종합을 시도"하며 "'정신'의 출현을 암시한다."고 쓴다.[3]

> 밤처럼 그리고 빛처럼 끝없이 넓고
> 어둡고 깊은 통합 속에
> 긴 메아리 멀리서 어우러지듯,
> 향기와 색채와 소리 서로 화답한다.[4]

세계들 사이의 조응과 각기 다른 세계와의 대응은 서로 떨어져 있으면서도 연결되어 있다는 것을 의미한다. 헤테로크로니와 멀티버스처럼. 그렇기에 이 책의 여러 논의는 과거 사례를 현재의 시점에서 해석하거나, 시간에 따라 변화하는 다원예술 프로젝트를 통시적으로 조망하고 정리하는

것에 목적이 있지 않을 것이다. 오히려 다른 세계들 사이의
겹침과 얽힘을 유동적인 관점으로 풀어낸 책일 것이다. 나의
고민이나 프로젝트도 마찬가지다. 우리가 지난 과거를 생각하며
떠올리는 몇 개의 다원예술 프로젝트는 순차적인 흐름 아래에
있지 않다. 「햄릿」(1막 5장)의 유명한 표현대로, 프로젝트 사이
시간의 연결부가 어긋나 있다. "시대가 어긋나는 것"(The Time
Is Out of Joint)은 (동)시대의 증후다. 시공간적인 위상차.
그것들은 빗겨 나 있지만 연결되어 있고, 분열적이지만 서로
들러붙어 있다. 그리고 우리는 이에 다양한 감각으로 응답하고
실천하면서 여러 세계에 영향을 미친다. 나름의 실천들은
뒤섞인 세계와 시간 사이를 재핑(zapping)한다. 백남준은
예술은 재핑이라고 말했다. "이 생각에서 저 생각으로
껑충껑충 건너뛴다. 불꽃같은 아이디어들이 서로 충돌하며
솟구친다. 그럴 때 늘 예상치 못한 상황이 벌어진다."5

3. 통로, 정거장

시간이 뒤틀린 멀티버스, 그 다원 세계 사이의 재핑과 점핑.
예술은 세계 자체보다는 그 사이를 연결하는 시간의 '통로'다.
"단일한 세계를 지나 여러 세계가 중첩되는 오늘, 현실 / 가상,
물질 / 비물질을 오가는 우주 '정거장'"6이다. 여러 세계를
연결하는 마디이자 이음새, 세계 사이의 간극과 봉합의 자국.
다원예술 / 멀티버스의 미학은 완벽한 여러 세계의 창조가 아닌,
자신의 세계 안에서 결함과 변칙을 드러내면서 또 다른
세계의 가능성을 제안한다는 것이다. 그렇기에 다원은 잠재성의
다른 이름이다.7

　　"근대성은 그것이 어떤 시기에 나타나든 간에 믿음에
대한 손상이 없다면, 그리고 현실에 대한 '현실의 결핍'을
발견하지 못한다면 존재할 수 없다. 그것은 다른 현실의
발명과 함께 존재하는 것이다."8

　　다시 프리 레이션의 질문을 생각한다. 왜 우리는 추위나
비를 헤치고 극장까지 오는가. 『이상한 나라의 앨리스』에서

앨리스는 터널 같은 토끼 굴로 떨어졌고, 한참을 내려갔다. 앨리스는 아래로, 아래로, 계속 아래로 떨어졌다. 앨리스는 주변을 바라보기도 하고, 자기 집에 남겨진 고양이를 생각할 정도로 주관적인 시각을 가졌다. 시간적, 공간적 변화를 제안하는 (다원)예술은 통로, 즉 실재로의 통로일 것이다. 지친 몸을 이끌고 극장까지 오는 그 힘든 시간에 우리는 어떤 기대와 상상을 할까. 그리고 집으로 돌아가는 그 길은 우리에게 어떤 사유와 경험을 재조합하도록 할까.

　　"그런 다음 지하실로 들어가도록 하지. 자네도 알겠지만, 반드시 드러누워야 해. 또한 완전히 어두워야 하고, 절대 움직이지 말아야 하며, 어느 정도의 시력 조절도 필요해. 타일 바닥에 누워서 눈을 지하실 계단 열아홉 번째 발판에 고정시켜. [...] 자넨 뚜껑 문 아래에 혼자 있게 될 거야. [...] 몇 분만 지나면 자네는 알레프를 보게 될 거야. 연금술사들과 카발라 신비주의자들의 소우주이자, 널리 알려진 우리의 친근한 한마디, '작지만 많은'이란 말이 구체화된 것을 보게 될 거야."[9] 지하실까지 내려가는 그 길, 어렵게 몸을 눕혀야 하는 번거로움, 어둠 속에서의 불편함. 신비한 우주를 경험하고 다시 올라오면서 느끼는 사고와 감각의 '리셋 과정', 그것이 바로 다원이라는 정거장, 포털일 것이다.

4. 극장으로 가는 길의 함정

이 불편하고 수고로운 길에는 여러 유혹이 존재한다. 첫 번째는 새로움에 대한 강박이다. 학제나 장르 간의 월경과 통섭은 시대적 요구를 넘어 트렌드가 되어 간다. 다른 분야의 전문가를 만나지 않으면 안 될 것 같고, 기존과 다른 기술과 형식을 개발하지 않으면 늦어지는 것 같은 사회적 분위기가 우리를 압박하고 협업만을 위한 협업을 종용한다. 새로운 예술 형식은 새로운 영토를 창출하고 영토는 이윤 창출의 토대로 변모한다. 우리는 어떤 동기나 압박 아래에서 작업을 수행하고 있는지, 새로운 것이 항상 좋은 것인지 질문해야 한다.

두 번째 빠지기 쉬운 유혹은 용인이다. 자신의 주장, 예술, 세계를 인정받기 위해 다른 발화와 사고를 표면적으로 인정하는 것이다. 이는 주체의 근본적 결핍을 상대주의적 용인으로 둔갑시켜, 스스로를 온전하다고 믿게 만든다. 넘쳐나는 상대주의, 존중 없는 용인, 모든 것은 예술이라는 이름 아래 괜찮다는 태도. 다원예술이 다원예술을 둘러싼 제도나 정책 아래에서 상호적인 책임이나 비평적 논의 대신에 실험이란 이름 아래 모든 것이 가능하다는 용인으로 흘러가지 않기 위해서는, 즉 스스로 무너지지 않기 위해서는 어떻게 해야 할지 고민해야 한다.

세 번째 유혹은 공격일 것이다. 모든 의견은 표출될 수 있으며, 사회에서는 갈등과 각자의 의견이 필연적인 것이라고 믿던 사람들조차도 자신의 신념을 지키지 못하는 경우가 발생한다. 문제는 그 이상이 될 때다. 이슬람과 자유주의가 자신의 근본적인 결핍을 은폐하고 서로를 이용하는 역설을 지제크는 '샤를리 에브도 사건'을 예로 들어 지적한다. 타인의 믿음에 열등감을 느끼고 한물간 신문에 실린 만평에 분노해 총을 난사한 이들은 가짜 이슬람 근본주의자라고 그는 말한다. 진정한 근본주의자는 다른 이들의 믿음에 관심이 없다. 반대편에 있던 가짜 자유주의자들도 마찬가지다. 이 유약한 자유주의자들은 자유의 가치를 주장하지만, 근본주의자의 신념에 침범받을까 미리 겁먹고, 자신의 신념을 보호하기 위해 다른 사람들을 조롱하고 공격한다. 지제크는 "관용은 도저히 참을 수 없는 것을 관용하는 것"이라고 말했다.[10] 그러나 가짜 다원주의는 다양성을 다원해야 한다는 의무로 전환시키면서 타인을 교정하려는 욕망과 타자를 문제시하는 공격성을 드러낸다. 자유주의와 다원주의로 가장한 새로운 형태의 근본주의의 함정이 도사린다.

5. 소화불량

더 이상 사람들이 모이지 않는 시대, 다원화된 사회에서 극장은 어떤 곳이고, 예술은 어떠한 가능성을 갖는지 질문하게 된다. 극장과 다원은 우리 사회에 내재하는 갈등, 반목, 대립을 다시금 극장을 통해 드러내는 재귀적 장소인 것일까. 그렇기에 논쟁과 갈등은 필연적이다. 단일한 관객 공동체는 존재할 수 없다. 환영적 세계와 완결된 메시지를 구축해 하나의 관객 공동체를 만들어 내려는 공연이나 미술은 이제 더는 작동하지 않는 시대가 되었다. 문제와 질문을 숨기지 않고 드러낸다는 점에서 극장과 미술관은 어색한 장소이고 다원예술은 불편한 예술이다. 중요한 것은 해결이 아니다. 해러웨이는 "문제와 함께 살아가야"(Staying with Trouble) 한다고 말했다. 여기서 "살아간다는 것"은 해결이 불가능한 문제를 두고 적극적으로 타자와 사물의 목소리에 귀를 기울이는 것, 다른 방식의 인식론적인 전환을 시도해 보는 것, 그리고 다르게 생각하는 이들과 대화를 하는 것을 말한다. 딜레마와 함께 사는 것, 도래하는 문제를 다른 방식으로 감각하는 것, 세계의 이물감을 느끼는 것. 이러한 '소화불량'이 바로 우리가 가져야 할 현실감이자 다원예술이 드러내고자 하는 감각이다.[11]

6. 관계와 예술

1990년대 이후 해체된 연극의 경향을 연구하던 연극학자 레만은 그 가능성을 "무거운 신체를 기반으로 하는 질적인 만남"에서 찾고자 했다. 비슷하게 현대미술의 관계 미학도 예술가와 관객의 '상호 주관적 만남'에서 발생하는 관계와 이를 위한 예술 '행위'에 주목했다. 이후 대안적이고 흥미로운 관계 맺기와 찾기가 예술에서 실천적으로 행해지고 있다. 최근에는 비인간과의 관계가 중요한 화두가 되고 있다. 오래된 고민은 다음과 같다. 그동안 관계에서 지속적으로 소외되었던 이들을 어떻게 할 것인가. 관계가 극장과 미술관으로

들어오면서 다른 것으로 변모되고, 관계는 작업으로 환원되어 버리는 것 아닌가, 또는 관계 자체를 거부하는 것은 과연 나쁜 것인가 등. 이러한 질문은 주체와 삶을 분열적이고 다원적으로 만든다.

2011년 봄, 다원예술 페스티벌을 준비하던 중 일상과 관계를 주제로 한 전시 책자에 수록할 글을 요청받았다. 새로운 관계를 의도적으로 개발하기보다는, 진실을 가리기 위해 논쟁하기보다는, 여기에서 벗어나고 떨어져 자신만의 세상을 상상하는 이들에 관한 글을 적었다.

"인간이 달 위를 처음 걸었던 것은 그해 여름이었다."[12] 백남준과 폴 오스터는 달에 관심이 많았다. 백남준은 1932년 7월 20일 태어났다. 1969년 7월 20일 아폴로11호가 달에 착륙했다. 공교롭게 내 생일도 7월 20일이다. 백남준은 달에 대한 작업을 했고, 폴 오스터는 달에 관한 소설을 썼다. 나도 아마 이러한 우연으로 백남준과 달에 집착하고 있는지도 모르겠다.

"누군가는 인간의 달 착륙에 대해서 이야기하기 시작했고, 다음에는 다른 누군가가 실제로는 그런 일이 일어나지 않았다고 단언했다. 그의 말로는 그 모든 일이 속임수라는, 정부가 우리의 생각을 전쟁으로부터 돌리기 위해 연출한 텔레비전 광상곡이라는 것이었다."[13] 인간이 달에 갔다는 "텔레-비전"(tele-vision) 뉴스 이후 대립이 고조되었고, 이로 인해 지구가 멸망할 것처럼 보였다. 어떤 이는 논쟁에서 도망쳐 숲으로 들어간다. 폴 오스터의 소설 『우연의 음악』 주인공 나쉬는 "1년 내내, 미국 전역을 가로질러 돌아다니면서 돈이 다 떨어지기를 기다리는 동안, 그는 아무 일도 하지 않고 오로지 차만 몰았다. 처음에는 그 일이 그렇게까지 오래 갈 거라고는 생각하지 않았지만 한 가지 일에 뒤이어 다른 일이 계속 꼬리를 물었"다.[14]

폴 오스터의 소설 『달의 궁전』 주인공 포그는 이러한 대화를 나눈다. "사람들은 수백 년 전부터 달로 가곤 했습니다." "어쩌면 수천 년 전부터지요." "시라노가 달에서 만난 사람들은 5미터가 넘는 키에 네발로 걸어 다녔습니다.

달 사람들은 두 가지 언어를 사용했지만 그중 어느 언어에도 단어는 포함되어 있지 않습니다. 먼저 평민들이 쓰는 언어는 온몸을 끊임없이 움직이는, 팬터마임 비슷한 몸짓으로 된 복잡한 암호입니다. 그리고 상류층이 쓰는 두 번째 언어는 순수한 소리, 음악과 거의 비슷하게 복잡하지만 분절되지 않은 허밍으로 이루어져 있습니다."[15]

오직 하나로 환원되는 진실과 자신의 진영에서만 올바른 정치를 위해 사람들이 싸울 때, 달에 사람을 보내거나 그 허구성을 의심할 때, 어떤 이들은 자신의 달에서는 수백, 수천 년 전부터 이미 사람들이 살고 있었다고 담담히 그리고 당당히 말한다. "태양은 과거이고 세상은 현재이고 달은 미래이다."[16]라고.

질문들을 풀어헤치다 보니 이렇게 고백할 수 있을 것 같다. 다원이란 "장(scene)으로부터 / 벗어나기(ob)"[17] 위한 여러 노력들. 벗어남이란 자신만의 태도와 방식으로 맞서거나(against), 거리와 시간차를 두고 떨어져 있는(away) 것.

1 프리 레이선, 김성희와의 인터뷰, 두산아트센터 연강홀, 2015년 7월 25일, https://www.youtube.com/watch?v=dWUiv0ZoDdo&t=44s (강조는 필자).

2 프리드리히 니체, 『선악의 저편·도덕의 계보』, 김정현 옮김(책세상, 2002), 101. 나는 이러한 (탈)욕망의 문제, 포스트휴먼, 동물화되는 인간 / 인격화되는 사물(동물) 등에 관심을 가지면서 관련된 프로젝트를 진행하고 있다.

3 김남수, 「전자 시대의 새로운 명상 전자선(Electronic Zen)의 잠재성에 대하여: 백남준의 초기 비디오 아트 개념을 중심으로」, 『자연치유연구』 제2권 2호(동방문화대학원대학교 자연치유연구소, 2018), 86.

4 샤를 보들레르, 『악의 꽃』, 윤영애 옮김(문학과지성사, 2003), 50. 이 번역서에서는 'correspondances'를 '교감'으로 번역했다.

5 백남준, 『백남준: 말에서 크리스토까지』, 에디트 데커·이르멜린 리비어 엮음, 이왕준 외 옮김(백남준아트센터, 2010), 12.

6 『가상정거장』 소개 글을 인용하면서 '우주'라는 표현을 더했다(https://www.instagram.com/virtual_station2021).

7 성용희, 「잠재성으로서의 멀티버스」, 『국립현대미술관 다원예술 2021 멀티버스』(국립현대미술관, 2021), 220~227 참고.

8 Jean-Francois Lyotard, 『The Postmodern Condition: A Report on Knowledge』, trans. Geoff Bennington and Brian Massumi (Manchester: Manchester University Press, 1984), 77.

9 호르헤 루이스 보르헤스, 『알레프』, 송병선 옮김(민음사, 2012), 206.

10 슬라보예 지젝[슬라보이 지제크], 『신을 불쾌하게 만드는 생각들』, 배성민 옮김(글항아리, 2015), 33.

11 성용희, 「현대미술관, 이제는 다른 질문을 가져야 할 때」, 『국립현대미술관 다원예술 2022: 미술관-탄소-프로젝트』(국립현대미술관 2022), 8 참고.

12 폴 오스터, 『달의 궁전』, 황보석 옮김(열린책들, 2000), 5.

13 오스터, 『달의 궁전』, 59.

14 폴 오스터, 『우연의 음악』, 황보석 옮김(열린책들, 2000), 5.

15 오스터, 『달의 궁전』, 61.

16 오스터, 『달의 궁전』, 142.

17 옵/신 페스티벌 소개 글에서 인용했다(http://obscenefestival.com/festival).

임고은

눈부신 밝음으로
세상이 온통 어둡던 어느 여름날,
그가 작은 모래 알갱이를
어루만지며 말했다.

"네가 말한 그런 곳은 현실에서 불가능해."

"나도 알아, 하지만
우리는 현실에 존재하지 않는 곳을
유토피아라 부르기도 하잖아."

그러자 그는 시의 비밀 한 조각을 떼어
정원으로 만들어
모래 알갱이에 담아 건네주었다.

"유토피아는 현실이야. 이곳에서 우리는
자기 자신을 잃어버리지 않으며
다른 존재와 만날 수 있어."[1]

이렇게 만들어진 비옥한 모래는
소란스러운 소용돌이 한가운데
반짝이는 고요함을 가져왔다.

어둡고 비바람이 부는 밤이었다. 우리는 모닥불 주위에 옹기종기 둘러앉았다. 모닥불 곁에는 달의 바다 이야기가 끝없이 이어지고 있었다. 달의 표면에는 바다처럼 보이는 깊고 광대한 어두운 땅이 있고, 여기에는 저마다의 이름이 있다.[2] 서른여 개 달의 바다 중에서 '비의 바다(Mare Imbrium), 섬의 바다(Mare Insularum), 증기의 바다(Mare Vaporum), 폭풍의 대양 (Oceanus Procellarum), 인식의 바다(Mare Cognitum), 습기의 바다 (Mare Humorum), 구름의 바다(Mare Nubium)'는 함께 모여 두꺼비 형상을 이루고 있다. 그중 비의 바다 이야기를 한 아이가 듣고 기억하기 시작했다.

우리가 처음 도착한 세상은 온통 물로 가득했다. 그녀의 배 속 바다가 우리의 첫 번째 집이었다. 찰스 다윈은 토마스 헉슬리에게 이런 편지를 보냈다. "부레와 훌륭하게 헤엄치는 꼬리, 완전하지 않은 두개골을 가지고, 수중 호흡하는, 틀림없이 자웅동체였을 이 동물이 우리의 조상이었네."

무언가 심상치 않은 일이 벌어지고 있다는 사실은 누구나 알고 있었다. 많은 동물들이 바다에서 육지로 서서히 올라가고 있었으니까, 그러나 너는 바다로 돌아갔다. 네가 맨 처음 바다에 뛰어들던 소리를 조심스레 만지자, 너는 나를 삼켰고 내 심장은 네 안에서 뛰기 시작했다. 이곳에서 우리가 함께한 사흘간의 낮, 그리고 수많은 밤들.

우리의 심장 박동 소리는 파도에 실려 인간과 고래의 영역을 너머 지구의 표면을 횡단하고 다시 돌아온다. 바다새의 외로운 울음소리와 함께, 대양 너머 넓고 멀리 우리의 마음이—

여기, 표류한다.

그러나 어느 날 고래가 다시 뭍으로 돌아왔다. 해안가로 떠밀려 온 여덟 마리 고래에게서 알브레히트 뒤러는 삶의 마지막 이유를 찾았을 거라고 메리앤 무어가 이야기했다. 뒤러는 마주치는 모든 슬픔을 분석하는 눈으로 쟀다. 한쪽은 그의 눈으로, 다른 한쪽은 그가 보는 존재의 눈으로 바라보며, 그 차이를 겹쳐 입체적으로 세상을 보았다.

왼쪽과   오른쪽
오른쪽과   왼쪽
들숨과   날숨
날숨과   들숨
밀물과   썰물
썰물과   밀물

하지만 그의 그림 중 가장 유명한 그림은 그가 보지 않고 그린 코뿔소였다. 그의 상상 속 코뿔소가 사람들에게 실제 코뿔소로 여겨지는 동안, 권력에 아부하는 하사품이 된 실제 코뿔소는 바다를 떠다니다 난파당해 익사한다. 코뿔소가 탄 배가 침몰한 후 사흘 뒤, 죽은 코뿔소의 몸이 해안가로 떠밀려 왔다.

　　1538년 어느 날, 네덜란드 해안가로 고래가 떠밀려 왔다는 소식을 뒤러가 들었을 때, 그는 모든 일정을 변경하여 고래를 보기 위해 네덜란드로 가는 배에 몸을 실었다. 그러나 그의 배 역시 난파된다. 수많은 동물을 탁월하게 그려 왔던 그는 평생 가장 그리고 싶어 했던 고래를, 아니 고래가 된 코뿔소를 보지도, 그리지도 못한 채 생을 마감한다.

고래가 잠들고 깨어날 때마다
한 번씩 내뿜은 호흡이
밀물과 썰물을 만든다고 하던데,
우리의 호흡은 지금 바다에
어떤 밀물과 썰물을 만들고 있을까?

어둡고 비바람이 부는 밤이었다. 모닥불 곁에 우리의 이야기가 끝없이 이어지고 있었다. 세상에는 믿기 어려운, 믿을 만한 이야기를 끊임없이 전하는 고래-인간들이 있다. 기나긴 항해[3] 중 고래-인간이 편지를 한 통 보내왔다. 다음은 한 아이가 읽고 기억한 편지 속 섬의 바다 이야기이다.

　　"그들은 모두 환희에 들떴어, 기나긴 항해 끝에 작은 섬을 발견했거든, 우리는 육지에 내려 불을 피우고 감사

예배를 드렸지. 하지만 나는 우리가 자줏빛 고래[4] 위에
도착했다는 것을 알고 있었어."

자줏빛 고래가
당당하게 꼬리[5]를 쓸어 넘긴다.
바다를 향해서[6]

여기 또 다른 고래-인간이 전해 준 '거울 깊은 곳에서 본
빛나는 바다 생물'에 대한 이야기도 있다.
　　　"예전에는 거울 속의 세계와 인간의 세계가 단절되어
있지 않았어. 이 두 세계는 평화를 지키며 거울을 통해서
왕래했지. 그런데 어느 날 저녁 이 두 세계 사이에 피비린내
나는 전투가 있었어. 이 전쟁의 결과 한쪽 세계는 꿈처럼
다른 한쪽 세계를 따라하며 살게 되지. 힘뿐 아니라 본연의
형상까지도 빼앗긴 채 종속된 그림자가 된 거야. 그러나
조심해야 해. 언젠가 이 신비한 동면 상태에서 깨어날 거거든.
거울을 깨고 뛰쳐나온 거울 속 세계와 물속 세계가 힘을
합쳐 인간에게 대항할 것인데 그때 가장 먼저 잠에서 깨어날
것이 바로 이 '바다 생물'이야." 윈난 지방에는 전쟁이
일어나기 전 거울 깊숙한 곳에서 무기들이 부딪치는 소리가
들려오리라는 소문이 있었다.[7]

리바이어던의 눈
확실하게 죽음과 먼지의 운명을
엿볼 수 있다.[8]

어둡고 비바람이 부는 밤이었다. 우리는 모닥불 주위에
옹기종기 둘러앉았다. 모닥불 곁에는 우리의 이야기가 끝없이
이어지고 있었다. 한 아이가 이야기했다. "당신의 이야기는
메리앤 무어의 이야기와 달라요. 우리에게 다른 이야기를
들려주세요. 무슨 일이 있었던 것이죠?" 그리고 이것이 아이가
들은 증기의 바다 이야기이다.

2019년 봄, 런던에서 1,000여 명의 사람들이 기후 위기에 대해 즉각적으로 행동할 것을 다양한 목소리로 요구했다. 그중 100여 명의 사람들은 런던 자연사 박물관의 대왕고래 뼈 아래에 누웠다.[9] 대왕고래는 인류가 멸종 위기에 처한 동물을 구하는 데 성공한 첫 번째 동물이다. 이를 기리며 런던 자연사 박물관은 이 대왕고래에게 '희망'이라는 이름을 지어 줬다. 그들은 뼈만 앙상하게 남은 날개 달린 '희망' 아래 몸을 눕히고 눈을 감고 귀를 열었다.

그 끝도 없이 이어지던 밤에 우리는 어둠 속에 나란히 누워, 마치 쓰러져 버린 우리 자신의 조각상처럼 누워, 견딜 수 없는 현재로부터 유일하게 가능한 시제로, 과거로, 머나먼 과거로 탈출을 시도했다. 우리는 함께 보냈던 첫날들을 돌이켜 보면서, 서로 상기시켜 주고, 고쳐 주고, 도와주었다. 마치 오래전 함께 살았던 도시의 성벽을 따라 팔짱을 끼고 비틀거리며 걸어가는 두 고대인처럼.[10]

우리는 그 시선 아래
몸을 눕히고
눈을 감고
귀를 열었다.

뼈만 앙상하게 남은 시선의 이름은
희망이었다.

어둡고 비바람이 부는 밤, 모닥불 곁에서 에밀리 디킨슨이 하나의 이야기를 쓰고 있다. 그녀는 이 이야기가 어떤 이야기가 될지 모르기에 세심하게 주의를 기울이며, 호르헤 루이스 보르헤스가 모아 놓은 이야기를 읽고 다시 쓴다. 그리고 이것이 그녀가 쓴 폭풍의 대양 이야기이다.

오래전 중국인들은 '하늘은 둥근 반원형이고, 대지는 각이 졌다'고 믿었다. 그래서 그들은 거북의 등에서 우주의 이미지를 읽을 수 있었다. 어떤 거북은 예언가에게 길흉의 징조를 등껍질로 새겨 알려 줬고, 어떤 거북은 황제에게 길을 알려 주기도 했다.[11]

거북을 따라 도착한 이곳에 장례 행렬[12]이 지나간다.
우리는 이곳에서 본다.

혹등고래, 대왕고래, 참고래, 참고래, 보리고래, 밍크고래,
북방긴수염고래, 귀신고래, 사슴, 족제비, 양, 표범, 여우, 늑대,
가마우지, 너구리, 멧돼지, 호랑이.[13]

조문객들이 오고 가며
계속 걷고—
또 걷고—
감각이 완전히 다해
없어졌다
여겨질 때까지

그들 모두 자리에 앉으면
예식이 마치 북처럼—
계속 두드리고—
또 두드리고—
마음이 완전히 마비되었다
여겨질 때까지—

우주가 애도의 종을 울리자
모든 하늘이
하나의 울리는 종이 되었고,
존재는 하나의 귀가 되었다.
나와 침묵은
어느 낯선 종족이 되어
홀로, 여기에—
난파[14]되었다.

그러고는
이성의 널빤지 하나가
부서졌고,
나는

아래로,
아래로　가라앉았다ㅡ

거꾸러질　때마다
세상과　부딪히고
그제야ㅡ
마침내
앎을　마쳤다ㅡ15

공자의 『논어』 자한 편에는 이런 이야기가 나온다. "공자께서
말씀하셨다. 봉황은 이제 날아오르지 않는다. 황하의 상서로운
거북 등에서도 모양이 더 이상 보이지 않으니 내 이제
그만이다."16

　어둡고 비바람이 부는 밤이다. 우리는 왜 여전히 모닥불
주위에 모여 앉아 있는 것일까? 우리는 왜 결말이 없는
이야기를 계속 보고 듣고 읽고 기억하며 다시 시작하고 있는
것일까? 한 아이가 질문하며 듣고 기억한 인식의 바다
이야기는 다음과 같다.

큰　고통이　지나간　뒤
찾아오는　이　의례적인　느낌　앞에
뻣뻣한　심장이　묻는다.
바로　그였냐고,
고통을　당했던　이가
어제, 아니 수 세기 전부터?17

산업 포경의 출현 이후 고래와 인간의 관계에는 도살이, 아니
전쟁이 가득했다. 우리의 경이로운 호기심과 부드러운 동경은
벗겨지고 피비린내 나는 탐구와 거친 탐욕이 고래의 몸에
입혀졌다. 고래의 뼈는 우리의 아름다운 몸을 기이한 형태로
굴절시키는 데 이용되었다. 고래의 기름은 제국주의와
식민주의를 앞당기고 산업혁명의 윤활유가 되어 눈부신 수많은
밤을 밝혔다. 이것이 우리 모두에게 비극이라는 것을 누구나

알았지만, 공식적으로 산업 포경을 금지하는 결정을 내리기까지 수백 년의 시간이 걸렸다. 그마저도 석유를 발견하고 나서야 가능한 일이었다. 그들이 말한다. '고래를 구한 것은 석유였다'고 고래-인간이 이야기한다. '그 어느 것도 우리를 구하지 못했다. 아니, 오히려 더 많은 기름이 태워졌다.[18] 고래 안에서, 고래와 함께.'

수천 년의 시간이 옛 상처의 원인 위에
차곡차곡 쌓이면,
그런 시간의 흐름이 혹시라도 쉼을 줄 수 있을까?
혹은 이 괴로움이 계속될까?
수백 년이 지나가며
사랑에 비해 고통이 더 크다는 것을 깨달으면서

슬퍼하는 이는 많다고 들었다.
이유야 더 깊이 있겠지만—
죽음은 한 번, 딱 한 번 찾아와,
필히 두 눈에 못을 박는다.[19]

어둡고 비바람이 부는 밤이었다. 우리는 모닥불 주위에 둘러앉아 달의 바다 이야기를 끝없이 이어 가고 있다. 그때 한 아이가 습기의 바다 이야기-꼬리[20]를 물기 시작했다.
　　1966년 5월 독일의 오염된 검은 라인강을 4주 동안 오르내리던 하얀 벨루가는 많은 사람의 주목을 받았다. 사람들은 이 벨루가에게 모비 딕이라는 이름을 지어 줬다. 본에서 열린 나토 기자회견 중 여러 나라에서 온 정치인과 언론인이 라인강에 나타난 모비 딕을 보려고 뛰쳐나오는 소동이 벌어지기도 했다. 많은 사람들이 모비 딕을 보고 싶어 했고, 모비 딕은 그리운 뷰-마스터 핍(Pip)을 보고 싶어 했다. 그 먼 옛날 모비 딕은 종종 핍의 노래를 듣곤 했다.
　　"나는 본다. 너는 본다. 그는 본다. 우리는 본다. 너희는 본다. 그들은 본다. 그리고 나, 너, 그리고 그 그리고 우리, 너희 그들은 전부 박쥐[21]다. 그리고 나는 까만 까마귀다.

특히 이 소나무 꼭대기에 서 있을 때는. 까악! 까악! 까악! 까악! 까악! 까악! 내가 까마귀가 아니란 말인가?"[22]

그녀는 마주치는 모든 슬픔을
분석적인 눈으로 쟀다.
아무것도 보지 않는 듯한 눈으로

그녀는 렌즈를 통해서, 피사체를 보는 것이 아니라, 내부를, 우리 자신의 내부를 살피며 어떤 규정하는 시각, 어떤 핵심적인 관점을 찾으려 했다. 그녀가 카메라를 손에 들고 사진을 찍을 때는 눈높이로 고정시킨 채 맹금 같은 머리를 양옆으로 내밀며 잠깐 물끄러미 바라보곤 했다. 미몽에서 깨어난, 미몽에서 깨어나게 하는 눈[23] 뷰-마스터, 혹은 카이저 파노라마.[24]

보이지 않음 속에서 우리는 보기 위해
불투명함을 소리로 만든다.
소리의 반향으로 보기─
소리는 머리 가슴 손 발을 정밀하게 관통하고
그 반향을 듣고 우리에게 전한다.

고래의 언어에는 빛과 색깔이 중요하지 않다.
내부와 외부의 위상도 없다.

태고의 공기 속 시선
선주민의 눈에는
배척의 슬픔이 있다.

이제는 '어둡고 비바람이 부는 밤이었다.'라는 문장으로 이야기를 시작하면, 그 누구도 이야기를 들으려 하지 않을지도 모른다. 그러나 다시─
어둡고 폭풍우가 치는 밤이다. 모닥불 곁에 우리의 이야기가 끝없이 이어지고 있다. 이렇게 다시 시작하는 이야기

말고, 머리에 독이 있는 바닷물고기가 꼬리를 먹어 치우는
이야기 말고, 눈먼 예언자가 하는 이야기라도 좋으니, 정말로
시작과 끝을 맺을 수 있는 동그라미를 그려 내기 위해
모닥불 가까이에 둘러앉자.

설화의 꼬리
전설의 꼬리
이론의 꼬리
담론의 꼬리
꼬리에 꼬리를 물어
결국 머리[25]까지 물어 버린 이야기 – 별들이
고래자리를 그리며 반짝인다.

고래의 얼굴을 본 눈먼 예언자의 증언에 따르면, 어둡고
비바람이 부는 밤, 어슐러 K. 르 귄은 모닥불 곁에서 이렇게
말했다고 한다.
　　"아이는 이야기를 기억하여 자기 것으로 만들었어. 내가
이 이야기를 기억하면, 그 이야기는 나의 것이야. 그리고 지금,
너[26]가 이 이야기를 원하면 이 이야기 역시 너의 것이야.
우리는 모두는 이야기 안에서 이야기를 말하는 것 안에서 한
핏줄이야. 그런 다음, 깨물어. 피가 날 때까지 독이 아니길
바라면서. 그러면 우리는 함께 끝에 이르게 될 거야. 어쩌면
시작에도 이를 수도 있어. 그렇게 우리는 중간에 사는 거란다.
지금까지 우리가 그랬던 것처럼 말이지."
　　그리하여 우리는 다시, 어둡고 비바람이 부는 밤, 모래
알갱이에 담긴 상상의 정원에서, 구름의 바다 이야기를
시작한다. 그곳에 실재하는 달 – 두꺼비가 산다.

달은 바다로부터 멀리 떨어져 있지만
호박 빛깔 손으로
소년처럼 부드럽게 우리를 이끌었다.
이 모래밭으로—[27]

이 글은 2021년과 2022년 옵/신 페스티벌을 통해 소개된 작품 「아키펠라고 맵: 세 개의 고래-인간 동그라미」 속 이야기를 어슐러 K. 르 권의 글 「어둡고 비바람이 부는 밤이었다. 혹은, 우리는 왜 모닥불 곁에 모여 있을까?」의 내용과 형식을 빌려 다시 쓴 것이다. Ursula K. Le Guin, 「It Was a Dark and Stormy Night; Or, Why Are We Huddling about the Campfire?」, 『Dancing at the Edge of the World: Thoughts on Words, Women, Places』 (New York: Grove Press, 1989), 21~31.

임고은은 야생을 회복하기 위한 시적인 언어를 어떻게 찾을 수 있을지에 대해 몰두하고 있다. 「세 개의 고래-인간 동그라미」는 다음의 질문을 품고 시작하였다. 다른 존재의 삶과 죽음이 전하는 기호를 얼마나 감각하고 사유하며 이에 반응하고 있을까? 그들과 맺어 왔던 우리의 폐쇄적인 관계를 우리는 어떻게 열어 놓을 수 있을까? 경계를 흐리거나 무화하는 것이 아니라 차이의 긴장을 유지하며 어떻게 우리의 관계를 죽이지 않을 수 있을까? 답을 찾기 위해, 비움과 채움이 만나는 작은 동그라미 속으로 고래와 인간의 시간이 잠수한다.

1 Édouard Glissant and Hans Ulrich Obrist, 『100 Notes—100 Thoughts』 (Ostfildern: Hatje Cantz Verlag, 2012), 6 (에두아르 글리상의 문장을 수정함).

2 이한범, 「실재하는 두꺼비가 사는 상상의 정원: 『우화집: 달-두꺼비의 정원들』」, 『마을』 9호(마을학회 일소공도, 2022), 147.

3 "메르카토르도법의 북극, 적도, 회귀선, 자오선 따위가 다 뭔 소용이람?" 하고 종잡이가 외치면 대원들은 화답하곤 했다. "그런 건 틀에 박힌 기호일 뿐이야! [...] 그가 우리에게 사다 준 것[해도(海圖)]이 최고 — 완벽하고도 순수한 백지!" 루이스 캐럴, 「스나크 사냥: 여덟 경련(經聯)의 사투」, 『운율? 그리고 의미?/헝클어진 이야기』, 유나영 옮김(워크룸 프레스, 2015), 186.

4 성 브렌던의 항해 이야기에 등장하는 거대한 물고기 야스코니우스는 자기 꼬리를 무는 일에 평생을 바친다.

5 "생각하라, 누렇게 뜨고 속이 울렁거리는 열병을 생각하라! 끔찍한 역병을 조심하라! 생각하라. 구멍이 나 가라앉을 그대의 포경 보트를 생각하라! 끔찍한 꼬리를 조심하라." 허먼 멜빌, 『모비 딕』, 강수정 옮김(열린책들, 2017), 전자책, 71(번역 수정, 편집).

6 Robert Graves, 「Jonas」, 『The Complete Poems』 (London: Penguin Classics, 2003), 42.

7 호르헤 루이스 보르헤스, 「거울 속의 동물들」, 『상상 동물 이야기』, 남진희 옮김(민음사, 2016), 33~34(번역 수정, 편집).

8 Graves, 「Jonas」, 42.

9 "자, 여기 커다란 고래 두 마리가 머리를 맞대고 누웠으니, 우리도 그 틈에 끼어 머리를 눕혀 보자. 실용 고래학을 연구하기에 이보다 더 좋은 기회가 어디 있겠는가?" 허먼 멜빌, 『모비 딕』, 74(번역 수정, 편집).

10 존 밸빌, 『바다』, 정영목 옮김(문학동네, 2016), 97.

11 호르헤 루이스 보르헤스, 「거북들의 어머니」, 『상상 동물 이야기』, 188~189(번역 수정, 편집).

12 "가여운 방랑자여! 이 피곤한 방랑에 끝은 없는 건가요? 조류가 당신을 저 아름다운 엔틸리스 제도로 데려간다면, 제 부탁 하나만 들어주실래요? 오래전에 사라진 핍이라는 아이를 찾아봐 주세요. 제가 장송곡을 연주해 드릴게요." 멜빌, 『모비 딕』, 110(번역 수정, 편집).

13 세계에서 가장 오래된 고래사냥 암각화인 「울주 대곡리 반구대 암각화」에 등장하는 동물들.

14 "믿기 어려우시겠지만, 올여름 낯선 정원으로 날아온 작은 새가 씨앗 하나를 물어 오며 저에게 이런 이야기를 들려줬습니다. 씨앗에는 우리가 어떻게 위기를 극복해 왔는지에 대한 기억이 새겨져 있어. 홍수로 난파되었을 때 어떻게 눈을 감고 들어야 하는지, 산불로 어두워졌을 때 어떻게 멈추고 누워야 하는지, 긴 추위로 감각이 마비되었을 때 어떻게 잠을 자고 꿈을 꾸어야 하는지, 폭염으로 녹아내렸을 때 어떻게 기다리고

기억해야 하는지." 임고은, 「실재하는 두꺼비가 사는 상상의 정원: 『우화집: 달−두꺼비의 정원들』」, 『마을』 9호(마을학회 일소공도, 2022), 144.

15 Emily Dickinson, 「I felt a Funeral, in my Brain」, 『The Complete Poems』 (London: Faber and Faber, 1987), 280.

16 호르헤 루이스 보르헤스, 「중국의 불사조 봉황」, 『상상 동물 이야기』, 137~138(번역 수정, 편집).

17 Emily Dickinson, 「After great pain, a formal feeling comes—」, 『The Complete Poems』, 341.

18 "궁핍에 몰리고 탐욕에 빠진 사회가 너무 타락한 나머지 자연의 선물을 갈취하는 것밖에 모르고 이윤 때문에 익지도 않은 과일을 따고 배만 부르면 되는 듯이 모든 음식을 남김없이 먹어 치우게 되면, 그러한 땅은 빈곤해지고 토지는 형편없는 수확을 내게 될 것이다." 발터 벤야민, 「카이저 파노라마」, 『일방통행로 | 사유이미지』, 김영옥 · 윤미애 · 최성만 옮김(도서출판 길, 2007), 92.

19 Emily Dickinson, 「I measure every Grief I meet」, 『The Complete Poems』, 561.

20 "다른 시인들은 영양(羚羊)의 부드러운 눈과 결코 하강하지 않는 새의 사랑스러운 날개를 칭송했지만, 절창이 못 되는 나는 꼬리를 찬양한다." 멜빌, 『모비 딕』, 86(번역 수정).

21 "지금은 이름이 기억나지 않는 한 학자는 어떤 사람의 주장에 대한 반박으로, 인간은 박쥐가 된다는 게 어떤 느낌인지 완전히 상상할 수 없다는 이야기를 한 적이 있다. 나도 일반적으로는 이 이야기가 맞다고 생각하지만, 그럼에도 어린 시절 내가 일부분은 여전히 동물이었을 때 경험했던 그런 동물의 느낌에 관한 멋진 이야기는 하나 들려줄 수 있을 것 같다." 밸빌, 『바다』, 149.

22 멜빌, 『모비 딕』, 99(번역 수정, 편집).

23 밸빌, 『바다』, 162(번역 수정, 편집).

24 "비가 오는 날이면 나는 50개의 사진들이 정확하게 두 개의 대열로 나뉘어 있는 포스터를 보는 데 그치지 않고 안으로 들어갔다. 그 안에서 나는 피오르드 해안이나 야자수에 비치는 불빛에서 저녁에 숙제할 때 내 책상을 밝혀 주는 것과 똑같은 빛을 발견했다. 그러다 갑자기 조명 장치의 결함 때문에 기묘한 느낌의 어스름이 생기고 파노라마의 풍경에서 빛이 사라지기도 했다. 그러면 풍경은 잿빛 하늘 아래에서 침묵하고 있었다. 만약 내가 조금만 더 귀를 기울였더라면 여전히 바람 소리와 종소리를 들을 수도 있을 것 같았다." 발터 벤야민, 「카이저 파노라마」, 『1900년경 베를린의 유년 시절 | 베를린 연대기』, 윤미애 옮김(도서출판 길, 2007), 43.

25 "나는 고래를 모르고, 앞으로도 영원히 모를 것이다. 고래의 꼬리조차 모른다면 머리는 어찌 알겠는가? 게다가 있지도 않은 얼굴을 어떻게 이해하겠는가? 고래는 내게 이렇게 말하는 것 같다. 그대가 내 뒷부분인 꼬리는 보더라도 내 얼굴은 보지 못할 거라고. 하지만 나는 고래의 뒷부분도 완전히 이해할 수 없고, 제 얼굴에 대해 고래가 뭐라고 암시를 한들, 다시 말하건대 고래에게는 얼굴이 없다." 멜빌, 『모비 딕』, 86.

26 "모두 다 놓친 고래다. 인간의 권리와 세상의 자유가 놓친 고래가 아니라면 무엇이겠는가? 모든 인간의 마음과 생각이 놓친 고래가 아니라면 무엇이겠는가? 그들이 지닌 종교적인 믿음의 원칙이 놓친 고래가 아니라면 무엇이겠는가? 허세스럽게 말을 주워 모으기만 하는 사람들에게 철학자의 생각이 놓친 고래가 아니라면 무엇이겠는가? 이 거대한 지구 자체가 놓친 고래가 아니라면 무엇이겠는가? 그리고 당신, 이 글을 읽는 당신, 그대 또한 놓친 고래이자 잡힌 고래가 아니라면 무엇이겠는가?" 멜빌, 『모비 딕』, 89(번역 수정).

27 Emily Dickinson, 「The Moon is distant from the Sea—」, 『The Complete Poems』, 429.

임고은 | 실재하는 달−두꺼비가 사는 상상의 정원

허명진

안무가 노경애의 작업에서 우선적으로 눈에 띄는 것은 어떤 "파열된 풍경"[1]이다. 이를 에드워드 사이드가 말했듯이 "늦음/말년성"(lateness)[2]에서 비롯되는 것으로 본다면, 남은 시간이 많지 않으리라는 자각으로 인해 시간과 맞서 싸우는 하나의 방법과 같은 것으로 생각될 수 있다. 그러니까 이 '늦음/말년성'이라는 것은 무르익은 시간으로부터 흔히 떠올리는 성숙함, 화해나 타협, 조화로움의 징표와는 거리가 멀고, 오히려 화해 불가능성, 비타협, 난국, 풀리지 않는 모순 등의 국면들로 설명될 수 있을 것이다. 사이드에 따르면, 그것은 "일반적으로 용인되는 것에서 벗어나는 자발적 망명이며, 그것이 사라진 뒤에도 계속 살아남는 것"[3]이며, 또한 "사회 내에 안착함으로써 얻게 되는 많은 보상들을 얻기에는 늦었다는 (그리고 이를 거부한다는) 뜻"[4]이다.

이번 작업에서 이러한 뒤늦음의 절박하고 통렬한 감각은 바닥에서부터 시작된다. 무용수들이 지면에 닿는 발바닥의 면적은 이미 상당 부분 쪼그라들어 버렸고 일반적으로 허용되는 그것에서 벗어나 간신히 지탱되는 상태이다. 우리가 바닥을 딛고 서 있는 그 자체를 언제 이렇게 의심해 본 적이 있던가. 뭔가가 발바닥과 지면 사이에 이미 일어났고, 그 한계를 시험하는 위태로움의 여파가 몸 전체로, 손끝과 머리카락 끝자락까지 퍼져 간다. 기존에 몸의 중심점이라고 생각되었던 지점이 탈구되고 그로부터 몸의 다른 부위로 옮겨지는 과정 하나하나가 새롭게 다가온다. 그 늦음의 감각은 사이드의 말처럼, "항상 시간을 일깨워 흐르게 한다. 그 말은 놓친 시간이든 딱 맞춘 시간이든 흘러가 버린 시간이든 아무튼 시간을 기억하는 하나의 방법이다."[5]

한편 뇌성마비 퍼포먼스 작가들과 무용수들이 함께한 이 작업은 무엇보다도 움직임 리서치의 힘이 느껴진다. 동작이 발생하는 필연적 지점을 찾아 나가는 접근이 돋보인 작업으로, 여기서 장애의 몸은 결핍된 무엇이라기보다 기존의 신체에서 의식하지 못했던 요소들에 주목하게 하고, 새로운 발견을 가능하게 하는 원천으로서 작용하는 것 같다. 특히 발바닥이 지면에 닿는 여러 양상들로부터 파생되는 움직임의 탐구에 기반한 일련의 장면들은 몸 자체의 물리성을 그대로 드러내면서, 존재 기반에 대한 사유로 이어지게 한다. 장애와 비장애 상관없이 움직임의 토대가 무엇인지, 균형과 버티는 힘이 어디에서 기인하는지, 재검토하는 계기를 제공해 주는 것이다.

이러한 바닥의 위태로움은 매우 근본적이다. 더 나아가 걷고 서고 달리고 머무르는 등의 지극히 평범한 동작의 조합이라 할지라도 기존에 받아들이는 그 의미의 범위와 경계 자체를 시험한다. 이를 가능하게 하는 것은 각자의 단독적인 몸이다. 어떤 도식에도 들어맞지 않으며 화해되거나 해결될 수 없는, 확고하지 않은 어떤 특성, 말하자면 고정되어 있지 않은 복잡한 균형점과 선들의 이탈로 인해 유기적인 종합으로 이어지지 않는 분절적인 특성이 두드러진다. 무너질 듯하면서도 기민하며, 파열적이면서도 풍요롭다. 몸 부분들 사이에, 몸과 몸 사이에 미묘하게 상반되고 충돌하는 힘들을 긴장 가운데 묶어 두고 있다. 그중에서도 여섯 명의 출연자 모두가 대각선으로 늘어선 장면은 그 구도의 엄격함만큼이나 각각의 몸 자체의 고유함이 부각되고 주목될 수밖에 없어 보인다. 심지어 제목과 같은 각도의 기울어진 자세라 하더라도 모두 다르게 나타날 것이다. 이번 무대에서 각자 서 있고 기울어지고 중심을 잡는 그 양태들은 어떤 한 가지 기준으로 재단되거나 환원될 수 없는, 무수히 분산되는 다양한 국면들의 향연이다. 이는 특수한 몸, 혹은 장애의 몸이 개입되어서가 아니라 안무의 차원으로서 나타난다. 단지 어떤 몸에는 까다롭고 가차 없는 도전이라면, 어떤 몸에게는 그렇지 않을 수 있는 것이다. 이러한 가운데 무용수들의 몸과 움직임 자체가 주목되고 그 흐름과 속도에 집중할 수 있게 하면서, 장애인과 비장애인 무용수의 교차, 엇나감, 상응 등을 통한 대위적 구성이 풍성하게 시도된다. 몸과 몸이 서로 방향을 바꾸어 가며 무대에서 원을 그리며 달리거나, 나란히 서서 뜀뛰기를 하는 등 중첩적 구도를 통해 비교가 아닌 차이의 영역으로 나아가며, 각각의 몸이 독자적이면서도 서로 자극을 주고받는 존재로 드러나게 된다. 더구나 몸 부분들이 서로를 침범하지 않으면서 병치되고 서로 조정을 거치는 트리오의 장면은 서로의 다름 가운데 자발적으로 공존하는 방식을 찾아가는 것처럼 드러나기도 한다.

　이러한 각기 다른 몸 재료들, 움직임 요소들을 포괄하는 태도와 방식에 내재된 것은 수많은 몸의 조건들에 대한 일종의 현실 자각일 것이다. 여기에 병행되는 것은 앞서도 언급되었지만, 어쩔 수 없는 늦음 / 말년성의 감각이다. 프루스트가 등장인물을 지속으로서, 즉 시간을 일종의 신체로서 바라봤던 것처럼, 이 작업에서 시간의 감각은 몸에 의해, 몸 안에서 구현되고 있다. 말하자면 시간에 굴복하게 되면서도 거기에 맞설 수밖에 없는, 엇나가고 흔들리거나 무너질 가능성이 있지만 그것을 드러내는 데 주저하지 않는, 부정성과 함께하는 몸이다. 그러니까 아까 리서치에서 찾으려는 움직임의 필연성이라고 했던 것은 저항성과도 함께 바라보게 된다. 자연법칙에 순응하지만 자신의 권리를 포기하지 않고 반발할 수밖에 없는 것이고, 그럼에도 남은 시간이 많지 않다는 안타깝고 괴로운 자각이 수반된다는 것이다.

　그러니 여기에는 실제로는 늦음 / 말년성을 도저히 넘어설 수 없다는 생각이 포함된다. 그것을 초월하거나 벗어날 수 없고 오히려 그것을 강화시킬 뿐이라는 것이다. 사이드식으로 말하자면 화해 불가능성의 본질적인 연장이다. 가령, 당장은 비장애라고 생각되는 몸이라 하더라도 어떤 불가능성, 부정성의 국면은 어쨌거나 궁극적으로는 벗어날 수 없다는 것이다. 아무리 해도 그러한 국면에 맞닥뜨릴 수밖에 없게 하는, 그런 당혹스런 시선을 자신에게 돌리게 하는 순간을 비껴 나갈 수 없다는 것이다. 그에 대해 생경하게 느끼고, 나는 아니야, 라고 말하고 싶지만, 마찬가지의 필멸의 존재라는 의식으로 돌아오기까지는 그리 오래 걸리지 않는다. 그것을 부인하거나 회피하지 않게 되다 보면, 장애나 비장애의 구분은 결국 무화되고 그 구분이 무의미함을 알게 되는 것이다. 이러한 과정에서 움직임과 몸에 대한 관습적 미감이 훼손될지 모르지만, 오히려 그 한계를 묘하게 넓히게 되는 것이다.

이처럼 이전에 쉽게 용인되던 것이 여지없이 부정되는 경험을 하게 되면서, 역설적으로 그 자체로도 매우 아름답다고 여기는 순간이 어느덧 떠올라 온다. 태양 빛이 소멸하기 직전 가장 아름답게 하늘을 물들이듯이, 몸들이 바스러지거나 천천히 가라앉는 것처럼 보이는 마지막 장면에 추가되는 배경 막의 조명은 대단히 이례적인 순간을 만들어 낸다. 느릿하게 분절되는 몸의 부분들은 황혼과도 같은 빛 속에 생동하며 더없이 쓸쓸한 아름다움을 자아내는 것이다. 마치 석양을 바라보는 뒷모습과도 같이 등을 보이고 선 두 존재는 어떻게 손쓸 수 없는 그 취약한 서 있음 자체로도 충만하다. 늙음 혹은 말년의 감각이 보유한 아이러니한 아름다움의 극치가 아닐 수 없다.

이 글은 2020년 옵 / 신 페스티벌에서 소개된 노경애의 작품 「21° 11'」리뷰로, 『옵 / 신 페스티벌 2020』(작업실유령, 2021)에 게재되었다.

장애인은 비장애인과는 다른 움직임의 질감과 균형점을 가지고 있다. 근육의 경직이 독특한 움직임을 발생시키고, 중심축이 휘어진 몸은 복잡한 균형점을 생성한다. '불안정함'은 '안정함'이 가질 수 없는 운동성을, '불균형'은 '균형'이 가질 수 없는 다변성을 가진다. 「21° 11'」은 움직임의 가장 기본이 되는 '서기, 앉기, 걷기, 달리기, 뛰기'의 행위에 집중한다. 일견 단순한 동작들이 장애인과 비장애인의 몸에 담겨 무한한 선과 움직임의 조합으로 확장될 때, 견고했던 몸과 움직임의 기준은 흔들린다.

1 에드워드 사이드, 『말년의 양식에 관하여』, 장호연 옮김(마티, 2012), 14.
2 사이드, 『말년의 양식에 관하여』, 13.
3 사이드, 38.
4 사이드, 44.
5 사이드, 13.

팀 에첼스
이경후 옮김

늦은 밤, 우리 공연이 끝난 뒤 극장 바에서 짧게 한잔하고
못 이기는 마음으로 페스티벌 센터를 찾아 나선다. 모두들
관객과 다른 예술가를 만날 기회라며 센터에 가라고 말했다.
"멀지 않아요."라고들 했다. 멀지 않아요. 그렇게 멀진 않아요.
어찌 됐든 찾기는 쉽다 — 소개 책자 뒷면에 그려진 지도에
선명한 초록색으로 동그랗게 위치가 표시되어 있다. 걸어간다.
지도에 도움을 청한다. 또 걷는다. 하지만 15분, 혹은 더 오래
지나고 보니 이 지도엔 동네들이 거의 통째로 다 빠져 있고
일단 축척도 맞지 않는다. 순환도로인지 강인지를 건너자
언덕길로 올라가는 건지 막다른 골목으로 내려가는 건지
꼬불꼬불한 길이 이어지더니, 결국 포기하고 이비스 호텔에
돌아가야겠다는 생각이 들 때쯤, 페스티벌 센터가 보인다. 아마
지하였을 텐데, 아무튼 어둡고 DJ는 텅 빈 댄스 플로어의
공기가 울릴 정도로 시끄러운 음악을 튼다. 센터에 들어서는
그 순간, 몇 시간 전, 어쩌면 며칠 전 아침 일찍 도착한
비행기 시간에 맞춰 픽업하러 왔던 인턴이 막 문을 나서고
있다. 인턴은 당연히 날 보고 놀라기도 했거니와 지치고
정신도 없어 보인다. 다른 사람들은 아무도 없는 것 같다.
아니면 그냥 몇 명 정도. 작게 무리 지어 벽에 겨우 남아
있는 인류의 부스러기. 한두 명을 알아본다. 라트비아
사람이던가, 어쩌면 그 헤비메탈 정치 인형극단의 기술팀
사람일 것이다. 같이 얘기하고 있는 사람은 그 프랑스 단체에
있는 스페인 배우 같다. 어렴풋이 '레이캬비크'인가 하는,
베를린의 페스티벌에서 아티스트 오찬 때 만난 것 같기도
하다. 술을 주문하고 돈을 내다가 페스티벌 패키지에 쿠폰이

있었던 게 떠오른다. 이미 늦었다. 음악이 나오는 데서 최대한 멀리 떨어진 테이블에 모여 앉는다. 센터가 텅 비었는데도 벽이 축축하다. 술을 마신다. 한 남자가 다가온다. "네, 감사합니다." 그는 공연을 아주 재미있게 봤다고 하지만, 얘기하면 할수록 내 공연이 아니었다는 걸 알게 된다. 그 사람이 얘기하는 장면은 다른 사람의 다른 작품이다. 그가 자리를 뜨고 동료들도 몇몇 일어나지만 한 잔만 더 하고 가기로 한다. 그러고는 곧 후회한다 — 남은 동료들이 작품에서 잘 안 되는 장면을 가지고 점점 이리저리 목소리를 높이기 시작한다. 방향도 진전도 없이 불평하고 은근히 서로를 탓한다. 결국 자리에서 일어나 이비스인지 노보텔인지로 돌아가기 시작한 건 새벽 세 시다. 네 시인지도 모른다. 행여나 택시가 지나가지 않을까, 하는 헛된 희망을 품으며 페스티벌의 ABC를 만들어 본다.

A — 관객(Audience).
결국 누구에게 이야기하고 있는가?
누구와 이야기하는 것인가?
누가 오는 것인가, 문을 열고 들어오는 사람은 누구인가?

B — 바(Bar). 밝은 초록색으로 물든 페스티벌 바, 센터.

C — 커뮤니티(Community).
교감. 커뮤니티. 공동체 형성의 가능성 — 세계, 도시 내부, 도시 간, 극장 혹은 퍼포먼스 공간 내에서.
소속감. 소속된다는 가능성. 예술가와 관객의 관점에서.
무언가의 일부가 되는 것
무언가에 참여하는 것
무언가를 보는 것
무언가를 공유하는 것
무언가에 대한 질문을 나누고 그 해답을 구성해 보는 것.

소속된다는 것은 무엇인가?

여기 그 공간 — 극장의 공간이나
페스티벌 프로그램이라는 더 큰 공간 안에서
(지금 작업 중인 것)

일시적 공동체의 형성

도시 안으로, 관객과의 교류 속으로, 무엇이 가능한가에 대한
개념 안으로 길을 찾아 들어가며 펼쳐지는 페스티벌의 시간
그 자체.

아니면 D. 의심. 회의(Doubt).
회의의 페스티벌을 만들 수 있을까?

아니면 E.
과잉(Excess)의 페스티벌?
삭제(Erasure)의 페스티벌?
탈진(Exhaustion)은?
황홀경(Ecstasy)은?

아니면 F — 두려움(Fear)? 아니면 망각(Forgetting)?
결국 모든 페스티벌이 일종의 망각 아니던가?

명성(Fame)은 어떨까? 아니면 행운아(Fortunate)들의
페스티벌은?
파리(Flies)의 페스티벌? 아니면 픽션(Fiction)? 또는 비상
(Flying)?
혹은 거짓 웃음(Fake Smiles)?

그리고 G.

모임(Gathering).
우리가 이곳에, 모인 방식.
하지만 왜? 그리고 누구와, 누구를 위해?

결국 문제는 — 어떤 페스티벌이든
정확히 무엇을 기념할 것인가
무엇을 축하할 것인가
그리고 누구와 함께 누구를 위해서
그것을 축하할 것인가
무엇을 중심으로 모일 것인가
어떻게 공동체에 다시 응답하고
또 어떻게 즐길 것인가

우리가 모인다는 건 물론 대단한 일이지만,
과연 어떤 목적을 가지고, 어떤 목표를 위해?

알파벳을 잠시 잊고 계속 걷는다.

저 밖 어딘가
혹은 저 밖 어딘가에서 온 여기 어딘가
혹은 여기 어딘가에서 온 저기 어딘가
그곳에
하나의 관점이 있다
무엇이 가능한가에 대한.

한편으로 페스티벌의 목적은 그 관점을 바꾸는 것이다
그러니까
페스티벌로 인해
무엇이 가능한가에 대한 개념이 바뀌고,
페스티벌 안에서, 페스티벌을 통해서, 새로운 것들이 가능해
보이게 된다
혹은 과거의 것들이 불가능해 보이거나
새로운 종류의 인식이 가능해 보이거나
과거의 비인식, 무지, 알지 못하는 상태가 불가능해 보이게
된다

그게 사실 예술의 주된 목적이기도 하다

몰랐던 사람이 있을까 봐 얘기하자면.

달리 말해
페스티벌이란 듣는 장치다
하지만 또한 말하는 장치이기도 하고
또한 다른 이들이 들을 수 있는 공간을 만드는 장치이기도
하고
또한 다른 이들이 말할 수 있는 공간을 만드는 장치이기도
하다

페스티벌은
도시의 / 지역의 / 페스티벌이 이뤄지는 장소에 귀 기울여야 한다
한 나라나 길모퉁이, 시골이 될 수도 있다
듣고, 민감하게 만들고, 뭐랄까 귀 기울이거나 간파하려 해
보고,
그 장소, 그 특수성들을 고려하거나 점검해 보려 하고

하지만 동시에 깊게 듣고 또 깊이 듣고
페스티벌은 도시를 향해 크게 말해야 하고
강하게 말해야 하고
또 말하면서 변화시키고
말하면서 다시 보고
예술의 또 다른 기능이 그렇듯
반전시키거나
페스티벌을 할 땐 꿈을 꾸고, 도시를 다시 꿈꾸고
다시 쓰고
다시 섞고 다시 만들며
또 그럴 만한 용기가 있어야 한다
그러니까 말하는 페스티벌의 독설뿐 아니라 듣는 페스티벌의
예민한 귀
처리하는 두뇌.

다시 알파벳으로 돌아가자.

H. H. 없다. H.
정말 없나?
아마도 어쩌면 희망(Hope)?

아니면 집(Home).

집까지는 반도 오지 않았고 어쨌든 이 축제일 밤 결국 집에
다다라 봤자 고작 호텔일 것이다. 다시 시내로 건너가는
다리까지 왔다. 다리의 통행량이라곤 뒤처지는 일행과 내가
전부다. 고압 나트륨 가로등과 중앙분리대가 있는 도로의 도보
통행, 그리고 이때 내리기 시작하는 비.

H를 끝끝내 포기하지 않고, 희망(Hope)으로 돌아간다, 아마도.

희망하는 것은, 페스티벌이 확정보다는 질문을 위한 자리가
되는 것이다.

무언가의 일부가 된다는 것
무언가에 참여한다는 것
무언가를 본다는 것
무언가를 만들거나 나눈다는 것은 좋은 일이다.
함께한다는 게 나쁜 건 결코 아니다.

하지만 요즘은 다들 우리가 어떤 팀이나 편에 합류하고,
연결된, 네트워크상의 상태에 있길 바란다. 모든 사람이 우리가
참여하길 바란다. 심지어 은행도 트위터 계정을 팔로우 하라고
하고, 주유소에서도 '딱 5분, 여러분의 생각을 남겨 주세요'라고
말한다. 모든 구매 행위가 '커뮤니티' 가입과 연결되어 있다.
결국 물건만 사는 일은 결코 없다 — 자신을 표현하는 것이다.
내 삶을 큐레이팅 하는 것이다. 가치를 더하는 것이다.
기억하라. 우리는 참여하고 변화를 만드는 것이다. 모든 구매
행위를 통해 뭔가에 동의하고, 클럽에 가입하고, 연결되고,
친구와 이어지고, 심지어 새로운 친구를 만나기도 한다.

자본주의는 이제 상품의 영역을 훨씬 넘어섰다, 그렇지
않은가?

그렇다면 합리적으로 희망할 수 있는 것은 아마도 페스티벌이,
아니 어쩌면 예술 그 자체가
요즘 자본주의 사람들이 모든 구매 행위에다 너무도 능숙하게
덧칠해 놓은
만들어진 소속감
함께한다는 허위 감정과 연대라는 부가가치의 연막과는 다른
무언가를
제공할 수 있을지도 모른다는 점이다

희망할 수 있는 것은
(아직 알파벳 도중이다)
(그리고 아직도 시내로 걸어가는 중이다)
희망할 수 있는 것은
예술과 페스티벌의 그런 공간들에서 나누는 것이
무엇보다도
질문이 될 수 있다는 것

그리고 예술과 페스티벌의
그 공간에서
우리의 모습,
우리가 이미 알아 왔던 우리의 모습,
우리가 모이는 걸 좋아한다는 사실을 넘어,
그보다 우리가 어떤 모습일 수 있는지
혹은 우리가 어떤 모습이면 두려워하는지
혹은 우리가 무엇으로 서로를 비난하는지
혹은 우리에게 어떤 의심과 회의가 있는지
우리의 회색 지대가 무엇인지
혹은 우리의 가장자리, 간극, 경계는 무엇일지
만날 수 있게 되는 것

자본은 번지르르한 창의성으로 무엇을 사도록 하고 팔리게 할
수 있는지를 끝없이 고안해 내고, 그런 자본이 가져다준 모든
허위의 공동체가 제공할 수 없는 것들이 있다.
많이 있다.
그것들, 그런 종류의 것들이, 정말로 페스티벌에 걸 수 있는
희망일 것이다.

페스티벌에서
안락함과 만들어진 소속감을 지워 내고,
반대. 논쟁과 차이.
균열. 파열과 타협 불가능성이 가능하기를 소망한다.

해결 불가능. 부조화가 그립다.
(예술과 페스티벌이 드러낸) 해결 불가능한 문제. 공간을
뒤섞고 꼬아 놓고, 사람들 옆에 남고 뒤에 남아 거리에서
사람들을 따라 흐르고, 사람들을 둘러싸고 비틀고 사로잡고
유혹하는 문제... 그러니까 유령과 뒤엉킴의 페스티벌. 꼬인
매듭의 페스티벌. 뒤엉킴과 물음들을 꿈꾸는 바보들의 페스티벌.
고뇌하는 자들의 페스티벌.

절대적인 난감함과 호전성이 그립다.
문화적 공간에는 정말 예절의 '예'가 너무 지나쳐 가능성을
확장하기보다는
그걸 옭아매고 있으니까.

진심으로 고민하는 것은 우리의 가능성이 무엇인가, 그리고
현재의 불가능이 어떻게 가능성이 되고 정치가 될 것인가
하는 것이다.

게다가,

이제. 새벽 네 시 혹은 다섯 시, '이비스 / 노보텔 / 홀리데이
인 / 프리미어 인 / 마리팀 호텔 / 머큐어 호텔'인지 어딘지에

도착했고 알파벳 놀이는 거의 그만둔 상태가 되었다. 점점 더, 혹은 어느 정도, 이 놀이의 형식과 제약이 생각의 폭주기관차를 방해하기 때문이다.

스피커로 전형적인 배경음악이 흘러나오는 호텔 로비에서 야간 포터에게 의견을, 조언을 묻자 카운터 뒤의 남자가 컴퓨터에서 (틀림없이 페이스북이다) 눈을 들어 똑바로 눈을 마주 본다.

그는 말한다.
현재 라이프스타일 / 체험 혹은 자본주의와, 한때는 오로지 예술이라는 공간에서만 생산됐던 형태의 시나리오와 제안들 사이의 경계가 겹쳐지고 흐릿해지고 있습니다. 그 안에서 우리는 라이브 아트를 특히 자본에 대항해 내세웠었죠. 그 덧없음, 개별성 창출의 역량, 사회 네트워크와 만남 가능성에 대한 관심을 지지하면서요. 이제 — 한때는 급진적이었던 — 이것들, 이 관심사들은 자본주의를 마주한 대중의 기본이 되었습니다.

대답한다 — 어디서나 참여 권유를 받죠?

그는 말한다. 바로 그겁니다. 하지만 제안 조건에 문제가 있는 거죠.

엘리베이터 소리가 핑 난다. 침대로 데려가겠다는 듯이, 부디 이 낯선 공간에서 나오라고 부탁하는 듯이. 하지만 자리를 뜨기 전 포터가 잠시 사이를 두더니 말을 잇는다.

그 제안에는 갈등의 부재가 곧 공동체라고 규정하려는 고집 혹은 경향이 있습니다. 분쟁보다는 사회적 합의와 확인으로 치우친 경향. 그게 자본의 욕구이자 요청, 방향입니다. 무한한 성장과 취득의 가능성을 주장하는 것이죠.

네, 라고 대답한다.

그는 말한다.

사회적 영역으로 계속 연장되고 확장되는 자본은 우리를 우리 스스로에게 되팔고 있고, 우리에게 부족한 것들, 소유는 했지만 필요하지 않은 것들에 관한 진정한 물음에서 멀어지게 합니다. 우리는 우선순위에 대해 논쟁할 수 없죠. 우리나 타인의 확신, 서사, 진실에 의문을 제기할 수도 없고요. 다시 말해 (저 시장에서 사과파는 종류의) 커뮤니티는 뭉쳐야만 하는 겁니다. 그리고 우리는 속해야만 하죠.

대답한다 — 끌어당기는 힘이 있긴 하죠. 함께한다는 건 좋지 않은가요?

그가 말한다.

그래요. 하지만 우릴 갈라놓는 건 무엇인지도 생각해 봐야 해요.
그리고 소속감이라는 건 사실 돈으로 살 수 없다는 것도 기억해야 하고요.

참여와 소속감은 대상이 아니에요, 물질적 성취나 구체적인 소유가 불가능하고 취득하는 게 아니에요. 노력해야 하고, 그 안에서, 또 그걸 통해 살아야 하는 과정들입니다... 함께하는 것, 공유, 상호성과 더불어 어려움, 반대, 의견 불일치, 노력, 불확실성, 의심과 분쟁이 따르는 과정들이에요. 흐르는 것들입니다. 변하고. 부딪히고. 긴장과 변화가 따르는 것들이에요.

네. 대답한다. 어쩌면요.

그는 말한다.
과정, 분쟁, 반대를 고집하(거나 인정, 제공하지도 않고 그 장을 만들)지 않는 소속감에 대한 약속은 근본적으로 잘못된 약속이에요. 소위 혜택이라는 걸 제안하지만 그 조건 안에 진짜 문제, 책임과 관계가 빠져 있는 제안.

네. 대답한다. 혹은, 아니에요. 혹은, 어쩌면요.

또 한 번 핑 소리가 난 엘리베이터에 올라탄다.

다음 날 아침 프런트에 전화를 건다. 그 야간 포터가 전화를 받지만, 그는 낮에 일하는 다른 호텔로 가려던 참이다. 잠깐만요, 잠깐만 기다려 보세요. 제가 꿈꿔 왔던 페스티벌들이에요.

느린 시간의 페스티벌
장난기의 페스티벌
광기의 페스티벌
망각의 페스티벌
자유의 페스티벌
전쟁의 페스티벌
여름과 겨울의 페스티벌
거짓말의 페스티벌
예상대로 예측 불허인 것의 페스티벌
희망의 페스티벌
비타협의 페스티벌
자유낙하의 페스티벌
혁명의 페스티벌
우연의 페스티벌
또 다른 기회의 페스티벌
방언의 페스티벌
유령선의 페스티벌
난센스의 페스티벌
마음의 상처의 페스티벌
법적 증빙의 페스티벌
몸서리침의 페스티벌
아른아른 빛나는 페스티벌
사적인 대화의 페스티벌
한 번도 본 적 없는 것의 페스티벌

알코올의　페스티벌
축제성의　페스티벌
기억의　페스티벌
짖어　대는　개의　페스티벌
미지의　페스티벌
필연의　페스티벌
마법의　페스티벌
바보의　페스티벌
형편없는　운전의　페스티벌
대머리　남자의　페스티벌
공허함의　페스티벌
젊음의　페스티벌
유럽의　페스티벌
나중의　페스티벌
이전의　페스티벌
사이의　페스티벌
순환　논쟁의　페스티벌
사랑의　페스티벌
추락의　페스티벌
밤의　공포의　페스티벌
반(反)테러의　페스티벌
잠든　관객의　페스티벌
분위기의　페스티벌
후원자의　페스티벌
후원　짓거리의　페스티벌
불안의　페스티벌
정체의　페스티벌
알려진　것의　페스티벌
음울함의　페스티벌
비명의　페스티벌
어설픈　농담의　페스티벌
위험한　것의　페스티벌
살덩이의　페스티벌

열기의　페스티벌
실험　수술의　페스티벌
총성의　페스티벌
식민지의　페스티벌
자동차　경보의　페스티벌
억압의　페스티벌
샴페인의　페스티벌
봄의　페스티벌
물의　페스티벌
불의　페스티벌
균열의　페스티벌
단층선의　페스티벌
속임수의　페스티벌
위조의　페스티벌
게임의　페스티벌
데이터의　페스티벌
다다이즘의　페스티벌
미로의　페스티벌
로봇의　페스티벌
해답의　페스티벌
기다림의　페스티벌
성급함의　페스티벌
나이의　페스티벌
거의　불가능한　것의　페스티벌
낙오자의　페스티벌
빌린　것의　페스티벌
죽은　자의　페스티벌
폭발의　페스티벌
붕괴의　페스티벌
산업의　페스티벌
틀린　것의　페스티벌
나쁜　타이밍의　페스티벌
작별　인사의　페스티벌

그래피티의 페스티벌
속삭임의 페스티벌
꿈의 페스티벌
황무지의 페스티벌
연기와 거울의 페스티벌
얼음의 페스티벌
공개적인 웃음의 페스티벌
똥과 오줌의 페스티벌
그림자의 페스티벌
혈액검사의 페스티벌
규칙의 페스티벌
낭비의 페스티벌
비밀의 페스티벌
무감각한 페스티벌
예술가 없는 페스티벌
프로그래머 없는 페스티벌
관객 없는 페스티벌
프로그램 없는 페스티벌
장소 없는 페스티벌
경계 없는 페스티벌
끝없는 페스티벌

이 글은 국립아시아문화전당 예술극장 개관 페스티벌과 연계해 발행된 『책고래』 3권
(국립아시아문화전당, 2015)에 게재되었다.
　　팀 에철스는 다방면에서 작업해 온 작가로, 영국의 세계적인 아방가르드 단체 '포스드
엔터테인먼트'를 이끌고 있다. 어린아이의 호기심과 날카롭고 비판적인 지성을 함께 지닌,
그럼에도 불구하고 가벼운 유쾌함을 잃지 않는 예술가이다.

2014년 에라스뮈스상을 수상하며

프리 레이선
서현석 옮김

이것은 한국의 제 친구이자 동료가 들려준 이야기입니다. 3억 5천만 년 전, 첫 생명체가 바다에서 기어 나와 육지로 향했고, 이들은 파충류가 되었고 포유류가 되었습니다. 하지만 시간이 흐른 후, 이들 중 하나가, 아마도 사슴이 마음을 바꾸었습니다. 운석이 충돌할 것을 예측하고는, 숨을 한 번 깊이 들이마신 뒤, 다시 바다로 뛰어들었습니다. 그는 바다 안에서 살아남을 확률이 더 높다고 생각한 것입니다. 고래. 지구에 사는 동물 중 가장 크고, 가장 똑똑하며, 그리고 가장 발달한 공감 능력을 지닌 동물 중 하나입니다. 고래는 한 걸음 뒤로 움직이는 것이 꼭 퇴화를 의미하지 않으며 옳은 선택이 될 수 있음을 보여 주었습니다.

저는 방금 들으신 이야기와 같은 경위로 이 상을 받게 되었습니다. 빈 페스티벌에서 정확히 이러한 가치와 생각을 보호하기 위해 질 것이 뻔한 싸움을 했기 때문에 이 상을 받게 되었습니다. 당시는 힘든 시간이었고, 저의 투지는 항상 심각한 의심과 불확실성과 동거하고 있었습니다. 결국 제가 이길 수 있는 싸움은 아니었습니다. 공룡을 쓰러뜨리는 건 불가능하니까요. 그런 것에 더 에너지를 더 낭비할 수 없었습니다. 그래서, 저는 페스티벌을 딱 한 번 치른 후 4년짜리 계약을 9개월 만에 그만두었습니다. 그러고는 다시 바다로 돌아갔습니다.

그 시기는 절망스러울 만큼 별난 불화의 시간이었지만, 동시에 영광이었습니다. 이런 정황 속에서 이 상은 저 스스로에게, 저의 신념과 원칙에 어떤 의미일까요? 이 명망 있는 에라스뮈스상 수상자 목록에 제가 포함될 수 있을지 무척 의심스럽습니다. 과거에 이 상은 번뜩이는 지성과 재능 있는 예술가에게 주어졌었지요. 저는 둘 중 어느 쪽도 아닙니다.

저는 올해의 이 상을 일종의 경종으로 여깁니다. 오늘날의 우익화와 국수주의, 그리고 상업주의적 풍토에서 우리가 잃어 가는 것들이 정확히 무엇인지 우리는 인지하고 있는 걸까요?

네덜란드의 왕, 빌럼알렉산더르 왕께서 오늘 제게 이 상을 내려 주십니다. 폐하, 당신의 나라는 더 이상 예술이 숨 쉴 수 없는 곳이 되었습니다.

당신의 나라는

당신의 나라는

— 예술, 문화와 문화 산업 간의 구분이 거의 사라져 버린 나라

— 문화와 예술을 위한 재정 지원이 처참히 잘려 나간 나라. 연극계는 마치 잡초의 양산지라도 되는 양 절단되고 사장되었습니다. 얼마나 안타까운 일인가요. 바로 그 풀밭에서 재창출과 변혁이 일어나는데 말입니다.

— 창작을 위한 작업장, 실험실, 연구소가 더 이상 존재하지 않는 나라

— 보수주의가 미쳐 날뛰는 나라

— 예술이 '좌파의 취미'로 격하되는 나라

— 아티스트들과 그들의 작품이 국제적으로 소개되는 횟수가 가소로울 정도로 최소화된 나라

— 소수의 '기이한' 예외를 제외하고는 (거의) 모든 극장이 똑같아진 나라. '모두'를 만족시키겠다는 의지와 특정 집단을 목표로 삼는 진부한 프로그램들은 결국엔 공허한 극장들만을 양산했습니다.

— 예술을 갈구하는 관객들이 더 이상 만족을 느낄 수 없는 나라

간단히 말해 예술과 문화, 그 관객들이 극심한 압박을 받는 나라인 것입니다.

그런데, 네덜란드뿐 아니라, 유럽 전역에서 문화와 예술을 향한 공격이 시작되었습니다. 제 고향인 벨기에 역시 최근 이러한 타격을 받았지요. 제가 이해할 수 없는 한 가지가 있습니다. 벨기에와 네덜란드는 세계에서 가장 부유한 국가에 속하고, 이 두 국가에 찾아온 (경제적) 위기는 상대적으로 약하다는 것입니다. 최근까지만 해도 두 국가에서는 매우 고무적이고도 진취적인 예술 정책들이 시행되었습니다. 어떻게 이러한 정책들과 모든 투자가 그토록 쉽게 버려질 수 있습니까? 저는 정말 이해할 수가 없습니다. 저는 실로, 이를 이해하길 거부합니다.

정치 풍조의 변화 때문만은 아닙니다. 어느 유서 깊은 명언처럼, 스스로의 마음을 살피는 것은 항상 바람직한 일이니, 비판적인 자기 성찰은 나쁠 게 없을 것 같습니다. 예술은 정치적이고 효율적이며 외교적이고 경박하기 그지없는 논리에 너무 치우치게 된 것일까요? 혹시 우리는 지금 사회적 박탈, 이민, 인종주의 같은, 정치인들이 풀지 못한 문제들을 해결하기 위해서 지나치게 정치적인 이익을 꾀하고 있는 것은 아닐까요? 예술이 풀지도 않을 것이고, 풀어서도 안되며, 풀 수도 없는 문제들, 심지어 요즘 유행하는 '참여 예술'이나 "우리 모두가 예술가!" 같은 말로도 해결되지 않는 문제들 말입니다. 모든 이들이 흥미로운 것도 아니고, 모두가 예술가인 것은 더더욱 아닌데 말이죠. 우리는 예술적 본질이 아닌, 숫자와 경제적인 논리로 지나치게 스스로를 정당화하고 있는 건 아닌가요? 혹시 우리는 그저 연예인이 되어 버린 것일까요? 응당 혼란과 영감의 원천으로 존재해야 하는 우리가, 매니저나 마케팅 담당자, 회계사의 규칙에 꼬박꼬박 복종하는 엔터테이너가 되어 버린 것은 아닐까요. 우리는 마치 고래처럼, 몇 발자국 물러나 거리를 두고 바다로 돌아간 뒤, 우리만의 합당한 생활권을 찾아 영향력을 회복해야 하지 않을까요?

이 상은 하나의 경종이기도 하면서 또한 아티스트들이 자유롭게 작업할 수 있는 공간 확보를 위한 호소라고 생각합니다. 예술가들이 자유롭게 그들의 비전과 예술적 어휘를 발전시키며, 비판적으로 사회를 분석하고 그 오류를 드러내어 우리들에게 영감을 불어넣을 수 있는, 자유의 공간 말입니다. 그 어떤 정치적, 경제적, 사회적 그리고 미학적 압박이나 어떤 의제에서도 자유로운 공간. 이 상은 그를 위한 것입니다. 그곳이 바로 바다입니다.

에라스뮈스상은, 이 세상에서 익사할 위기에 처해 있는 아티스트들을 옹호합니다. 화려함과 돈, 권력, 유명인의 이름을 들먹이는 세상, 특권, 상품경제, 교태와 타협, 병든 출세주의와 허영에 빠진 부르주아적이고 인위적인 세계, 즉 21세기판 예술의 디즈니랜드 속에서 말이죠.

이 상은 아티스트들과 그들 작품의 국제적인 순회를 지지합니다. 네덜란드뿐 아니라 유럽 내에서, 국경이 다시금 닫힐 위험에 처한 시대, 자기만의 사고에 빠진 작금의 시기에 말입니다. 이 나라에 한때 있었던 리차르트 텐 카터 같은 이들이 얼마나 그리운지 모릅니다.

이는 또한 새로운 세대의 아티스트들과 퍼포머들에게 주는 상이기도 합니다. 우리는 (아직은) 그들을 모를 수 있지만, 그들은 우리 시대와 세계에 대해 완전히 신선한 관점을 제시해 줄 것입니다. 우리가 그 기회를 주기만 한다면요.

나아가 이 상은 비판적이며, 호기심이 많고, 쉽게 만족할 줄 모르며, 또 모험을 즐기는 대중을 위한 상입니다. 아티스트에게 없어서는 안 될 스파링 상대, 즉 다른 비전과 의견을 필요로 하며, 상업적 소비로부터 그리고 재빠르게 진격하는 문화 산업에서 동떨어진 예술형식과 언어를 궁금해하는 사람들 말입니다.

이 상은 다름 아닌 우리 일의 핵심인 아티스트들과 그들의 작업, 관계 맺기, 위험을 감수하는 도전, 급진성과 변화를 위한 상입니다. 체계와 작업 방식을 고쳐 가며, 오늘날의 필요에 맞추어 가야 하는 것에 관한 상입니다.

저는 그동안 살아오면서 저의 생각과 가치를 실현시키기 위해, 새로운 맞춤형 체계를 다수 만들어 왔습니다(벨기에 안트베르펜의 싱헐 센터, 브뤼셀의 다원예술 축제 쿤스텐 페스티발데자르, 베를린의 공연예술 축제 포린 어페어스).

하지만 저에게 있어서, 이를 만드는 것만큼 중요했던 것은 이 체계를 제시간에 다음 세대에게 건네주는 일이었습니다. 새로운 체계를 위한 여유 공간이 오늘날 존재할까요? 그 동안 우리가 사는 이 풍경이 너무 혼잡해졌는지요? 저는 잘 모르겠습니다. 중요한 점은, 기존의 체계나 예술 센터들은 변치 않는 위상을 점유했고, 또 그러도록 동의를 얻었다는 것입니다. 일시적인 구상은 좀처럼 시작되지 않습니다. 새로운 탄생은 죽음과 함께하기 마련입니다. 우리는 유한성이라는 개념에 여전히 익숙하지 않습니다. 그렇기에 우리는 더 많은 공간이 필요합니다, 내부로부터 구조를 변화시키기 위한 정신적이고 정치적인 공간이요. 이제 새로운 세대가 기존의 기관들을 장악할 수 있어야 합니다. 여러모로 변화를 시도하고, 새로운 통찰을 반영하게끔 개정하고, 재조정할 수 있어야 합니다.

유럽은 더 이상 정치 및 경제 무대에서 중요한 역할을 해내지 못합니다. 그러나, 우리는 문화 및 예술 영역에서는 아직 국제적으로 선두에 있습니다, 그리고 우리는 이에 대한 지원을 지속해야 합니다. 모든 것을 박물관 안에서의 과거 보존으로만 몰아넣는 추세에 대항하면서, 미래를 위해 활기차고 개방적이며 혁신적인 예술 풍조에 투자를 계속해 나아가야 합니다.

이 상은 현재 빈과 네덜란드뿐만 아니라 유럽 전역에서 극심한 압박을 받고 있는 이념, 원칙과 작업 방식을 기리는 것입니다. 저는 이들을 지키고자 도움을 주는 모든 사람들과 이 상을 함께 나누고 싶습니다. 아티스트, 동료, 관객, 그리고 가끔은 공무원들까지도.

저는 감히 꿈꿔 봅니다. 오늘 이 제안이 정치적 세계로 하여금 이 모든 정황이 예술을 어디로 이끌어 가는지, 누구를 위해, 어떻게, 왜 이끌어 가는지, 곰곰이 생각하게끔 하는 것을 꿈꿔 봅니다.

그러므로, 신사 숙녀 여러분, 저는 우리 모두 함께 바다로 돌아갈 것을 제안하는 바입니다.

이 글은 2014년 11월 12일 프리 레이선의 에라스뮈스상 수상 기념 연설 전문이다.
에라스뮈스상은 유럽의 문화, 사회, 사회과학에 대한 공헌을 평가해 매년 수여되는 상으로,
문화 예술계의 노벨상으로 불린다. 공연 기획자로서는 최초로 프리 레이선이 수상하였다.

부록

지난 20년간 한국에서 열린
다원예술 축제의 기록

2002~2005 국제현대무용제
MODAFE 2002-2005

2005년 5월 22일~6월 7일
문예진흥원 예술극장 대극장·소극장,
서강대학교 메리홀, 한국예술종합학교
(이상 서울)

"아시아를 대표하는 현대무용 축제로 자리
잡은 국제현대무용제(이하 MODAFE)는 장르를
뛰어넘는 새로운 예술 형태의 탐구와 실험
정신의 개발에 힘써 왔다. 이번 MODAFE
2005가 마련한 무용 작품들은 기존의 장르
개념을 초월해 미술, 영화, 건축, 연극
분야로까지 그 영역을 확장한다. 5월
22일에서 6월 7일까지 이어질 이번 축제는
춤을 통해 내일의 문명을 상상하는, 최상위
예술가들의 춤에 대한 열정이 소용돌이치는
미래 예술의 격전장이다."

"Having established itself as one of Asia's
leading contemporary dance festivals,
International Modern Dance Festival (MODAFE)
has been putting an effort in exploring new
artistic forms that transcend genre
distinction and cultivating the spirit of
experimentation. The dance pieces presented by
MODAFE 2005 go beyond the existing borders of
genre, expanding their boundary into fine art,
film, architecture and theatre. From May 22nd
to June 7th, this year's edition will be a
battleground of future art, swirling with the
top-notch artists' passion for dance, who
imagine tomorrow's civilization through
dance."

메그 스튜어트 · 고장 난 제품들
「망가뜨리기 연구」
Meg Stuart & Damaged Goods
「Disfigure Study」
제롬 벨
「쇼는 계속되어야 한다」
Jérôme Bel
「The Show Must Go On」
빔 반데키부스 · 울티마 베즈 · KVS
「순수」
Wim Vandekeybus & Ultima Vez & KVS
「Puur」
덤 타입
「여행」
Dumb Type
「Voyage」
야스민 고더
「두 개의 웃기는 핑크」
Yasmeen Godder
「Two Playful Pink」
아르코 렌츠 · 코발트 웍스
「헤로인」
Arco Renz & Kobalt Works
「Heroïne」
윤정섭 · 돌곶이
「무거운 물」
Yoon Jeongseop & Dolgoji Theatre
「Heavy Water」
Sasa[44]
「쑈쑈쑈: '쇼는 계속되어야 한다'를
재활용하다」
Sasa[44]
「Show Show Show: "The Show Must Go On"
Recycled」
안은미 · 안은미 컴퍼니
「렛츠 고」
Ahn Eun Me & Ahn Eun Me Company
「Let's Go」
하선해
「와유」
Ha Senhea
「Wahyu」
정영두 · 두 댄스 시어터
「변주」
Jung Youngdoo & Doo Dance Theater
「Variation」
박나훈 · 최정화
「처녀길」
Park Nahoon & Choi Jonghwa
「Virgin Road」

김윤정 · 밀레 현대무용단
「그들의 정원 II」
Kim Yunjung & Mille Modern Dance
「Their Garden II」
윤민석
「한 소녀는 한 소녀의 한 소녀이고
한 소녀는...」
Yun Minsuk
「A Girl Is a Girl of a Girl and
a Girl Is...」
고흥균
「A+B+B+B+B+...」
Ko Hyeungkyun
「A+B+B+B+B+...」
윤푸름
「숨」
Yoon Pureum
「Breath」

스프링웨이브 페스티벌 2007
국제다원예술축제
Springwave Festival 2007
International Interdisciplinary Arts Festival

2007년 5월 4일~30일
예술의전당 자유소극장,
아르코예술극장 대극장, LIG아트홀,
로댕갤러리, 토탈미술관
(이상 서울)

"20세기 후반 실험적 다원예술의 창의적
가치와 예술적 중요성이 부각되었고, 21세기를
끌어 나갈 현대 예술의 새로운 형태로
다원예술이 재인식되었다. 이러한 시점에서
현대 예술의 새로운 개념과 형태를 소개할
국내 창작 현장이 요구되었고 그 요구에
따라 스프링웨이브 페스티벌이 탄생하였다.

스프링웨이브 페스티벌은 현대무용, 연극,
미술, 음악, 영화, 퍼포먼스 등 현대 예술 전
장르 간의 상호 교류를 근간으로 하는
실험적 창작 예술제로서 매년 5월, 전
세계의 예술가들이 참여하는 국제 다원예술
축제다.

2007년, 그 첫해를 맞이하여 윌리엄
포사이스의 작품을 시작으로 국내외 15편의
다원예술 작품이 서울 전역 7개의 장소에서
한 달 동안 펼쳐진다. 스프링웨이브
페스티벌은 '새로운 시도와 형식'을 발굴하고
제작하며 전파하는 역동적인 현대 예술제로서
한국이 21세기 현대 예술의 아시아 허브로
나아가는 데 핵심적 역할을 하고자 한다."

"The creative and aesthetic qualities of the
experimental interdisciplinary work began to
be recognized since the late 20th century, and
now is the time to reassert its significance
as the leading contemporary art form of this
century. In Korea, there has been a need for a
catalyst for these new ideas and art forms
could be created and contested, and it is in
this context where Springwave Festival has
been initiated.

Grounded on the vast network of diverse
art forms, Springwave Festvial is an inter-
national experimental arts festival to be held
in every May, covering genres as diverse as
contemporary dance, theatre, visual arts,
music, film and performance.

In 2007, the first Springwave Festival
invites fifteen interdisciplinary artworks
from Korea and abroad, and stage them on seven
different venues in Seoul for about a month,
opening with William Forsythe's work. In this
way, Springwave Festival attempts to nurture
new artistic attitudes and forms, and play a
focal point for Asian contemporary art
production."

로메오 카스텔루치 ·
　　소치에타스 라파엘로 산치오
　　「헤이 걸!」
　　Romeo Castellucci &
　　Socìetas Raffaello Sanzio
　　「Hey girl!」
라이문트 호게
　　「조르주 망델가(街) 36번지」
　　Raimund Hoghe
　　「36, Avenue Georges Mandel」
윌리엄 포사이스
　　「흩어진 군중」
　　William Forsythe
　　「Scattered Crowd」
홍성민
　　「오페라의 요령」
　　Hong Sungmin
　　「Phantom of the Operalara」
한 로우
　　「프로젝트 농악」
　　Hahn Rowe
　　「Project Nong-Ak」
제롬 벨
　　「PK와 나」
　　Jérôme Bel
　　「Pichet Klunchun and Myself」
김형민 · 허쉬
　　「콜 백」
　　Kim Hyoungmin & Hush
　　「Call Back」
나디아 로로
　　「소리를 듣다」
　　Nadia Lauro
　　「I Hear Voices」
김상화
　　「빛과 그림자」
　　Kim Sanghwa
　　「Light and Shadow」
크리스티앙 리조
　　「100% 폴리에스테르, 춤추는
　　오브제 No.40」
　　Christian Rizzo
　　「100% polyester, objet dansant n°40」
어어부 프로젝트
　　「홈 패션」
　　Uhuhboo Project
　　「Home Fashion」

티노 시걸
　　「무언가를 보여 주기 대신에
　　브루스와 댄을 춤추거나 혹은
　　다른 무언가를 하시오」
　　Tino Sehgal
　　「Instead of Allowing Some Thing to Rise Up
　　to Your Face Dancing Bruce and Dan and
　　Other Things」
안은미 컴퍼니
　　「말할 수 없어요」
　　Ahn Eun Me Company
　　「I Can Not Talk to You」

부대 행사

몬순 프로젝트
　　Monsoon Project
UCIRA(캘리포니아대학교 예술 연구소)
　　프로그램
　　UCIRA (The University of California's
　　Institute for Research in the Arts)
　　Program

백남준아트센터 개관 페스티벌
『나우 점프』스테이션 2
Nam June Paik Art Center Opening Festival
『NOW JUMP』, Station 2

2008년 10월 8일~2009년 2월 5일
백남준아트센터, 신갈고등학교 체육관,
지앤아트스페이스
(이상 용인)

"백남준아트센터의 개관을 맞이하여 개최되는
백남준페스티벌은 2008년 10월 8일부터
2009년 2월 5일까지 백남준아트센터와 센터
주변 일대에서 열린다. 백남준페스티벌의
제목인 '나우 점프'(NOW JUMP)는 관념이
아니라 실행과 혁신을 강조한다.
　　총 다섯 개의 스테이션으로 구성된
페스티벌에서 '스테이션 2'는 예술과 비예술의
경계를 넘나들며 전위적 퍼포먼스를 펼쳤던
백남준의 행위 예술 이후 40여 년이 지난
오늘날의 퍼포먼스를 조망한다. 전시 형태로
놓이는 퍼포먼스들은 시각예술과 공연의
미묘한 경계를 제시한다. 로메오 카스텔루치의
「천국」을 비롯해 페스티벌에서 소개될 20여
개의 퍼포먼스 공연들은 각각 하나의
작품으로 무대를 떠나 전시 공간에 놓인다."

"To celebrate its inauguration, the Nam June
Paik Art Center presents the Nam Jun Paik
Festival from 8 October 2008 to 5 February
2009. NOW JUMP, the title of the Nam June Paik
Festival, does not merely represent a concept.
Instead it is a call to action and appeal for
innovation.
　　'Station 2' views today's performance more
than 40 years after Nam June Paik's perfor-
mance, which crossed the boundary between art
and counter-art. Performances in the form of
exhibitions present subtle boundaries between
visual art and performance. About 20 perfor-
mances to be introduced at the festival,
including Romeo Castellucci's 「Paradiso」, will
leave the stage as one work and be placed in
exhibition space."

이케다 료지
　　「스펙트라 II」
　　Ikeda Ryoji
　　「Spectra II」
포스드 엔터테인먼트
　　「퀴즐라!」
　　Forced Entertainment
　　「Quizoola!」
크리스 베르동
　　「듀엣」
　　「인」
　　「박스」
　　Kris Verdonck
　　「Duet」
　　「In」
　　「Box」
윌리엄 포사이스
　　「추상적 도시」
　　William Forsythe
　　「City of Abstracts」
남화연·장영규
　　Nam Hwayeon & Jang Younggyu
도라 가르시아
　　「매*쉬(한국판, 브레히트적 버전)」
　　Dora Garcia
　　「M*A*S*H (A Korean-Brechtian Version)」
로메오 카스텔루치·
　　소치에타스 라파엘로 산치오
　　「천국」
　　Romeo Castellucci &
　　Socìetas Raffaello Sanzio
　　「Paradiso」
오카다 도시키·체루핏추
　　「3월의 5일」
　　Okada Toshiki & chelfitsch
　　「5 Days in March」
아니 비지에·프랑크 아페르테
　　(레 장 뒤테르팡)
　　「X-이벤트 2」
　　Annie Vigier & Franck Apertet
　　(Les gens d'Uterpan)
　　「X-Event 2」
김형민
　　「플레이. 그녀는 떠났고 그곳은 공터이다」
　　Kim Hyoungmin
　　「Play. She Left and It Was a Vacant Lot」

리미니 프로토콜(헬가르트 하우크,
　다니엘 베첼, 슈테판 케기)
　「콜 커타 인 어 박스」
　Rimini Protokoll (Helgard Haug,
　Daniel Wetzel, Stefan Kaegi)
　「Call Cutta in a Box」
클라우디아 트리오치
　「공원」
　「안토넬라의 집에서 잠시 휴식」
　Claudia Triozzi
　「Park」
　「Fais une halte chez Antonella」
권병준
　「하이퍼메트로피아」
　Kwon Byungjun
　「Hypermetropia」
하위도 판 더르 베르버
　「넘버 나인, 내가 지구 반대 방향으로
　돌았던 날」
　Guido van der Werve
　「Nummer Negen, the Day I Didn't Turn with
　the World」
뱅상 뒤퐁
　「외침(미니어처)」
　Vincent Dupont
　「Haut Cris (miniature)」
안토니아 배어
　「웃음」
　Antonia Baehr
　「Laugh」
라 리보
　「래핑 홀」
　La Ribot
　「Laughing Hole」
보리스 샤르마츠·어소시에이션 EDNA
　「아 - 타 - 앙 - 시 - 옹」
　「에아트르 엘레비지옹」
　Boris Charmatz & Association EDNA
　「Aatt enen tionon」
　「héâtre-élévision」
페터 벨츠
　「프랜시스 베이컨의 미완성 자화상에
　대한 재해석」
　Peter Welz
　「Retranslation of Francis Bacon's
　Unfinished Self Portrait」
구동희
　「투명인간(가제)」
　Koo Donghee
　「Invisible Man (working title)」

기욤 데장주
　「20분 만에 듣는 퍼포먼스의 역사」
　「아이들 놀이」
　Guillaume Désanges
　「History of Performance in 20 minutes」
　「Child's Play」

페스티벌 봄 2008
Festival Bo:m 2008

2008년 3월 22일~4월 5일
한국예술종합학교 예술극장·예술극장 연습실·
예술소극장·영화전용관, 인사미술공간
(이상 서울)

"페스티벌 봄은 기존의 예술형식에 얽매이지
않는 실험 정신을 가진 아티스트들의 작품을
제작하고, 국제적으로 혁신적인 예술 작품을
소개하는 페스티벌이다. 매년 봄 3주 동안
진행되는 국제 다원예술 축제, 페스티벌 봄은
문화 예술계에 신선한 바람을 불러일으킬
것이다.

예술에 대한 혁신적인 사고와 창의
정신이 살아 있는 페스티벌 봄에서 관객들의
왕성한 호기심과 의문이 제기되길 바란다."

"Festival Bo:m will introduce renowned Korean
and international artists who are considered
the pioneers in their own field by producing
artworks that defy and challenge our tradi-
tional notion of art. It is an international
festival which aims to bring internationally
acclaimed productions of performing arts and
visual arts to one place, and a festival which
aims to be more than just entertaining to its
audience by becoming a place of learning and
sharing to the audience and artists alike.

We would like to invite everyone to the
Festival Bo:m where no matter what his or her
notion of art was, everyone will be challenged
to question their previous view on art during
the festival and to experience the uniquely
innovative world of imagination."

2009년 3월 27일~4월 12일
아르코예술극장, 아르코시티극장, LIG아트홀,
하이퍼텍나다, 한강유람선 여의도 선착장,
테이크아웃드로잉 아르코(이상 서울),
성남아트센터 오페라하우스(성남)

"페스티벌 봄은 국내외 공연예술과
시각예술을 아우르는 국제 다원예술 축제이다.
　　페스티벌 봄은 새로운 형식과 태도
그리고 자신만의 예술적 비전을 제시하는
국내외 아티스트의 작업을 제작한다.
　　페스티벌 봄은 국내외 혁신적인 예술
작품을 소개한다.
　　페스티벌 봄은 실험 정신을 촉진시키고,
새로운 신인 발굴에 중점을 둔다.
　　페스티벌 봄은 다양한 문화적 배경, 특히
아시아 아티스트를 발굴·소개한다.
　　페스티벌 봄은 매년 봄 3주간 서울시
다수의 극장과 미술관에서 펼쳐진다."

"Festival Bo:m is an annual international
festival of interdisciplinary arts, combining
performing arts and visual arts.
　　Festival Bo:m is committed to innovations
in artistic expressions.
　　Festival Bo:m produces artworks by inter-
national artists with unique visions and
approaches.
　　Festival Bo:m facilitates experimentation
and strives to discover young artists.
　　Festival Bo:m embraces diverse cultural
backgrounds with particular commitment to
support Asian artists.
　　Festival Bo:m takes place for three weeks
every spring in theaters and cultural spaces
in Seoul."

리미니 프로토콜
「카를 마르크스: 자본론 제1권」
Rimini Protokoll
「Karl Marx: Das Kapital, Erster Band」

더글러스 고든 · 필리프 파레노
「지단: 21세기의 초상」
Douglas Gordon & Philippe Parreno
「Zidane: A 21st Century Portrait」

포스드 엔터테인먼트
「스펙타큘라」
Forced Entertainment
「Spectacular」

서현석
「팻쇼: 영혼의 삼겹살, 혹은 지옥에
모자라는 한 걸음」
Seo Hyunsuk
「Fat Show: Soul Fat, Or One Step Short
of Hell」

에미오 그레코 · PC
「지옥」
Emio Greco & PC
「Hell」

알렉산더 클루게
「이념적 고물로부터의 뉴스:
마르크스 – 예이젠시테인 – 자본론」
Alexander Kluge
「Nachrichten aus der ideologischen Antike:
Marx-Eisenstein-Das Kapital」

크리스티나 블랑코
「네모_화살표_달리는 사람」
Cristina Blanco
「cUADRADO-fLECHA-pERSONA qUE cORRE」

임민욱
「S.O.S.」
Lim Minouk
「S.O.S.: Adoptive Dissensus」

빌 모리슨
「디케이시아」
Bill Morrison
「Decasia」

이바 메이어켈러
「데스 이즈 서튼」
Eva Meyer-Keller
「Death Is Certain」

벨기에 – 한국 댄스 프로젝트
「한국의 스크린: 4편의 독무」
Belgium-Korea Dance Project
「Korean Screens: 4 Solo Dances」

백현진
「디 엔드」
Baik Hyunjhin
「THE END」

니콜라우스 게이어할터
「일용할 양식」
Nikolaus Geyrhalter
「Our Daily Bread」

정금형
「7가지 방법」
Jeong Geumhyung
「7 Ways」

에미오 그레코 · PC
「비욘드」
Emio Greco & PC
「Beyond」

페스티벌 봄 2010
Festival Bo:m 2010

2010년 3월 27일~5월 4일
아르코미술관, 아르코예술극장, 마로니에공원,
대학로 정보소극장, 남산예술센터,
필름포럼, 서강대학교 메리홀,
구로아트밸리 예술극장, 서울월드컵경기장
(이상 서울)

"페스티벌 봄은 국내외 공연예술과
시각예술을 아우르는 국제 다원예술 축제이다.
　　페스티벌 봄은 새로운 형식과 태도
그리고 자신만의 예술적 비전을 제시하는
국내외 아티스트의 작업을 제작한다.
　　페스티벌 봄은 국내외 혁신적인 예술
작품을 소개한다.
　　페스티벌 봄은 실험 정신을 촉진시키고,
새로운 신인 발굴에 중점을 둔다.
　　페스티벌 봄은 다양한 문화적 배경, 특히
아시아 아티스트를 발굴·소개한다.
　　페스티벌 봄은 매년 봄, 약 한 달간
서울시 다수의 극장과 미술관 등에서
펼쳐진다."

"Festival Bo:m is an international festival of
performing arts and visual arts that is multi-
cultural as well as multi-genre.
　　Festival Bo:m produces artworks and
productions by Korean as well as international
artists whose works represent an unique vision
in their art.
　　Festival Bo:m will introduce innovative
and avant-garde Korean and international
artworks.
　　Festival Bo:m values the spirit of
experimentation and challenge, and places the
focus on discovering new artists which are the
heart of the festival.
　　Festival Bo:m strives to introduce artists
with diverse cultural background especially
from Asia on the international stage.
　　Festival Bo:m will be held for a month in
spring every year. This year the festival
is scheduled from 27 March to 4 May, and the
exhibition and productions will be held at
different places in Seoul."

포사이스 컴퍼니
「덧셈에 대한 역원」
The Forsythe Company
「Additive Inverse」
파브리스 마즐리아·이오아니스 만다푸니스
「P.A.D.」
Fabrice Mazliah & Loannis Mandafounis
「P.A.D.」
크리스 콘덱
「죽은 고양이 반등」
Chris Kondek
「Dead Cat Bounce」
정연두
「시네매지션」
Jung Yeondoo
「Cinemagician」
윌리엄 켄트리지
「나는 내가 아니고, 그 말은
내 말이 아니다」
Willam Kentridge
「I Am Not Me, the Horse Is Not Mine」
마시모 푸를란
「우리는 한 팀」
Massimo Furlan
「We Are the Team」
정금형·이정우·잭슨홍
「기술적 문제」
Jeong Geumhyung, Lee Chungwoo &
Jackson Hong
「Technical Problem」
제롬 벨
「베로니크 두아노」
「루츠 퍼르스터」
Jérôme Bel
「Veronique Doisneau」
「Lutz Förster」
마레이스 불로뉴
「해부학 수업」
Marijs Boulogne
「The Anatomy Lesson」
서현석·조전환
「ㅣㅣㅣㅣㅁ」
Seo Hyunsuk & Cho Jeonhwan
「ㅣㅣㅣㅣㅁ」
세드라베 무용단·알랭 플라텔
「문맥 이탈: 피나 바우슈를 위하여」
Les Ballets C de la B & Alain Platel
「Out of Context: for Pina」

이나현 · 서동욱
　「어떤 모순」
　Lee Nahyun & Seo Donguk
　「A Certain Contradiction」
캐서린 설리번 · 숀 그리핀 · 극단 여행자
　「영매」
　Catherine Sullivan, Sean Griffin
　& Yohangza
　「Ouija!」
캐서린 설리번 · 숀 그리핀
　「치튼든스」
　Catherine Sullivan & Sean Griffin
　「The Chittendens」
이영준
　「조용한 글쓰기」
　Lee Youngjune
　「Silent Writing」
아피찻퐁 위라세타꾼
　「엉클 분미에게 보내는 편지」
　Apichatpong Weerasethakul
　「A Letter to Uncle Boonmee」
로제르 베르나트
　「공공 영역」
　Roger Bernat
　「Domini Públic」
그자비에 르루아
　「봄의 제전」
　Xavier Le Roy
　「Le Sacre du Printemps」
남화연
　「오퍼레이셔널 플레이」
　Nam Hwayeon
　「Operational Play」
와엘 샤키
　「텔레마치 시리즈」
　Wael Shawky
　「Télématch Series」
니콜라우스 게이어할터
　「7915Km」
　Nikolaus Geyrhalter
　「7915Km」
홍성민
　「줄리엣」
　Hong Sungmin
　「Julietttt」
앨런 벌리너
　「가장 달콤한 소리」
　Alan Berliner
　「The Sweetest Sound」

슬기와 민
　「점점 봄」
　Sulki & Min
　「Springmore」
SMSM
　「현재 위치(춤으로)」
　SMSM
　「You Are Here (In the Form of Dance)」

페스티벌 봄 2011
Festival Bo:m 2011

2011년 3월 22일~4월 17일
국립극단 백성희장민호극장,
국립극단 소극장 판, 서강대학교 메리홀,
아르코예술극장, 문래예술공장, 씨네코드 선재
(이상 서울)

"페스티벌 봄은 현대무용, 연극, 미술, 음악,
영화 퍼포먼스 등 현대 예술 전 장르 간의
상호 교류를 근간으로 하는 실험적 창작
예술제로서 매년 전 세계의 예술가들이
참여하는 국제 다원예술 축제이다.
　올해로 5회째를 맞이하는 '페스티벌 봄
2011'은 국내외 23개 다원예술 작품들로
27일 동안 서울에서 펼쳐진다. 페스티벌 봄은
'새로운 시도와 형식'을 발굴하고 제작하며
전파하는 역동적인 현대 예술제로서, 한국을
21세기 현대 예술의 구심점으로 만드는 데
핵심적 역할을 하고자 한다."

"Festival Bo:m is an annual international
festival of interdisciplinary arts which
presents artists from all over the world. As
an experimental art festival, Festival Bo:m
bases itself on the creative interactions
between all genres of contemporary art such as
contemporary dance, theatre, fine art, music,
film and performance.
　Festival Bo:m 2011, the 5th edition of
Festival Bo:m, will present 23 domestic and
international works of most innovative avant-
garde interdisciplinary art for 27 days in
various venues in Seoul. As Korea's leading
festival in contemporary art which pioneers,
produces and promotes 'new frontiers and
forms', Festival Bo:m aims to play a critical
role in Korea as a dynamic platform of
contemporary art of the 21st century."

오카다　도시키ㆍ체루핏추
　「핫페퍼, 에어컨, 그리고　고별사」
　Okada Toshiki & chelfitsch
　「Hot Pepper, Air Conditioner, and the
　Farewell Speech」
베를린
　「태그피시」
　Berlin
　「Tagfish」
김황
　「모두를 위한 피자」
　Kim Hwang
　「Pizzas for the People」
바르바라 마티예비치ㆍ주세페 치코
　「나는 1984」
　Barbara Matijević & Giuseppe Chico
　「I Am 1984」
김지선
　「스탁스 3. 이주민 이주」
　Kim Jisun
　「Stocks 3. Immigrant Migration」
크리스토프 슐링엔지프
　「에고마니아」
　「100년 동안의 히틀러」
　「독일 전기톱 살인 사건」
　「테러 2000」
　「아프리카의 쌍둥이 타워」
　Christoph Schlingensief
　「Egomania」
　「100 Years of Adolf Hitler」
　「The German Chainsaw Massacre」
　「Terror 2000」
　「African Twintowers」
코르넬 문드루초
　「프랑켄슈타인 프로젝트」
　Kornél Mundruczó
　「The Frankenstein Project」
임민욱
　「불의 절벽」
　Lim Minouk
　「FireCliff」
와엘 샤키
　「십자군 카바레: 호러 쇼 파일」
　Wael Shawky
　「Cabaret Crusades: The Horror Show File」
그자비에 르루아
　「다른 상황의 산물」
　Xavier Le Roy
　「Product of Other Circumstances」

어어부 프로젝트
　「탐정명 나그네의 기록」
　Uhuhboo Project
　「Detective ID, Record of a Vagabond」
파드미니 체투
　「아름다운 것 2(진행 중)」
　Padmini Chettur
　「Beautiful Thing 2 (work-in-progress)」
한스페터 리처
　「웃는 소를 기다리며」
　Hans-Peter Litscher
　「Waiting for the Laughing Cow」
디르크 플라이슈만
　「나의 패션쇼」
　Dirk Fleischmann
　「My Fashion Show」
서현석
　「헤테로토피아」
　Seo Hyunsuk
　「Heterotopia」
에롤 모리스
　「작전 규정」
　Errol Morris
　「Standard Operating Procedure」
클레멘스 폰 베데마이어
　「반대편으로부터」
　Clemens von Wedemeyer
　「From the Opposite Side」
김윤진
　「구룡동 판타지: 신화 재건 프로젝트」
　Kim Yoonjin
　「Guryong Fantasy: Resurrection of Myth」
빌리 도르너
　「KT&G상상_도시 표류」
　Willi Dorner
　「Urbandrifting with KT&G」
카르포 고디나
　「푸필리아 페르케벡의 뇌 그라탕」
　「우리는 건강해요」
　「사랑의 기술에 관하여, 혹은 14441개의
　프레임으로 이루어진 영화」
　「소니아 헤니가 보고 싶어」
　Karpo Godina
　「The Gratinated Brains of Pupilija
　Ferkeverk」
　「Litany of Happy People」
　「About the Art of Love or a Film with
　14441 Frames」
　「I Miss Sonja Henie」

졸리 응게미·울라 시클
　「졸리(진행 중)」
　Jolie Ngemi & Ula Sickle
　「Jolie (work-in-progress)」
홍성민
　「엑스트라스」
　Hong Sungmin
　「EXTRAS」

다원예술 아카이브

2012년 3월 22일~4월 18일
국립극단 백성희장민호극장,
국립극단 소극장 판, 서강대학교 메리홀,
아르코예술극장, 대학로예술극장,
두산아트센터 Space111(이상 서울)

"페스티벌 봄은 현대무용, 연극, 미술, 음악,
영화 퍼포먼스 등 현대 예술 전 장르 간의
상호 교류를 근간으로 하는 실험적 창작
예술제로서 매년 전 세계의 예술가들이
참여하는 국제 다원예술 축제이다.
    올해로 6회째를 맞이하는 '페스티벌 봄
2012'은 국내외 22개 다원예술 작품들로
28일 동안 서울에서 펼쳐진다. 페스티벌 봄은
'새로운 시도와 형식'을 발굴하고 제작하며
전파하는 역동적인 현대 예술제로서, 한국을
21세기 현대 예술의 구심점으로 만드는 데
핵심적 역할을 하고자 한다."

"Festival Bo:m is an annual international
festival of interdisciplinary arts which
presents artists from all over the world. As
an experimental art festival, Festival Bo:m
bases itself on the creative interactions
between all genres of contemporary art such as
contemporary dance, theatre, fine art, music,
film and performance.
    Festival Bo:m 2012, the 6th edition of
Festival Bo:m, will present 22 domestic and
international works of most innovative avant-
garde interdisciplinary art for 28 days in
various venues in Seoul. As Korea's leading
festival in contemporary art which pioneers,
produces and promotes 'new frontiers and
forms', Festival Bo:m aims to play a critical
role in Korea as a dynamic platform of
contemporary art of the 21st century."

르네 폴레슈
「현혹의 사회적 맥락이여, 당신의
눈동자에 건배!」
René Pollesch
「Here's Looking at You, Social Context of
Delusion!」
박찬경
「갈림길」
「아시아 고딕」
Park Chankyong
「Crossroads」
「Asian Gothic」
재커리 오버잰
「아이에게 사랑을 쏟아붓다」
Zachary Oberzan
「Flooding with Love for the Kid」
대니얼 리너핸
「그것이 다가 아니다」
「셋을 위한 몽타주」
Daniel Linehan
「Not about Everything」
「Montage for Three」
이영준 · 김나영 & 그레고리 마스 · 뮤즈S
「라면 앙상블」
Lee Youngjune, Nayoungim & Gregory Maass,
MuseS
「Ramen Ensemble」
마리아노 펜소티
「가끔은 널 볼 수 있는 것 같아」
Mariano Pensotti
「Sometimes I Think, I Can See You」
제롬 벨
「세드리크 앙드리외」
Jérôme Bel
「Cédric Andrieux」
서영란
「나의 신앙을 고백합니다」
Suh Yeongran
「I Confess My Faith」
네이처 시어터 오브 오클라호마
「삶과 시절: 에피소드 1」
Nature Theater of Oklahoma
「Life and Times: Episode 1」
남화연
「이태리의 정원」
Nam Hwayeon
「A Garden in Italy」

우메다 데쓰야
「웨이팅 룸」
Umeda Tetsuya
「Waiting Room」
김지선
「웰-스틸링」
Kim Jisun
「Well-stealing」
케렌 시터
「쇼 리얼 드라마」
Keren Cytter
「Show Real Drama」
케렌 시터
「텍스트 테스트: 4개의 비디오」
Keren Cytter
「Testing Texts: Four Videos」
현시원
「천수마트 2층」
Hyun Seewon
「Cheonsoo Mart 2nd Floor」
침↑폼
「슈퍼 랫에서 리얼 타임즈까지」
Chim↑Pom
「From Super Rat to Real Times」
네지 피진
「모티베이션 대행」
Neji Pijin
「The Acting Motivation」
홍성민
「더 무비」
Hong Sungmin
「The Movie」
쉬쉬팝
「유서」
She She Pop
「Testament」
장현준
「극장 발생」
Chang Hyunjoon
「The Occurrence of a Theater」
팅크 탱크
「구리거울을 통해, 어렴풋이」
Tink Tank
「Through the Copper Looking Glass, Darkly」
오마르 아부 사다
「카메라를 봐 주시겠습니까?」
Omar Abu Saada
「Can You Please Look at the Camera?」

다원예술 아카이브

페스티벌 봄 2013
Festival Bo:m 2013

2013년 3월 22일~4월 18일
국립극단 백성희장민호극장,
국립극단 소극장 판, 두산아트센터 Space111,
서강대학교 메리홀, 송원아트센터,
아트하우스 모모, 아르코예술극장 대극장,
필름포럼(이상 서울),
성남아트센터 오페라하우스(성남)

"페스티벌 봄은 현대무용, 연극, 미술, 음악,
영화 퍼포먼스 등 현대 예술 전 장르 간의
상호 교류를 근간으로 하는 실험적 창작
예술제로서 매년 전 세계의 예술가들이
참여하는 국제 다원예술 축제이다.
  올해로 7회를 맞이하는 페스티벌 봄은
국내외 26편의 현대 예술 작품을 28일간
서울 각지에서 선보인다. 페스티벌 봄은
'새로운 시도와 형식'을 발굴하고 제작하며
전파하는 역동적인 현대 예술제로서, 한국을
21세기 현대 예술의 구심점으로 만드는 데
핵심적 역할을 하고자 한다."

"Festival Bo:m is an international inter-
disciplinary arts festival, annually
presenting works of artists from all around
the world. Festival Bo:m bases itself on the
creative interactions between all genres of
contemporary art such as contemporary dance,
theatre, fine arts, music, film and
performance.
  This year, in its 7th edition, Festival
Bo:m will present 26 works of most innovative
contemporary arts for 28 days in various
venues of Seoul. As Korea's leading festival,
which pioneers, produces and promotes 'new
frontiers and forms', Festival Bo:m aims to
play a critical role in Korea as a dynamic
platform of contemporary art of the 21st
century."

오카다 도시키 · 체루핏추
  「현위치(現在地)」
Okada Toshiki & chelfitsch
  「Current Location」
로메오 카스텔루치
  「신의 아들을 바라보는 얼굴의
  콘셉트에 대하여」
Romeo Castellucci
  「On the Concept of the Face, Regarding
  the Son of God」
마리오 가르시아 토레스
  「당신은 눈을 본 적이 있나요?」
Mario Garcia Torres
  「Have You Ever Seen the Snow?」
대니얼 콕
  「Q & A」
Daniel Kok
  「Q&A」
서영란
  「자신은 불완전하게 올라온다」
Suh Yeongran
  「The God of Earth
  Comes Up Imperfectly」
재커리 오버잰
  「네 형. 기억해?」
Zachary Oberzan
  「Your Brother. Remember?」
홍성민
  「줄리엣」
Hong Sungmin
  「Juliettttttt」
김황 · 사라 마넨테 · 마르코스 시모즈
  「x: 나는 B가 좋던데.
  y: 나도 스물아홉이야.」
Kim Hwang, Sara Manente & Marcos Simoes
  「x: I liked B better. y: I am 29 too.」
남동현
  「양의 침묵」
Nam Donghyun
  「The Silence of the Lamb」
노경애
  「MARS II」
Ro Kyungae
  「MARS II」
김보용
  「텔레워크」
Kim Voyon
  「Tele-walk」

2015년 9월
국립아시아문화전당 예술극장(광주)

"오늘날 '아시아'는 어떤 의미인가? 오늘에
대해 이야기하는 관점과 태도는 무엇인가?
예술극장은 이 질문의 중요성을 인지하고
구체적인 비전을 탐색하는 목소리들을 한
곳에 모은다. 이로써 국가와 문화를 초월한
소통을 도모한다. 개관 페스티벌은 이와 같은
예술극장의 비전과 방향성을 집약하는 축제다.
페스티벌을 통해 '아시아 동시대 예술'을
새롭게 정의 내리는 작업은 하나의 완결을
향한 절차가 아니라 꾸준히 갱신되는 대화의
장이 될 것이다.

　　2015년 9월 4일부터 21일까지 3주 동안
진행되는 개관 페스티벌에는 전 세계를
아우르는 33편의 작품이 소개된다. 여기에는
예술극장에서 제작했거나 공동 제작한 12편의
아시아 작품들이 포함된다. 또한 아시아라는
지형적, 정치적 경계를 넘어서는 진정한 국제
페스티벌을 지향한다."

"What are the most vital means to discuss
Asia's now? Asian Arts Theatre recognizes the
importance of this question and summons
different voices articulating it. Asian Arts
Theatre supports artists with unique and
stirring visions, artists who can evoke,
respond to, and reshape the most urgent
aesthetic and social concerns of Asia today.
Asian Arts Theatre's Opening Festival will be
an organic attempt to pronounce these visions
and directions.

　　On September 4, the festival will begin
its three-week celebration of multiplicity,
hosting thirty-three international
presentations, including premieres of twelve
Asian productions/co-productions. The festival
will present perspectives beyond the
geographical and political boundaries of Asia
to create an arena of true international
communication of ideas."

사카구치 교헤
　　「제로 리:퍼블릭」
　　Sakaguchi Kyohei
　　「ZERO Re:public」
차이밍량
　　「당나라 승려」
　　Tsai Ming-liang
　　「The Monk from Tang Dynasty」
차이밍량
　　「광주의 떠돌이 개」
　　Tsai Ming-liang
　　「Stray Dogs in Gwangju」
차이밍량
　　「차이밍량의 영화관」
　　Tsai Ming-liang
　　「It's a Dream」
아피찻퐁 위라세타꾼
　　「찬란함의 무덤」
　　Apichatpong Weerasethakul
　　「Cemetery of Splendour」
아피찻퐁 위라세타꾼
　　「열병의 방」
　　Apichatpong Weerasethakul
　　「Fever Room」
마크 테
　　「발링 회담」
　　Mark Teh
　　「Baling」
리카르도 바르티스
　　「바보 기계」
　　Ricardo Bartis
　　「The Idiotic Machine」
로메오 카스텔루치
　　「봄의 제전」
　　Romeo Castellucci
　　「The Rite of Spring」
아라야 라스잠리안숙
　　「윰마유 시」
　　Araya Rasdjamrearnsook
　　「Yummayoo Shi」
마를레네 몬테이루 프레이타스
　　「상아와 살에 관하여:
　　동상도 고통받는다」
　　Marlene Monteiro Freitas
　　「Of Ivory and Flesh: Statues Also Suffer」
김지선
　　「다음 신의 클라이막스」
　　Kim Jisun
　　「Climax of the Next Scene」

다원예술 숲 아카이브

2015년~2016년
국립아시아문화전당 예술극장(광주)

"예술극장의 2015~2016 시즌 프로그램은
'아시아 윈도우'와 '아워 마스터' 두 개의
축으로 구성되어 총 8개월간 진행된다.

아시아 윈도우
아시아 동시대의 지도는 어떻게 그려 낼 수
있을까?

'아시아 윈도우'는 5개 아시아 지역을
배경으로 하는 5인의 기획자들이 아시아의
중요한 사회적, 예술적 주제들을 포착하고
이를 아시아 공연예술사로 담론화하는
프로그램이다. 서로 다른 아시아의 시각들이
예술극장에서 직조되는 과정은 역동적으로
진행 중인 아시아의 여러 목소리가 외부에
의한 역사 쓰기로서 재편성되지 않고
아시아가 아시아를 서로 듣고 바라보며
관점을 공유하는 과정을 통해 스스로 역사적
주체가 되기 위한 첫걸음이다.

아워 마스터
20세기 공연예술사에서 오늘날 가장 큰
파장으로 이어진 변혁의 순간들을 재방문한다.
'아워 마스터'는 연극계와 무용계를
혁신적으로 변화시키고, 지난 세기 공연
예술사에 있어 오늘날의 가장 큰 파장으로
이어진 변혁의 순간들을 재방문한다. 예술
극장은 20세기와 21세기 동시대 공연예술의
국제적 담론화에 폭넓게 이바지해 온
큐레이터를 초대하여 '아워 마스터' 프로그램을
기획하였다. 초대 큐레이터 프리 레이선은
기존의 미학적 규범과 예술계의 유럽
중심주의를 뛰어넘는 다양한 비전들을
적극적으로 대변해 왔다. 앞으로 계속될
시리즈의 첫 세트로 프리 레이선은 자신의
'마스터'이기도 한 거장들을 선보이고 공연
예술사에 대한 자신만의 관점을 제시한다."

"The 2015-2016 season program of the Art
Theater consists of two main axes: 'Asia
Window' and 'Our Master', and it will be
conducted over a period of 8 months.

Asia Window
Five curators from five different Asian
countries will exchange their viewpoints on
Asia's now. Through multi-layered platforms
that include performance, exhibition,
symposium, and publication, they will propose
issues that they consider to be the most
vibrant ones in today's Asian arts as well as
the means to deal with them.

The process of weaving different ideas
into a comprehensive dialogue in one space
will create a map of contemporary issues. This
will be a collective effort to devise new
Asian ways to write Asian histories. Through
acts of mutual looking. Asian voices will be
active subjects of history-writing, rather
than being subject to outside perspectives.

Our Masters
Our Masters present artists who, in our
opinion, changed the theater and dance scene
drastically and influenced in the history of
the performing arts in the last decades. ACC
Theater invites a curator who has made
far-reaching contributions to the interna-
tionalization of the twentieth and
twenty-first century to program Our Master.
She has been a faithful advocate of the
visions beyond aesthetic norms and beyond the
European hegemony in the arts. As a first set
of hopefully many to follow, Frie Leysen will
present some of her own masters and during the
season, a subjective view on the recent his-
tory of the performing arts."

2017년 10월 11일~15일
국립현대미술관(서울)

"국립현대미술관 다원예술은 특히 '아시아'에 초점을 맞춘다. 직접 제작하고 지원한 아시아 작가의 신작을 매년 10월 '아시아 포커스'에서 집중적으로 소개하며 이 플랫폼을 통해 국제적인 유통과 담론 형성을 견인한다.

'아시아 포커스'는 아시아 작가의 작품을 국제 기관과 함께 제작, 지원한 뒤 그 결과물을 선보이는 플랫폼이다. 올해는 한국, 레바논, 이라크, 인도, 홍콩 출신 작가 여섯 명이 작품을 선보인다. 이들은 동시대 자신이 살고 있는 세계에서 발생한 독특한 시각으로 테크놀로지, 역사, 이주 등의 화두를 바라본다. 10월 11일부터 15일까지 총 5일간 국립현대미술관 서울관의 멀티프로젝트홀, 서울박스, 필름앤비디오 등 미술관 내 다양한 공간에서 펼쳐진다."

"MMCA Performing Arts focuses on 'Asia'. New creations of Asian artists produced by MMCA will be presented at a platform called 「Asia Focus」. The program aims to propel the circulation of Asian productions and form surrounding discourses.

Asia Focus is a platform that presents the works of Asian artists, commissioned, co-produced, or supported by MMCA together with international partners. 2017 Asia Focus will present six works created by artists from Korea, Lebanon, Iraq, India, and Hong Kong. Each work provides a unique perspective dealing with the issue of technology, history, and displacement seen from the artists' own temporal/spatial context. The event will be held from October 11-15 in Multi-Project Hall, Seoul Box, and Film and Video located at MMCA Seoul."

김지선
　「딥 프레젠트」
　Kim Jisun
　「Deep Present」
로런스 아부 함단
　「고무를 입힌 쇠」
　Lawrence Abu Hamdan
　「Rubber Coated Steel」
히와 케이
　「조감도」
　Hiwa K
　「View from Above」
파드미니 체투
　「바르남」
　Padmini Chettur
　「Varnam」
로이스 응
　「쇼와의 유령」
　Royce Ng
　「Ghost of Showa」
구자하
　「쿠쿠」
　Koo Jaha
　「Cuckoo」

2018년 3월 24일~12월 9일
국립현대미술관(서울)

"국립현대미술관 다원예술은 무한히 경계를 확장하고 있는 미술 현장에 주목하며 그 역동성을 담아낼 수 있는 새로운 장을 연다. '다원예술'은 날카롭고 고유한 관점으로 오늘을 사유하고 이를 자신만의 예술 형식으로 표현하는 동시대 예술 작가를 위한 프로젝트이다. 전람하는 형태를 넘어서서 퍼포먼스, 무용, 연극, 사운드, 영상 등 장르의 경계를 초월하는 작품에 집중한다.

국립현대미술관 다원예술은 연간 시즌 프로그램을 통해 국제 다원예술 작품을 선보인다. 이로써 오늘날 세계 동시대 예술의 흐름에 접속하고 그 지형도를 그려 나가는 과정에 동참한다."

"MMCA Performing Arts recognizes the ever expanding spectrum of visual art and aims to capture its dynamics by creating a new arena in the museum. The program focuses on artists who have a critical viewpoint on today, as well as their own artistic language to express it. Departing from the tradition for displaying art, the program encompasses any pertinent forms that can best embody the perspective of the artist, stretching from performance, dance, theater, sound art, video, or a form that transgresses all boundaries.

Starting from 2018, MMCA Performing Arts will present international performing arts project through annual season program. The program connects with the international performing arts scene and participates in the mapping of its topography."

마크 테
　「말레이시아의 완벽한 미래: 제4장」
　Mark Teh
　「The Complete Futures of Malaysia:
　Chapter 4」
아너 테레사 더케이르스마커르·로사스 파제
　「스티브 라이히 음악에 대한 네 가지
　움직임: 3부 '바이올린 페이즈'」
　Anne Teresa De Keersmaeker & Rosas Fase
　「Four Movements to the Music of Steve
　Reich: Part 3 'Violin Phase'」
율리안 헤첼
　「베네팩토리」
　Julian Hetzel
　「Benefactory」
라비 므루에
　「시간이 없다」
　Rabih Mroué
　「So Little Time」
엘 콘데 데 토레필
　「풍경 앞에서 사라지는 가능성들」
　El Conde de Torrefiel
　「Possibilities That Disappear before
　a Landscape」
임고은·이고르 셰브축
　「외부 세계가 변해서…」
　Im Goeun & Igor Sevcuk
　「Because the Outside World Has Changed…」
보슈라 위즈겐
　「마담 플라자」
　Bouchra Ouizguen
　「Madame Plaza」
나임 모하이멘
　「두 번의 회의와 한 번의 장례식」
　Naeem Mohaimen
　「Two Meetings and a Funeral」
알로리 괴르제·앙투안 드푸르
　「제르미날」
　Halory Goerger & Antoine Defoort
　「Germinal」
남화연
　「궤도 연구」
　Nam Hwayeon
　「Orbital Studies」
로이스 응
　「조미아의 여왕」
　Royce Ng
　「Queen Zomia」

호추니엔
　「의문의 라이텍」
　Ho Tzu Nyen
　「The Mysterious Lai Teck」
고이즈미 메이로
　「희생」
　Koizumi Meiro
　「Sacrifice」
다이첸리안
　「동에서 온 보랏빛 상서로운 구름,
　함곡관에 가득하네」
　Dai Chenlian
　「Big Nothing」
로메오 카스텔루치
　「로메오 카스텔루치 레트로스펙티브」
　Romeo Castellucci
　「Romeo Castellucci Retrospective」
메테 잉바르트센
　「빨간 작품들」
　Mette Ingvartsen
　「The Red Pieces」
루이스 게넬
　「타자」
　Luis Guenel
　「The Other」

부대 행사

서동진
　「반둥의 밤」
　Seo Dongjin
　「Night of Bandung」
성남아트센터 연계 프로그램
　「미국의 민주주의」
　Seongnam Arts Center Connected Program
　「Democracy in America」

2018년 9월 28일~10월 3일
국립현대미술관(서울)

"국립현대미술관 다원예술은 특히 '아시아'에 초점을 맞춘다. 직접 제작하고 지원한 아시아 작가의 신작을 매년 10월 '아시아 포커스'에서 집중적으로 소개하며 이 플랫폼을 통해 국제적인 유통과 담론 형성을 견인한다.

'아시아 포커스'는 아시아 작가의 작품을 국제 기관과 함께 제작, 지원한 뒤, 그 결과물을 선보이는 플랫폼이다. 올해는 한국, 홍콩, 싱가포르, 일본, 중국 출신의 작가 다섯 명이 작품을 선보인다. 9월 28일부터 10월 3일까지 총 6일간 국립현대미술관 서울관의 멀티프로젝트홀, 6전시실, 7전시실 등 다양한 공간에서 펼쳐진다."

"MMCA Performing Arts focuses on 'Asia'. New creations of Asian artists produced by MMCA will be presented at a platform called 「Asia Focus」. The program aims to propel the circulation of Asian productions and form surrounding discourses.

Asia Focus is a platform that presents the works of Asian artists, commissioned, co-produced, or supported by MMCA together with international partners. This year, it will present five works created by artists from Korea, Hong Kong, Singapore, Japan, and China. The event will be held from September 28 to October 3 in Multi-Project Hall, Gallery 6, Gallery 7 located at MMCA Seoul."

남화연
　　「궤도 연구」
　　Nam Hwayeon
　　「Orbital Studies」
로이스 응
　　「조미아의 여왕」
　　Royce Ng
　　「Queen Zomia」
호추니엔
　　「의문의 라이텍」
　　Ho Tzu Nyen
　　「The Mysterious Lai Teck」
고이즈미 메이로
　　「희생」
　　Koizumi Meiro
　　「Sacrifice」
다이첸리안
　　「동에서 온 보랏빛 상서로운 구름,
　　함곡관에 가득하네」
　　Dai Chenlian
　　「Big Nothing」

2020년 10월 9일~28일
문래예술공장, 프로보크 서울(대선제분
영등포 공장), 정동1928 아트센터,
덕수궁 정관헌·준명당·함녕전 행각,
공공장소(이상 서울),
오브나우 컴퍼니 유튜브 채널

"장(scene)으로부터 / 벗어나다(ob).
2020년 첫 회를 맞이하는 옵 / 신 페스티벌은
오늘을 통찰하고 이를 자신만의 예술
형식으로 표현하는 작가를 소개한다. 기존
예술의 경계를 넘나드는 작품을 통해 국제
동시대 예술을 함께 그려 나간다."

"Off the scene. The first edition of Ob/scene
Festival introduces artists who lead us to a
critical insight on today through their own
artistic language. The program will include
works that transgress boundaries, thereby
taking part in the cartography of
international contemporary art."

노경애
「21°11'」
Ro Kyungae
「21°11'」
메테 에드바르센
「오후의 햇살 아래 시간이 잠들었네」
Mette Edvardsen
「Time Has Fallen Asleep in the
Afternoon Sunshine」
마텐 스팽베르크
「그들은, 배경에 있는,
야생의 자연을 생각했다」
Mårten Spångberg
「They Were Thinking, in the Background,
Wild Nature」
마텐 스팽베르크
「그들은 야생에 있었다」
Mårten Spångberg
「They Were in the Wild」
김황
「굳굳마켓」
Kim Hwang
「Good Good Market」
남정현
「장막」
Nam Junghyun
「Curtain」
황수현
「음—」
Hwang Soohyun
「Hmmmm」
호추니엔
「노 맨 II」
Ho Tzu Nyen
「No Man II」
로이스 응
「공상 - (no) - 과학」
Royce Ng
「Sci-(no)-Fi」
호루이안
「학생의 몸」
Ho Rui An
「Student Bodies」

부대 행사

정 / 동 / 사 / 물
Chronicle of Every Thing

2021년 10월 29일~12월 5일
문래예술공장, 문화비축기지,
더 소호 레지던스, 옵 / 신 스페이스,
신촌극장, 대학로예술극장 소극장,
문화역서울284(이상 서울)

"장(scene)으로부터 / 벗어나다(ob).
옵 / 신 페스티벌은 매년 가을 서울에서
열리는 국제 동시대 예술 축제다. 옵 / 신
페스티벌은 오늘날 예술의 역할을 다시
생각해 본다. 한때 예술이 약속했던 변화의
가능성이 무력해지고 있는 지금 '그럼에도
불구하고' 예술이 할 수 있는 일은
무엇인지 질문한다. 정치적 힘, 경제적 논리,
미학적 형식에 구애받지 않고 고집스럽게
자신만의 목소리를 내어 우리를 또 다른
비전으로 이끄는 예술가들의 장이다."

"0b/scene Festival makes scenes out of the
scene. 0b/scene Festival is an international
contemporary art festival that takes place all
across Seoul in autumn every year. 0b/scene
Festival questions the role of art in today's
society. In times when the changes art once
promised seem ever more distant, the festival
persists to ask what it is that art can do
nonetheless. 0b/scene Festival is an arena for
artists who stubbornly raise their voices
undeterred by political pressure, economic
logic, and aesthetic convention, thereby
leading us to a new vision."

임고은
「아키펠라고 맵:
세 개의 고래 – 인간 동그라미」
Im Goeun
「Archipelago Map: Three Circles with(in)
a Whale」
임고은
「아키펠라고 맵: 모래 – 정원 삼부작」
Im Goeun
「Archipelago Map: The Gardens in the Sands
Trilogy」
임고은
「아키펠라고 맵:
실재하는 두꺼비가 사는 상상의 정원」
Im Goeun
「Archipelago Map: Imaginary Gardens with
Real Toads」
마텐 스팽베르크
「휙닝엔」
Mårten Spångberg
「Skymningen」
마텐 스팽베르크
「강둑 대화」
Mårten Spångberg
「Riverbank Sessions」
마텐 스팽베르크
「춤추는 공동체」
Mårten Spångberg
「The Dancing Community」
잉그리 픽스달
「내일의 그림자」
Ingri Fiksdal
「Shadows of Tomorrow」
킥 더 머신 다큐멘터리 컬렉티브
「침묵」
Kick the Machine Documentary Collective
「Silence」
라브 디아즈
「멜랑콜리아」
Lav Diaz
「Melancholia」
정금형
「만들기 쇼」
Jeong Geumhyung
「Making Show」
로이스 응
「현존」
Royce Ng
「Presence」

네이처 시어터 오브 오클라호마
(켈리 코퍼 · 파볼 리스카)
「죽은 자의 아이들」
Nature Theater of Oklahoma
(Kelly Copper & Pavol Liška)
「Die Kinder der Toten」
차이밍량
「폐허」
Tsai Ming-liang
「The Deserted」
호추니엔
「공명을 위한 R」
Ho Tzu Nyen
「R for Resonance」
고이즈미 메이로
「사슬에 묶인 프로메테우스」
Koizumi Meiro
「Prometheus Bound」
김나희
「미토릭스」
Kim Najee
「Mitorix」
김지선
「역행의 여행사」
Kim Jisun
「Off Tours」
김희천
「사랑과 영혼」
Kim Heecheon
「Ghost (1990)」
정여름
「천부적 증인께」
Jeong Yeoreum
「To a Natural Witness」
김보용
「생각을 멈춘 크레타인」
Kim Boyong
「The Cretan Who Stopped Thinking」
서현석
「(   )」
Seo Hyunsuk
「(   )」
이상(하상철, 서현석과 함께)
「날개」
Yi Sang (with HASC, Seo Hyunsuk)
「날개」
정금형
「레코드 스톱 플레이」
Jeong Geumhyung
「RECORD STOP PLAY」

다원예술 아카이브

옵 / 신 페스티벌 2022
Ob / scene Festival 2022

2022년 10월 30일~11월 20일
갤러리 기체, 일민미술관,
옵 / 신 페스티벌 웹사이트, 옵 / 신 스페이스,
서울문화재단 대학로극장 쿼드, 문래예술공장,
아트선재센터, 김희수아트센터,
에스더 쉬퍼 서울, 세운홀, 예술청
(이상 서울)

"장(scene)으로부터 / 벗어나다(ob).
옵 / 신 페스티벌은 매년 가을 서울에서
열리는 국제 동시대 예술 축제다. 옵 / 신
페스티벌은 오늘날 예술의 역할을 다시
생각해 본다. 한때 예술이 약속했던 변화의
가능성이 무력해지고 있는 지금 '그럼에도
불구하고' 예술이 할 수 있는 일은 무엇인지
질문한다. 정치적 힘, 경제적 논리, 미학적
형식에 구애받지 않고 고집스럽게 자신만의
목소리를 내어 우리를 또 다른 비전으로
이끄는 예술가들의 장이다."

"Ob/scene Festival makes scenes out of the
scene. Ob/scene Festival is an international
contemporary art festival that takes place all
across Seoul in autumn every year. Ob/scene
Festival questions the role of art in today's
society. In times when the changes art once
promised seem ever more distant, the festival
persists to ask what it is that art can do
nonetheless. Ob/scene Festival is an arena for
artists who stubbornly raise their voices
undeterred by political pressure, economic
logic, and aesthetic convention, thereby
leading us to a new vision."

마텐 스팽베르크
「강둑 대화: 그런 코트를 입고 나타난」
Mårten Spångberg
「Riverbank Sessions: Showing Up
in Such a Coat」
마텐 스팽베르크
「나는 이들 중 하나를 숨긴다」
Mårten Spångberg
「I'm Hiding One of These」
마텐 스팽베르크
「게시판에 숨겨진」
Mårten Spångberg
「Hidden in the Dashboard」
김보용
「암실」
Kim Boyong
「Obscura」
호루이안
「인민 없는 경제」
Ho Rui An
「The Economy Enters the People」
호루이안
「라이닝」
「학생의 몸」
Ho Rui An
「Lining」
「Student Bodies」
보슈라 위즈겐
「코끼리」
Bouchra Ouizguen
「Elephant」
마리아 하사비
「투게더」
Maria Hassabi
「Together」
김수화
「메타 헨즈」
Kim Suhwa
「Metahands」
김지선
「슬픔의 집」
Kim Jisun
「The House of Sorrow」
김지선
「역행의 여행사」
Kim Jisun
「Off Tours」

임고은
　「세 개의 고래 - 인간 동그라미」
　Im Goeun
　「Three Circles with(in) the Whale」
오카다 도시키
　「뉴 일루전」
　Okada Toshiki
　「New Illusion」
이영준
　「바다라는 평행 우주」
　Lee Youngjune
　「The Ocean the Parallel Universe」
에리크 보들레르
　「써야 할 곡이 없을 때, 그리고 다른
　로마 이야기들」
　Eric Baudelaire
　「There is No More Music to Write, and
　Other Roman Stories」
서현석
　「레스 폼레스」
　Seo Hyunsuk
　「Less Formless」
워킹 아하
　「리산 시티, 알스트로에메리아,
　아수아 형성기」
　Walking aha
　「In Production; Lysan City, Alstroemeria,
　and Asua」
메테 에드바르센
　「무제」
　「블랙」
　Mette Edvardsen
　「No Title」
　「Black」
더블럭키 프로덕션
　「트루 유」
　doublelucky productions
　「True You (we know how you feel)」
재커리 폼왈트
　「산업, 그리고 그 대체 불가능한 매체들」
　「자본의 자리」
　「아크에 비추어」
　Zachary Formwalt
　「An Industry and Its Irreplaceable Medium」
　「In Place of Capital」
　「In Light of the Arc」
티노 시걸 · 필리프 파레노
　「앤 리」
　Tino Sehgal & Philippe Parreno
　「Ann Lee」

와엘 샤키
　「알 아라바 알 마드푸나 III」
　Wael Shawky
　「Al Araba Al Madfuna III」
「월정명(月正明)(진행 중)」
　「Moonlit (work in progress)」
더블럭키 프로덕션
　「'뒤엉킨 데이터들의 정원' 산책」
　doublelucky productions
　「A Scroll through 'The Garden of
　Tangled Data'」

옵 / 신 페스티벌 2023
Ob / scene Festival 2023

2023년 10월 31일~11월 26일
서강대학교 메리홀 소극장,
송은아트스페이스, 예술의전당 음악광장,
콘텐츠문화광장 스테이지66, M극장,
수림문화재단 김희수아트센터,
서울대학교 파워플랜트, 더북소사이어티,
연희예술극장, 예술의전당
(이상 서울)

"장(scene)으로부터 / 벗어나다(ob). 옵 / 신
페스티벌은 매년 가을 서울에서 열리는 국제
동시대 예술 축제다. 옵 / 신 페스티벌은
오늘날 예술의 역할을 다시 생각해 본다.
한때 예술이 약속했던 변화의 가능성이
무력해지고 있는 지금 '그럼에도 불구하고'
예술이 할 수 있는 일은 무엇인지 질문한다.
정치적 힘, 경제적 논리, 미학적 형식에
구애받지 않고 고집스럽게 자신만의 목소리를
내어 우리를 또 다른 비전으로 이끄는
예술가들의 장이다.
  올해 옵 / 신 페스티벌은 20~21세기
예술사를 변화시킨 가장 중요한 예술적
관점과 형식을 한데 모아 회고전을 개최한다.
페스티벌 봄, 국립아시아문화전당 예술극장,
국립현대미술관 다원예술 프로그램을 거쳐
옵 / 신 페스티벌에 이르기까지 기획의 궤적을
되돌아보며 예술계의 지형 변화를 이어
나가기 위한 신념을 미래에 대한 희망으로
전환하려는 염원을 담는다. 지난 20여 년
동안 공연예술의 가장 과감한 확장을 시도해
온 예술가들에게 경의를 표하는 자리이기도
하다."

"Ob/scene Festival makes scenes out of the
scene. Ob/scene Festival is an international
contemporary art festival that takes place all
across Seoul in autumn every year. Ob/scene
Festival questions the role of art in today's
society. In times when the changes art once
promised seem ever more distant, the festival
persists to ask what it is that art can do
nonetheless. Ob/scene Festival is an arena for
artists who stubbornly raise their voices
undeterred by political pressure, economic
logic, and aesthetic convention, thereby
leading us to a new vision.
  Ob/scene Festival 2023 presents
retrospective programs which were borne by the
ground breaking artistic perspectives and
formats of the 20th and 21st century. While
looking back the curatorial trajectory from
the Festival Bo:m, Asia Culture Center
Theater, the interdisciplinary arts program at
the National Museum of Modern and Contemporary
Art, to the Ob/scene Festival, the festival
carries the hope for the future which shall
carry on its persevering attempts to expand
the boundaries in the field of art. It is also
an occasion to pay homage to artists who have
challenged the performing art scene in the
past two decades with their bold and
innovative ideas."

마텐 스팽베르크
　　「감정으로부터 힘을 얻다」
　　Mårten Spångberg
　　「Powered by Emotion」
마텐 스팽베르크
　　「밤 주차」
　　Mårten Spångberg
　　「Parking by Night」
윌리엄 포사이스, 지속 불가능한 연작
　　「리듬 없이 걸어 보기」 2023
　　William Forsythe, Unsustainable Series
　　「ATTEMPT TO WALK WITHOUT RHYTHM」 2023
서현석
　　「(　　)」
　　Seo Hyunsuk
　　「(　　)」
서현석
　　「((　　)): 나는 체셔 고양이로소이다」
　　Seo Hyunsuk
　　「((　　)): I Am the Cheshire Cat」
아피찻퐁 위라세타꾼
　　「열병의 방」
　　Apichatpong Weerasethakul
　　「Fever Room」
로메오 카스텔루치
　　「로메오 카스텔루치 레트로스펙티브」
　　Romeo Castellucci
　　「Romeo Castellucci Retrospective」
오카다 도시키
　　「'지금 아님 - 여기 아님'을 향한 연극」
　　Okada Toshiki
　　「Theatre toward 'Not-Here and Not-Now'」
호추니엔
　　「1백 마리 요괴의 밤의 행진」
　　Ho Tzu Nyen
　　「Night March of Hundred Monsters」
엘 콘데 데 토레필
　　「정원에서 숲을 호흡하듯이」
　　El Conde de Torrefiel
　　「Se respira en el jardín como en
　　un bosque」
박민희
　　「신들이 모이는 산에서 바람이 불어온다」
　　Park Minhee
　　「Wind Blows from the Mountain Where
　　Spirits Gathered」
노경애
　　「21°11'」
　　Ro Kyungae
　　「21°11'」

제롬 벨
　　「제롬 벨」
　　Jérôme Bel
　　「Jérôme Bel」
메테 에드바르센
　　「오후의 햇살 아래 시간이 잠들었네」
　　Mette Edvardsen
　　「Time Has Fallen Asleep in the
　　Afternoon Sunshine」
김지선
　　「역행의 여행사 II:
　　불빛과 저 마을을 향해」
　　Kim Jisun
　　「Off Tours II: Toward the Light
　　and the Village Beyond」
김지선
　　「우리의 사원」
　　Kim Jisun
　　「Our Temple」
리미니 프로토콜
　　「카를 마르크스: 자본론 제1권」
　　Rimini Protokoll
　　「Karl Marx: Capital, Volume One」
위성희
　　「극장 흉내」
　　Wi Sunghee
　　「Theatre Imitation」
남정현
　　「저쪽에서 부른」
　　Nam Junghyun
　　「Calling from a Distance」

335

다원예술 아카이브

336

게랄트 지크문트(Gerald Siegmund): 독일 기센의 유스투스리비히대학교 응용연극학 교수. 요한 볼프강 괴테 프랑크푸르트 암마인대학교에서 연극학, 영문학, 프랑스문학을 전공했고 논문 「기억으로서의 연극」으로 박사 학위를 받았다.

고주영: 2008년부터 페스티벌 봄을 관람하며 작업과 삶에 영향을 받은 페봄 키드 중 한 명을 자처한다. 2012년부터 공연예술 독립 기획자로 일하고 있으며, 「움직이는 집 @ 서울」(2012), 「서울시주거대책위원회」 (2012), 「안산순례길」(2015~2019)의 연장선상에서 국립아시아문화전당 개관 페스티벌 중 「제로 리:퍼블릭」을 기획했다. 현재 「연극 연습 프로젝트」, 「플랜Q 프로젝트」를 기획, 제작하고 있다.

구자하: 음악, 영상, 로보틱 오브제 등 다양한 매체를 다루며, 동시대 연극의 미래에 대해 모색한다. 2014년부터 '하마티아 3부작'이라는 프로젝트를 시작해 동아시아의 정치적 지형과 식민지 역사, 그리고 문화적 정체성에 대해 탐구하고 한국 사회의 구조적 문제에 대해 고민해 왔다. 3부작의 첫 번째 작업인 「롤링 앤 롤링」(2015)은 언어 제국주의와 그에 대한 문화적 침묵에 대해, 두 번째 작업 「쿠쿠」(2017)는 박탈된 경제적 주권과 배제된 사회적 구성원에 대해, 마지막 작업 「한국 연극의 역사」(2020)는 타율적 근대화와 문화적 폐허에 대해 집중하고자 했다. 현재 '하리보 김치'라는 작품을 만들고 있으며 2024년 5월 브뤼셀에서 초연할 예정이다.

김남수: 안무 비평가, 연구자, 기획자, 드라마투르크. 2002년 제9회 무용예술상 무용평론 부문에 당선되면서 비평 활동을 시작했다. 2006년 『판』 편집위원, 2008년 백남준아트센터 학예연구원, 2011년 국립극단 선임연구원, 2013년 국립아시아 문화전당 아시아문화아카이브팀장, 2014년 판교테크노밸리 경기문화창조허브 사슴뿔 도서관 프로젝트, 경기창작센터 기획 레지던시 등 무용, 연극, 미술, 학술, 다원 예술에 걸쳐 다방면으로 활동해 왔다.

『백남준의 귀환』 공저자이며, 『백남준: 말에서 크리스토까지』를 기획, 편집했다. 현재 『몸』 편집장이다.

김성희: 기획자로서 다양한 예술 형식과 관점을 소개하고 제작해 왔다. 2007년 다원예술 축제 페스티벌 봄을 창설해 2013년까지 초대 예술 감독을 맡았고, 국제현대무용제(MODAFE, 2002~2005)와 백남준아트센터 개막 축제 『나우 점프』 스테이션 2(2008) 예술 감독, 국립아시아문화전당 예술극장 초대 예술 감독 (2013~2016), 국립현대미술관 다원예술 프로젝트 감독(2017~2018), 옵/신 페스티벌 초대 예술 감독(2020~2023)을 역임했다. 『미래 예술』(2016) 공동 저자다.

김신우: 프로듀서. 페스티벌 봄, 부산국제 영화제, 국립아시아문화전당 예술극장, 국립현대미술관 다원예술 프로젝트에서 프로그래밍 어시스턴트와 프로듀서로 일했으며 옵/신 페스티벌에서 총괄 프로듀서로 일했다. 현재 독일 기센대학교 응용연극학연구소의 '안무와 퍼포먼스' 박사 과정 중이다.

김지선: 사회 시스템과 문화, 노맨즈랜드(법, 규범, 국경에 의해 생겨난 물리적 영토 내에서의 다층적 공간, 실재적 장소이나 시스템에 의해 배제된 공간, 온라인 등)에 대한 관심을 바탕으로 작업을 선보이고 있다. 찢긴 여권을 들고 국경을 넘나드는 퍼포먼스를 시작으로 2011년 게릴라 언론 집단을 출범하고 선거 유세 현장을 돌며 정치적 메시지를 교란시키는 작업을 했다. 2012년작 「웰-스틸링」에서는 혁명을 모의하는 장치를 개발해 광장을 점거했으며, 2014년 「다음 신의 클라이막스」에서는 온라인 게임과 현실 세계의 기행을 병치시켜 세계를 인식하는 감각의 변화를 추적했다. 2015년 국립 아시아문화전당 예술극장 개관 페스티벌에서 세계의 외부를 설정해 시뮬레이션하는 새로운 「다음 신의 클라이막스」를 발표했고, 2016년 벨기에 쿤스텐페스티발데자르에 초청되었다. 2014년에는 네덜란드 레이크스아카데미 레지던시에 참여하며 노맨즈랜드에 대한 전시를 선보였다. 최근에는 나/세계를 감각하는 문제에 집중하고 있다. 2017년 인간 지능의 복제물을 거울삼아 인간에 대해 묻고, 인간중심적으로 설계된 세계와 가치관을 재고하는 「딥 프레젠트」를 발표했고, 2020년에는 비디오게임의 스토리텔링으로 사유의 궤적을 추적하며 그 구조를 질문하는 「슬픔의 집」을 선보였다.

김해주: 큐레이터. 아트선재센터 부관장으로 근무했고, 2022년 부산비엔날레 전시 감독을 역임했다. 현재 싱가포르 아트 뮤지엄(SAM)에서 선임 큐레이터로 일하고 있다.

남선우: 전시를 기획하고 미술에 대한 글을 쓴다. 월간미술, 큐레토리얼 랩 서울, 일민미술관 등에서 일했고, 현재는 두루두루 아티스트 컴퍼니에서 일하고 있다.

다키구치 켄(滝口健, Takiguchi Ken): 극작가, 번역가. 싱가포르국립대학교에서 박사 학위를 취득했고, 1999년부터 2016년까지 말레이시아와 싱가포르에서 활동하며 다양한 연극 작품에 참여했다. 아시아 드라마투르크 네트워크의 창립 멤버다. 현재 도쿄 세타가야 공영극장에서 근무하며 도쿄예술대학교에서 가르친다.

로메오 카스텔루치(Romeo Castellucci): 1960년 이탈리아 체세나 출생. 10대였던 1979년, 여동생 클라우디아 카스텔루치와 또 다른 남매 키아라 주디, 파올로 주디와 더불어 기존의 정형화된 연극에 대한 반감을 기반으로 작업하기 시작했고, 1981년 '소치에타스 라파엘로 산치오'라는 이름 아래 극작, 연출, 세트 디자인을 총괄하는 제작 체계를 갖췄다. 로메오 카스텔루치는 볼로냐예술학교에서 회화의 조형성을 무대에 적용하기 시작했고, 그 철학적 원천으로서, 클라우디아 카스텔루치와 키아라 주디는 통상적인 비극 연출에서 탈피해 연극을 소리와 시각적 자극으로 발생하는 감각의 총체적 격발로 인식해야 함을 피력해 왔다. 동물과 자동기계, 신체 장애를 겪는 배우나 어린이들의 존재감이 조명, 세트, 음향, 의상의 조형성과 유기적으로 작용하는 소치에타스 라파엘로 산치오의 무대는 정신과 물질적 세계의 상호작용에 대한 심층적인 질문을 작동시킨다. 중동과 유럽의 신화 및 고전을 파격적으로 재해석하는 초기의 연작에 이어 2002년부터는 유럽공동체의 지원을 받아 『내악골 비극』 시리즈에 착수해 2년 동안 유럽 도시 열 곳을 배경으로 인간의 정신과 연극이 갖는 상관관계를 탐구해 왔다. 2008년에는 아비뇽 페스티벌 주빈 작가로 선정되면서 단테의 『신곡』에서 영감을 받은 3부작을 선보이며 종교의 근원에 대한 동시대적인 사유를 제안했다.

로이스 옹(Royce Ng): 홍콩을 기반으로 활동하는 비디오·퍼포먼스 아티스트. 아시아 근현대사, 다국적 무역, 정치, 경제, 예술의 교차점에 관한 작품을 선보였다. 취리히 야콥스 미술관, 뉴욕 퍼포마 비엔날레 호주관, 광주비엔날레, 부산비엔날레 등에서 전시했고, 국립아시아 문화전당 예술극장과 함부르크 캄프나겔 극장에서 「뱀파이어 기시」를 공연했다. 3부작 프로젝트 『아편 박물관』 중 「쇼와의 유령」과 「조미아의 여왕」이 국립현대미술관 다원예술 프로젝트에서 선보였고, 이어 독일, 스위스, 홍콩 등에 소개되었다.

르네 폴레슈(René Pollesch): 독일의 극작가, 연출가. 2019년부터 2021년까지 베를린 폴크스뷔네 예술 감독을 역임했다.

마리 소르비에(Marie Sorbier): 프랑스 예술 평론가, 저널리스트. 프랑스 문화 예술 비평지 『이오』(I/O) 편집장이다.

마크 테(Mark Teh): '역사, 기억, 그리고 도시'라는 맥락에 초점을 두고 다각적인 형태로 작업하는 연출가, 큐레이터, 연구자. 말레이시아의 독특한 공연예술계 인사들을 다룬 일련의 다큐멘터리를 연출했고, 1948년부터 1960년까지 일어났던 말레이시아 사태를 가까이에서 재조명한 「발링(멤발링)」(2006), 「발링 회담」(2011) 등의 작품 제작에 참여했다. 그의 작업은 주로 공연에 기반을 두지만 전시, 교육, 사회적 개입, 글쓰기, 기획을 통해서도 이루어진다. 파이브 아트 센터의 회원이다.

마텐 스펭베르크(Mårten Spångberg): 여러 영역에 걸쳐 활동하는 안무가, 무용 이론가. 확장된 영역에서의 안무, 다양한 형식과 표현을 통한 안무의 실험적 실천 등이 주된 관심사이며 다층적 형식을 띤 실험적 실천을 통해 이 문제들에 접근해 왔다. 2008년부터 2012년까지 스톡홀름의 무용대학교에서 안무학을 이끌었고 2011년 『스펭베르크주의』를 출간했다. 최근에는 생태학과 후기 인류세 미학에 관한 작업을 발표하고 있다.

마티아스 릴리엔탈(Matthias Lilienthal): 1959년생 베를린 출신의 드라마투르크, 예술 감독. 빈 국립극장, 바젤 극장을 거쳐 1991년부터 1998년까지 베를린 폴크스뷔네에서 드라마투르크로 활동하며 공연예술계에 큰 영향을 미쳤다. 2002년과 2014년 독일 세계 연극제의 감독을 역임했고, 다양한 도시에서 펼쳐진 극장 투어 포맷 'X-보눙엔' 등을 개발하기도 했다. 2003년에는 예술 감독과 사무총장으로 헤벨 암 우퍼를 이끌었고, 2015년부터 2018년까지 뮌헨 카머슈필레의 감독을 역임하였다. 다양한 사회 현안을 다루는 실험적이고 새로운 형식의 작품들을 선보이며 독일 '올해의 연극상'을 수차례 수상하였다.

메테 에드바르센(Mette Edvardsen): 오슬로와 브뤼셀에서 활동하는 안무가, 퍼포머. 그의 일부 작품은 영상, 책, 글쓰기 등 다른 매체와 형식의 작품을 탐구하기도 하지만, 모든 작품을 관통하는 관심사는 실천과 상황으로서 공연예술의 관계성이다. 여러 무용단과 프로젝트에서 무용수, 퍼포머로 활동해 왔으며 2002년부터 자신의 안무 작업을 선보이고 있다. 2015년 오슬로의 블랙박스 극장에서 회고전이 열렸고, 2018년 바르셀로나의 MACBA에서 특별전이 개최되었다.

미리암 드라이세(Miriam Dreysse): 기센대학교에서 응용연극학을 전공했고, 힐데스하임대학교에서 박사 학위를 받았다. 2009년부터 베를린예술대학교에서 연극학을 가르친다. 현대 연극과 공연, 젠더 연구 등에 관심을 가지고 있다.

보야나 쿤스트(Bojana Kunst): 철학자, 예술 이론가. 독일 기센대학교 응용연극학 연구소의 교수로 '안무와 퍼포먼스' 학위 프로그램을 이끌고 있다. 주 연구 대상은 컨템퍼러리 퍼포먼스, 연극, 무용에서의 몸이며, 몸의 철학, 예술과 기술, 예술과 과학, 연극과 춤 이론, 동시대 정체성의 재현 등 다양한 주제에 관심을 둔다. 저서로 『불가능한 몸』(1999), 『위험한 연결: 몸, 철학, 인공과의 관계』(2004) 등이 있다.

빅토리아 페레즈 로요(Victoria Pérez Royo): 사라고사대학교 미학과에서 예술 이론을 가르치고, 여러 나라의 예술대학 프로그램에서 세미나를 진행한다. 스페인 쿠엥카의 예술 연구 협회 아르테아에서 연구원으로 활동하며 다양한 프로젝트를 총괄한다. 『현대 무용, 공공 공간 및 건축』(2008), 『실천과 연구』(2010), 『10개의 텍스트와 몇 개의 빈 페이지』(2012), 『다수를 구성하다: 몸, 무대, 정치』(2016), 『더 티 룸』(2017) 등의 책을 공동 편집했다.

사사키 아츠시(佐々木敦, Sasaki Atsushi): 평론가. 음악 레이블 HEADZ와 웹사이트 『전용』의 디렉터이자 겐론 사사키 비평이론학교의 주임 강사. 와세다대학교, 타마예술대학교, 도쿄공과대학교 등에서 가르친다. 『장뤼크 고다르의 원리』(2016) 외 다수의 저서를 집필했다.

서영란: 덴마크에서 다생물종 기후 운동에 참여하며, 기후 운동가 – 예술가 – 학자 등의 탈중심적인 네트워크의 가능성을 관찰하고 있다. 기후 담론과 선조적 전통을 엮는 매일의 태도, 프랙티스, 리추얼을 만든다. 서울의 마을굿 동네를 돌아보며 「끝나지 않는 이야기」(2012)와 「나의 신앙을 고백합니다」(2012)를 만들었다. 극장 도입 이전의 한국 전통 무용을 찾아보며 「지신은 불완전하게 올라온다」(2013)를, 전통의 탈식민화에 관심을 둔 일본, 스리랑카 안무가와 「플로팅 보틀 프로젝트」(2017~2019)를 진행했다. 가부장적 영웅 신화의 폐허 위에 식물적인 몸과 몸들 사이의 전염으로 신화 쓰기를 상상한 「버자이너의 죽음:

신화 짓기」(2022), 부식하는 선조적 전통을 기억하는 「We / Re Confess Our Faith」(2023)를 만들고 있다.

서현석: 영상, 퍼포먼스, 글쓰기를 통해 공간과 감각에 관한 탐구를 진행한다. 장소 기반의 퍼포먼스와 전시를 통해 '작품' 및 체험의 경계를 질문하는 형식을 실험하는 한편, 아시아에서의 국가 형성과 모더니즘 건축의 관계를 탐색하는 작품들을 만든다. 『미래 예술』(2016)과 『Horror to the Extreme: Changing Boundaries in Asian Cinema』(2009)를 공동으로 썼고, 비정기 간행물 『옵.신』을 만들고 있다. 연세대학교 커뮤니케이션 대학원에서 영화를 가르친다.

성용희: 페스티벌 봄 사무국장, 국립아시아 문화전당 예술극장 조감독으로 활동하며 여러 다원예술 작업을 해 왔다. 현재는 국립현대미술관에서 학예사로 일하면서 다원예술 등을 기획하고 있다.

아너 테레사 더케이르스마커르(Anne Teresa De Keersmaeker): 브뤼셀의 무드라 무용 학교와 뉴욕대학교의 티시 예술대학에서 무용을 공부한 후, 1982년 「파제, 스티브 라이히 음악에 대한 네 가지 움직임」으로 경력을 시작했다. 1983년 「로사스 단스트 로사스」를 발표하며 로사스 무용단을 창단했다. 1992년부터 2007년까지 브뤼셀의 오페라하우스 라 모네 소속 안무가로서 전 세계를 순회하며 다수의 작품을 창작했다. 1995년에는 로사스와 라 모네가 공동으로 P.A.R.T.S. 무용학교를 설립했다. 그녀의 작품은 음악과 무용의 관계에 초점을 맞추어, 세련된 구조와 강렬한 연극성 사이에서 끊임없이 진화한다. 중세 후반부터 20세기에 이르는 작곡 작업을 해 왔으며 재즈, 전통 인도 음악, 팝 등 다양한 장르에 도전했다. 최근에는 아르스 숩틸리오르 음악을 배경으로 한 작품들이 아비뇽 페스티벌에서 초연되었다.

아피찻퐁 위라세타꾼(อภิชาติพงศ์ วีระเศรษฐกุล, Apichatpong Weerasethakul): 2004년 칸영화제 심사위원상 수상작 「열대병」, 2010년 칸영화제 황금종려상 수상작

「엉클 분미」로 국제적인 명성을 얻었으며, 「징후와 세기」「메모리아」 등 장편영화를 발표해 왔다. 전주국제영화제, 부산국제 영화제 등 한국의 영화제에서도 아시아를 대표하는 감독으로 소개되어 왔다. 한편 나부아 지역의 역사적 기억과 현재의 인물을 교차시킨 멀티채널 비디오 설치 프로젝트 「프리미티브」를 영국 FACT, 밀라노의 행거 비코카, 뉴뮤지엄 등에서 발표하면서 미술계에서도 동시대의 주요 작가로 주목받고 있다. 국내에도 2018년 광주비엔날레에서 선보인 「불가시성」, 5·18 민주화운동 당시 시민군을 치료했던 구 국군광주병원의 건축적 구조와 내부 시설을 살린 설치 작품 「별자리」로 강렬한 인상을 남겼다.

야마구치 마키코(山口牧子, Yamaguchi Akiko): 1990년대부터 독일문화원, 일본국제교류기금 등에서 근무하며 동시대 공연예술의 국제 교류와 관련된 기획, 국제 네트워크 구축, 교류 프로그램 등을 담당해 왔다. 2015년부터 오카다 도시키의 독일 공립 극장 프로덕션에서 드라마투르크로 활동했다. 2022년 독립해 바젤 국제 연극제 등 국제 페스티벌의 공동 큐레이션과 프로젝트 자문 등을 맡고 있다.

엘 콘데 데 토레필(El Conde de Torrefiel): 타냐 베옐레르(Tanya Beyeler), 파블로 기스베르(Pablo Gisbert)가 이끄는 바르셀로나 기반의 단체로, 2010년 등장 이래 날카로운 관점과 재치 있는 표현력으로 유럽 공연계를 뒤흔들고 있다. 연극, 무용, 문학, 시각예술 등을 넘나들며 현실을 재현하는 방식을 탐구한다. 초창기 작품들은 스페인 내 주요 도시의 현대 연극 축제에서 전국적인 인지도를 얻기 시작했고, 「미하엘 하네케 감독의 영화 관람 후 대화를 위한 장면들」을 통해 호평을 받으며 국경을 넘어 존재감을 드러냈다. 라틴아메리카를 시작으로 여러 유럽 페스티벌을 거쳐 2020년부터는 아시아에서 투어를 이어 가고 있다.

엔스 로젤트(Jens Roselt): 1968년 빌데스하우젠 출생. 1989년부터 1994년까지 기센대학교의 응용연극학 연구 과정에 다녔고, 1998년 '연극의 아이러니'라는 주제로 박사 학위를 취득했다. 1995년 연극 트러플을 초연해 극작가로 주목받기 시작했고, 2000~2001년 슈투트가르트 국립 극장 상주 작가로 활동했다. 2008년부터 힐데스하임대학교 연극학과 교수로 재직 중이다.

오카다 도시키(岡田利規, Okada Toshiki): 1973년 요코하마 출생. 게이오기주쿠 대학교에서 경영학을 전공하던 중 뛰어든 연극 동아리 활동이 인연이 되어 극작과 연출을 시작하게 되었다. 1997년에 무용수 데즈카 나츠코와 극단을 만들면서 'selfish'라는 영어 단어를 유아적으로 발음한 '체루핏추'(chelfitsch)라고 이름 붙였다. 언어와 움직임이 어긋나는 반복적 안무로 현 세대의 공허함을 비추는 작품 스타일을 구축했고, 2011년 후쿠시마 사태를 기점으로 허구적 상황을 사실적으로 재현하는 가능성으로 관심을 전환했다.

요우미(由宓, You Mi): 카셀대학교와 도쿠멘타 인스티투트의 미술과 경제학 교수로 미디어아트 분야를 가르치며 큐레이터로도 활동한다. 2014년부터 2021년까지 쾰른 미디어아트 아카데미의 미술 및 미디어 연구 부서에서 연구원으로 활동했다. 학문적 관심사는 신유물론 및 역사유물론, 퍼포먼스 철학, 그리고 유라시아의 역사, 정치 이론 및 철학에 있으며, 고대와 미래의 기술과 네트워크의 문제를 중점적으로 다룬다. 또한 실크로드의 네트워크를 재상상하며 여러 전시와 프로그램을 큐레이션했다. 13회 상하이 비엔날레(2020~2021) 큐레이터 중 한 명이다.

윌리엄 포사이스(William Forsythe): 1949년 뉴욕 출생. 잭슨빌대학교, 조프리 발레단, 미국 발레학교 등에서 발레를 공부했다. 1974년에 슈투트가르트 발레단에 입단해 무용수로 활동하다가 1976년 첫 안무작을 발표하면서 안무가로 주목받았고, 1984년부터 2004년까지 프랑크푸르트 발레단을 이끌면서 발레를 근원적이고 총체적으로 혁신하면서도 그 핵심적인 정체성을 견고히 재구축했다고 평가받았다.

임기가 끝난 후에는 자신의 무용단 '포사이스 컴퍼니'를 조직해, 신체의 조형성에 대한 의지를 배제하고 움직임의 동기와 방법을 초기화하고 안무 개념을 전면적으로 재검토해 공간과 물질로 사유 영역을 확장했다. 물질 세계와 추상적 사유를 융합하는 발상적 파격을 추진력으로 삼아 무용의 방법론적 확장을 위한 철학적 발상을 꾸준히 심화해 예술의 외연을 개념적으로 넓혀 왔다.

이경미: 연극학자, 연극 평론가. 고려대학교와 독일 뒤셀도르프대학교에서 공부했다. 현대 공연예술의 지형 변화에 큰 관심을 가지고 국내 창작자들의 작업을 다양한 형태의 글쓰기로 분석하면서 작업과 이론이 더 가깝게 상생할 수 있기를 희망한다.

이경후: 공연과 관련한 통역과 번역을 하고 있다. 국립아시아문화전당 예술극장 개관 페스티벌, 페스티벌 봄 등에서 일했다. 책 『a second chance: 눈변』과 『거의 모든 경우의 수: parlando』를 만들었다.

임고은: 국내외 영화제와 전시를 통해 활동하고 있는 영상 작가. 영화를 둘러싼 시선의 주체와 객체, 과거와 현재, 진실과 허구의 변증법적 관계의 유연함을 탐구해 왔으며, 최근에는 야생을 회복하기 위한 시적인 언어를 어떻게 찾을 수 있을지 몰두하고 있다.

장크리스토프 브리앙송(Jean-Christophe Brianchon): 저널리스트. 『프랑스 퀼튀르』, 『그라치아』, 『테아트르』 등에 기고한다.

정진새: 극단 문의 극작가, 연출가. SF 연극과 어린이극, 생태적 공연예술에 관심을 둔다. 주요 작품으로 「액트리스 원」(2019), 「2021 대학수학능력시험 통합 사회탐구 영역」(2020), 「외로운 개, 힘든 사람, 슬픈 고양이」(2021), 「극동 시베리아 순례길」(2022), 「너의 왼손이 나의 왼손과 그의 왼손을 잡을 때」(2023) 등이 있다.

제롬 벨(Jérôme Bel): 1964년 프랑스 남부 출생. 프랑스 앙제 국립안무센터에 진학한 후 1985년부터 1991년까지 여러 안무가를 거치며 무용수로 활동했다. 바르트, 들뢰즈와 가타리 등의 글을 토대로 무용에 대한 재고의 시간을 가진 다음, 1994년부터 무용의 본질을 질문하는 작품을 발표하기 시작했다. 짜여진 동작을 전람하는 대신 춤을 추는 행위 자체에 대한 성찰에서 출발해 춤을 추는 근원적인 동기를 끊임없이 질문하고 안무가의 권능을 재고하는 태도를 탐구적이고 대화적인 연출론으로 발전시켰다. '농당스'로 설명되곤 하는 그의 작품들은 무대를 기반으로 발생하는 신체적 존재감, 관객의 감각과 인식, 언어의 개입, 나아가 무대 밖의 제도적 장치에 이르는 무용의 다층적인 작동 방식을 창작의 재료이자 작품의 구성으로 삼는다.

조효진: 문화 예술 및 영화 분야에서 통역과 번역을 하고 있다. 역서로 『닐스 안데르센의 영화 편집 수업』(2022)이 있다.

카린 할트(Karin Hald): 시각예술가, 작가. 말뫼 예술 아카데미에서 석사 학위를 받았다. 출판 기술, 신체, 정치, 공연, 시의 교차점에서 작업한다. 현재 코펜하겐의 포라게트 게스투스 큐레이터 겸 편집자다.

팀 에철스(Tim Etchells): 연극 언어와 형식에 파격적인 변혁을 시도해 온 영국 작가. 포스트드라마틱 시어터의 선각자로 평가받는 실험 극단 '포스드 엔터테인먼트'를 이끌고 있다. 시간과 공간으로부터 계속 비롯되는 생과 존재에 관한 작업을 하며, 공연, 영상, 음악, 문학 등을 넘나들며 새로운 가능성과 관점을 펼치고 있다.

프리 레이선(Frie Leysen): 1950년 벨기에 하셀트 출생. 1980년 안트베르펀에 싱헐 센터를 설립하고 1991년까지 감독을 맡았다. 싱헐 센터는 음악, 무용, 연극, 전시 등 다양한 프로그램을 갖춘 국제적인 예술 센터로 성장했다. 1994년에는 브뤼셀에 쿤스텐페스티발 데자르를 설립하고 10년 동안 이끌며 벨기에와 국제 예술계에서 영향력 있는

페스티벌로 성장시켰다. 이후 활동 영역을
유럽과 그 너머로 확장해 2007년 아랍
9개 도시에서 다원예술 페스티벌 미팅
포인트, 2008~2010년 독일 세계 연극제,
2010~2012년 베를린 페스티벌 예술
감독으로 활동했다. 2013~2014년 빈
페스티벌 예술 감독을 역임했으며, 2015년
베이루트에서 열린 홈워크 7의 공연예술
프로그램을 기획했다. 2020년 사망하였다.

플로리안 말자허(Florian Malzacher): 큐레이터,
작가, 드라마투르크. 2013년부터 2017년까지
임펄스 극장 페스티벌 예술 감독을
역임했고, 2018년부터 2020년까지
루르트리엔날레의 큐레이터 자문 위원으로
일했다. 2021년부터 강연과 대담 시리즈
『집회의 예술』을 진행한다. 1990년대
이후의 새로운 연극 미학을 다루는
독일의 단행본 시리즈 『포스트드라마틱
시어터 인 포트레이트』(알렉산더)의 공동
편집자이다. 『보드게임: 오늘날의 정치
극장』(2020)을 썼다.

한스티스 레만(Hans-Thies Lehmann): 1944년생
연극학자, 비평가. 1981년부터 1987년까지
기센대학교에 근무하면서 응용연극학연구
과정을 설립했고, 1988년부터 2010년까지
요한 볼프강 괴테 프랑크푸르트암마인
대학교 연극학과 교수로 재직했다.
네덜란드, 프랑스, 리투아니아, 폴란드, 영국,
캐나다, 미국 등 여러 나라의 대학교에서
초빙교수로 재직했다. 특히 브레히트와
뮐러 연구로 알려져 있으며
『포스트드라마 시어터』(1999)를 썼다.
2022년 사망하였다.

허명진: 무용 전문지 『몸』 기자를 거쳐
2003년 무용예술상 평론 부문에 당선되어
평론 활동을 시작했다. 공연 예술지 『판』
편집위원, 국립현대무용단 교육 / 리서치
연구원을 거치면서 무용의 접점을
다변화하는 작업에 관심을 기울여 왔다.

헬리 미나르티(Helly Minarti): 영국 런던의
로햄프턴대학교에서 무용학 박사를 마친
후 자카르타로 돌아와 자카르타
예술위원회의 프로그래밍팀을 이끌고 있다.
리서처, 작가, 큐레이터, 프로듀서 등을
넘나들며 활동한다.

호추니엔(何子彦, Ho Tzu Nyen): 싱가포르
태생의 영화감독, 시각예술가. 영상, 글쓰기,
연극을 아우르는 실천을 보여 주고 있다.
그의 작업은 과거 및 현재를 구성하는
담론적 탐색으로서의 이야기들을 드러내는
신화의 힘과 구조를 파고든다. 공연
작품들은 광주 국립아시아문화전당
예술극장, 빈 페스티벌, 독일 세계 연극제,
쿤스텐페스티발데자르 등에서 선보여졌고,
영화 작품들은 칸영화제, 베네치아 국제
영화제 등에서 상영되었다. 최근 빌바오의
구겐하임미술관, 모리미술관, 밍 현대미술관
등에서 개인전을 열었다.

우리가 공유하는 시간

김성희 엮음

게랄트 지크문트
고주영
구자하
김남수
김성희
김신우
김지선
남선우
다키구치 켄
로메오 카스텔루치
로이스 응
르네 폴레슈
마리 소르비에
마크 테
마텐 스팽베르크
마티아스 릴리엔탈
메테 에드바르센
미리암 드라이세
보야나 쿤스트
빅토리아 페레즈 로요
사사키 아츠시
서영란
서현석

성용희
아너 테레사 더케이르스마커르
아피찻퐁 위라세타꾼
야마구치 마키코
엘 콘데 데 토레필
옌스 로젤트
오카다 도시키
요우미
윌리엄 포사이스
이경미
임고은
장크리스토프 브리앙숑
정진새
제롬 벨
최승희
카린 할트
팀 에첼스
프리 레이션
플로리안 말자허
한스티스 레만
허명진
헬리 미나르티
호추니엔
지음

초판 1쇄 2023년 11월 1일

기획 김성희
번역 고주영, 김신우, 김해주, 서현석, 이경후, 조영란, 조효진
편집 김뉘연, 이동휘, 편지지
디자인 슬기와 민
제작 문성인쇄
발행 작업실유령

작업실유령
03035 서울특별시 종로구 자하문로19길 25, 3층
02-6013-3246
www.workroompress.kr

ISBN 979-11-93480-01-4 03680
값 22,000원